CSSCI 集刊
CNKI 来源集刊

学术支持单位｜南京大学外国语学院

外国语文研究：
前沿与应用

陈新仁 主编

南京大学出版社

通信地址：南京市栖霞区仙林大道163号（邮编210023）
南京大学仙林校区外国语学院

电　　话：025-89686147

电　　邮：cflc@nju.edu.cn

目　录

汉德语言对比研究

主持人语 / 常玲玲、李彬 …… 1

1. 洪堡论古汉语语法 / 赵劲、刘志佳 …… 3

2. 德语中汉源借词的发音归化研究 / 唐骋 …… 15

3. 基于建议话语中道义情态助动词研究探讨中德心理咨询师语用身份构建 / 王馨雨、常玲玲 …… 28

4. 汉语母语迁移在儿童二语习得中的历时研究 / 曹嘉桢 …… 48

5. 多和田叶子多语诗歌中的德汉语码转换探析 / 卢盛舟 …… 66

语言学研究

6. 认知语言学量化转向的新发展:认知语料库语言学 / 吴淑琼、江艳艳 …… 76

7. 中国环境形象建构的话语历史分析——基于《中国日报》气候变化报道语料库的研究 / 武建国、欧敏、包伟玲 …… 91

8. 现实相关性的句法分析:以汉语双“了”结构和英语完成态为例 / 王晨 …… 105

9. 历史仪式礼貌视域下晚清奏折道歉语研究 / 卢加伟、孙莉雯 …… 122

10. 终结性句法编码的语言共性、差异及其理论解释 / 王思雨 …… 135

11. 微博道歉回应的语用研究 / 吴依蔓、彭雨晨 …… 152

应用语言学研究

12. 学前儿童否定结构语用发展研究 / 刘丽芬、于磊、余灼雅 …… 166

13. 职前英语教师批判性思维能力测评探究 / 黄永亮 …… 179

14. 新文科视域下的外语学科发展研究:现状、范式与趋势 / 邓世平、王雪梅 …… 192

15. 基于偏误分析的大学生读后续写能力研究 / 王琤、孙斌 …………………… 211

16. 听写、模仿朗读与背诵在较低水平英语学习者听说课程中的行动研究 / 曹宁、陈桦、程欣 …………………………………………………………………………… 224

17. 通用学术词表 Academic Vocabulary List(AVL)修订述略 / 裴鑫鑫、张文忠 ………………………………………………………………………………… 238

翻译与文化研究

18. 社会翻译学视域下杜甫诗歌典故英译对比研究——以许渊冲与宇文所安为考察中心 / 冯正斌、赵慧 …………………………………………………………… 251

19. 交际术语学视域下法律术语翻译多维评价初探——兼评《民法典》术语英译问题 / 刘谕静、魏向清 …………………………………………………………… 263

20. 从德里达"Déconstruction"一词的汉译看哲学术语的文化迁变 / 王俊茗 ………………………………………………………………………………… 275

21. 日本文学中的西域书写:从《敦煌》的创作过程看井上靖的文学史观 / 刘东波 ………………………………………………………………………………… 287

22. 污名化的语言表征及其社会认知阐释 / 阎莉、文旭 ……………………… 302

书评和会议综述

23.《语用学基要》评介 / 姚晓东、吴瀚 ……………………………………… 314

24. 译学知识生产的守正创新——《翻译研究基本问题:回顾与反思》述评 / 枣彬吉……………………………………………………………………………… 320

25. 第六届认知诗学国际学术研讨会综述 / 雷茜、高旭宏 …………………… 325

汉德语言对比研究

主持人语

主持人 常玲玲 李 彬

语言是一个民族文化形态的载体和思维方式的表现，也是最基本、最稳固的文化构成要素。语言中的词汇、表达方式和语法结构都反映了一个言语社团对世界的认知模式、价值观和生活方式。虽然系统的理论性语言学研究始于中国的二十世纪二十年代，然而日耳曼学框架下的语文研究长期囿于传统方法方式；自二十世纪七十年代末改革开放以来，日耳曼语言学的科学性研究包括零星的汉德语言文化对比有了逐步的发展。随着欧美语言学理论的大量涌入，尤其是近二十多年来，日耳曼学界已由传统的语法教学研究转向句法、语义、语用、篇章话语和语言对比等系统语言学方面的科学研究，更多关注对汉德语言本体及其文化理据方面的探索。2020 年德国权威期刊国际 A & HCI《Deutsche Sprache》(德语)出版了由南京大学创办的“汉德语言构式对比研究”专刊(4/2020)，她标志着中国日耳曼学与汉学结合研究的学术水平获得国际认可，也提升了南京大学学术研究的国际地位。

当下，国内汉语学界对词类划分范畴的界定、无主句和体词谓语句式等问题尚无统一认识，而面对汉语中这类词汇语法现象西方语言学理论又略显水土不服，这不仅使现代汉语语法研究面临新世纪挑战，也给我们这些外语专业的语言研究者提出了新要求：在引进学习国外先进理论和研究方法的同时，如何避免将国外理论生搬硬套；如何立足本土语言，借助与德语语言的形、义对比，挖掘汉语和印欧语语法的不同运作方式，探索汉语文字与汉民族文化及思维认知体系的复杂关联，展现中国汉语的厚重内涵和文化根脉，以期促进汉语语法问题的研究解决。

本专栏系 2022 年 5 月由南京大学外国语学院(SFS)主办、曼海姆莱布尼茨德语研究所(IDS)与南京大学外国语言学研究所协办的“中德语言发展前瞻与文化建构”国际语言学研讨会的成果。会议宗旨在于通过对汉德语言、语言与文化比较以及汉德翻译等领域的研究促进中德两国学者的学术交流和文化认同，推动日耳曼语学界多维度、多视角的汉德对比研究。

本期专栏“汉德语言对比研究”由五篇文章组成，选用与该课题密切相关的论文，聚焦洪堡论古汉语语法、德语中汉源借词的发音归化、中德心理咨询师语用身份构建中的道义情态助动词、汉语母语迁移在儿童二语习得中的历时研究以及日本旅德作家诗歌中的汉字语码转换。第一篇文章《洪堡论古汉语语法》评述并探讨了威廉·冯·洪堡对古汉语语法的研究，揭示了他从否认汉语具有语法到承认汉语拥有隐性语法的变化过程。同时，他对古代汉语的研究也验证了汉语在现代普通语言学研究中所具有的巨大类型学意义。第二篇文章《德语中汉源借词的发音归化研究》通过辅音、元音、音节和重音等多个维度系统解析了汉源借词在德语语音中的发音特点，考察了汉源借词发音融入德语惯例发音体系的过程和程度，深入研究了在文化交流中汉音本身存在的历时性变化和多样性变体以及汉音词归化的语音困境。第三篇文章《基于建议话语中道义情态助动词研究探讨中德心理咨询师语用身份构建》以语用身份论为基础，探讨了道义情态动词在中德心理咨询师对患者的心理咨询话语中构建语用身份所发挥的作用。研究表明，因为语言不同，中德咨询师会动态地选用不同强度的道义情态助动词以及语气语用等策略，构建不同权势高低的建议者语用身份，以顺应患者的心理语境并达到心理治疗的目的。第四篇文章《汉语母语迁移在儿童二语习得中的历时研究》以德语空间介词为例，采用图片及游戏等诱发产出任务，对在德国的汉语母语儿童进行了为期两年的追踪调查。研究强调了汉语母语儿童在德语习得过程中的主要难点在于空间范畴的认知，并提出了在学习过程中应强化空间范畴区别认知的建议。第五篇文章《多和田叶子多语诗歌中的德汉语码转换探析》对日本旅德作家多和田叶子两首代表性诗歌的汉字元素融入进行了探究。文章指出，《月亮的逃跑》通过运用德语和日语汉字之间的语码转换，呈现出一种居间美学，并有意让德语读者“出离母语”。多和田叶子与汉字有关的多语诗歌创作，有助于瓦解德国国民一直以来狭隘的单语情结。

洪堡论古汉语语法

广东白云学院　同济大学　赵　劲*　上海电机学院　刘志佳**

摘　要: 古汉语研究是威廉·冯·洪堡对比语言研究和普遍语言研究不可或缺的组成部分,促使洪堡更为全面地探索人类语言的普遍特性和进一步考察语言与思维之间的关系。本研究评述并探讨了洪堡对古汉语语法的研究,揭示了他从否认汉语具有语法到承认汉语拥有隐性语法的变化过程。与此同时,他对古代汉语的研究也验证了汉语在现代普通语言学研究中所具有的巨大的类型学意义。

关键词: 古汉语;真正的语法形式;显性语法;隐性语法;汉字;语言哲学

Title: Humboldt on Ancient Chinese Grammar

Abstract: The study of ancient Chinese is an integral aspect of Wilhelm von Humboldt's contrastive and general language research, which led Humboldt to explore more comprehensively the general character of human language and to further examine the relationship between language and thought. This paper reviews and discusses Humboldt's study of ancient Chinese grammar, revealing his change from denying that Chinese has a grammar to recognising that it has an implicit grammar. At the same time, his study of ancient Chinese also proves the great typological significance of Chinese in the study of modern general linguistics.

Key Words: Ancient Chinese; True Grammatical Forms; Explicit Grammar; Implicit Grammar; Chinese Characters; Philosophy of Language

---

* **作者简介:** 赵劲,教授,博士生导师。研究方向为德语语言学、汉德对比语言学和语言哲学。联系方式:zhaojin@tongji. edu. cn。

** **通讯作者:** 刘志佳,讲师,上海电机学院。研究方向为德语语言学。联系方式:jasmin526@163. com。

威廉·冯·洪堡(Wilhelm von Humboldt,1767—1835)是德意志著名思想家,在教育学、政治学、人类学和美学等诸多领域都颇有建树,而在语言哲学和语言学方面的成就尤其显著。他是语言哲学研究的先驱,也是普通语言学和对比语言学的奠基人之一。他一生具体研究的语言多达75种,不但涉及了美洲语言、南岛诸语言、梵语和几乎所有的欧洲语言,而且还专门考察了汉语(参见赵劲,2017:120),尤其是古汉语,并为二十世纪八十年代兴起的汉德对比研究提供了深刻的启示和方法论引导。

洪堡的古汉语研究始于1821年并延续到1835年他生命的尽头。通过参考耶稣会教士马里逊(Robert Morrision,1782—1834)的《汉语词典》(*Dictionary of the Chinese Language*,1815—1823)、基督教传教士马士曼(Joshua Marshman,1768—1837)的《中国言法》(*Elements of Chinese Grammar*,1814)以及法国汉学家阿贝尔·雷慕萨(Jean Pierre Abel-Rémusat,1788—1832)的《汉文启蒙》(*Élémens de la grammaire chinoise*,1822)等书籍,洪堡考察了汉语的语音、词、语法和文字;与此同时,他将汉语纳入语言研究的实证材料,以便对语言形式与思维之间的相互作用进行哲学的探索。

洪堡关于古汉语的研究成果主要体现在著述《致阿贝尔·雷慕萨的信:论语法形式的通性以及汉语精神的特性》(Brief an Abel-Rémusat: Über die Natur grammatischer Formen im allgemeinen und über den Geist der chinesischen Sprache im besonderen)(1825—1826)和科学院演讲《论汉语的语法构造》(Ueber den grammatischen Bau der chinesischen Sprache)(1826)。除此之外,关于汉语的论述还散见于他的一些其他论著[①]以及与雷慕萨、弗兰茨·葆朴(Franz Bopp,1791—1867)、韦尔克(Friedrich Gottlieb Welcker,1784—1868)等人的多封书信来往。本研究将通过解读洪堡在不同阶段对古汉语的论述来勾勒出他对汉语语法的思考和探索过程。

---

① 主要有《论语法形式的产生及其对观念发展的影响》(„Ueber das Entstehen der grammatischen Formen, und ihren Einfluss auf die Ideenentwicklung“)(1822)、《论文字和语言的关系》(„Ueber den Zusammenhang der Schrift mit der Sprache“)(1823—1824)、《论拼音文字及其与语言构造的关系》(„Ueber die Buchstabenschrift und ihren Zusammenhang mit dem Sprachbau“)(1824)、《普遍语言类型的基本特征》(„Grundzüge des allgemeinen Sprachtypus“)(1824—1826)、《论人类语言构造的差异》(„Ueber die Verschiedenheiten des menschlichen Sprachbaues“)(1827—1829)、《论某些语言中方位副词与代词的联系》(„Ueber die Verwandtschaft der Ortsadverbien mit dem Pronomen in einigen Sprachen“)(1829)、《论人类语言结构的差异及其对人类精神发展的影响》(„Ueber die Verschiedenheit des menschlichen Sprachbaues und ihren Einfluss auf die geistige Entwicklung des Menschengeschlechts“)(《卡维语导论》,1830—1835)

1 真正的语法形式和观念发展之间的关系(1822)

语法用来描述语言的构造和功能(参见 Duden, 2003: 672),早在古希腊就被视作思维的逻辑判断,而词汇则用来表达世界(参见 Borsche, 1990: 143 - 144)。洪堡在1822年《论语法形式的产生及其对观念发展的影响》一文中同样认为,语法表明了外部世界以及思维中各种事物之间的关系,是思维进行逻辑判断的语言外化。鉴于言语和理解离不开语法关系,故而他认为每一种语言,无论多么原始,都必定具有特定的语法表达方式,只不过这类方式还比较贫乏、还不同寻常,主要采用具象的方式(参见 Humboldt, 1905: 287)。洪堡区分了语法发展的四个不同阶段,它们具有不同的语法表达方式(参见 Humboldt, 1905b: 305 - 306):

• 语法发展的第一阶段:运用惯用语、短语或句子表达语法关系,需要通过推测言语连接的方式来帮助理解;

• 语法发展的第二阶段:使用固定的词序和介于实物意义与形式意义之间的词来表达语法关系;

• 语法形成的第三阶段:语法关系通过类似于形式的方式进行表达;

• 语法形成的第四阶段:语法关系通过真正的形式,即词形变化和纯粹的语法词进行表达。

假若一种语言其语法关系没有标记而需加以推测,那么就不具有真正的语法形式。如果这样,洪堡认为观念的发展就无法做到“明确,同时又迅捷并富有成效”(1905b: 291)。词序可以表达某些语法关系,或许能被视为一种真正的语法形式;不过单纯依靠词序仅能产生少量的变化形式,为避免歧义,词序变化所能表明的语法关系数量有限(参见 Humboldt, 1905b: 295)。此外,实义词尽管也可以用作语法符号,但这种符合事物概念的词基本上不适合于表达形式,因为实义词的概念源于对具体对象的感知,其符号基于对象本身所提供的类比关系,其理解需要通过展示对象本身得以实现;相反,形式的表达包含了一种逻辑概念,若将实义词用作语法符号就必然需要继续借用一种形式与其他的词进行连接(参见 Humboldt, 1905b: 296)。而所谓“类似于形式的方式”,根据洪堡有以下5种方式(1905b: 295):

1. 有意义音节的黏附或插入,这些音节本身已构成了或可以构成独立的词;
2. 元音转化成另一个元音或改变数量或重读音;
3. 词内部的辅音变化;
4. 相互依赖的词依据一定的规则进行排列;

5. 音节的重复。

这里除了词序(4)与有意义音节的黏附和插入(1)主要指出了一些语音变化的方法，如元音的变化、辅音的变化和音节的重复。这种借助语音来表达语法关系的方法，洪堡认为与感觉相关并需要发挥想象力，因而并不构成真正的约定俗成(参见 Humboldt，1905b：296，298－299)。

不同于所有这些方法，洪堡认为只有屈折变化和纯粹的语法词才能被称作真正的语法形式。所谓屈折变化是指“无意义的字母、音节的黏附或插入，仅用以表明语法关系”(Humboldt，1905b：295)，因而不具有实物意义的屈折变化就只是表达纯粹的关系概念。而纯粹的语法词“一般不指称任何事物，而只表示关系，也就是语法关系”(Humboldt，1905b：292)，它们不带有其他的附加概念。

不同于常常会引起歧义并在表达语法关系时留有具象意义的短语、尚未形成固定规则的词序以及类似于形式的方式，洪堡认为只有真正的语法形式才能借助语言让思维具有清晰性和明确性，才能对事物和形式、对象和关系进行彻底的区分(参见 Humboldt，1905b：307－308)。如此一来，“思维能力若占据优势，就会赋予一种语言以形式性；而语言的形式性若占据优势，则会增强思维能力”(Humboldt，1905b：305)。

然而古汉语并没有词形变化，无法以此来区分名词、形容词或动词。因而汉语不具备真正的语法形式，或者按照洪堡的说法，汉语“几乎不具备任何通常意义上的语法”(1905b：310)。若根据洪堡的思路进行推论，古汉语相比于印欧语就属于不太完善的语言了，古汉语使用者的言语和思维知性就需要承担起更多的工作，理解古汉语表达不够清晰语法关系就得依靠每个人自己进行补充。

然而，为什么几乎没有语法的汉语几千年来却创造了繁荣的文学，产生了重要的哲学和历史著作，也就是说中国人用汉语达到了高度的智力水平。这一问题与真正的语法形式为观念发展所必要这一说法相悖。不过洪堡并没有直面这一问题。在这一时期他只是解释说，由于无法通过真正的语法形式来促进智力活动，中国人不得不踏上一条更为艰辛、更加缓慢的道路，需要克服更多的困难，才能创造出伟大的文学作品，才能达到很高的智力水平(参见 Humboldt，1905b：291－292)。

2 文字和语法(1823—1824)

如果说语言通过语音来表达思想，那么文字则标记了通过语言所形成的思想。也就是说，文字记录、稳定和传播了由语言所形成的思想。不过，文字的变化也会导致语言的变化，因为“尽管本来是因为这样说，才这样写，但也会产生这种情况，即因为这样写，才这样说”(Humboldt，1906a：35)。因而不只是语法形式，文字也会促进语言的完善并推动观念的发展(参见 Humboldt，1906a：37；Messling，2008：15)。欧洲传统的“目的论”认为文字有三种类型，分别为“表形文字”(Piktographie)、“表意文字”(Ideographie)和“表音文字”(Phonographie)(参见 Messling，2008：67)，洪堡则将文字分为“图画文字”(Bilderschrift)、“图形文字”(Figurenschrift)和“拼音文字”(Buchstabenschrift)。他参照托马斯·杨(Thomas Young，1773—1829)、乔马德(Edme-François Jomard，1777—1862)、佐埃加(Johann Georg Zoëga，1755—1809)、霍拉波罗(Horapollo，公元四世纪左右)等前人关于文字研究的著述，对不同文字类型的特点进行了探讨(参见 Humboldt，1906a：33—34)。

洪堡将汉字称为图形文字，认为汉字类似于数学几何图形，而图形的本质在于即使完全不了解汉字体系的人，也能机械性地学习哪些图形表示哪些单词，并以此让人产生表音文字那样的符号性感觉 (参见 Humboldt，1906a：40)。洪堡认为汉字具有以下特点：

1. 作为概念文字汉字有时与古埃及图画文字有一定的相似性，也能像图画那样表达对象，只是并不简单具体地描摹对象，而是进行几何图形那样的简化和抽象(参见 Humboldt，1906a：52)。不过洪堡也指出，汉语中也有一些象形文字用来表示相关的或有某种关系的概念，比如甲骨文中表达“左”和“右”两个概念时所使用的汉字(参见 Humboldt，1906a：70)。

2. 汉字也混合了表音符号(声旁)，但汉字一个具体的音(辅音和元音)不是由独立的音符来表示，而要从连在一起的语音的首尾部分加以听取和辨认(汉字的反切法标音方式)，因此缺乏拼音文字所具有的纯粹性和明晰性(参见 Humboldt，1906b：114)。

3. 汉字之间很可能缺乏某种语法关系，作者和读者要自行描写或想象这些孤立概念之间的联系(参见 Humboldt，1906a：73)。

从上述表达可以看出，被称为图形文字的汉字明显留有图画文字的痕迹，使得“本应仅为符号之符号的文字，却同时成了对象的符号，它将对象的直观展示输入思维，从而削弱了词仅仅作为符号所发挥的作用”(Humboldt，1906b：111)。不过洪堡认为，即便是图形文字本身也与那种理想的，也就是能将外部世界转化为观念的语言本质相矛盾。因为无论是感性现象，还是那些不明确的思维都只有依附于声音才能获得语言所特有的形式(词的个性不仅体现在词的逻辑意义上，而且还依附于声音，因为声音可以在心灵中直接唤醒词所特有的作用)，与此相对应，只有拼音文字才能成为“不受任何附加概念侵扰的符号之符号”(参见 Humboldt，1906b：113)。而图形文字“只探求概念而忽略语音,使得词的作用难以完整地发挥,[……]因为它们还部分保留了世界本身的绚丽多彩、生动积极和无穷变化"(Humboldt, 1906b: 112)。

涉及语法,洪堡认为作为真正语法形式的屈折形变"必然会区分和关注不同的分节音"(Articulationen) (1906b: 121),而分音节反映了语言的本质。早在第一次科学院演讲《论与语言发展的不同时期有关的对比语言研究》(Ueber das vergleichende Sprachstudium in Beziehung auf die verschiedenen Epochen der Sprachentwicklung) (1820) 中洪堡就强调指出(1905a: 4):

> 人具有两种能力:一方面,能够将语言分割成一定数目的元素;另一方面,能够将这些元素进行无限的组合。[……]换言之,人具有这两方面的能力:在精神上通过语符切分、在肌体上通过发出分节音而把语言分解为要素;又能将语言要素重新组合起来,在精神上借助知性的综合,在肌体上借助重音,由此,音节结合为词,词结合为言语。[……]只有强大的自我意识才会迫使肌体精确地划分和限定语音,形成了我们所说的分节音。

拼音文字有能力清楚直观地区分并标记分音节(参见 Humboldt, 1906b: 115-116)。相比之下,汉字不能标记词或概念的语音整体,更不用说能够区分和确定单个语音了。由此,洪堡认为汉字与没有语法的汉语相匹配,因为汉语无须字母作为符号来标记屈折变化,若有音旁也只是起到辅助作用(参见 Humboldt,1906b: 108)。而如此构成的汉字就与思想有了或多或少的直接联系,并不需要借助声音才能转变为"视觉的对象"(Humboldt, 1906b: 109)。这样的文字为精神指明了不同的方向,它不会促进真正的语法形式,尤其是屈折变化这种形式的发展。

3 隐性语法(1826)

对于洪堡 1822 年在科学院发表的关于汉语的演讲,雷慕萨认为洪堡以印欧语为中心贬低了汉语,并指出汉语虽不具备印欧语那般的语法形式,但汉民族却拥有四千年的璀璨文化,洪堡不该忽略这一点(参见 Rousseau/Thouard, 1999: 9-28)。从二者的通信交流可以看出,洪堡在此期间更为细致地学习了汉语,丰富了语法观念,并尝试从多角度去评价汉语。正如他本人在可能于 1825/1826 年写给韦尔克(Welcker)的信中写道:"这是一种真正奇妙的语言,我们不能高估它,但也不能轻视它,相反,我们必须对它推崇备至。"(1955: 892)

洪堡对古汉语的研究以通信的方式与雷慕萨进行了交流,后来被统称为"致阿贝尔·雷慕萨先生的信:论语法形式的通性以及汉语精神的特性”(1825—1826)。在该信中,洪堡对雷穆萨在《汉文启蒙》中使用屈折语的语法范畴来解释汉语语法小心翼翼地提出了批评(参见 Bösch, 2006: 124-125)。洪堡认为,古汉语与印欧语相比并不存在进行了语法标记的词类,汉语词类的区分不仅依赖于句法和语境,而且与“人的思维”密切相关 (1979: 24)。

为了了解古汉语的语法表达方式,洪堡一方面分析了用来连接句子的动词, 并考察了助词“之”,研究其如何作为语法词来表达语法关系。另一方面,洪堡还探讨了汉字与汉语语法之间的关系。

3.1 动词和助词“之”

动词“在德语语法中属可形变词类,描述行为、过程或状态”(Duden, 2003: 1684),是洪堡考察普遍语法的主要手段之一。1822 年,洪堡在科学院演讲《论美洲语言的动词》中称,要借助动词的“状态(Seyn)”这一概念考察主语和谓语的连接,以便窥见动词的本质属性,而动词的人称、时态、语态都是附属于动词的特性。同时他特别指出了“只有那些具有高度精确性和清晰度的语言才拥有屈折动词。因此,动词成了所有语言语法的核心部分”(1907: 346)。

汉语与印欧语动词的语法功能有所不同。洪堡分析了英语“like(喜欢)”一词,认为动词原形“They like(他们喜欢)”中,like 一词看似没有人称、时态、语态等的变化,但这仅仅表示 like 与主语“they(他们)”形成了一般现在时和主动态的关系,一旦变成被动或过去时态,like 的形式就要变为 liked。相反,汉语的动词词形不会随动词的状态发生变化,时态也并非一定需要表明,且无须以词缀等形式附着于动词。所以他认为汉语的动词难以明确界定。他以汉语“大哭道”为例,提出究竟该将“哭”和“道”都看作动词、表示“大哭”(然后)“道”或者“(因为正在)大哭”所以“道”,还是将“大哭”看作动名词“大哭(着)”而做“道”的伴随状语,抑或将“大哭”视为名词“哭泣”而构成了“道”的主语,汉语都没有通过动词形式的变化加以体现,而需在语境中依据词之间相互的限定关系来裁定其语法功能。不过洪堡认为,汉语的精神和特性并不关心此类问题 (参见 Humboldt, 1979: 36)。这是因为汉语句子中的词按照一定的顺序排列,而词序的根本原则是修饰词在被修饰词之前,宾语位于支配它的词之后。根据这一原则,“后面有无跟随宾语”(Humboldt, 1979: 31-32)这一事实可以用来识别动词。也就是说,词序可以用来识别动词。事实上,汉语动词主要指动词概念,根据中国汉语语言学家吕叔湘的说法(参见 2002: 25),动词除了“本用”,还能“活用”,例如可以用作名词。

就汉语动词的时态问题,洪堡举例了《汉文启蒙》第 370 节的一句话(参见 Humboldt, 1979: 46):

干娘你自成作完备了时,我自重重谢你。

他指出,该句第二个陈述通过第一个陈述的完成时态来限定,而这一时态又由前面那些表达行为的词所限定,这样的表述本身清晰准确。然而,如果按照语法形式对词进行归类,那么句子的表达形式就充满了不确定性。究竟应将表示完成时态的"完备了时"理解为事实行为"成作"的附属成分,还是可以将这一完成时看成由动词"成作"所支配的连词,"成作"做"变位动词",或者"成作"是不定式,位于表示时态的名词"完备"之前,以至于人称代词成了物主代词而变成了"你的成作完备了时"?汉语均无法与印欧语一样,仅通过"成作"一词本身的词形变化予以回答。句中时态并没有以词形变化、添加助词等形式体现在动词("成作")上,而是通过使用了"自……了时"从言者角度表示将来完成时态,而动词本身则更注重表达概念或内容,而非形式。因此,汉语只有借助上下文才能确定句子的确切含义和实际时态。

除了词序和上下文,洪堡还注意到了汉语中有一种类似于印欧语"词缀"的助词"之",认为它在句中似乎具有语法词的功能。它类似于法语的 *de*,英语的 *of*,德语的 *von*,理解为"的",用来连接形容词和名词(如"学生衰朽之夫")、名词化的形容词与其前置名词(如"天地之大"),但也可以将中性动词或被动动词与定语连接起来(如"谓之中")、作为定冠词或不定冠词(如"士之报礼重")、用作关系代词(如"古之")或帮助构成形容词(如"诚者之")。不过洪堡认为"之"最大的作用在于"可以把听者的注意力吸引到位于前面的词上,同时又表明了,这些词语与位于'之'后面的词之间必定具有某种联系"(Humboldt, 1979:41)。因而从这个意义上说,"之"并不能真正被视为属格标记(参见 Humboldt, 1979: 39)。除了连接功能,洪堡还补充总结了"之"的其他两种用法,即动词"到……去"和指示代词,做动词补语或主语。通过对"之"的研究,洪堡发现了"句法"在汉语中的重要作用,如果要追问"之"的词类,那么洪堡认为"不应该将其算作表达语法形式的词,而应是在句子结构中指明一个概念向另一个概念转化的词"(Humboldt, 1979: 44)。

通过上述对古汉语动词和助词"之"的分析,洪堡指出了古汉语中具有明显标识和规则的语法极为稀少(参见 Humboldt, 1979: 24),却没有像 1822 年那样认为汉语没有语法,而是提出了汉语具有"隐性语法"(stillschweigende Grammatik),它"作为隐性的前提条件存在于言说者的精神之中,并在句子的构造中显示出来"(Humboldt, 1979: 24)。

在他几乎同一时间完成的《语言普遍类型的基本特征》(1824—1826)一文中洪堡对"隐性语法"进行了解释,并第一次区分了"作为基本模式存在于言语者知性之中的,或者更精确些,那种作为语言规则对言语者起作用的语法"和"存在于语言中的语法",并分别将其称为"隐性语法"和"显性语法"(ausdrückliche Grammatik)(Humboldt,

1906c：462)。因为语法是思维本身的一种规律，即便语言自身没有显示出语法，语法也必然会被带入语言之中；即便一种语法形式没有在语言中得到指称，它也会作为主导理解的规则存在于讲这种语言的人之中(参见 Humboldt，1906c：469)。

如果一种语言缺乏被视为真正的语法形式的显性语法，从语法角度看言语就会出现缺漏，那么隐性语法就会发挥作用以填补这些缺漏(参见 Humboldt，1906c：464)。古汉语无法通过显性的语法形式来辨别言语的连接关系并帮助理解，取而代之的便是一套稳固的、规律的“特殊”语法形式，即“从词序、词义和词之间的相互关系中辨别出语法关系”，并借助大量的惯用语来决定句中词之间的联系，使概念孤立地出现成为可能(参见 Humboldt，1979：68－69)。借助这些手段，言语者会在不同程度上汲取句中的关系含义，并使之与语法的基本含义结合在一起(参见 Humboldt，1906c：465)，而这种语法的基本含义洪堡称之为存在于精神之中的“原型”(Urtypus)，会在语言的使用过程中被意识到(参见 Humboldt，1906c：467)。由此，洪堡得出了以下结论：古汉语几乎只拥有隐性语法(参见 Humboldt，1906c：462)，“汉语在丰富的语法方面所放弃的，似乎在纯粹的智力方面有所收获”(Humboldt，1906c：461)。因为相比任何其他语言，汉语需要精神承受更大的思维压力，由于汉语的句子结构基本上是根据概念的某种特性而将其排列在一起，其间并不发生词形变化，这就剥夺了精神几乎一切可利用的机械手段，使其不得不独自去建立概念间的联系。但是反过来，洪堡认为汉语由此唤醒了并支持着一种纯粹的思想活动，使得汉语概念的表达更为简练和朴实；同时，汉语将表达视为思想的图像，而在这一思想的图像中，一切的连接都通过词来实现，因而汉语必定要赋予词以生机，以便可以根据思想表达的需要来改变词的语法性质，并让听者根据听到的语音追踪思想的轨迹，而无须让其中断听讲去添补词所留下的那些思想空缺；以这种方式，心灵就更加富有生机和活力，它的各种能力就会更为协调地发挥作用，并以独特的方式为叙述和描写注入生气，赋予情感的表达以某种力量，从而造就了例如《诗经》中的诸多美妙的段落(参见 Humboldt，1979：67－69)。

3.2 汉字与语法形式

洪堡对古汉语语法的研究不仅关注到语言本身，而且还涉及文字。他认为汉字完全符合汉语语法体系的要求。与其他语言一样，汉语的文字也产生于口语形成之后。汉语文字的产生配合着口语中“音节”的发音方式，如果出现了声调、音节的变化，汉语也会再次寻找另一个与之匹配的字符。但他同时指出，汉字不是拼音文字，汉语文字的“语音”“字符”“概念”三者分离，分别独立存在。出于汉语的民族禀赋对文字独特的认知方式，汉字与表达外部事物的概念(图像)之间有着千丝万缕的联系；但是语音与汉字符号之间并没有协调一致；而语音和概念之间的联系，则是通过寻找与概念相匹配的字符达到稳固，并由此来实现语音与文字的统一。若概念不同，语音或相同或不同，字

(符)亦不同(参见 Humboldt, 1979: 79)。

除此之外,洪堡认为汉字也对汉语本身产生了巨大的影响。作为概念文字汉字用图像表达概念,图像就与概念融合在一起,使得汉字无须借助语音而与概念建立了直接的联系。而字母文字中这种影响几乎不存在,因为其符号的图像就其本身来说并无意义可言,它们要么不起什么作用,要么表示真实的语音。所以洪堡推测,对于能读会写的中国人而言,他们说话甚至思考时,应该常常会在脑海中想象文字符号;因为汉字,中国人不再去关注语音以及语音与概念之间的关系,而是习惯专注于概念之间的直接关系。汉语的语法也正是如此:汉语的词能够无须词缀和屈折变化排列在一起,恰是因为几乎每一个词都包含了一个独立的概念(参见 Humboldt, 1979: 79 - 80)。

洪堡认为汉字的书写方式"在某种程度上就是一件哲学作品"(Humboldt, 1979: 80),鉴于汉字的特殊性,他指出汉字并不像字母文字那样仅仅记录了语言,它的作用更为重大。对此洪堡以词源作为例证。词源可以揭示概念之间的联系,但汉语的词源并不像其他语言那样只基于词,而是很自然地具有双重性质,即同时依赖于文字符号和词,而且只有在文字中才真正显露出来。也就是说,汉语的词源研究其实就是字源研究。[①] 另外一个例证是汉语中的同音字,古汉语的词具有单音节性质,而且汉语由于没有充分发展、混合、组构各种音节促使语音变得丰富多样,总体而言语音的数量较小,所以同音字大量存在(参见 Humboldt, 1979: 80, 83)。这些同音字语音相同但文字书写方式不同,若要分辨声音的差异,则需要通过字符本身或对应的概念来实现(参见 Humboldt, 1979: 79 - 81)。比如下例:

shòu　rén　yǐ　yú
授　人　以　鱼
bù rú,
不如
shòu　zhī　yǐ　yú
授　之　以　渔

该例句中"鱼"和"渔"同音,言说主体无法仅通过语音说明二者在词形和词义上的差异,在言语过程中容易产生理解上的歧义。但在文字部首变化的辅助下,二者词义的区别便一目了然。因而"汉字提供了一种增加符号但无须增加语音数量的手段"(Humboldt, 1979: 84)。无论是汉语借助汉字这种独特的词源研究,还是通过汉字来平衡和弥补汉语单音节系统所引发的语音贫乏,都只能说明汉字帮助言说双方明确了

① 东汉许慎的《说文解字》正是从字源的角度研究了汉字的形、声、义。

语义，而“文字也由此成了语言的一部分”(Humboldt, 1979: 84)。

在此洪堡也对他1822年提出的“为什么汉语尽管几乎没有显性语法却促使中国人达到了智力的高峰?”这一问题进行了回答。恰恰是因为汉字，因为汉字直接与概念相关，并与语言的语法系统相统一，才使古汉语适合于智力的最高发展(参见 Humboldt, 1979: 81)。洪堡认为，通过汉字汉语“从那个与那些极不完善的语言具有相似性的阶段，过渡成为适合智能高度发展的形式而无须经历一个中间阶段，也就是说，汉语将缺陷变成了优势”(Humboldt, 1979: 81)。

4 总结

从上文可以看出，洪堡对古汉语的研究丰富和发展了他的语法观和语言观。这主要体现在以下三个方面：

第一，完善了对“语法”一词的定义。1822年，洪堡将语法几乎等同于真正的语法形式，因此认为古汉语没有语法。而四年之后，在进一步深入研究古汉语的基础上，他区分了显性语法和隐性语法，认为这两种语法在语言的言语和理解过程中相互作用。古汉语被认为主要使用隐性语法，从而更好地理解和解释了汉语的语法运作方式。

第二，不再片面地将“语言”这一概念与文字相对立，即语言只是由语音构成，而文字从印欧语言的角度出发仅仅被视为对由声音所表达的思想的记录。正如汉字，文字也可以直接指代概念，从而直接表达思想。汉字作为概念的化身和区分同音字的手段对语法进行了补充，所以汉字是语言不可或缺的组成部分。换言之，“语言”这个概念也可以包含“文字”。

第三，驳斥了“只有语法发达的语言才完全适合观念的发展”(Humboldt, 1905b: 310)这种说法。因为事实上，中国人用汉语(用语音表达的语言和文字)实现了高度的智力发展。这究竟是由于隐性语法还是汉字在发挥作用，其实已经无关紧要。毕竟，作为一个语言整体，它们共同作用于思维，极大地促进了智力的发展。

参考文献

[1] 吕叔湘，2002. 吕叔湘全集：第一卷，中国文法要略，沈阳：辽宁教育出版社.

[2] 许慎，1963. 说文解字，北京：中华书局.

[3] 赵劲，2017. 洪堡语言哲学思想国内研究述评，德国研究，(4)：108－121，128.

[4] Borsche, Tilman. 1990. *Wilhelm von Humboldt*. München: C. H. Beck.

[5] Bösch, Sarah. 2006. *Wilhelm von Humboldt in Frankreich: Studien zur Rezeption (1797—*

2005). Paderborn: Ferdinand Schöningh.

[6] Duden. 2003. überarbeitete Auflage. Mannheim u. a.: Dudenverlag.

[7] Humboldt, Wilhelm von. 1905a. Ueber das vergleichende Sprachstudium in Beziehung auf die verschiedenen Epochen der Sprachentwicklung (1820). In: Albert Leitzmann (Hrsg.): *Wilhelm von Humboldts Gesammelte Schriften*. 4. Bd. Berlin: B. Behr's Verlag. S. 1-34.

[8] Humboldt, Wilhelm von. 1905b. Ueber das Entstehen der grammatischen Formen, und ihren Einfluss auf die Ideenentwicklung (1822). In: Albert Leitzmann (Hrsg.): *Wilhelm von Humboldts Gesammelte Schriften*. 4. Bd. Berlin: B. Behr's Verlag. S. 285-313.

[9] Humboldt, Wilhelm von. 1906a. Ueber den Zusammenhang der Schrift mit der Sprache (1823—1824). In: Albert Leitzmann (Hrsg.): *Wilhelm von Humboldts Gesammelte Schriften*, 5. Bd. Berlin: B. Behr's Verlag. S. 31-106.

[10] Humboldt, Wilhelm von. 1906b. Ueber die Buchstabenschrift und ihren Zusammenhang mit dem Sprachbau. In: Albert Leitzmann (Hrsg.): *Wilhelm von Humboldts Gesammelte Schriften*. 5. Bd. Berlin: B. Behr's Verlag. S. 107-133.

[11] Humboldt, Wilhelm von. 1906c. Grundzüge des allgemeinen Sprachtypus (1824—1826). In: Albert Leitzmann (Hrsg.): *Wilhelm von Humboldts Gesammelte Schriften*, 5. Bd. Berlin: B. Behr's Verlag. S. 364-473.

[12] Humboldt, Wilhelm von. 1907. Von dem grammatischen Baue der Sprachen (1827—1829). In: Albert Leitzmann (Hrsg.): *Wilhelm von Humboldts Gesammelte Schriften*, 6.2. Bd. Berlin: B. Behr's Verlag. S. 337-486.

[13] Humboldt, Wilhelm von. 1955. An Fr. G. Welcker. In: Rudolf Freese (Hrsg.): *Wilhelm von Humboldt: Sein Leben und Wirken, dargestellt in Briefen, Tagebüchern und Dokumenten seiner Zeit*. Berlin: Verlag der Nation. S. 891-893.

[14] Humboldt, Wilhelm von. 1979. Brief an Abel-Rémusat: Über die Natur grammatischer Formen im allgemeinen und über den Geist der chinesischen Sprache im besonderen (1825—1826). In: Christoph Harbsmeier: *Zur philosophischen Grammatik des Altchinesischen im Anschluß an Humboldts Brief an Abel-Rémusat*. Übs. Christoph Harbsmeier, Stuttgart: Friedrich Frommann Verlag. S. 17-88.

[15] Messling, Markus. 2008. *Pariser Orientlektüren: Zu Wilhelm von Humboldts Theorie der Schrift*. Paderborn: Ferdinand Schöningh.

[16] Rousseau, Jean/Denis Thouard (Hrsg.). 1999. *Lettres édifiantes et curieuses sur la langue chinoise: un débat philosophico-grammatical entre Wilhelm von Humboldt et Jean-Pierre Abel-Rémusat (1821—1831)*. Lille: Presses Universitaires du Septentrion.

德语中汉源借词的发音归化研究*

上海理工大学　复旦大学　唐　骋**

摘　要:作为中国文化使者的汉源借词,进入德语语言及文化的认知系统,无疑说明了言语社团间交流的增加。汉源借词进入德语的难点在于从文意到音形转化过程中的不可通约性,这一现象易引发德语国家对音形背后文意的考量。本研究通过辅音、元音、音节和重音四个维度对德语中汉源借词的发音展开探究,拟解决问题包括"汉源借词的发音方式与德语俗例化发音规则是否相融"以及"如何明确在德语中汉源借词'正确'或'可能'的发音方法"等,进而进一步考察汉源借词发音与德语惯例发音的融入体系。

关键词:汉源借词;发音归化;音译

Title: The Phonological Integration of Sinisms in German

Abstract: The entry of Sinisms into the linguistic and cultural perception of the German language as an "ambassador" of Chinese culture is an indication of the increase in communication between linguistic communities. The difficulty with the entry of Chinese loanwords into German is the incommensurability of the transformation process from context-oriented to pronunciation-oriented, but this also leads to a consideration of the context behind the pronunciation. This research is concerned with the phonological integration of Sinisms in terms of their consonant, vowel, syllable and accent, in order to explore the "correct" or "possible" articulation of Sinisms on the one hand, and to consider assimilation rates of Chinese borrowings

---

* 基金项目:本研究系2022年度第十一批"中国外语教育基金"项目《德语中的汉源借词研究》成果(项目编号:ZGWYJYJJ11A148)。

** **作者简介:**唐骋(1990—　),女,上海理工大学讲师,复旦大学博士。研究方向:词汇学、接触语言学。联系方式:faytang317@163.com。

on the other. This paper examines one of the emblems of language contact and linguistic interference, namely integration of Chinese borrowings into the German phonological system.

Key Words: Sinisms; Phonological Integration; Transcription

1 引言

外来词是一种语言接触后的结果，是异文化间交流的结晶。外来词亦称为外来概念词（史有为，2004：3），包含所有来自外族语言概念的表达，其接纳方式大抵分为“译”和“借”两种。译者迻也，借者袭用其音，也就是说，“译”是根据自语言的语言成分将源语言的概念“迻”入进来，“借”则承“袭”了源语言的“音”和“义”，将外族概念“连音带义”吸收入自语言（沈国威，2010；史有为，2004）。本研究采用“借词”这一术语。在语言借用范围之内，布龙菲尔德（Bloomfield）对“借”的用途进行了区分，将之分为方言间的借用（dialect borrowing）和文化上的借用（culture borrowing）。前者借用自同一语区内，与本研究关联不大，因此不做展开；后者的借用特点是来自不同语区，将在本研究中重点分析。布龙菲尔德（2018）在《语言论》中如此表达他对于文化借用词的态度：

> 每一个言语社团都向它的邻区学习。各种事物，天然的和人工制造的，从一个社团传入另一个社团，行为方式也是如此，诸如技术程序，作战方法，宗教礼仪，或个人行动的风尚。民族学（或人种学）者研究事物和习惯的这种分布，称为文化的传播。（布龙菲尔德，2018：615）

在布龙菲尔德看来，那些“不用拉丁字母书写的语言”，“往往不用注音”，多用转写（Transliteration）进行拼音文本系统间的转写（布龙菲尔德，2018：118－119）。杜登大字典中对“Transliteration”的解释是一种从非拉丁文字字符忠实地转换成拉丁文字系统的字符的过程。例如：希腊字母转写成拉丁字母<α> →<a>，<x> →<ch>；西里尔字母转写成拉丁字母<λλ> →<ll>，Kyrillisch<д> →<d>，<Россия> →<Rossija>。但对于汉源借词来说，这种机制显然无法套用，原因在于汉语的书写系统并非拼音系统，而是类似象形的方块字（陈胜利，2016：13）。从转写机制的局限性上我们可以判断，其主要操作范围在于屈折和黏着两种语言类型上。笔者根据观察德语中汉源借词的特性，发现相较于转写（Transliteration），音译（Transkription）更能够将作为“象形方块”文字系统代表的汉字在西传过程中拉丁化。杜登大字典中对“Transkription”的解释是将一种非拉丁系统的文字形式，按照其发音特点，忠实地转换成拉丁字母的过程。在汉源词被纳入德语的过程中，音译的重要性和困难性尤为凸显，主要体现在字母组合和音位关系的多样化上。一是一对一，即同一个字母或字母组合可代表一个音位形式。例如，在汉源词 *Chopsuey*，*Chang*，*chin-chin*，*Chow-Chow* 中，<ch>对应音位/ʧ/。二是一对多，即同一个字母或字母组合在不同环境中可代表多个音位形式。例如，在汉源词 *Chan* 中，<ch>可对应音位/k/、/h/和/ʧ/。三是多对一，即多个字母或字母组合代表一个音位形式。例如，在汉源词 *Scheng* 和 *Shaolin* 中，<sch>和<sh>都对应发音单位/ʃ/。

2 汉字西借遇到的问题

艾森贝格(Eisenberg，2001：184)说过：“长久以来，‘外来词问题’主要被理解为一个关于词的溯源和迁移的问题。”对汉源借词研究也是以此为基础展开的。除德语的“译”词之外，如 *blaue Ameisen*(蓝蚂蚁)、*Barfußarzt*(赤脚医生)和 *Tausendjährige Eier*(皮蛋)，“汉源”也是考量和界定中文外来词首要的标准之一。随之而来的问题是“借”词如何在拟音过程中不“讹错”。根据施莱格尔和洪堡(Schlegel & Humboldt)对语言类型的归类(引自徐智民，2013)，德语所属的印欧语系中的语言都是屈折语，而汉藏语系中的汉语是典型的孤立语。汉语重“字学”，也就是说，以“字”为本位，为“纲”，而其余都是派生出来的“目”。研究者的汉语语言学研究方式是“字思维”，而对印欧语系的语言研究则立足于语法。以人类的文字形式划分来看，世界上的语言大致可分为表音文字(如德语)和表意文字(如汉语)。表意文字是用一种象征性符号的方式进行记录的文字系统，即许慎(引自殷寄明，2006)所谓“画成其物，随体诘诎”，且每个书写符号可代表一个音节和字义，但与字音无直接勾连。与之相对的表音文字，是一种用字母来记录语音，从而记录语言的文字系统，且字位即表示音位，但几乎不与语义直接挂钩。首先，无论从形态发音还是文字思维的角度，两者都差别巨大，因而使得汉字拉丁化借入西语的过程如关山阻隔。对此，库尔马斯(Coulmas，1991：69)认为尚无能将汉字拉丁化的切实可行的方法。叶秀山(1991)从比较语言学视角指出，“西方文化重语言，重说，中国文化重文字，重写”。李泽厚(1998)认为，“中国语文之不可能拼音化，不可以西言语法强加于上，亦此之故”。申小龙(2014)也坚持认为，“汉字具有与欧洲文字完全不同的价值观——其表达功能不在于是否有效地记录语言，而是能否有效地传达概念”。

其次，表意文字相较于拼音文字地方性更强，而世界性更弱。霍尔(Hall，1976：

105－107）从文化角度出发，提出“语境文化”，分为“高语境”和“低语境”，这是基于人类语言对所处语境的依赖程度所作的区分。中文属于“高语境”语言，意味着汉字的理解要求在特定语境中达成暗示与默契，而非形态上的要求，其音形义上弹性较大，适应语境的灵活性也因之较高。然而，汉语的“高语境”性则有赖诸多社会文化因素，中国人具有传统的集体主义观念，信息共享程度大，具有较高同质性，因而社会成员之间默契性较强，许多信息不完全依赖语言形式传达，而是通过语境感受。那么，在汉字作为外来词借入德语之后，这种源语言内部的高度的同质性特征便会丧失在异文化的转化过程中。因此，从跨文化交际的角度而言，汉源词德化需要考虑的不仅是语言单位对应的问题，还有其背后具有强大暗示力的社会文化成因。从罗明坚和利玛窦的《葡汉辞典》起，欧洲人先后为汉语设计过几套拉丁文字转化的方案，但最后都未获得成功，这也印证了方块汉字拉丁化的不易（张西平，2019）。

此外，汉字本身包括“声”“韵”“调”三要素，由21个声母和39个韵母组成400多个音节，每个音节包含四声，这便形成了汉语的“一字多音”特点。另外，汉语也是方言语音分歧最明显的语言，从历史上中西文化交流的角度来说，闽南语和粤语在方言西传词的数量上居首，闽南语七声八调，粤语九调六声，这些语音特点都会在汉字西借中筑成藩篱。

3 研究方法和目的

德语中的汉源借词是方块文字经过音译得到的拉丁文字。在一定程度上，汉源借词向我们展示了德国期待从中国学习到什么。布龙菲尔德（2018）说过：“借入形式也要经受借入以后发生的语音演变的支配。”他以法语中的英源外来词为例做了进一步阐述：

> 比如法语 préciosité [presiɔsite]和英语 preciosity [presiˈɔsiti，pretʃiˈɔsiti]之间的歧异不是由于借入以后英语里发生的语音演变，而仅仅是反映了法语和英语类型之间一种寻常的关系——这种关系在懂得法语的讲英语的人们中间建立了一种习惯，按照一定路线使借入形式得到适应。（布龙菲尔德，2018：622－623）

卡斯滕森和布瑟（Carstensen & Busse，1993）编撰《英语外来词辞典》时也提出过相应观点：

> 懂英语的德国人的年龄、受教育程度、所操的方言以及英语水平，是决定英语

外来词融入德语发音体系程度的主要因素，其中，英语水平最为重要。这些因素并非以偏概全，而是因人而异，在不同人群中能展现出不同高低的融入程度。(Carstensen & Busse，1993：81)

由此类推，德语中的汉源借词的发音方式须得通过在同时懂得本国语言和彼国语言的中德人民间建立一种联系，这种联系的建立是基于以下三项原则：

- 了解德语本族语言的发音体系；
- 熟悉汉语的发音规则；
- 能够根据发音特点，识别汉源借词的德语归化程度。

本研究致力于通过辅音、元音、音节、重音四个维度来对德语中的汉源词发音融入输入语惯例发音体系情况展开研究，旨在解决以下问题：

- 汉源借词的发音方式是否能够融入德语俗例化发音规则？
- 如何明确在德语中汉源借词“正确”或“可能”的发音方法？

为了能够对德语中汉源借词的发音形式和发音结构，进行系统性、标准性、明确性地分析和描述，本研究以《国际音标》(IPA)系统为基础，辅以德国的《杜登外来语辞典》(Duden，1994 & 2015)、《杜登大辞典》(Duden，1976)、《杜登发音辞典》(Duden，2015)、《瓦里希外来语辞典》(Wahrig，2011)等，和中国的《辞海》(1979)、《现代汉语词典》(1995)、《闽南方言大辞典》(2015)、《广州话正音字典》(2019)等进行全面考证，力求保证研究结果的科学性和可重复性。

4 汉源借词的发音融入情况考证

在艾森贝格(Eisenberg，2012：173)看来，虽然各类字典中对外来词的发音形式有明确的记录，但这种记录形式大多具有摇摆性和随意性，同时缺乏一致性。在此情况下，为了获取汉源借词相对标准的发音方式，需要对汉源借词发音方式在德语中的融合情况及其“正确”或“可能”的发音方法进行观察和判断，而实现这种观察和判断的重要前提是：将这些借词的汉源发音特征置于德语语言体系的总体框架之下，据此进行输出语和输入语在发音习惯上的比较。

4.1 汉字的辅音融入

以下例(1)中所举出的辅音是依照国际音标的书写方法，这些辅音大多出现在音译的汉源借词中，在德语本身语言体系中并不常见，甚至并不存在。

(1) 汉源借词中的辅音

a [tɕʰ] **Q***i*, **Q***igong*, **Q***igongkugel*, **Q***ilin*, *Xiang***q***i*

b [tɕ]***J****iaozi*, *Mah-****J****ongg*, *Pi****dg****in*

c [ts] *Bao****z****i*, *Da****z****ibao*, *Jiao****z****i*, ***Z****ong****z****i*

d [tʂʰ] ***Ch****an*, ***Ch****ang*, ***ch****in-****ch****in*, ***Ch****opsuey*/***Ch****op-suey*, ***Ch****ow-****Ch****ow*, ***Ch****ow-Mein*, *Tai-****Ch****i*, *Tai-****Ch****i-****Ch****uan*

e [ʐ] ***R****enminbi*, ***R****u-Brennofen*

f [ɕ] *San****h****sien*, ***X****iangqi*

送气龈颚塞擦音[tɕʰ] (1－a)、不送气龈颚塞擦音[tɕ] (1－b)、卷舌塞擦音[tʂʰ] (1－d)以及齿龈塞擦音[ts] (1－c)在汉源借词中比较典型地保留了中文的发音特色，同时，这些发音由于在德语并不常见，也几乎未收入德语字典中，因此，对于不熟悉汉语发音的德国人来说，如何找到它们"正确"或"可能"的发音方式则是一大难题。

在现代汉语中，声母无清浊对立。有致力于中古前期声母现代学者，对《切韵》反切上字进行归纳总结，得到三十七个声母，这些中古声母在向普通话声母演化过程中，浊音声母随着语音的演变而清化，浊音清化后读作不送气的为多数(袁家骅，1960；Sun，2006)，如[tɕ] (1－b)、[ts] (1－c)则是由浊音[dʑ]、[dz]转化而来。汉语中浊音清化的特点是，汉源词借入西方语言伊始，所自携的典型汉语发音习惯，对于汉源借词中辅音的发声是根据送气与否来进行区别，如 q [tɕʰ] (1－a) 与 j [tɕ] (1－b)，ch [tʂʰ] (1－d) 与 zh [tʂʰ]，c [tsʰ] 与 z [ts] (1－c)。

历史上，龈颚塞擦音[tɕʰ] (1－a)和[tɕ] (1－b)起源于软腭音[kʰ，k]和齿龈音[tsʰ，ts]的融合。发音部位在龈颚，发音时舌叶会接触到上颚。[tɕʰ，tɕ]是较具有代表性的汉语发音形式，因此，其在借入德语后的语音的德语化情况非常值得研究。在艾森贝格(Eisenberg，2012：173)看来，不同的德语字典，对同一个外来词发音的标注方式也不尽相同。[tɕʰ，tɕ]的语音德语化进程也出现了两种可能性：第一种，向[ʧ]转化。在《杜登外来语大辞典》(Duden，1994)所收录的汉源借词中，龈颚塞擦音[tɕ(ʰ)]都以来自相同发声器官发出的德语本土辅音[ʧ]的形式进行注音，如[ʧiː] ***Q****i*(气)、[ʧɪˈkʊŋ]***Q****igong*(气功)和[ʧiːaʊ̯tsɨ]*Jiaozi*(饺子)。这种德化的形式较容易被接受，其原因在于[ʧ]与汉语中塞擦音[tɕ(ʰ)]发音位置基本一致，但要注意[ʧ]伴有强烈的圆唇化，通过向[ʧ]的转变过程；第二种，向[k]转化。在《华德辞典》(1963)中汉语声母的塞擦音[tɕ(ʰ)]，被统一标注为塞音[k]。这类情况较为特殊，其形成渊源与语言发展脱不开关系。比如，*Tai－Ki*(太极)与 *Tao-Te-King*(道德经)源自中国传统宗教和哲学概念，经过音译，作为汉源借词早已传入西语中。不过，这两个词在汉语中的实际发音为[taɪ̯ tɕiː]和[daʊ̯ dɤ tɕɪŋ]，中国的城市名称 Nanking(南京)和 Peking(北京)也是如此，在源语言中，k 的位置上出现[tɕ]的发音。再如，Kin（琴）和 King（罄）实际的汉语发音为[tɕʰɪn]和[tɕʰɪŋ]。从语音角度来看，在这些汉源借词中原本的塞擦音[tɕ(ʰ)]被当作塞音[k]借入德语（Moody，1996：409），这些特殊的音变现象可以从如下三个角度进行分析：

• 在汉语音韵研究中，语言学家们倾向认为，龈腭塞擦音[tɕ(ʰ)]与软腭塞音[k(ʰ)]可呈互补分布。原因在于，明清时发生了软腭音[k(ʰ)]腭化成龈腭音[tɕ(ʰ)]的现象（王力，2014；Benedict，1972）；

• 这些汉源借词（*Tai-Ki*，*Tao-Te-King*，*Nanking*，*Peking*，*Kin*，*King*）可能是由粤语音译过来的。如上所述，官话软腭音腭化成龈腭音约发生在明清之际，此前受粤语影响颇深，[tɕ(ʰ)]在粤语中大多发[k(ʰ)]韵；

• 可能是源于一种特殊的汉语罗马化的书写方案。

如此就解释了为什么一些德语中的汉源借词虽是以 k 为音节首音，但其在现代汉语中却以[tɕ(ʰ)]韵出现。借此，我们也可以将汉语声母的塞擦音[tɕ(ʰ)]视为德语中[k]的外源变体，尤其是在高元音前，[k]与[tɕ(ʰ)]在德语中发音较为相似，于此类情况下，通过由[tɕ(ʰ)]到[k]的转化，[tɕ(ʰ)]完成了德语化发音的改造。

[ts]（1－c）是汉语中一个清齿龈塞擦音，气流在口腔中流过舌面，在齿尖处形成湍流。上文已提过，现代汉语中，声母由于浊音清化，已无清浊对立，而是送气对立。而在德语中，塞擦音无送气对立，汉源借词的齿龈塞擦音[ts]在德语中的对立语音是清辅音[ʦ]（如 *Zahl* 和 *Zucker*）。这里就出现了一个问题，相同的音标代表了两个截然不同的发音，为了避免其所带来的误解，将汉语中被清化的[ts]在德语中还原成浊音声母，即[ʦ]→[ʣ]。在杜登发音辞典（Duden，2015）中，对中文声母[ʦ]的注音方法用的就是[ʣ]。尽管如此，[ʣ]本身所携带的外来属性还是非常明显。于此情况下，将[ts]（1－c）通过转化为[z]，以此实现其融入德语语言体系的进程则显得更为合理，因为[ts]（1－c）和[z]从发音角度来看，两者气流都从口腔的中央流过舌面；从听感角度来看，两者都是咝音。

卷舌塞擦音[ʈʂʰ]（1－d）是较为典型的汉语声母，伴随强送气。卷舌音[ʈʂʰ]可以视为德语辅音[ʧ]的外源变体，根据杜登辞典对德语发音的规范，在一般情况下，德语中，强清爆破辅音发音都伴随较强的送气过程。于此前提下，汉源词在借入德语之后，也当遵守这项规范。汉语中的卷舌音[ʈʂʰ]是由一个爆破音和一个摩擦音组成的破擦音，在其德语化的过程中，强送气的特征逐渐失掉，再者，伴随其在融入德语语言体系程度的加深，破擦音受德语同化，辅音组合中的第二个成分被替换为[ʃ]，破擦音[ʈʂʰ]整体转化为[ʧ]，如[ʧaːn] *Chan*（禅）。

r 音在发音研究中较具特色。在发声方式上，*r* 音种类有近音、颤音等；在发声位置上，*r* 音可以为齿龈音、卷舌音、小舌音等。虽然统称为 *r* 音，但调音部位、调音方式均不相同。

对 *r* 音在汉源借词发音进行研究发现，由于其异文化发音特色难以融入现代德语的语言体系。根据国际音标(IPA)，*r* 音在汉语中是浊卷舌擦音[ʐ]，而在德语中，*r* 音主要由小舌颤音[ʀ]，小舌擦音[ʁ]以及齿龈颤音[r]构成同位音，它们共同音位是/r/。对于说德语的人来说，从发音角度区分汉语中的卷舌 *r* 音和德语中的小舌或齿龈 r 音并不是很难。根据杜登辞典对 *r* 音的分析，由于 *r* 依照家族相似性分类的辅音，同位音构成成分复杂，因而对于判断 *r* 音的德语化程度难以制定一个明确的标准。此外，在德语辞典中，无论是对本土词或是对外来词，*r* 辅音的统一音标符号都为[r]。也就是说，不管字母 *r* 在这种语言里实际发音是否确是[r]所标记的颤音，在多数情况下，是作为 *r* 音最常见的变体出现在德语音标中。以汉源借词 *Renminbi*(人民币)为例，杜登发音辞典对其标记的发音为[ˌrɛnmɪnˈbiː]，而在维基辞典中标记为[ˌʁɛnmɪnˈbiː]。如上所述，由于德语辞典对外源词的音标记录形式具有摇摆性、随意性且缺乏一致性，因此对汉源借词中 *r* 音的音标标注也是同理，对于(1－e)汉源借词 *Renminbi*(人民币)，*Ru-Brennofen*(汝窑)中的 *r* 辅音到底是标记为卷舌[ʐ]、小舌[ʀ]/[ʁ]还是齿龈[r]，仍悬而未决。汉语 *r* 音的发音方式有点类似于德语辅音 *sch*，同时舌端抬高靠近上齿龈后部，但这种发音对于德语者而言仍较为陌生，致使其归化程度低，因而并未收录在德语辞典中。一般而言，音译词在输入语社会中的生命力取决于其归化程度，但汉源词中 *r* 辅音归化程度虽低，但识别程度却相对较高，汉语词的 *r* 辅音的高识别度极大可能要归功于国际交流中传媒的作用，新闻媒体中经常出现的高频词，比如，*人民*、*人民币*和*任正非*皆以 *r* 为声母的名词。

与上述辅音相较，1－e 中的[ɕ]在融入输入语的惯例系统程度较高，其原因是作为音译词的声母，具有与输入语音系相近的发音特点，因而与输入语语言惯例系统的协调性更好，归化程度也更高。[ɕ]在汉语中为清龈腭擦音，与德语中的[ç]发音极为相似。根据德国人的发音习惯，[ɕ]在进入德语之后调音部位会逐渐由龈腭转向硬腭，因此，[ɕ]也可以被视作[ç]的变体形式。除此之外，还存在另一种较为彻底归化的可能性。在德语中存在一种特殊的辅音舌尖化现象(Herrgen, et al, 2019; Lanwer, 2015)，即硬腭音[ç]的发音位置向前滑动，舌叶直至接近或接触齿龈，比如德语中的[ʃ]，汉语中的[ɕ]。这种辅音舌尖化现象不仅存在于标准德语中，还大量存在于方言中，比如图林根地区方言、莱茵地区方言、黑森方言(Herrgen, et al, 2019: 467, 527)。

4.2 汉字的元音融入

(2) 汉源借词中的元音

a [aɚ̯] *Pu-**Erh**-Tee*

b [eɪ̯] ***Lei** Tai*, *Chow-M**ei**n*

c [ʊɪ̯] *Chop-**sue**y/Chop**sue**y*, *Fengsh**ui**/Feng-Sh**ui***

相较于辅音，汉源词的元音与德语的元音从发音系统角度来说，具有更高程度的相似性和适配性，输出语与输入语的系统协调性更好。对于汉源词元音发音方式的研判多从舌位和圆唇角度展开。比如，开后圆唇元音[ɒ](*Chop-suey/Chopsuey*, ***Kumquat***, ***Limequat***, ***Loquat***)和半开后不圆唇元音[ʌ](*Dim Sum*, *Kumquat*)通过相似的元音高度、舌位以及圆唇度，可分别被德语中的[a]和[ɔ]进行同化。

日化元音，也称为卷舌元音，这种音在数量上小于世界语言总数的百分之一，但其在汉语和英语两大语言中广泛存在(朱晓农, 2010: 249)。在国际音标中，日化后的央元音[ə]变体是[ɚ]。但在汉源词中，日化元音由于其自身发音方式的特殊性，融于德语惯例体系的难度较大。日化元音通常可被看作元音后接一个近音/r/，即/er/，/er/的发音特点是由不卷舌的央低元音滑向卷舌的中央元音，也可以说是从[ə]/[ɐ]向[ɻ]的变化(朱晓农, 2010; Eisenberg, 2012; Duden, 2015)。发音时舌根后缩，舌尖上翘，存在一定程度的咽化。汉源词中的日化元音[ɚ]可单独做韵母，与德语中央元音[ɐ]相似之处在于都出现在轻音节，因此，汉源借词 *Pu-**Erh**-Tee* 中的 ***Erh*** 标注为[aɚ](朱晓农, 2010: 249, 269)，但[aɚ]的异文化属性过于明显，且德语中并无与之形似的音节标记，也有碍于德化的进程，因此，为了适应德语语言的俗成性体系，一种情况下，可以以德语中相似的发音方法给汉源借词 ***Erh*** 注音[œːɐ̯]；另一种情况下，在实际发音中，[œː]作为前元音舌位比应有的舌位偏后，向央元音偏移，因此也可以用拉长元音[œː]进行标记。

[ʊɪ̯]与[eɪ̯]属于具有比较典型特征的外源复合元音，因为根据杜登辞典，在德语的发音体系中，一个复合元音是由一个开或半开元音过渡到一个闭元音。而 2-c 和 2-d 中的第一个元音成分[ʊ]和[e]分别为闭元音和半闭元音。在杜登发音辞典(Duden, 2015)中已经明确：/ʊɪ̯/作为外源发音被德语本族发音体系接纳。即便如此，[ʊɪ̯]仅存于极少数量的本土词中。因此，我们分别可以从以下情况见到：汉源借词的音节尾音：*Chop-suey/Chopsuey*(粤语：杂碎)、*Fengshui/Feng-Shui*(风水)；德语语气词 *pfui*、*hui*；德语本族词 *ruhig*、*uigurisch*。[ʊɪ̯]的拼音写法是-*ui*，原本是-*uei*，后来为了使拼音形式显得简单，中间的元音音素由弱化到逐渐消失，但《汉语拼音方案》中仍保留发音方法，口型由圆到扁，舌位动程由高向低滑动，再从低向高滑动。而这种独特的汉语发音方法在[ʊɪ̯]融于德语发音系统之后就逐步消失，简化为由响度较高的[ʊ]滑向响度较低的[ɪ̯]。

复合元音[eɪ̯]也具有相当明显的异文化特征，不仅仅出现在汉源借词中，在英语借词中也很常见。在杜登发音辞典(Duden, 2015)中，[eɪ̯]被称为“德语中英源复合元音”。从响度较高的元音[e]开始，以响度较低的元音[ɪ̯]结束。在德语中难以找到与[eɪ̯]进行替换的相似发音，所以，为了能够适应输入语的惯例系统，[eɪ̯]需要经历被同化的过程，在杜登发音辞典(Duden, 2015)中，已经就如何同化[eɪ̯]以及同化后的结果

做了明确指示,即[eɪ̯]从双元音转变为单元音,舌位不发生移动,第一个元音音素被拉长为[eː],例如:[ˌleːˈtʰ|aɪ̯] *Lei Tai*(擂台),[ˌʧaʊ̯ˈmeːn] *Chow-Mein*(炒面)。

4.3 汉字的音节和重音融入

现代汉语中,声调又称为字调,调类分为:阴平,阳平,上声,去声(袁家骅,1960;Schlobinski,2014),简称为阴、阳、上、去,按照赵元任的“五度制调值标记法”,四声调值即为:阴平—55;阳平—35;上声—214;去声—51,如下所示:

一声　[˥]　阴平
二声　[˧˥]　阳平
三声　[˨˩˦]　上声
四声　[˥˩]　去声

汉语的声调不仅体现在标准汉语中,还在汉语方言以及汉语言变体中得以体现。比如,粤语有“九声六调”、闽南语有“八声七调”、吴语有“四声八调”等(袁家骅,1960;周长楫,2012)。汉语音调的多样性使得汉语中孳乳了大量的一音多字和一字多音的现象。由此也可得出,汉字具有较高稳定性和时空穿越性,而汉音则相应具有较多变化性和时空象征性。但当汉语词借入德语体系之后,汉音中的声调便被德语中的重音及音节划分替代。德语词中的音节是由一个元音或一个元音加上一个或几个辅音构成的,换句话说,一个音节通常由一个元音音素(音节核),一个音节首和一个音节尾构成。德语中的音节核可以是单元音、双元音或三元音。与之不同,汉语的音节是由声母和韵母组合发音,韵母由韵头(介音)、韵腹、韵尾组成(Sun,2006:37-38)。在汉源借词拉丁化进入德语后,韵腹即可看作音节核,以下将以加粗部分为例 ***Jiao****zi*(饺子),***Suan****pan*(算盘),*Tao****tie***(饕餮),***Tian****'anmen*(天安门),*Jangtse****kiang***(扬子江),作一阐述:

Jiao=声母[tɕ]+韵母(介音[i]+韵腹[a]+韵尾[u])
Suan=声母[s]+韵母(介音[u]+韵腹[a]+韵尾[n])
tie=声母[t]+韵母(介音[i]+韵腹[ɛ])
Tian=声母[t]+韵母(介音[i]+韵腹[a]+韵尾[n])
kiang=声母[k]+韵母(介音[i]+韵腹[a]+韵尾[ŋ])

上述举例中的韵母分别为齐齿呼和合口呼,介音分别为[i]和[u]。在介音位置上具有德语化的可能性。例如在 *tie* [iɛ]和 *Jiao*[iau]中,汉语韵母中的介音[i]经过音译引入德语发音体系后,逐渐转化为符合德语发音习惯的非重读元音[i̯](Duden,2015:23),即 *tie* [ti̯ɛ]和 *Jiao* [tɕi̯aʊ̯]。此时,*-ie*,*-iao* 不再具有汉语中双音节或三音节元音簇的特征,而是归化为非重读音节和重读音节组合而成的德语元音簇。同理可得,*Tian*、*Suan* 和 *kiang* 的德语化也是通过介音由[i]和[u]变为非重读[i̯]和[u̯]来实现,即[tʰi̯ɛn]、[su̯ɛn]和[kʰi̯aŋ]。

但德语中的尾音爆破现象在汉源借词中没有出现。这是由于现代标准汉语中，辅音韵尾本身数量就稀少，入声的塞音韵尾-*p*、-*t*、-*k* 在中国北方地区早已脱落消失，但在南方地区，如粤方言地区，仍得以保留(袁家骅，1960；王力，2014)，并跟随国际文化的交融，以外来词的形式也进入了德语语言体系中，如 *Cho**p**suey*/*Cho**p**-suey* 杂碎。

谈到德语中外源词重音的位置规律，艾森贝格(Eisenberg，2001/2012)十分推崇费内曼(Vennemann)制定的外来词重音偏好法则(Präferenzregel)，并且此法则在现代德语中以及在对外德语的课堂教学中，都得到了广泛应用。同时，这项法则也检验了汉源借词是否能够适应德语中外源词重音位置的惯例规范。

偏好法则主要分为三类：1) 外来词以开音节或单元音结尾，则词尾非重读；外来词以闭音节或双元音结尾，则词尾重读；2) 外来词词尾为弱音节或轻音节，则重音落在倒数第二个音节上；3) 外来词倒数第二个音节为弱音节或轻音节，则重音落在倒数第三个音节上，且至多落至倒数第三个音节，不再往前倒推。

符合第一类的汉源借词：

词尾非重读：*Bonze*，*Dschunke*，*Jangtse*，*Litchi*/*Litschi*，*Pipa*，*Soja*，*Tofu*

词尾重读：*Chopsuey*/*Chop-suey*，*Chow-Chow*，*Chow-Mein*，*Fengshui*/*Feng-Shui*，*Kaoliang*，*Kaolin*，*Kotau*，*Mah-Jongg*，*Qigong*，*Souchong*，*Suanpan*，*Taifun*，*Taipan*，*Kuomintang*，*Mandarin*，*Tai-Chi-Chuan*，*Tao-Te-King*

符合第二类的汉源借词：*Kombucha*，*Magnolie*，*Sentoku*

符合第三类的汉源借词：*Jangtsekiang*，*Kumquat*，*Limequat*，*Seppuku*

但费内曼(Vennemann)的偏好法则对于从宏观角度把握外来词重音位置的一般规律十分有效，但对于从微观角度分析一些具体问题，则未能完全覆盖。比如：*chin-chin*、*Pinyin*、*Nanking* 和 *Trepang*，虽然以闭音节结尾，却同时具备两种重音读法。比如：*Tai-Chi* 和 *Renminbi*，虽然是以开音节结尾，重音却落在词尾。比如：*Kalanchoe*，结尾为双元音，词重音却落在倒数第二个音节上。

从汉语借词发音归化的分析中可以看出，为适应德语的语音体系，在汉语借入过程中会发生语音和音系上的改造，即依照德语的俗例化发音规律和汉语原词的发音方式试图建立元音、辅音、音节和重音的对应关系，通过这种对应关系使得汉源借词的发音归化现象有统一的规则可循。本研究为寻求这种对应关系，基于元音、辅音、音节和词重音四个研究视角，展开对德语中汉源音译词的研究，通过考察其融入德语发音体系的程度，从而发现：一方面，汉音本身存在历时性变化和多样性变体，这无疑增加了汉音词归化的难度；另一方面，汉音直接融入德语发音规则的案例极少，大多是通过寻找德语中的“音似”对象或者依照德语对外来词发音的制约规则来适应德音的惯例系统，从而发生归化。出于加深民族间文化交际的目的，汉语词外借的过程中，可以考虑如何通过语言转化使其更接近输入语发音的惯例规则,从而能够更简易地判断汉源借词在输入语中"正确"和"可能"的发音方法,为汉源借词融入德语发音的惯例系统创造条件。

5 结语

汉源借词,作为中国文化的使者,进入德语语言及文化的认知系统,无疑说明了言语社团间交流的增加。本研究通过辅音、元音、音节和重音四个维度对德语中汉源借词的发音展开分析,探讨了在德语中汉源借词"正确"和"可能"的发音方法的判别,考察了汉源借词发音融入德语惯例发音体系的过程和程度,从而发现汉源借词进入德语惯例体系的难点在于从文意到音形转化过程中的不可通约性。但此番也会引发德语国家对音形背后文意的考量。汉源借词的音译是以德语的音系为基础,通过拟音的手段,将原能指移植到新所指的意义投射,由音译所造成的不可通约性会随着中德言语社团间交流的深入而发生改变,汉源借词传递的异文化特征和概念会由于德语语言体系的限制和接纳,而发生离开或适应德语俗例化规则的结果。音译词在输入语社会中的生命力多取决于其归化程度,归化程度越高,则其在输入语国家生命力就越旺盛,反之,则生命力越弱,甚至会消失。

参考文献

[1] Benedict, P. K. 1972. *Sino-Tibetan. A Conspectus*. Cambridge: Cambridge University Press.

[2] Carstensen, B., Busse, U. 1993. *Anglizismen-Wörterbuch. Der Einfluss des Englischen auf den deutschen Wortschatz nach* 1945. Berlin/New York: De Gruyter. Bd. 1.

[3] Coulmas, F. 1991. Hat die chinesische Schrift eine Zukunft? *Zeitschrift für Literaturwissenschaft und Linguistik*, 79: 55 - 71.

[4] Duden. 1976. *Das Große Wörterbuch der deutschen Sprache*. Mannheim.

[5] Duden. 1994. *Das große Fremdwörterbuch. Herkunft und Bedeutung der Fremdwörter*. Mannheim.

[6] Duden. 2011. *Deutsches Universalwörterbuch*. 7. Aufl. Mannheim.

[7] Duden. 2015. *Das Fremdwörterbuch*. 11. Aufl. Berlin.

[8] Duden. 2015. *Ausspracheworterbuch*. 7 Aufl. Berlin.

[9] Eisenberg, P. 2001a. Die grammatische Integration von Fremdwörtern. In G. Stickel (eds.). *Neues und Fremdes im deutschen Wortschatz*. Berlin/New York: Walter de Gruyter, 183 - 209.

[10] Eisenberg, P. 2012b. *Das Fremdwort im Deutschen*. 2. Aufl. Berlin/New York: De Gruyter.

[11] Hall, E. 1976. *Beyond Culture*. New York: Doubleday.

[12] Herrgen, J. Schmidt, Jürgen E. et al. 2019. *Sprache und Raum. Ein internationales Handbuch der Sprachvariation*. Berlin/Boston: De Gruyter Mouton.

[13] Lanwer, J. P. 2015. *Regionale Alltagssprache*. Berlin/Boston: De Gruyter.

[14] Moody, A. J. 1996. Transmission Languages and Source Languages of Chinese Borrowings in English. *American Speech*, 71(4): 409 - 420.

[15] Schlobinski, P. 2014. *Grundfragen der Sprachwissenschaft*. Göttingen: Vandenhoeck & Ruprecht.

[16] Sun, C. 2006. *Chinese. A Linguistic Introduction*. Cambridge: Cambridge University Press.

[17] Stange, H. O. H. 1963. *Chinesisch-Deutsches Wörterbuch*. Hamburg: de Gruyter & Co.

[18] Wahrig. 2011. *Fremdwörterlexikon*. 8 Aufl. Gütersloh/München: wissenmedia in der inmedia ONE] GmbH.

[19] Wahrig. 2011. *Deutsches Wörterbuch*. 8 Aufl. Gütersloh/München: wissenmedia in der inmedia ONE] GmbH.

[20] 布龙菲尔德,2018. 语言论. 袁家骅,等译. 北京:商务印书馆.

[21] 陈胜利,2016. 英语中的汉语借词研究:接触语言学视角. 北京:中国社会科学出版社.

[22] 李泽厚,1998. 论语今读. 安徽:安徽文艺出版社.

[23] 申小龙,2014. 汉字思维. 山东:山东教育出版社.

[24] 沈国威,2013. 西方新概念的容受与造新字为译词. 载张西平编,近代西方汉语研究论集. 北京:商务印书馆,261 - 288.

[25] 史有为,2004. 外来词:异文化的使者. 上海:上海辞书出版社.

[26] 王力,2014. 汉语音韵. 北京:中华书局.

[27] 徐志民,2013. 欧美语言学简史. 上海:复旦大学出版社.

[28] 叶秀山,1991. 美的哲学. 北京:人民出版社.

[29] 殷寄明,2006. 说文解字精读. 上海:复旦大学出版社.

[30] 袁家骅,1960. 汉语方言概要. 北京:文字改革出版社.

[31] 张西平,2019. 游走于中西之间. 郑州:大象出版社.

[32] 周长楫,2012. 中国语言地图集. 北京:商务印书馆.

[33] 朱晓农,2010. 语音学. 北京:商务印书馆.

基于建议话语中道义情态助动词研究探讨中德心理咨询师语用身份构建

南京大学　王馨雨　常玲玲*

摘　要:医生的语用身份构建已被证实对医患沟通效果有显著影响,然而,心理咨询作为"以言治病"的医疗活动,咨询师在其中的语用身份构建尚未得到关注。鉴于建议可能带来的面子威胁,心理咨询师往往会根据情况审慎选用道义情态助动词,用以动态调整和构建恰当的语用身份,以期提高心理咨询的效果。据此,本研究引入语用身份论,探讨中德咨询师在实施建议言语行为时所选用的道义情态助动词对其语用身份构建的作用,相关构建策略以及不同类型语用身份的构建动因。研究发现,中德咨询师在建议话语中运用不同情态强度的道义情态助动词,结合称呼语和语气的选择,动态地构建了不同权势高低的语用身份。中德咨询师均普遍倾向构建低权势提议者和同等权势身份,而中国咨询师相对更多地构建教导者身份。研究认为,中德咨询师不同权势高低的语用身份构建是对于当前语境中咨询沟通目的以及来访者心理语境顺应的结果。中德咨询师依据对于来访者采纳建议必要性的判断进行语用身份的动态调整,其语用身份选择受到所处文化背景影响。

关键词:语用身份;心理咨询;建议言语行为;道义情态助动词;中德对比

Title: Exploring the Pragmatic Identity Construction of Chinese and German Psychotherapists Based on the Study of Deontic Modal Verbs in Advisory Discourse

Abstract: The construction of appropriate pragmatic identities by doctors in doctor-patient communication has been shown to significantly influence promoting

---

* **作者简介**:王馨雨,在读博士研究生。研究方向为语用学及中德对比语言学。联系方式:xenia97@163.com。通讯作者:常玲玲,教授,博士生导师。研究方向为德语句法学,认知语言学等。联系方式:changll88@nju.edu.cn。

harmony and alleviating conflicts between doctors and patients. However, in the realm of psychological counseling, as a therapeutic activity centered on verbal communication, the pragmatic identity construction of psychotherapists remains unexplored. Considering the face threat inherent in advice—giving, psychotherapists often choose deontic modal verbs carefully according to different situations, aiming to dynamically adapt and construct appropriate pragmatic identities to improve counseling outcomes. Thereby, the present incorporates the pragmatic identity theory to explore the role of the chosen deontic modal verbs by Chinese and German psychotherapists on their pragmatic identity construction in advice-giving, the related construction strategies and the motivations underlying different types of pragmatic identity construction. The study found that Chinese and German psychotherapists employed deontic modal verbs with different modal values along with different address terms and moods in their suggestions, thereby dynamically constructing pragmatic identities with varying power differentials. Chinese and German psychotherapists generally tended to construct low-power proposer identities and equal-power identities, with Chinese psychotherapists relatively more frequently constructing instructor identities. The study posits that the construction of pragmatic identities with varying power differentials among Chinese and German psychotherapists can be considered primarily as an adaptation to the current communicative goals and the psychological context of the clients. Chinese and German psychotherapists dynamically adjust their pragmatic identities based on assessments of the necessity for clients to adopt advice, and the selection of pragmatic identities is influenced by their cultural backgrounds.

Key Words: Pragmatic Identity; Psychological Counseling; Advisory Speech Act; Deontic Modal Verbs; Comparative Study of Chinese and German

1 引言

在医患沟通中，医生语用身份的合理构建被认为是建立良好医患关系的核心，近年来备受研究者关注(孙启耀 & 王宁，2015；夏玉琼，2016；王尚法 & 徐婧华，2017；李成团，2021 等)。心理咨询作为一种具有特殊性的医患沟通，被视为通过言语提供信息、解析疑虑，并提供忠告和建议的“以言治病”活动（林崇德，2002：2）。建议是一种指令性言语行为，塞尔（Searle，1969：67）将其定义为告知听话人什么是对其最有益的言语行为，包括教导、奉劝、提议和引导等（申智奇 & 刘文洁，2012：7）。考虑到建议可能带来的面子威胁，咨询师在给予建议时通常会根据不同情况调整构建适当的语用身份，旨在促进咨患关系的和谐，从而提高咨询效果。然而，目前的研究主要集中在一般医患交流，即非心理咨询诊疗对话中医生身份的构建，忽略了对心理咨询中咨询师语用身份构建的分析，更缺乏对其建议话语中语用身份的动态构建过程及语用动因的深入探讨。

已有研究指出，医生在医患沟通中需根据语境慎重选择合适的道义情态助动词表达建议（申智奇 & 刘文洁，2012；孙启耀 & 王宁，2015；赵小妹 & 蒋玉波，2017），以避免可能引发的医患冲突。所谓道义情态助动词，是指表达说话人对事件的观点或态度的一类词，关涉许可和义务等概念（Palmer，2001：8），在汉语中此类助动词主要包括“应该（应当）、可以、能、要”（胡波，2016：150）。鉴于言语选择对于交际者语用身份的塑造的关键作用（陈新仁，2018b：6），在心理咨询中，咨询师对于实施建议所使用的道义情态助动词的选用往往对其语用身份构建产生重要影响。因此，通过对咨询师在心理咨询建议话语中所选用的道义情态助动词进行分析，以考察其对咨询师语用身份构建的影响，不仅能够在理论层面丰富医生语用身份构建的研究，而且有望在实践层面降低医患冲突发生的可能性，为医患沟通质量的提升提供实质性的指导。

鉴于此，本研究以心理咨询对话为语料，对比分析中德咨询师在实施建议言语行为时选用的道义情态助动词对其语用身份构建的作用，具体关注以下三个研究问题：

（1）在中德心理咨询建议话语中，咨询师使用道义情态助动词主要构建了哪些语用身份？中德有何异同？

（2）在中德心理咨询建议话语中，咨询师使用道义情态助动词构建这些语用身份时使用了哪些语言以及语用策略？中德有何异同？

（3）在中德心理咨询建议话语中，咨询师使用道义情态助动词构建这些语用身份的主要语用动因是什么？

2 研究背景：心理咨询交际和医生语用身份构建研究

心理咨询是咨询师“通过人际关系，运用心理学方法，帮助来访者自强自立的过程”（钱铭怡，1994：2）。作为一种“以言治病”的实践活动，心理治疗和咨询主要依赖于谈话，其效果在很大程度上受到咨患沟通的影响，因此引起了语言学领域的广泛关注。以往有关于心理咨询交际话语的语用研究主要聚焦于咨询师为达到交际目的使用的语用策略，其中包括：使用解述进行有选择性的保留、删除或者改变先前谈话的某些方面

(Antaki et al.,2005,2007;Pain,2009);采用试探性解释以促进来访者对新方向的自我探索(Stukenbrock et al.,2021);运用缓解策略和间接言语行为来鼓励来访者继续治疗(Flores-Ferrán,2010);使用不同类型的建议言语行为减轻建议对来访者面子威胁的影响(申智奇 & 刘文洁,2012);以及运用命题预设进行提问,实现其包含互动、评价、引导和指导的多方面语用功能(胡文芝 & 廖美珍,2013)等。

目前已有较多研究聚焦于一般医患交际中医生语用身份的构建,其中包括:使用不同情态强度的情态修饰塑造多重职业身份(孙启耀 & 王宁,2015;赵小妹 & 蒋玉波,2017);运用感同身受的叙述策略(Sowińska & Sokół,2019)、诊断性提问(Mao & Zhao,2019)以及医学专门术语构建职业身份(Mao & Zhao,2019;Yuan,2020);使用高情态强度修饰塑造权威身份(Mao & Zhao,2019)等。尽管语用身份作为一种行事资源,在心理咨询中对咨患关系和治疗效果产生显著影响,但目前尚未有研究对心理咨询中咨询师语用身份的构建进行深入分析。

上述文献综述显示,现有相关研究存在可以进一步拓展和改善之处。其一,尽管已有研究探索医生建议话语中不同情态强度的道义情态助动词使用及其对医生语用身份构建的影响,但这些研究在一定程度上缺乏全面性。例如,孙启耀和王宁(2015)的研究忽略了关于“可不可以”“能不能”等常见委婉建议表达;赵小妹和蒋玉波(2017)的研究未深入探讨医生如何使用不同情态强度的道义情态助动词构建语用身份;毛延生和赵鑫(Mao & Zhao,2019)的研究仅关注了高情态强度词汇的使用对医生权威身份塑造的影响。其二,作为一种“以言治病”的实践活动,咨询师语用身份的合理构建被视为有效的行事资源,对于改善治疗效果具有积极作用。尽管在一般医患交际中,医生语用身份构建已引起广泛关注,但目前尚未有文献对于心理咨询中的咨询师身份构建进行分析研究,对于心理咨询中的建议言语行为的研究也尚未引入语用身份视角。以申智奇和刘文洁(2012)的研究为例,他们对咨询师不同类型的建议言语行为及其语用效果进行了研究,却未考虑咨询师实施不同类型建议言语行为时塑造的语用身份及其动因。其三,心理咨询对话中咨询师语用身份构建研究相对缺乏跨文化视角,通过跨文化对比分析咨询师语用身份构建的异同,有助于揭示作为典型机构性会话的心理咨询交际背后的文化个性与共性。

针对上述研究空间,本研究拟引入语用身份论,对于中德心理咨询师在实施建议言语行为时,使用道义情态助动词构建的语用身份类别、具体策略及其动因进行研究剖析。本研究旨在从理论上弥补目前对心理咨询师语用身份构建的研究空白,丰富对于机构性语用身份构建的跨文化对比研究。从实践意义上,本研究旨在为咨询师在建议性反馈中如何合理构建语用身份提供启示,以达到更好的心理治疗效果。

3 理论基础:语用身份论

近年来,随着身份研究的话语转向,言语交际中身份构建的动态观已被广泛接受(Hall,1996;Kroskrity,2000;Clifton & Van De Mieroop,2010;陈新仁等,2013;陈新仁,2013,2014,2018a,2018b)。这一观点认为,身份并非固定不变的、先设的、单向的,而是在交际中通过话语动态的、积极的、在线建构的(陈新仁,2018b:1)。相较于以往将身份视为静态的、默认的传统身份本质观,学者们如今更加关注在具体语境中交际者身份的动态构建过程及其动因。

在此背景下,陈新仁吸纳社会建构论相关思想(如 Kroskrity,2000; De Fina et al.,2006),从语用学视角切入身份研究,提出语用身份论,将语用身份定义为"语境化的、语言使用者有意或无意选择的自我或对方身份,以及说话人或作者在其话语中提及的社会个体或群体的他者身份"(陈新仁,2013:27)。语用身份论认为,语用身份的构建与话语选择的关系是双向的,即交际者对语用身份的选择会反映在语言选择上,同时说话人会通过语言选择自主或非自主地构建特定的语用身份。这种从语用视角对话语选择与身份构建关系的论述为分析言语交际中语用身份的动态构建提供了系统的理论框架。

语用身份论为从语用学视角展开身份研究提供了五条主要研究路径,即身份作为解读资源、行事资源、人际资源、阐释资源以及评价资源(陈新仁,2014)。本研究采取第二种研究路径,将心理咨询中咨询师语用身份的构建视为一种行事资源,探讨咨询师在不同语境中如何通过语用身份构建实现交际目的,及其语用身份构建背后的动因。

4 研究设计

4.1 语料收集

本研究通过相关心理咨询指导与案例书籍,收集了中德心理咨询师向来访者提供建议的语料实录。研究语料包括中文和德文各 50 例,其中中文语料总字数为 43617 字,德文语料包含 31898 词。中文咨询语料来源包括《国家职业资格培训教程:心理咨询师(二级)》(11 例)、《高校心理咨询理论与实务》(9 例)、《心理咨询实务案例集》(7 例)、《心理咨询(第二版)》(7 例)、《国家职业资格培训教程:心理咨询师(三级)》(7 例)、《督导与反思:心理咨询案例集,成人篇》(5 例)、《心理测量与咨询案例教学指导》(4 例)

以及《心理治疗的理论与技术》(2 例)。德文咨询语料中,21 例实录案例取自《心理治疗对话:诊室里的治疗性对话》(Das psychotherapeutische Gespräch: therapeutisch wirksame Dialoge in der Arztpraxis),以及 29 例来自《针对痴呆症患者护理家属的心理治疗》(Therapeutische Unterstützung für pflegende Angehörige von Menschen mit Demenz)。为确保研究的有效性,所使用的语料均为面对面机构性心理咨询对话的实录,不包括咨询师对心理咨询案例的个人解读以及注解等背景信息。为避免语料的单一性,所选取的语料涵盖了不同咨询师与来访者围绕各类话题所提供的建议。鉴于所收录的心理咨询师对来访者提供建议的语料实录均为经过认证的优秀真实心理咨询沟通示例,本研究旨在通过对其建议话语中使用的各类道义情态助动词所构建的语用身份类别、具体策略及其动因进行归纳分析,为咨询师提高来访者对建议的实施效果提供一定启示。

4.2 分析框架

在机构性互动中,参与者通常使用特定身份进行交际,即"默认身份"(Richards, 2006),这是机构性交谈的主要特征之一(Thornborrow, 2002)。德卡普瓦和胡贝尔(DeCapua & Huber, 1995:128)曾指出,"不管建议在特定情境中具有什么样表面上的功能,都不可避免地传达了权力、权威以及亲疏关系等信息"。因此,研究建议话语中交际者身份常需考虑权势关系(如任育新,2015 等),具体可细分为高、低和同等权势(Spencer-Oatey, 1996)。在心理咨询中,咨询师身份通常被默认为高权势专家身份。然而,通过观察发现,咨询师在建议话语中往往通过不同情态强度的道义情态助动词选用和其他语言及语用策略灵活调整其高权势专家身份。此外,在建议话语中,交际者使用的建议言语类型同样对语用身份构建产生显著影响。例如,在心理咨询中,咨询师常常实施包括提议、劝导和教导等多种建议言语行为,以协助患者解决问题,在这一过程中咨询师塑造了不同类型的语用身份。这些不同权势高低的语用身份的构建通常是咨询师通过选用不同情态强度的道义情态助动词,称呼语以及语气等话语构建手段来实现的。

据此,本研究以中德咨询师在实施建议言语行为时使用的道义情态助动词为切入点,分析咨询师构建的语用身份类型,主要关注咨询师构建的语用身份的权势关系以及实施的建议行为类型。

首先,本研究对拟分析的汉语和德语道义情态助动词进行了范围限定。德语情态助动词是一个相对封闭的范畴,其中被公认为典型的德语道义情态助动词的词汇为"dürfen(准许)""können(可以、能)""sollen(应该/应当/该/应)""müssen(必须、要)"。相对而言,汉语情态助动词的词类范畴划分较为复杂,很多学者持不同的分类标准。本研究根据鲁晓琨(2004)提出的"公认性"和"目的性"两个情态助动词研究范围划分标准,以是否能表达建议为主要筛选标准,并综合考虑了其他学者的研究成果(例如胡波,2016;魏小红,2016;林刘巍,2019),将待考察的道义情态助动词范围限定为"能""可以""应该/应当/应/该""要""必须"。

然后,本研究依据情态强度对选定的中德道义情态助动词进行类别划分。划分依据参考了韩礼德(Halliday,1994)提出的情态强度三分划分方案,并结合了林刘巍(2019)关于汉语情态助动词情态强度的研究成果,具体划分结果见表1。

表1 中德道义情态助动词情态强度划分

情态强度	汉语道义情态助动词	德语道义情态助动词
低	能、可以、不必	dürfen(可以)、können(可以/能)、müssen nicht(不必)
中	应该/应当/该/应、不应该/应当/该/应	sollen(应该/应当/该/应)、sollen nicht(不应该/应当/该/应)
高	必须、不能、要、不要、不可以	müssen(必须/要)、dürfen nicht(不可以)

最后,本研究将对比分析中德咨询师在实施建议言语行为时,使用各类道义情态助动词构建的语用身份类型及其具体构建策略,并结合具体咨询语境和交际目的,分析咨询师使用不同道义情态助动词构建各类语用身份的动因。在话语分析中,由于本研究聚焦于心理咨询中的建议言语行为,因此排除了咨询师在非建议性行为中道义情态助动词的使用情况,例如对来访者想法的揣测①。

5 中德咨询师语用身份类型、构建策略及语用动因

语料分析发现,中国咨询师在建议话语中,通过不同类型道义情态助动词的使用主要构建了三类语用身份:低权势提议者,高权势教导者以及同等权势教导者。德国咨询师则主要构建了三类语用身份:低权势提议者,同等权势劝导者以及高权势教导者。

5.1 中国咨询师语用身份类型及其构建策略

5.1.1 低权势提议者

低权势提议者是中国咨询师在建议话语中,通过使用道义情态助动词最频繁构建

① 在心理咨询中,咨询师常常通过解读来访者的言辞来推测其内心想法,以更好地了解其内心世界。例如,当咨询师面对一个因父母责骂而感到焦虑的来访者时,可能会提出类似于"你的意思是,你应该强迫自己接受父母的责骂?"的问题。在这种表达中,咨询师虽然使用了道义情态助动词,但并未构成建议言语行为,因此在语料分析时被排除。

的语用身份，总共出现了56次。此类语用身份的构建是咨询师对其默认的高权势专家身份的一种弱化，通过赋予来访者更多的决定权，以增加其对于建议的接受度。在语料统计中，"可不可以/可以……吗?"出现了32次，"能不能/能……吗?"出现了23次，"不必"出现了1次。主要构建策略为，使用低情态强度的道义情态助动词，以疑问句的形式来实施提议，如例(1)所示：

例(1)CH-39

(咨询背景：来访者在学业上遇到困扰，产生了频繁的沮丧感和抑郁情绪。咨询师的主要目标是帮助来访者减轻因学业压力引发的焦虑情绪。)

1 咨询师：这是个不错的方法，还有吗?

2 来访者：我不知道……

3 咨询师：**你可以要求别人帮助吗?**

4 来访者：嗯，或许我可以跟我室友一起复习。

5 咨询师：嗯，这个主意也很棒。那现在对于你考试会失败的说法，你怎么想?

6 来访者：我想我还需要努力，不过或许我能应付得来。

在例(1)中，咨询师提议来访者寻求他人帮助，以缓解学业压力引发的焦虑情绪。来访者也接纳了咨询师的提议，并提出有与室友一起复习的可能性。通过以疑问句的形式使用"可以"这一低情态强度的道义情态助动词，咨询师构建了低权势提议者身份，这一构建策略有助于降低建议的指令语气，为来访者提供更多自主选择的权利。建议言语行为一般被认为具有面子威胁性(Brown & Levinson，1987)，而提议作为一种具有间接性的建议言语行为，由于其具有可选性的特点(Leech，1983)，可以有效地降低面子威胁的可能性。在心理咨询建议话语中，这种具有"间接性"的建议方式得到了广泛的应用。咨询师采用这样的策略来构建低权势提议者的语用身份，不仅有助于建立和谐的咨患关系，也有助于提高咨询师建议的可接受度，进而更加有效地协助来访者解决问题。

5.1.2 高权势教导者

高权势教导者是中国咨询师通过使用道义情态助动词实施建议言语行为时，第二频繁构建的语用身份，总共出现了11次。此类语用身份的构建在语言上通常表现为直接、明确的建议，以此强调建议内容的必要性。正如霍姆斯等人(Holmes et al.，1999)指出，参与者专业身份和权势关系既体现在其所实施的言语行为上，也体现在其用以实现这些言语行为的具体策略和语言形式上。咨询师在构建高权势教导者身份时，主要采用的构建策略为，使用高情态强度的道义情态助动词，如"要"(8次)、"不能"(2次)和

"不可以"(1次),不使用缓和手段或修饰语,采用命令式的语气直接实施建议性行为。在语料统计中,具体实施的言语行为可以细分为"要求"和"劝阻"。在句式上,多以祈使句的形式出现,如例(2)所示:

例(2)CH-27

(咨询背景:来访者在分手后曾三次尝试自杀。咨询师的沟通目标是帮助其缓解分手的心理困扰,消除自杀冲动,建立积极的情感应对机制。)

1 咨询师:如果甘先生又不与你来往了,你还会走绝路吗?

2 来访者:不知道。我有过三次了,都是吃安眠药。

3 咨询师:你现在感觉如何?

4 来访者:好一点,我能说出我想要说的话了。

5 咨询师:今天在这里我和你有一个承诺,在生气的时候,不管怎样总要留出退步的余地,**绝不可以做出无法挽回的事情**。如果你真的想做,你得先告诉我好吗?

6 来访者:可以,我一定做到。

在例(2)中,咨询师通过使用高情态强度的道义情态助动词"不可以",构建了高权势教导者的语用身份,以命令的形式劝阻来访者再次尝试自杀,强调了来访者采纳建议的必要性。来访者对此做出积极回应,答应咨询师不再尝试自杀行为。语料分析发现,咨询师构建此类语用身份常用于危机干预,以帮助当事人重新获得对自己情绪和行为的控制能力,防止其出现精神崩溃等问题,或做出伤害自己或他人的行为(叶斌,2009)。在高危行为的干预上,咨询师使用高情态强度的道义情态助动词来构建高权势教导者身份,不仅有助于有效地向来访者强调建议的必要性,也能通过展现咨询师的权威性和专业性,提升来访者对咨询建议的信任感。这一研究发现与任育新(2015)的研究结论一致,即构建高权势的语用身份主要旨在凸显个体在专业领域的权威地位,以增强其建议的说服力,最终推动其建议被采纳。

5.1.3 同等权势教导者

语料统计结果显示,中国咨询师在心理咨询建议话语中使用道义情态助动词构建同等权势教导者身份的频次相对较少,共计4次。此类语用身份的构建策略在语言表达上遵循一种固定的"我们要"范式,即选择使用高情态强度的道义情态助动词"要"来表达直接的教导。同时,通过使用"我们"(inclusive we)来替代"你"或"您"称呼来访者,旨在通过该缓和策略将咨询师与来访者放置在一个同等权势关系的群体中,以达到"宣布与听话人的群体内成员关系"的效果(Scollon & Scollon,1995:40-41),从而拉近与来访者之间的距离,如例(3)所示:

例(3)CH－16

(咨询背景：来访者因婚姻冲突而陷入抑郁以及怨恨丈夫的情绪状态中，咨询师试图通过合理情绪疗法疏导来访者的负面情绪。)

1 咨询师：[……]这是对他人的一种不合理信念，是一种绝对化的要求，因为我们无法要求别人必须为我们做什么[……]

2 来访者：的确是这样。看样子，我确实不该有这样的想法……

3 咨询师：看，你的不合理观念又来了，刚才那个是对别人，这个却是对你自己的。谁说你不该有这样的想法？类似的想法我们每个人都会有，**但是我们要学会把对自己或别人“必须”“应该”做到的事情换成“希望”或“想要”**[……]

在例(3)中，咨询师一方面使用“我们”构建与来访者具有同等权势关系的群内身份，以表达与来访者的共情，拉近彼此之间的距离，另一方面通过使用高情态强度的道义情态助动词“要”表达来访者改变对他人的不合理信念的必要性。在心理咨询中，使用“我们”代替“您/你”作为对来访者的称呼语是咨询师表达同理心的常见手段，用于表示对来访者感受的理解，有利于构建和谐的咨患关系(师鑫，2016)。此外，由于高情态强度的道义情态助动词“要”相较于“必须”更加婉转，带有劝解的意味，更容易被来访者接受(孙启耀 & 王宁，2015)。因此，咨询师在构建教导者身份时通常会避免使用“必须”，而更倾向于选择使用“要”。咨询师在建议话语中构建同等权势教导者语用身份具有双重功能。一方面，通过专业性和权威性的展示，咨询师能够提高来访者对其建议的信任感。另一方面，通过建立同等权势关系，咨询师可以拉近与来访者之间的距离，进而降低来访者抵触教导式建议的可能性。

5.2 德国咨询师语用身份类型及其构建策略

5.2.1 低权势提议者

据本研究语料统计，和中国咨询师类似，德国咨询师在建议话语中使用道义情态助动词最频繁构建的语用身份同样是低权势提议者，共计 17 次。此类语用身份的主要构建目的在于，降低建议对于面子威胁的程度，以提高来访者对建议内容的接受度。其主要构建策略是，通过使用低情态强度的道义情态助动词“können”(可以/能)进行提问以实施提议言语行为。古德温(Goodwin，1990)的研究表明，提议的显著特征在于，提议者不预设接受者的参与，而是邀请接受者参与，这体现了一种比指导他人行动更平等的社会关系(Stivers & Sidnell，2016：149)。与劝导和教导相比，提议是一种较为温和的建议方式，其特点在于将决策权交还给听话人。据语料统计，德国咨询师在构建低权势提议者语用身份时，通常使用第二虚拟式(könnten)进行语气修饰，以表达礼貌的提议，如例(4)所示：

例(4)GE－04

(咨询背景：由于患有阿尔茨海默病，来访者的父亲误以为自己仍需出差，因此频繁收拾行李，这引发了来访者的焦虑和愤怒等负面情绪。咨询师的目标是协助来访者理解父亲的行为，寻找更有效的应对方式，以缓解来访者的负面情绪。)

1 来访者：Doch das ist er auch，natürlich，jedes Mal. Beziehungsweise er ist eigentlich mehr verärgert. Und das strengt mich auch an.
(当然，他每次都是这样。或者说，他其实更恼火。这让我也很紧张。)

2 咨询师：Mhm，verstehe. ***Könnten* Sie es auch noch anders sehen**? Also Sie sagen，Sie können ihn nicht in dem Glauben lassen? ***Könnte* ein anderer Gedanke Ihren Umgang mit der Situation erleichtern**?
(嗯，我懂的。**您能不能换个角度看这个问题?** 您之前说，不能让他陷入这种想法? **能不能换个思路，让您在应对这种状况时更轻松一些?**)

3 来访者：Ich könnte mir sagen：„Lass ihn machen，er fühlt sich vielleicht gut damit，vielleicht wie früher. Dann lässt du den Koffer eben."
(我可以告诉自己："随他去吧，也许这样他会觉得好些，感觉就像以前一样。就让他继续拎着那个箱子吧。")

在例(4)中，咨询师使用低情态强度的道义情态助动词"können"(可以)的第二虚拟式"könnten"，以礼貌的方式提议来访者可以从不同角度看待问题，引导其思考是否存在其他解决方案的可能性。来访者接受了这一提议后坦言，接纳父亲的行为并非像她想象得那么糟糕。咨询师通过提议的方式与来访者共同探讨解决方案，促使其形成新的思路并支持实施行动方案，这是心理咨询中常见的手段(王玲 & 刘学兰，2005)。通过实施提议行为，咨询师构建了低权势提议者身份，从而弱化了原本默认的高权势专家身份，将决策权更加平等地交托于来访者手中。通过鼓励来访者思考解决问题的不同的视角和可能性，咨询师实质上为来访者提供了一种积极参与决策过程的机会，强调了来访者在解决自我问题中的主导地位，有助于提高来访者解决问题的积极性。

5.2.2 同等权势劝导者

在心理咨询建议话语中，德国咨询师使用道义情态助动词第二高频构建的语用身份是同等权势劝导者，共计5次。咨询师在构建该语用身份时采用了一种固定的"wir sollten(我们应该)”范式,在道义情态助动词的选用上,使用中等情态强度的道义情态助动词“sollen”(应该),表达直截了当的劝导,清晰地表达了来访者接纳建议的必要性。同时使用“wir”(我们)这一称呼语以及第二虚拟式(sollten)作为缓和策略,既通过“语用移情”的方式表达对来访者的共情,又以较为温和的语气实施劝导行为,以降低话语的奉劝感,提高来访者对建议的接受程度,如例(5)所示:

例(5)GE-01

(咨询背景:来访者在咨询前存在不安情绪。为解决这一问题,咨询师劝导来访者联想上一次咨询讨论内容,引导其思考目前的情绪困扰是否与其母亲的易怒问题相关。)

1 来访者:Jetzt muss ich erst mal sagen, dass ich froh bin, hier zu sein, irgendwie bin ich ganz unruhig, aber ich weiß nicht warum, eben hatte ich noch ein Gespräch mit einer Kollegin, aber das kann es nicht sein.

(首先,我要说的是,我很高兴能够来到这里。也不知道为什么,我有点不安,但具体原因我也不知道。刚才我还和一位同事聊了一下,但好像也不是因为这个。)

2 咨询师:Ja, Ihre Unruhe scheint einen tiefer liegenden Grund zu haben-und dann gibt es offenbar noch eine Schwierigkeit, darüber zu sprechen. **Wir sollten doch mal schauen, ob da ein Bezug zu unseren Sitzungen besteht[...]**

(是的,你的不安似乎有更深层次的原因,而且显然你对谈论这种感受还感到有些困难。**我们倒是应该看看这是否与我们的咨询内容有关[……]**)

3 来访者:Ja, jetzt fällt mir ein, dass es in der letzten Sitzung anfing, wo wir über die Wutausbrüche meiner Mutter gesprochen haben, mir ist noch ganz viel dazu eingefallen, ich weiß gar nicht, wo ich anfangen soll.

(是的,现在我想起来了。上次咨询一开始,我们讨论了我母亲易怒的问题,我对此还有很多想法,都不知道从哪里开始说。)

在例(5)中,由于解决原生家庭问题是解决来访者心理困扰的关键,咨询师选择了劝导而非提议的建议方式,以突显建议内容的重要性。在构建同等权势劝导者身份时,德国咨询师均使用“wir”(我们)代替“Sie”(您)和“du”(你)来称呼来访者,通过“语用移情”（李捷等，2011）的方式，主动调整视角，表达对来访者的共情，以增加其对建议的接受度。此外，在实施劝导时，咨询师均采用了第二虚拟式（sollten）使劝导的语气更加温和以减少奉劝感，通过这种同等权势劝导者的语用身份构建，咨询师既传达了来访者采纳建议的必要性，又通过减少劝导可能带来的强迫感，提升了来访者对建议的接受意愿。

5.2.3 高权势教导者

根据语料统计，德国咨询师在实施建议言语行为时，使用道义情态助动词最少构建的语用身份为高权势教导者，仅出现 2 次，并且均采用显性建议策略，即通过直接的建议方式明确指出当事人应采取的措施。显性建议策略是建议者构建其高权势身份最直接的方式（Martínez-Flor & Fukuya，2005）。在语言策略上，德国咨询师主要使用高情态强度的道义情态助动词“müssen”（必须）来表达建议的指令性，强调采纳建议的必要性。值得注意的是，在使用“müssen”（必须）时，咨询师均使用了非定指人称代词“man”（某人/人们）代替直接的第二人称作为对来访者的称呼语，这在一定程度上减轻了教导对于来访者面子的威胁。在句式结构上，多以祈使句的形式呈现，如例（6）所示：

例（6）GE－22

（咨询背景：来访者希望能够学会如何更积极地处理自己的悲伤情绪，咨询师的沟通目标是帮助来访者理解并接纳自己的情感。）

1　来访者：Das ist da. Gefühle kann ich nicht unterdrücken.
（就是这样。我不能抑制我的情感。）

2　咨询师：Dafür gibt es leider keinen Knopf.
（可惜没有控制情感的开关。）

3　来访者：Nein, den gibt es nicht.
（是的，确实没有。）

4　咨询师：Mhm ... Und ich finde auch noch wichtig, dass Ihr schlechtes Gefühl kein Beweis dafür ist, dass Sie etwas falsch machen und **dass man sich das immer genau anschauen muss.**
（嗯……而且我觉得很重要的一点是，您有不好的感受并不代表您做错了什么，**人要时刻意识到这一点。**）

5　来访者：Ja.
（好的。）

在例（6）中，来访者的主要困扰是情绪问题，而来访者对于自我情感的觉察是解决问题的关键。因此，咨询师采用了直接的建议形式，使用高情态强度的道义情态助动词“müssen”(要/必须)强调了来访者保持自我情感觉察的重要性。为了避免语气强硬带来的负面效果，咨询师使用了非定指人称代词“man”(某人/人们)代替对来访者的直接指称。这一发现与金颖哲和陈新仁(Jin & Chen，2020)的研究结果一致，该研究表明，“某人”等模糊非定指人称的使用，可被看作一种人际关系管理策略，有助于在一定程度上减少面子威胁的可能性，从而有效避免潜在的冒犯。在心理咨询中，咨询师正确评估来访者问题的性质和严重程度具有重要意义，这是咨询师做出下一步决断的基础(王玲 & 刘学兰，2005：19)。通常情况下，为避免来访者的抵触情绪，咨询师会尽量避免构建高权势教导者身份以及以直接的方式实施建议。然而，在一些关键问题的引导上，咨询师会使用这一语用身份展示自身的权威性和专业性，强调采纳建议的必要性。这一发现支持了申智奇和刘文洁(2012)的研究结论，即在心理咨询中使用强调语可以增强建议的力度，表现出心理咨询师说服来访者接受建议的明确意图。

5.3 中德咨询师语用身份构建异同

在心理咨询建议话语中，中德咨询师使用道义情态助动词构建的语用身份类型以及具体构建策略呈现出一系列的共性与差异。共同之处主要体现在以下三个方面：其一，中德咨询师均普遍倾向于使用低情态强度的道义情态助动词，用疑问句的形式表达提议，以构建低权势提议者身份，从而减轻建议对来访者积极面子和消极面子的威胁。其二，中德咨询师在建议话语中使用中高情态强度的道义情态助动词时，均倾向于通过调整搭配使用的称呼语，代替常见的“你”和“您”等对来访者的指称，以减少对其面子的威胁。常见策略包括，使用称呼语“我们”(inclusive we)构建同等权势身份，表达对来访者的共情，从而拉近与来访者之间的距离；使用非定指人称代词，如“人”“某人”，避免对于来访者的直接指称，以减少来访者的抵触情绪，降低潜在矛盾发生的可能性。其三，中德咨询师在实施建议行为时，均以当前语境中与来访者讨论的问题重要程度以及来访者采纳建议的必要性作为判断依据，使用不同情态强度的道义情态助动词构建不同类型的语用身份。具体而言，在处理非关键问题时，咨询师更倾向于使用低情态强度的道义情态助动词，以疑问句的形式，使用弱化的语气构建低权势提议者身份，将决策权交给来访者，共同制定适合来访者的解决方案。相反，在处理关键问题时，咨询师更倾向于使用高情态强度的道义情态助动词，通过调整称呼语和语气，构建高权势教导者身份，突显其专业性和权威性，强调来访者接受建议的重要性。

中德心理咨询师在这些语用身份类型和构建策略的差异主要体现在，中国咨询师在处理关键问题时，更趋向于使用高情态强度的道义情态助动词构建教导者的身份，且其建议表达更为直接。这一发现支持了叶伟志(Yip，2020)关于中外医生的建议表达方式存在差异的论点，即相对于其他文化，中国医生在医疗咨询中更偏向采用直接的方式提供建议。过去的相关研究已经多次指出，中国人在给予和接受建议方面通常持积极态度（Xu & Burleson, 2001；Feng，2015），这种积极态度可以在一定程度上解释为何中国心理咨询师更倾向于直接提供建议。

总之，在咨询建议话语中，中德咨询师均将语用身份视为一项行事资源，在语境中依据情况通过选择不同情态强度的道义情态助动词进行语用身份的动态调整，使用不同的语言与语用策略来构建不同权势高低的语用身份，以期达到更佳的咨询效果。

5.4 中德咨询师语用身份构建的语用动因

本研究已然证实了咨询师在建议话语中，不同情态强度的道义情态助动词的使用对其不同权势高低的语用身份构建的重要影响。更深层次的问题则涉及咨询师在实施建议言语行为时，选择不同类型的道义情态助动词构建不同语用身份的动因。这个问题可以从两个方面进一步探讨：一是咨询师为何在实施建议言语行为时，将不同情态强度的道义情态助动词视作构建各类语用身份的工具。二是咨询师为何在建议话语中构建这些不同权势高低的语用身份。

第一个问题涉及咨询师在实施建议言语行为时，选择道义情态助动词作为语用身份构建工具的原因。本研究认为，由于言语的选择对语用身份构建有重要作用，咨询师通过调整所选用的道义情态助动词情态强度，可以有效地顺应心理咨询中各类语境因素，提高来访者对建议的接受程度，从而提高咨询效果。这是咨询师选用各类道义情态助动词构建不同类型的语用身份的主要动因。这一结论可以从申智奇和刘文洁（2012）研究结果中得到支持，此项研究表明，心理咨询师常常通过选择不同情态强度的道义情态助动词来实施提议、劝诫以及教导等不同类型的建议言语行为，这是咨询师为有效地对当事人提供建议性反馈的常见策略。此外，本研究认为，与咨患沟通相似，在一般医疗对话中，医生也会通过对于选用的道义情态助动词情态强度的调整来塑造不同类型的语用身份。这一扩展性推论可以在毛延生和赵鑫（Mao & Zhao，2019）的研究中得到部分支持，此项研究发现，在医患对话中，医生会使用高情态强度的词汇塑造权威身份，以展示自己的专业性和权威性。

第二个问题则涉及咨询师在建议话语中，使用不同情态强度的道义情态助动词构建不同权势高低的语用身份的原因。本研究认为，咨询师将话语构建中权势关系的动态调整视作一种语用资源。这些不同权势高低的语用身份的构建，可被视为咨询师为实现更佳咨询效果而对当前语境中咨询沟通目的以及来访者心理语境的顺应结果。根据语言顺应论的观点，对于交际语境的顺应不仅包括对物理语境和社交语境的顺应，还包括对心理语境的顺应（Verschueren，1999）。考虑到心理咨询的来访者通常属于心理脆弱人群，并且建议行为被普遍认为是一种“将参与双方置于不平等地位”（Vehvilainen，2001：373）的威胁面子行为，咨询师在实施建议时需要谨慎构建语用身份，以避免引发来访者的抵触、悲伤以及崩溃等负面情绪，从而影响心理治疗的效果。本研究发现，咨询师在建议话语中通过选择不同情态强度的道义情态助动词，塑造了不同权势高低的语用身份，动态地调整了与来访者的权势关系。正如维索尔伦(Verschueren，1999)所指出的，交际者既对具体权势类型进行选择，也对建构策略进行选择，交际双方的权势关系是在互动中通过语言建构的。具体来说，在非关键性问题的处理上，中德咨询师均更倾向于构建低权势提议者身份，将决策权交给来访者，保护来访者的积极与消极面子，强调其在解决自我问题中的主体性，旨在营造和谐的咨询氛围，从而共同探讨并制定更符合来访者个人情况的解决方案。这一发现进一步印证了先前语用身份研究中(陈新仁，2013；任育新，2015)关于言语交际者特定身份构建可以弱化建议面子威胁程度的观点。此外，本研究进一步发现，中国咨询师在处理关键问题时，尤其是需要进行危机干预时，相较于德国咨询师，更倾向于构建高权势教导者身份，为来访者提供明确的指导。这一跨文化差异或许能归因于中国患者对于医生直接建议的积极态度(Yip，2020)。通过专业性和权威性的展现，咨询师旨在强调来访者接受建议的重要性和必要性，以期通过对于关键问题的解决达到更为显著的咨询效果。

6 结语

基于中德心理咨询语料，本研究考察了中德咨询师在咨询建议话语中，使用不同情态强度的道义情态助动词构建的语用身份类型、具体构建策略及其身份建构的语用动因。研究表明，中德咨询师会将话语构建中权势关系的动态调整视作一种语用资源，在咨询建议话语中通过选用不同情态强度的道义情态助动词、称呼语以及语气，动态地构建不同权势高低的语用身份。对比分析发现，中德两国咨询师均普遍倾向构建低权势提议者和同辈权势身份，中国咨询师相较于德国咨询师更倾向于构建教导者语用身份。中德咨询师在建议中使用中高情态强度的道义情态助动词时，均倾向于通过调整称呼语代替“你”和“您”等指称，以减少建议行为的面子威胁性。在实施建议行为时，中德咨询师均以当前语境中与来访者讨论的问题的重要程度以及来访者采纳建议的必要性为判断依据，使用不同情态强度的道义情态助动词构建不同类型的语用身份。

研究认为，咨询师实施建议言语行为时，选择道义情态助动词作为各类语用身份构建工具的主要动机在于，通过对选用的道义情态助动词情态强度的调整，咨询师能够有效地动态构建不同权势高低的身份，以顺应当前语境中的咨询沟通目的以及来访者的心理语境。考虑到心理咨询来访者通常属于心理脆弱群体，且建议言语行为又常被视为威胁面子的行为，咨询师在针对非关键性问题给予建议时，常采用弱化高权势语用身份的策略，以降低来访者产生抵触情绪的可能性。此外，咨询师使用不同情态强度的道义情态助动词构建不同权势高低的语用身份有其特定的语用目的。低权势提议者身份的构建主要旨在减少建议对来访者面子的威胁,提高来访者对于建议的接受程度,以及促进和谐的咨患关系。而高权势教导者身份的构建则主要旨在塑造权威形象,强调来访者接受建议的必要性,并加强来访者对咨询师专业度的信任。

通过对100例中德优秀真实心理咨询实录进行分析和归纳,本研究探讨了中德咨询师建议话语中选用的道义情态助动词对其各类语用身份的影响。研究结果为咨询师在心理咨询中实施建议行为提供如下启示:咨询师应更加重视语用身份的构建,将其视为重要的诊疗资源。在实际操作中,咨询师在给予建议时,应根据当下各类语境因素进行综合判断,针对性格各异以及面临不同问题的来访者,灵活使用不同情态强度的道义情态助动词、称呼语以及语气等言语手段,审慎构建最适合的建议者语用身份,以提高建议的接受度和实施效果。

本研究揭示了心理咨询建议话语中咨询师构建的动态语用身份的基本特征及其运作机制,并从跨文化视角深化了关于机构性会话中语用身份构建的文化特性和共性的认识。需要说明的是,本研究聚焦于中德心理咨询师建议话语中语用身份类型、建构策略和语用动因的对比分析,对于不同语用身份在建议序列中的分布特征仍待进一步研究。

参考文献

[1] Antaki, C., Barnes, R. & Leudar, I. 2005. Diagnostic formulations in psychotherapy. *Discourse studies*, 7(6): 627 - 647.

[2] Antaki, C., Barnes, R. & Leudar, I. 2007. Members' and analysts' interests: "Formulations" in psychotherapy. In Hepburn, A., & Wiggins, S. (eds.), *Discursive research in practice: New approaches to psychology and interaction*. Cambridge: Cambridge University Press, 166 - 181.

[3] Brown, P. & Levinson, S. C. 1987. *Politeness: Some universals in language usage* (Vol. 4). Cambridge: Cambridge university press.

[4] Clifton, J. & Van DeMieroop, D. 2010. "Doing" ethos—A discursive approach to the strategic deployment and negotiation of identities in meetings. *Journal of Pragmatics*, 42(9): 2449 - 2461.

[5] De Fina, A., Schiffrin, D. & Bamberg, M. 2006. *Discourse and Identity*. Cambridge: Cambridge University Press.

[6] DeCapua, A. & Huber, L. 1995. "If I were you ... ": Advice in American English. *Multilingua*, 14: 117 - 132.

[7] Feng, H. 2015. Understanding cultural variations in giving advice among Americans and Chinese. *Communication Research*, 42(8): 1143 - 1167.

[8] Flores-Ferrán, N. 2010. An examination of mitigation strategies used in Spanish

psychotherapeutic discourse. *Journal of Pragmatics*, 42(7): 1964 - 1981.

[9] Goodwin, M. H. 1990. *He-said-she-said: Talk as social organization among black children.* Indianapolis: Indiana University Press.

[10] Hall, J. K. 1996. Who needs "identity"? In S. Hall and P. du Gay (eds.)*Questions of cultural identity*. London: Sage, 1 - 17.

[11] Halliday, M. A. K. 1994. *An Introduction to Functional Grammar* (2nd ed.). London: Edward Arnold.

[12] Holmes, J., M. Stubbe & B. Vine. 1999. Constructing professional identities: "Doing power" in policy units. In S. Sarangi & C. Roberts (eds.). *Talk, Work and Institutional Order: Discourse in Medical, Mediation and Management Settings*. Berlin: Mouton de Gruyter, 351 - 385.

[13] Jin, Y. & Chen, X. 2020. "Mouren" ("Somebody") can be you-know-who: A case study of mock referential vagueness in Chinese Weibo posts. *Journal of Pragmatics*, 164: 1 - 15.

[14] Kroskrity, P. 2000. Identity. *Journal of Linguistic Anthropology*, 9(1/2): 111 - 114.

[15] Leech, Geoffrey N. 1983.*Principles of Pragmatics.* New York: Longman.

[16] Mao, Y. & Zhao, X. 2019. I am a doctor, and here is my proof: Chinese doctors' identity constructed on the online medical consultation websites. *Health Communication*, 34(13):1645 - 1652.

[17] Martínez-Flor, A. & Fukuya, Y. J. 2005. The effects of instruction on learners' production of appropriate and accurate suggestions. *System*, 33(3): 463 - 480.

[18] Pain, J. 2009. *Not just talking: Conversational analysis, Harvey Sacks' gift to therapy.* London: Karnac Books Ltd.

[19] Palmer, F. R. 2001.*Mood and modality*. Cambridge: Cambridge University Press.

[20] Richards, K. 2006. 'Being the teacher': Identity and classroom conversation. *Applied linguistics*, 27(1): 51 - 77.

[21] Scollon, R. & Scollon, S. W. 1995. *Intercultural Communication: A Discourse Approach.* Oxford: Blackwell.

[22] Searle, J. R. 1969. Speech acts: An essay in the philosophy of language (Vol. 626). Cambridge: Cambridge university press.

[23] Sowińska, A. & Sokół, M. 2019. "Luckily, she's alive": Narratives of vicarious experience told by Polish doctors. *Journal of pragmatics*, 152: 76 - 88.

[24] Spencer-Oatey, H. 1996. Reconsidering power and distance. *Journal of pragmatics*, 26(1): 1 - 24.

[25] Stivers, T. & Sidnell, J. 2016. Proposals for activity collaboration. *Research on Language and Social Interaction*, 49(2): 148 - 166.

[26] Stukenbrock, A., Deppermann, A. & Scheidt, C. E. 2021. The art of tentativity: Delivering interpretations in psychodynamic psychotherapy. *Journal of Pragmatics*, 176: 76 - 96.

[27] Thornborrow, J. 2014. *Power talk: Language and interaction in institutional discourse*. London: Person Education Limited.

[28] Vehvilainen, S. 2001. Evaluative advice in educational counseling: The use of disagreement in the "stepwise entry" to advice. *Research on Language and Social Interaction*, 34(3): 371 -398.

[29] Verschueren, J. 1999. *Understanding pragmatics*. London: Arnold.

[30] Wetzig-Würth, H. & Müller, P. 2013. *Das psychotherapeutische Gespräch: therapeutisch wirksame Dialoge in der Arztpraxis*. Berlin Heidelberg: Springer-Verlag.

[31] Wilz, G., Schinköthe, D. & Kalytta, T. 2014. *Therapeutische Unterstützung für pflegende Angehörige von Menschen mit Demenz: das Tele. TAnDem-Behandlungsprogramm*. Göttingen: Hogrefe Verlag GmbH & Company KG.

[32] Xu, Y. & Burleson, B. R. 2001. Effects of sex, culture, and support type on perceptions of spousal social support: An assessment of the "support gap" hypothesis in early marriage. *Human Communication Research*, 27(4): 535 - 566.

[33] Yip, J. W. 2020. Directness of advice giving in traditional Chinese medicine consultations. *Journal of Pragmatics*, 166: 28 - 38.

[34] Yuan, Z. M. 2020. Identity rhetoric in Chinese radio-mediated medical consultation. *East Asian Pragmatics*, 5(1): 41 - 65.

[35] 陈新仁，2013. 语用身份：动态选择与话语建构. 外语研究，(4)：27 - 32，112.

[36] 陈新仁，2014. 语用学视角下的身份研究：关键问题与主要路径. 现代外语，37(5)：702 - 710，731.

[37] 陈新仁，2018a. 商业广告"身份套路"的批评语用分析. 山东外语教学. 39(5)：24 - 33.

[38] 陈新仁，2018b. 语用身份论：如何用身份话语做事. 北京：北京师范大学出版社.

[39] 陈新仁等，2013. 语用学视角下的身份与交际研究. 北京：高等教育出版社.

[40] 郭念锋，2005a. 国家职业资格培训教程：心理咨询师(三级). 北京：民族出版社.

[41] 郭念锋，2005b. 国家职业资格培训教程：心理咨询师(二级). 北京：民族出版社.

[42] 胡波，2016. 汉语情态助动词的句法分析. 北京：中国社会科学出版社.

[43] 胡文芝，廖美珍，2013. 心理治疗中问话的预设机制与语用功能. 中国临床心理学杂志，21(1)：165 - 169.

[44] 贾晓明，2018. 高校心理咨询理论与实务. 北京：北京理工大学出版社.

[45] 李成团，2021. 汉语医患交际中职业身份构建的言语策略及其道德秩序. 外语与外语教学，(2)：19 - 28，38.

[46] 李捷，何自然，霍永寿，2011. 语用学十二讲：12 lectures on pragmatics. 上海：华东师范大学出版社.

[47] 林崇德编著，2002. 咨询心理学. 北京：高等教育出版社.

[48] 林刘巍，2019. 汉语情态强度研究. 北京：社会科学文献出版社.

[49] 鲁晓琨，2004. 现代汉语基本助动词语义研究. 北京：中国社会科学出版社.

[50] 钱铭怡编著，1994. 心理咨询与心理治疗. 北京：北京大学出版社.

[51] 任育新,2015. 学术互动中权势关系建构的语用分析. 现代外语,38(2):147-158,291.

[52] 申智奇,刘文洁,2012. 心理咨询师建议言语行为的语用探讨. 外国语言文学,29(1):6-12.

[53] 师鑫,2016. 心理咨询师共情的语用策略研究. 武汉:华中师范大学.

[54] 孙启耀,王宁,2015. 语用身份构建中责任情态的人际意义研究. 北京:清华大学出版社.

[55] 王登峰,1993. 心理治疗的理论与技术. 北京:时代文化出版公司.

[56] 王玲,刘学兰,2005. 心理咨询:第二版. 广东:暨南大学出版社.

[57] 王尚法,徐婧华,2017. 医患会话中医生身份构建的会话分析研究. 医学与哲学(A),38(9):36-39.

[58] 魏小红,2016. 汉英情态表达对比研究:以情态助动词为例. 合肥:合肥工业大学出版社.

[59] 夏玉琼,2016. 医患会话中医生身份对医患关系的管理. 医学与哲学(A),37(1):59-62.

[60] 叶斌,2009. 督导与反思:心理咨询案例集(成人篇). 上海:华东师范大学出版社.

[61] 苑媛,2015. 心理咨询实务案例集. 北京:北京师范大学出版社.

[62] 张伯华,2009. 心理测量与咨询案例教学指导. 山东:山东人民出版社.

[63] 赵小妹,蒋玉波,2017. 医生语用身份构建研究. 锦州医科大学学报(社会科学版),(3):136-138.

汉语母语迁移在儿童二语习得中的历时研究*

湘潭大学　曹嘉桢**

摘　要:本研究以德语空间介词 auf、in、unter、an 和 über 为例,采用图片及游戏等诱发产出任务,对生活在目的语国家德国的四名母语为汉语的学龄前儿童进行为期两年的二语习得追踪调查,考察母语空间范畴对二语习得的影响。结果发现:1) 二语儿童无论在习得速度还是习得顺序上都与母语儿童差异明显;2) 空间方位范畴的习得受到汉语母语的抑制性负迁移作用较大,影响了儿童的二语习得速度;3) 空间介词短语在句法层面受母语的正迁移影响作用较大,二语习得过程没有出现大量的介词后置和冠词省略的情况。本文认为汉语母语儿童的习得难点主要在于空间范畴认知,需要在学习中加强空间范畴区别认知,特别是汉语中没有划分的 AN 和 ÜBER 空间。

关键词:儿童二语习得;空间范畴;汉语母语迁移;德语;历时研究

Title: A Longitudinal Study of Mother Tongue Transfer in Children's Second Language Acquisition

Abstract: This study focuses on the influence of first language transfer on Chinese children acquiring Germany spatial prepositions taking "auf", "in", "unter", "an" and "über" as examples through two-year tracing study of four Chinese preschool children living in German, whose first language is Chinese, based on triggering outputs with cards and games. The results present the following findings: 1. there are significant differences between the children with Chinese as first language and the children with German as first language in both acquiring efficiency and order;

---

* 本研究是湖南省社科基金项目"德汉空间表达对比研究"(19YBA325)和湖南省教育厅优秀青年项目"二语儿童德语介词短语习得研究"(21B0099)的阶段性成果。

** **作者简介:**曹嘉桢,德国萨尔大学哲学博士,湘潭大学外国语学院德语系讲师,硕士生导师。主要研究方向为二语习得、儿童语言认知与发展。联系方式:jiazhen_cao@163.com。

2. Restraining effect of negative transfer of first language on the acquisition of space category is obvious and slows down the acquiring speed; 3. The acquisition of spatial prepositional phrases at syntactic level sees positive transfer of first language, e.g. place of spatial prepositions. This research holds that the difficulty for the children with Chinese as first language lies in the cognition of space category and this requires more efforts put into teaching Chinese preschool children identification of space category, especially in the case of "an" and "über" which are not clearly defined in Chinese.

Key Words: Children's L2 Acquisition; Space Category; L1 Transfer; German; Longitudinal Study

1 引言

二语习得领域的理论与实证研究主要以成人二语学习者为研究对象,关注儿童二语学习者的研究较少(Oliver & Azkarai, 2017)。随着国际交流的日益频繁,全世界双语或多语言儿童的数量在不断增加。以德国为例,2017 年已有近五分之一的儿童是双语或多语儿童(Kolb & Fischer, 2019: 5),儿童二语习得也逐渐受到关注。近二十年来,学者们从不同角度对儿童二语习得展开了深入的理论探讨和实证研究(Lemke, 2009; Ose & Schulz, 2010; Ruberg, 2013, 2015; Tracy & Lemke, 2012, Bryant, 2012; Rothweiler, 2009/2011/2016/2017; Roos, 2019; Jeuk, 2019/2020 等)。研究主要围绕两个核心问题:第一,儿童二语习得是否遵循母语习得机制,还是更接近成人二语习得?第二,影响儿童二语习得的因素有哪些?研究结果表明,儿童二语习得与成人二语习得在特征和学习过程上均差异明显;初始年龄、语言输入、语言迁移、语言环境等多重因素影响着儿童二语习得过程和习得效果。其中,语言迁移的因素,特别是母语与二语之间的跨语言差异对儿童二语习得的影响,是近年来研究的一个热点,同时也存在很多争论。有学者认为,学龄前儿童学习第二语言遵循与学习母语相似的机制(Kieferle & Griebel, 2013)。也有学者发现,随着年龄的增长,儿童的语言习得能力逐渐减弱。在四岁前开始习得德语的二语儿童,对语法的掌握与母语儿童没有本质区别,即使其母语与德语差距甚远,也不会影响语法习得效果(Gogolin, 2010:537);但在四岁之后开始接触二语的儿童,在句法和形态变化上的习得能力则逐渐减弱,其母语迁移现象也越明显可见(Meisel, 2007, 2011; Rothweiler & Ruberg, 2011)。在此背景下,本研究聚焦空间方位表达,探讨空间方位范畴的跨语言差异如何影响学龄前儿童二语习得进程和结果。

2 研究背景

2.1 德、汉空间方位表达的异同

2.1.1 句法形态的异同

德、汉语在空间方位表达的句法结构和功能上存在共性和差异。汉语在表达空间方位时最典型的方式为"介词+名词+方位词",例如"在桌上"(见例 1a);而德语空间方位表达的典型结构为"介词+名词短语",例如"auf dem Tisch(在桌上)"(见例 1b)。

(1) a. 在 桌 上
介词 名词 方位词
b. $_{PP}$[auf $_{NP}$[dem Tisch]]
介词(上) 定冠词 名词(桌子)

两者在句法结构上具有一定的相似性,即都由前置介词引导的短语来表达空间范畴。但是,介词的功能却不尽相同。其中,德、汉语的空间介词都可用来介引事物存在的处所或者事物位移过程中的源点、过点、方向和终点,而汉语的空间介词还可以标引静态或动态的空间关系。例如,汉语中的"在"表示静态空间位置,"到"表示动态空间位移。德语中的静态、动态空间关系不能通过介词表达,而是由名词前的限定词以"格"的形式来标记,如"auf dem Tisch"(在桌上)中的定冠词第三格形式"dem"表静态空间位置,"auf den Tisch"(到桌上)中定冠词第四格形式"den"表动态空间位移。

在空间方位指称上,两者差异颇为明显。德语对空间方位的指称主要依靠其丰富的介词系统,利用如 auf、in 等空间介词表达事物之间的位置关系,汉语则使用后置的方位词(如:上、下等)指称空间方位。此外,德语中还有一种经常在口语表达中出现的堆砌结构(Pleonastische Konstruktion)(Bryant, 2012: 29),其形式与汉语的空间介词短语结构非常相似,由前置介词加名词短语加一个后置的代副词构成。这个代副词与前面的介词有语义上的重复,例如"Das Buch liegt auf dem Tisch drauf"(这本书放在桌上),其中"auf ... drauf"就是一个堆砌结构,和汉语的介词加方位词的标引手段("在……上")有相似的结构性。

综上，德、汉空间方位表达的句法结构相似点在于它们都有前置介词，德语的堆砌结构在表达空间方位时与汉语表达方式较为接近。它们的不同点在于：其一，空间介词的功能存在较大差异；其二，表达空间方位的手段不同。德语使用介词来标引空间方位，汉语则使用后置方位词；其三，德语名词前的冠词也参与空间范畴的表达，而汉语没有冠词系统及格范畴。

2.1.2 认知语义的异同

齐沪扬(1998)将汉语空间概念进行了三分法，分为"内"形状、"上"形状和"外"形状，分别由不同的方位词来表达，见图 1。例如，方位词"里"主要表示内部空间或范围，方位词"上"通常表示上部空间或范围以及物体表面空间，"桌上有本书""桌上有个洞""桌上吊着一盏灯"分别表示的是桌子的桌面空间、向内延展空间和向外延展空间。汉语中判断空间方位一个重要的参考因素是看参照物与目标物之间是否存在承置关系，若目标物与参照物之间存在支撑关系，不管这个支撑力是垂直的或是水平的，即无论"放在水平的桌面上"还是"挂在垂直的墙面上"，都是用方位词"上"来表达。

	方位词	图　　例
"内"形状	里、内、中	
"上"形状	上、下	
"外"形状	外、旁、间	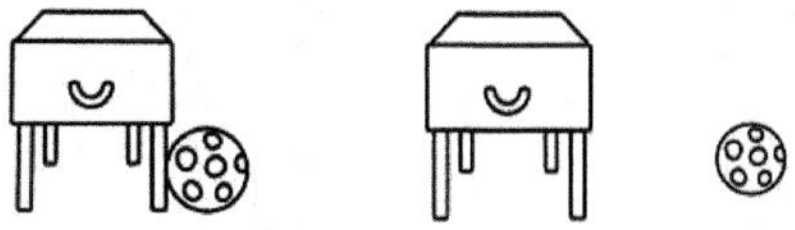

图 1　汉语空间范围形状的表达(齐沪扬,1998)

德语的空间方位主要是一种拓扑空间关系，它不依赖于物体的形状和观察者的角度，而是关注物体的几何空间关系(Becker，1994)，见图 2。介词 in(里)指参照物的内部空间，介词 unter(下)指参照物的下部及其延展空间，auf(上)和 über(上)指参照物的上部空间，目标物与参照物表面有接触则用介词 auf，无接触用介词 über，介词 an(旁边)指参照物的边沿空间。

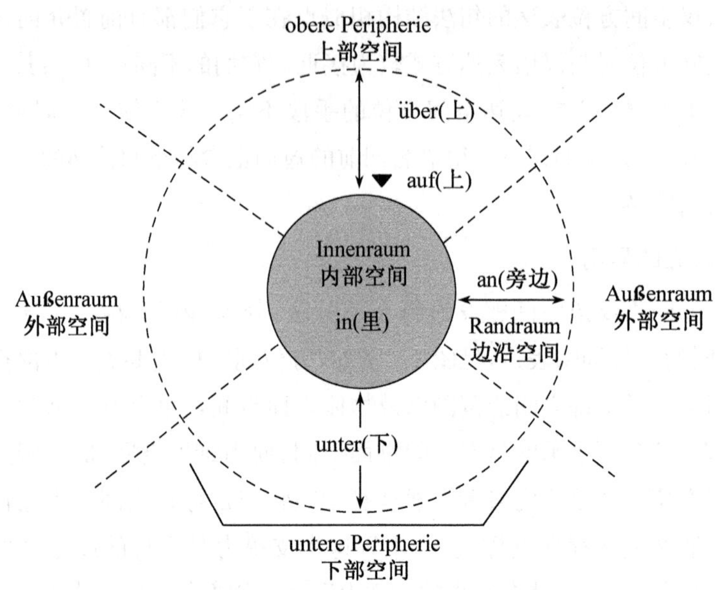

图 2　拓扑空间关系图(Becker, 1994)

可见，汉语和德语在空间方位概念的认知上也存在共性和差异。两种语言在空间方位概念上的不一致，导致了德语空间介词与汉语空间方位词在语义上的不匹配，从而使得人们在表达空间关系时错误使用空间介词。虽然汉语的“下”空间和“里”空间分别对应德语的“unter”空间和“in”空间，但是在表达一些边缘空间关系时仍有不匹配的情况，德语的“in”空间相较于汉语的“里”空间更加广一些(Bryant, 2012: 58)。汉语的“上”空间则包含了“auf”和“über”空间，以及部分“an”空间和少数“in”空间，见图 3。

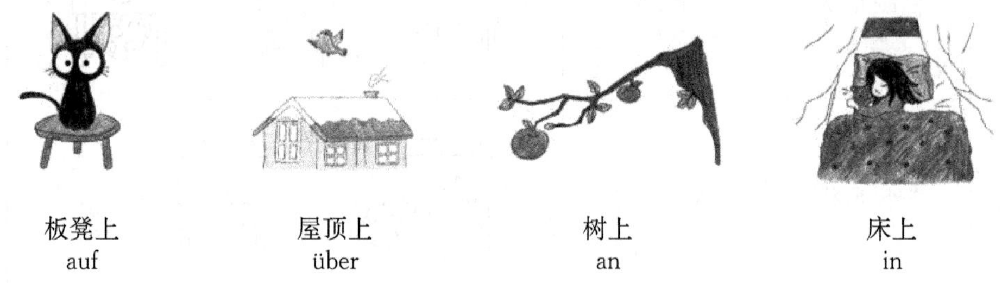

图 3　汉语“上”空间与德语空间关系对应图例

2.2　母语迁移在儿童二语习得中的研究

空间范畴是人类认知世界的基础性范畴，儿童很早就已习得母语中的空间方位系统，对空间方位范畴有一定的认知。较早刻印在脑海中的空间范畴同时也影响到儿童接下来对外部世界的感知。因此，儿童继续接触第二语言时，母语空间方位认知将如何影响二语的空间方位习得，是儿童二语习得研究中的热点问题。学者们从语义、句法、语序等多个层面对空间方位范畴的习得进行了研究，主要关注介词的空间方位语义、介词的省略、介词在短语中的位置，以及介词短语中冠词的形态变化等（Oomen-Welke，1987；Pienemann，1981；Pfaff，1984；Grießhaber，1999；Apeltauer，1987；Becker，1988；Studer，2000；Lütke，2008，2011；Gutzmann & Turgay，2011；Bryant，2012）。

上述大部分的研究都在儿童二语习得初期观察到了介词的泛化现象（主要以介词 in、auf、zu 泛化为主），但是均未对介词泛化现象出现的时间和原因作出说明和解释，不足以证明母语迁移的发生。古兹曼和图尔盖（Gutzmann & Turgay，2011）通过研究发现，二语儿童习得德语介词短语的过程很大程度上与母语者接近，但是因未对习得初始阶段展开研究，无法判断二语儿童在习得初期是否也遵循母语习得规律。有学者在限定词习得的实证研究中观察到不少类母语习得现象，如介词和限定词的省略（Keim，1984；Oomen-Welke，1987；Pienemann，1981；Pfaff，1992；Wegener，1993；Apeltacer，1997；Kaltenbacher & Klages，2006），以及无形态变化的限定词形式（Marouani，2006；Pfaff，1992），说明母语的词汇句法特点会影响到儿童二语习得（Jeuk，2006；Lemke，2008）。古兹曼和图尔盖（Gutzmann & Turgay，2011）则认为，这些现象并不足够证明母语迁移的存在，因为在母语儿童的语言习得过程中也出现了同样的错误。基于行为主义学习研究的语言习得理论认为，母语和二语之间的结构相似性越大，在习得过程中出现错误和困难的可能性越低。布莱恩特（Bryant，2012）对比了不同母语儿童（土耳其语、俄语）的二语习得情况，发现母语与二语之间的语言差异大小与二语习得速度不一定正相关。虽然土耳其语与德语在空间范畴认知上的差异远远大于俄语与德语之间的差异，但是土耳其语儿童比俄语儿童更早习得德语空间介词的范畴语义。

基于以上研究现状，母语迁移在二语习得中的研究亟待继续深入讨论。本研究基于德、汉语空间方位表达中句法和语义的异同，以德语空间介词 auf、in、unter、an 和 über 为例，采用诱发产出法和历时研究方法，通过长期观察和记录汉语母语儿童德语空间介词短语的习得过程，考察儿童母语空间方位认知对二语习得的影响，判断母语迁移的发生及其性质。本研究聚焦讨论两个大问题：

1）空间方位表达的跨语言认知差异如何影响儿童二语习得轨迹和习得速度？

2）德、汉语句法结构上的异同对儿童二语习得有何影响？

3 研究设计

3.1 被试

被试为四名在德国生活的儿童，他们的母语均为汉语（父母双方均为中国人，家庭语言为汉语）。被试对象的基本信息详见表 1。受试儿童 K1 因为家庭搬迁的原因，只参加了 8 个月的实验，未能观察到完整的习得轨迹，故在此次结果中不予讨论。

表 1 被试儿童基本信息

	儿童 K1	儿童 K2	儿童 K3	儿童 K4
性别	男	男	男	女
出生地	德国	德国	德国	中国
二语起始年龄	3;0	3;0	0;8	5;5
第一次录影	3;1	4;1	3;0	5;6
录影次数	16	38	23	31
观察时长（月）	8	24	18	20

3.2 研究方法

本研究采用多项游戏任务来收集儿童的口语语料。实验由一名游戏陪伴者（德语母语者）与受试儿童进行一对一的互动游戏，每次实验 30 分钟，全程进行录影。游戏陪伴者先与受试儿童自由交谈和玩耍，并由儿童自由选择暖场游戏（农场或者厨房游戏），以便让儿童进入一个轻松自然的状态。在游戏过程中，游戏陪伴者尽可能多地与儿童进行交流，并模拟现实生活场景，提出一些诱发性的空间问题，引导儿童产出空间表达。之后进入诱发产出环节，利用表示空间关系的教学卡片和精心绘制的图片以及两套大型儿童玩具，采取游戏的方式，继续给儿童营造一个轻松的游戏环境，中间穿插提问回答，尽可能多地诱使受试儿童进行空间表达。为了不让儿童产生被观察的紧张心理，游戏由儿童自由选择和组合，陪伴者主要负责在各个环节进行引导性提问。

语料收集完成后，研究者使用国际儿童语料库（CHILDES）中的转写工具（CHAT）对语音语料进行文字转写，利用分析工具（CLAN）根据研究问题对语料中的介词及空间表达进行标注和分析。标注的语料包含受试儿童的诱发产出以及他们的自发产出。

语料标注介词的表达(auf、in、unter、an、über)以及其空间关系(AUF、IN、UNTER、AN、ÜBER)中介词的使用。对语料编码完成后进行语料分析,主要从介词应用和空间关系表达两个维度展开,也就是说,在判断一个介词是否被习得时,研究者不仅考虑该介词的正确使用率,同时还考虑在该空间关系里的正确介词使用率。只有在两个层面的正确率同时为50%以上,且其后月份的正确率均高于50%的情况下,才判定该介词被受试儿童习得(此方法参照 Bryant, 2012)。

4 结果及讨论

4.1 空间介词习得顺序及习得难点

研究发现,二语儿童无论在习得速度还是习得顺序上都与母语儿童差异明显(与 Bryant 2012 实验相比较)。母语儿童在5岁前均已能习得这5个空间介词,其习得顺序为 auf＞in＞unter＞an＞über(Bryant, 2012:219)。而汉语母语儿童在7岁前习得的空间介词只有 unter 和 in,其中 unter 比 in 均早了大约半年的时间,见表2。从表中我们可以看出,在进入小学之前,受试儿童均未能习得另外三个介词 auf、an 和 über。特别是 an 和 über 两个介词,虽然受试儿童在使用这两个介词的时候正确率较高(但数量非常少),但是在 AN 和 ÜBER 这两个空间关系中 an 和 über 的应用率却不高,出现了大量的 auf 泛化,说明这两个空间范畴的认知对于汉语母语儿童而言充满挑战,介词习得时间也较其他空间介词晚很多。

表2 受试儿童空间介词习得时间

	unter	in	auf	an	über
K2	25. KM (5;1)	30. KM (5;6)	—	—	—
K3	39. KM (3;11)	43. KM (4;3)	—	—	—
K4	10. KM (6;2)	17. KM (6;9)	—	—	—

注:KM 表示目的语接触月

UNTER 的空间范畴与汉语中的"下"的空间范畴相近,从儿童的习得过程观察,UNTER 的范畴习得并没有受到阻碍,且介词 unter 也没有被泛化使用,说明受试儿童很早就对 UNTER 的空间范畴和介词 unter 有正确的语义认知。尽管 UNTER 空间范畴最早被习得,但是在很长一段时间里在句法层面依然存在习得难点。他们无法区别介词 unter、代副词 runter 和副词 unten 的区别,并经常将三者混用,例如介词 unter 经常被当作副词(例如：da unter)或者作为动词前缀(例如：unterfallen)使用。而代副词 runter 则经常当作介词(例如：runter dem Baum)或者动词前缀(例如：runterfallen)使用。

IN 的空间范畴与汉语中的“里”空间范畴相近，但介词 in 比介词 unter 习得稍晚，其中一个重要原因是介词 in 的泛化，即 in 被广泛错误应用于其他几个空间关系中。这种泛化现象延缓了介词的习得。此外，IN 空间和“里”空间在边缘空间关系上存在一定差异。如(2)中的图例“刀插在苹果上”，该空间关系用汉语方位词“上”表达，德语则是通过介词 in 表达为一个 IN 空间关系。三名受试儿童在描述此图中的空间关系时经常使用介词 auf(上)替代正确的介词 in。可见，儿童在 IN 的空间范畴认知上受到了母语的影响，其习得时间比 unter 要稍微晚一点。

(2)

目标物：刀
参照物：苹果

Auf der Apfel drin. (上苹果里面)　　K2 (5;1, 25. KM)
Auf den Apfel. (在苹果上面)　　K3 (4;1, 41. KM)
Auf die Apfel. (在苹果上面)　　K4 (6;2, 10. KM)

例(3)中图 a 和图 b 里的空间关系在汉语中都是用方位词“上”表达，但是在德语中则要根据目标物所在的参照物“床”上是否有被子而进行判断，如果睡在被子里则是 IN 空间，用介词 in，如果没有被子只是躺在床上，则是 AUF 空间，用介词 auf。

(3)

a. Das Mädchen schläft **in Bett.**
小女孩在**床上**睡觉。

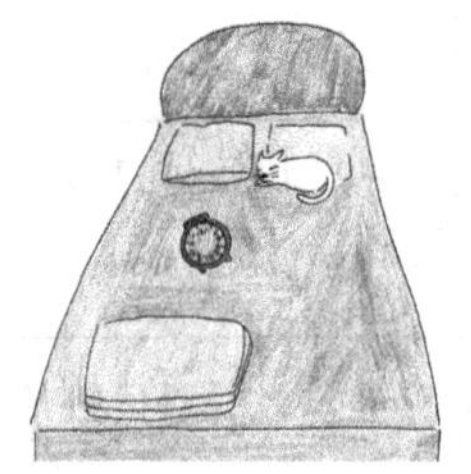

b. Die Katze liegt **auf dem Bett.**
猫趴在**床上**。

研究者在设计这两幅图片时预测受试儿童在这两个空间关系的描述上会出现较大的困难，但是实验结果显示，除了 K2 因受前期 in 泛化的影响较长一段时间都是使用介词 in，另外两名儿童都没有出现较大困难，且正确率很高。儿童在表达这两个空间关系时没有受到母语影响的原因可能在于，这种空间关系在儿童的日常生活中经常出现，儿童接收到的来自父母等外界的语言输入较多。而例(2)中的“刀子插在苹果上”这个空间关系因为在日常生活中出现较少，获得的语言输入也相对少了很多，所以错误率明显高很多。

AUF 空间范畴未被汉语母语儿童在入学前习得，其中一个较大的原因也是介词 auf 的泛化，这使得 auf 介词使用的正确率一直不高。AUF 空间的习得则呈现稳步上升的状态，从图 4—6 也分别可看出，三名受试儿童的 AUF 空间关系习得时间明显早于介词本身。

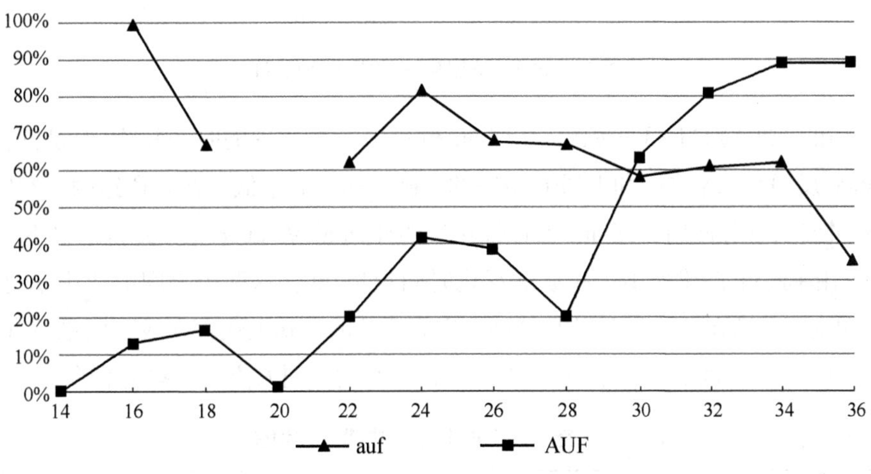

图 4　auf 和 AUF 空间习得过程(K2)

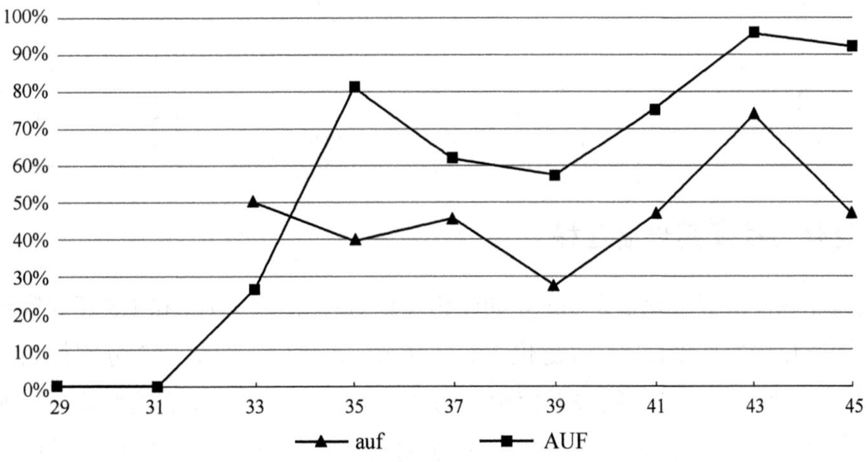

图 5　auf 和 AUF 空间习得过程(K3)

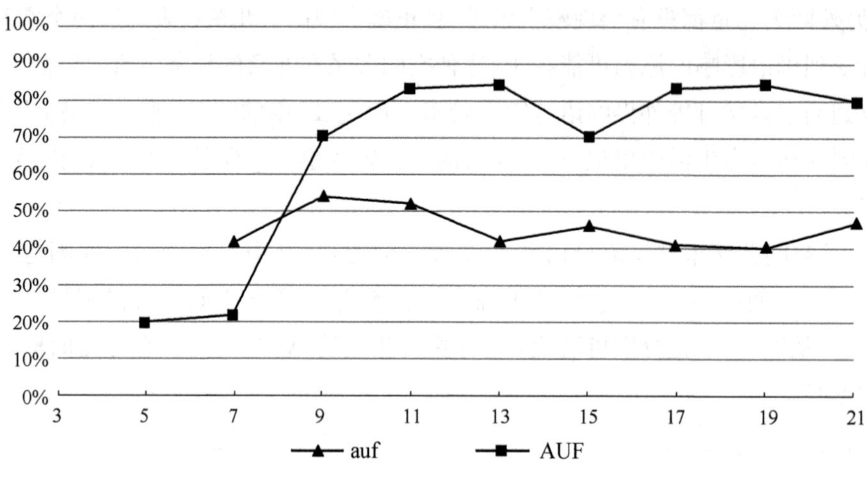

图 6　auf 和 AUF 空间习得过程(K4)

AN 和 ÜBER 则与 AUF 相反，介词 an 和 über 虽然出现的时间较晚，但是其使用正确率较高，反而是 AN 空间和 ÜBER 空间的正确表达率非常低。在表达这两个空间关系时，受试儿童大部分使用介词 auf 来替代正确的介词 an 和 über(表 3)，特别是 K3 和 K4 的 auf 泛用率超过了 58%，K2 因为 in 泛化时间较长，in 在这两个空间的使用率也很高。这也说明受试儿童在 AN 和 ÜBER 这两个空间范畴的认知上还存在较大困难(正确率一直低于 33%)，同时也说明对介词 an 和 über 所指称的空间方位范畴构建不够完整。

表 3　AN 空间和 ÜBER 空间中错误介词使用率

	AN 空间				ÜBER 空间			
	auf	in	da	bei	auf	in	durch	bei
K2	27%	53%	14%	—	34%	37%	17%	—
K3	58%	12%	9%	18%	81%	—	6%	6%
K4	64%	20%	11%	—	72%	8%	—	—

4.2　泛化转换及其母语迁移

三名受试儿童都出现了介词 auf 的泛化现象，其中在儿童 K2 和 K3 还观察到了一个明显的泛化转换现象，即从 in 泛化突然转换成 auf 泛化。图 7 - 10 分别标出了儿童 K2、K3 的 in 和 auf 在各空间关系使用率的变化曲线。从几个图表的对比可以明显看出，K2 从第 16 个德语接触月到第 28 个接触月都较多地将介词 in 应用在不同的空间关系表达中(图 7)，在 AUF、AN、ÜBER 这几个空间关系中 in 的使用率均为 50%以上，从第 30 个接触月开始，in 使用率在几个空间关系表达中迅速下降到 20%以下；从图 8 中可以看到，在第 30 个接触月之前 auf 泛化较少，而从第 30 个接触月开始，auf 泛化现象突然大幅增多，从低于 10%突然升高到 25%（AN 空间）和 38%（ÜBER 空间），并一直上升到观察末期的 54%和 57%。

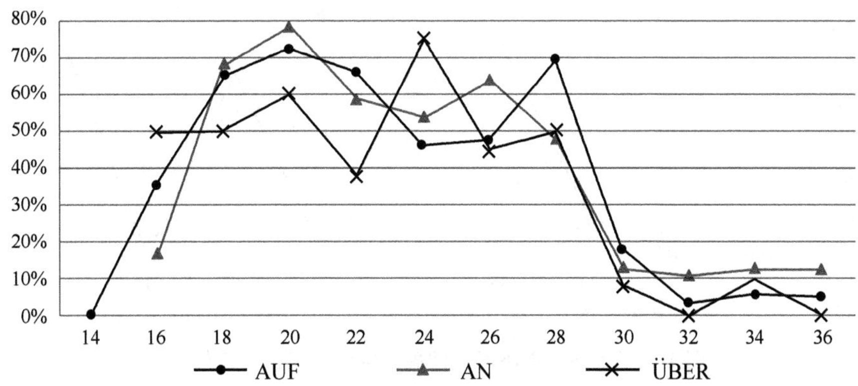

图 7　介词 in 在不同空间关系中的错误使用率（K2）

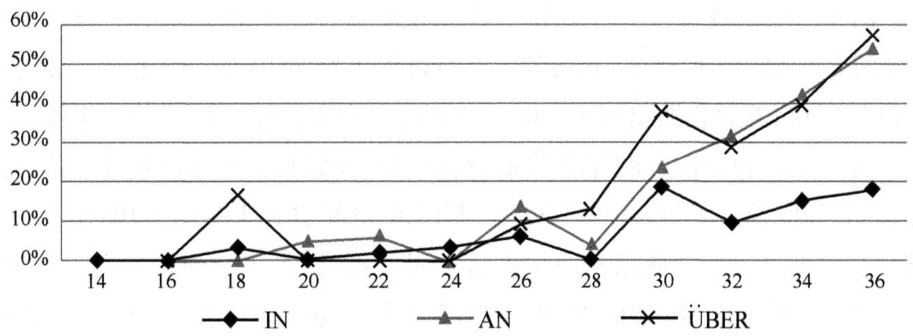

图 8　介词 auf 在不同空间关系中的错误使用率（K2）

K3 的 in 泛化现象没有持续很长时间，但是也能观察到一个非常明显的泛化转换时间点，即从第 35 个接触月开始，in 的泛化使用率已经在各个空间关系中低于 10%（图 9），也是从第 35 个接触月开始，介词 auf 在各个空间关系中的错误使用率突然升高，由原来的低于 10%突然上升到 50%及以上，且主要用在了 AN 空间和 ÜBER 空间（图 10）。

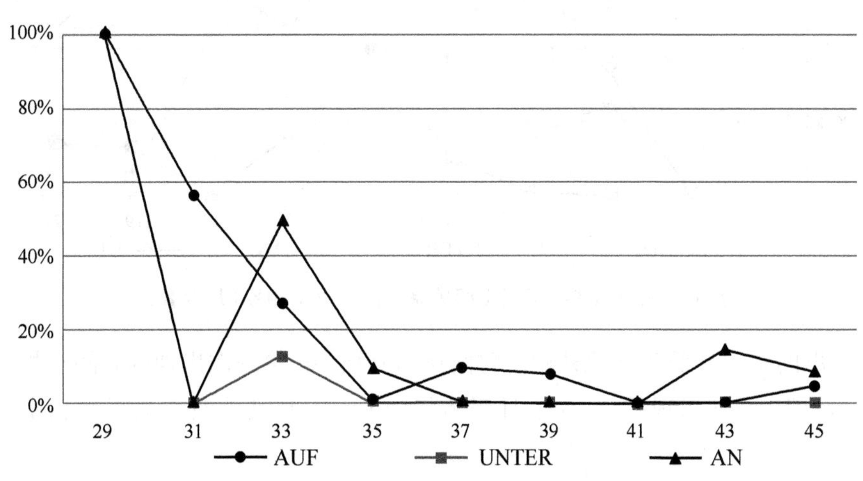

图 9　介词 in 在不同空间关系中的错误使用率（K3）

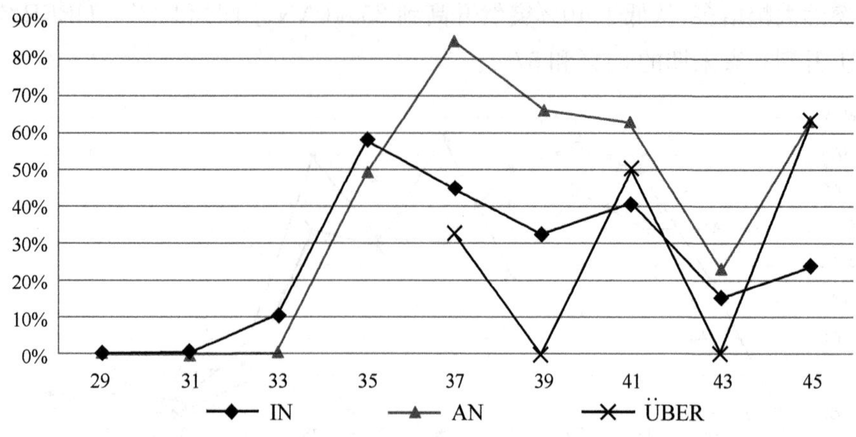

图 10　介词 auf 在不同空间关系中的错误使用率(K3)

从 K2 和 K3 两个儿童能观察到明显的泛化转换时间点,且 auf 主要在 AN 和 ÜBER 这两个空间出现了大量的使用。K4 从 5 岁 5 个月开始接触德语,其二语起始年龄较另外两名儿童晚了两年多,观察到的习得过程也有所不同。K2 和 K3 最先开始出现介词 in 的使用,然后相继出现 auf 和 unter(相差时间不远),K4 在第 4 个接触月同时出现了介词 in、auf 和 unter,没有出现 in 泛化现象,而是从一开始就出现 auf 泛化。特别是从第 11 个接触月开始,auf 在 AN 和 ÜBER 空间进行大量的使用(图 11)。在第 11 个接触月之前,K4 较少使用介词来表达空间关系,而是大量使用了地点副词 da 来进行空间表达。随着之后介词的出现,da 出现的频率也逐渐降低,从第 11 个接触月开始少于 10%。

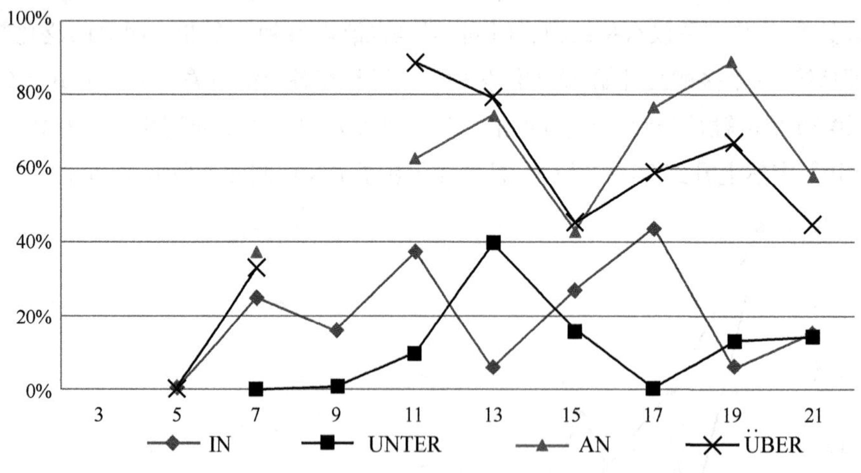

图 11　介词 auf 在不同空间关系中的错误使用率(儿童 K4)

有意思的是,auf 泛化现象开始的时间点与介词 auf 第一次出现的时间点极为相近(K3 和 K4 都是 auf 出现后 2—3 个月开始将 auf 泛用到其他空间关系表达中),且与

AUF 空间习得时间点高度重合，见表 4。说明儿童在介词 auf 出现后能较快解锁 AUF 空间范畴认知，母语中的“上”空间范畴对于儿童 AUF 空间范畴的认知起到了积极作用。同时，“上”空间包含的 AN 和 ÜBER 空间范畴则受到母语影响而被儿童暂时划入到 AUF 空间，并选择使用介词 auf 来表达这两个空间关系。

表 4　介词 auf 和 auf 泛化第一次出现时间点以及 AUF 空间习得时间点

	auf 介词第一次出现	auf 泛化开始出现	auf 空间习得
K2	15. KM	30. KM	30. KM
K3	33. KM	35. KM	35. KM
K4	4. KM	7. KM	9. KM

虽然在以其他语言为母语的二语儿童实验中，都有观察到 in 泛化和 auf 泛化现象，但是研究者们对于介词泛化现象出现的时间和原因没有给出明确的说明和解释。本研究观察了三名汉语母语儿童的二语习得轨迹，结果发现，介词泛化现象并不是二语习得过程中一个随机出现的现象。in 最先被选择作为替代语，一方面因为 in 是儿童最早开始使用的空间介词，另一方面是因为 in 的发音便利使得二语儿童更容易掌握并使用。随着其他介词的陆续出现和使用，以及儿童认知水平和二语水平的提高，对空间范畴的认知判断进入了提升阶段，儿童不再仅仅使用 in 作为唯一的替代表达。对于汉语母语儿童而言，母语中没有的 AN 和 ÜBER 空间范畴则使他们受到母语空间范畴认知的影响，使用与“上”意思相近的介词 auf 来表达。对于起始年龄较晚的儿童，auf 出现时间较早，in 失去了它的语音优势，因此，auf 直接被儿童选择作为替代语。无论是从 in 泛化转换成 auf 泛化，还是直接选择的 auf 泛化，都与汉语的方位词“上”有一定的联系。特别是在 AN 和 ÜBER 这两个在汉语中没有从“上”空间中分离出来的空间，可以看出，汉语母语儿童对 auf 的理解和产出很大程度上受到了母语空间范畴认知的影响。

4.3　副词 oben(上面)在 AUF 和 ÜBER 空间的使用及其母语迁移

德语副词 oben 也能表达空间关系，指一个与“unten”相对的垂直空间的上部分，意同汉语的“上面”。oben 虽不能区分拓扑空间关系中的 AUF、AN 和 ÜBER 空间，但在具体的应用中却可以表达不同的空间概念，见例 4。

(4)　AN 空间：Da oben hängt eine Uhr.（在外墙上 An der oberen Außenwand）
AUF 空间：Da oben sitzt eine Katze.（在屋顶上 Auf dem Dach）
ÜBER 空间：Da oben fliegt ein Vogel.（在屋顶上方 Über dem Haus）

研究发现，受试儿童也会使用 oben 来表达 AUF 和 ÜBER 空间关系。这说明，三名受试儿童在习得初期将 AUF 和 ÜBER 归类到垂直空间中“上面”的空间范畴行列，AN 空间并未包含在 oben 范畴之内。儿童对于汉语的侧面支撑关系行成的“上”空间和德语的拓扑空间关系 AUF 和 ÜBER 有了区别意识。在研究后期还发现，三名受试儿童更多的将 oben 用来表示 ÜBER 空间，并且出现将 oben 当作介词使用的情况。

表 5 列出了受试儿童使用 oben 来表达 AUF 和 ÜBER 空间时出现的句型结构。除了 a 和 b 两种正确的句型，还使用了三种错误的句型。例如“介词＋名词＋oben”(c)，这个句型和汉语的介词短语结构相似，即“介词＋名词＋方位词”，表达一个上方空间关系。d 句型省略了介词，直接使用“名词＋oben”的形式。比较特别的是 e 句型，oben 放在名词短语前替代了介词的位置，可见，他们有时候会将 oben 当作介词使用。这种情况只有在指称 ÜBER 空间的时候出现，说明受试儿童已经从概念层面区分 AUF 和 ÜBER，但是不能正确地使用介词 über 来指称 ÜBER 空间，反而是错误地将 oben 当作指称 ÜBER 空间的介词来使用。

表 5　oben 在表达 AUF - R 和 ÜBER - R 时出现的句型结构

	句型结构	例　句
a.	oben ＋ PP	Das Buch liegt oben auf dem Tisch.
b.	daoben	Das Buch liegt da oben.
c.	* P ＋ N ＋oben	in/auf die Tisch oben
d.	* N ＋oben	Tischoben
e.	* oben ＋ DP	oben die Tisch

4.4　介词位置的习得

受试儿童在习得空间介词的过程中，几乎没有出现介词后置的情况。同时，可后置的表示空间关系的代副词在整个习得过程中也极为少见，使用率均在 4%以下。这说明，汉语里已经存在的前置介词对于汉语母语儿童习得德语前置介词的句法位置时，起到了积极的影响。此外，德语的堆砌结构也没有如预测的那样被受试儿童优先使用或习得。

5　结语

本研究使用诱发产出以及历时研究的实证研究方法，系统观察了以汉语为母语的儿童德语空间介词短语习得过程，对其习得速度、习得轨迹、习得特征以及习得难点进行了描述和分析，探讨了空间方位概念的跨语言差异对儿童二语习得的影响，得到以下三个重要结论。第一，二语儿童无论在习得速度还是习得顺序上都与母语儿童差异明显；第二，空间方位概念语义的习得受到母语的抑制性负迁移作用较大，影响了儿童的二语习得速度。第三，空间方位范畴习得在句法层面受母语的正迁移影响，儿童能够较快习得介词在短语中的位置，也没有出现类母语的堆砌结构。

本研究是对儿童二语习得的个案研究，研究对象数量较少。无法证明实验结果在儿童二语习得中的普遍适用性，仍需通过后续研究继续进行论证。本研究采用历时研究方法，系统观察了儿童空间介词习得轨迹，发现了介词泛化转换现象，探讨了引起该转换现象的原因，弥补了前人研究中的不足，并且得到母语迁移的新启示。在后续的研究中，还将进一步探讨两个问题：空间方位认知差异导致的母语迁移是概念迁移还是语义层迁移？语言迁移的发生是否受初始年龄的影响？

参考文献

[1] Apeltauer, E. 1987. Indikatoren zur Sprachstandsbestimmung ausländischer Schulanfänger. In Ders. (Hrsg.), *Gesteuerter Zweitspracherwerb. Voraussetzungen und Konsequenzen für den Unterricht*. München: Max Hueber, 207 - 232.

[2] Becker, A. 1988. *Reference to Space*. Straßbourg: European Science Foundation.

[3] Becker, A. 1994. *Lokalisierungsausdrücke im Sprachvergleich: eine lexikalisch-semantische Analyse von Lokalisierungsausdrücken im Deutschen, Englischen, Französischen und Türkischen*. Tübingen: Niemeyer.

[4] Bryant, D. 2012. *Lokalisierungsausdrücke im Erst-und Zweitspracherwerb: Typologische, kontogenetische und kognitionspsychologische Überlegungen zur Sprachförderung in DaZ. Baltmannsweiler*. Hohengehren: Schneider Verlag.

[5] Gogolin, I. 2010. Stichwort: Mehrsprachigkeit. *Zeitschrift für Erziehungswissenschaft*, 13 (4): 529 - 547.

[6] Grießhaber, W. 1999. *Die relativierende Prozedur. Zu Grammatik und Pragmatik lokaler Präpositionen und ihrer Verwendung durch türkische Deutschlerner*. Münster u. a.: Waxmann.

[7] Gutzmann, D. & K. Turgay. 2011. Funktionale Kategorien in der PP und deren Zweitspracherwerb. *Zeitschrift für Sprachwissenschaft*, 30(2): 169 - 221.

[8] Jeuk, S. 2006. Die Sprache und die Sprachen. In B. Seddik (Hrsg.), *Interkulturelle Integration in der Kinder-und Jugendarbeit. Orientierungen für die Praxis*. Weinheim: Juventa, 87 - 101.

[9] Jeuk, S. 2011. *Erste Schritte in der Zweitsprache Deutsch. Eine empirische Untersuchung zum Zweitspracherwerb türkischer Migrantenkinder in Kindertageseinrichtungen*. Freiburg: Fillibach Verlag.

[10] Jeuk, S. & J. Settinieri 2019. *Sprachdiagnostik Deutsch als Zweitsprache*. Berlin: De

Gruyter.

[11] Jeuk, S. 2020. Der Zweitspracherwerb des deutschen Genussystems: Erwerbsprofile und didaktische Folgerungen. In B. Ahrenholz & B. Geist & B. Lütke (Hrsg.), *Deutsch als Zweitsprache: Perspektiven auf Schule und Hochschule*. Stuttgart: Fillibach bei Klett, 41-58.

[12] Kieferle, C. & W. Griebel. 2013. Übergänge und Mehrsprachigkeit—Das Comenius-Projekt TRAM. In C. Kieferle, E. Reichert-Garschhammer & F. Becker-Stoll (Hrsg.), *Sprachliche Bildung von Anfang an—Strategien, Konzepte und Erfahrungen*. Göttingen: Vandenhoeck & Ruprecht, 147-157.

[13] Kolb, N. & U. Fischer. 2019. *Qualität in zwei-und mehrsprachigen Kindertageseinrichtungen. Kriterienhandbuch für den Bereich Sprache und Mehrsprachigkeit*. Hildesheim: Universitätsverlag Hildesheim.

[14] Lemke, V. 2008. Der Erwerb der DP. Variation beim frühen Zweitspracherwerb. Unpublished doctoral dissertation. Universität Mannheim.

[15] Lütke, B. 2008. Beobachtungen zur Raumreferenz in mündlichen Erzählungen von Grundschulkindern mit Deutsch als Erst-und Zweitsprache. In B. Mahrenholz (Hrsg.), *Zweitspracherwerb. Diagnosen, Verläufe, Voraussetzungen*. Freiburg i. Br.: Fillibach, 151-170.

[16] Lütke, B. 2011. *Deutsch als Zweitsprache in der Grundschule. Ein Untersuchung zum Erlernen lokaler Präpositionen*. Berlin: Walter de Gruyter.

[17] Meisel, J. 2007. Mehrsprachigkeit in der frühen Kindheit. Zur Rolle des Alters bei Erwerbsbeginn. In T. Anstatt (Hrsg.), *Mehrsorachigkeit bei Kindern und Erwachsenen. Erwerb, Formen, Förderung*. Tübingen: Attempto Verlag, 93-114.

[18] Meisel, J. 2011. *First and Second Language Acquisition*. Cambridge: Cambridge University Press.

[19] Oliver, R. & A. Azkarai, 2017. Review of child Second Language Aquisition (SLA): Examining Theories and Research. *Annual Review of Applied Linguistics*, 37: 62-76.

[20] Oomen-Welke, I. 1987. Türkische Grundschüler erzählen und schreiben „da macht der raus-Er riß den Baum aus". *OBST*, 36(87). 110-132.

[21] Ose & Schulz 2010. Was fehlt Jonas—Ein Taschentuch oder das Taschentuch? Eine Pilotstudie zum Artikelerwerb bei Kindern mit Deutsch als Zweitsprache. In. M. Rost-Roth (Hrsg.), *DaZ—Spracherwerb und Sprachförderung Deutsch als Zweitsprache. Beiträge aus dem 5. Workshop Kinder mit Migrationshintergrund*. Freiburg: Fillibach, 79-97.

[22] Pfaff, C. W. 1984. On input and residual L1 transfer effects in Turkish and Greek children's German. In R. W. Anderson (Hg.), *Second languages. A cross-linguistic perspective*. Rowley, MA: Newbury House Publishers, 271-298.

[23] Pfaff, C. 1992. The issue of grammaticalization in early German second language. *Studies in*

Second Language Acquisition, 14 (3): 273 - 296.

[24] Pienemann, M. 1981. *Der Zweitspracherwerb ausländischer Arbeiterkinder.* Bonn: Bouvier.

[25] Rothweiler, M. 2009. Über den Zusammenhang von Lexikon, Grammatik und Mehrsprachigkeit: Was kann die Spracherwerbsforschung für die Praxis liefern? *Sprachheilarbeit*, 54: 246 - 254.

[26] Rothweiler, M. 2016. Zum Erwerb der deutschen Grammatik bei früh sequentiell zweisprachigen Kindern mit Türkisch als Erstsprache—Ergebnisse aus einem Forschungsprojekt. *Journal of Childhood and Adolescence Research*, 1: 9 - 25.

[27] Rothweiler, M. & T. Ruberg 2011. *Der Erwerb des Deutschen bei Kindern mit nichtdeutscher Erstsprache. Sprachliche und außersprachliche Einflussfaktoren.* Deutsches Jugendinstitut.

[28] Rothweiler, M., M. Schönenberger & F. Sterner. 2017. Subject-verb agreement in German in bilingual children with and without SLI. *Zeitschrift für Sprachwissenschaft*, 36(1): 79 - 106.

[29] Ruberg, T. 2013. *Der Genuserwerb ein-und mehrsprachiger Kinder.* Hamburg: Verlag Dr. Kovac.

[30] Ruberg, T. 2015. Diagnostische Aspekte des Genuserwerbs ein-und mehrsprachiger Kinder. *Forschung Sprache*, 2: 22 - 40.

[31] Studer, T. 2000. „Wir lernen heraus in die Umwelt, under dem Sonne "—Der Erwerb von Präpositionalphrasen. In E. Diehl et al. (Hrsg.). *Grammatikunterricht: Alles für der Katz? Untersuchungen zum Zweitspracherwerb Deutsch.* Tübingen: Niemeyer, 264 - 331.

[32] Tracy & Lemke. 2012. Young L2 and L1 learners: More alike than different. In. M. Watorek, S. Benazzo & M. Hickmann. *Comparative Perspectives on Language Acquisition: A Tribute to Clive Perdue.* Bristol: Multilingual matters, 303 - 323.

[33] 储泽祥,2004. 汉语"在+方位短语"里方位词的隐现机制. 中国语文,(2):112 - 122,191.

[34] 崔希亮,2002. 空间关系的类型学研究. 汉语学习,(1):1 - 8.

[35] 齐沪扬,1998. 现代汉语空间问题研究. 上海:学林出版社.

多和田叶子多语诗歌中的德汉语码转换探析

南京大学　卢盛舟*

摘　要：日本旅德作家多和田叶子长期坚持德日双语写作，并在创作中尝试融入汉字元素。本研究以她的两首代表性诗歌为例，探究其中德汉语码转换的文学策略。本研究指出，《月亮的逃跑》通过运用德语和日语汉字之间的语码转换，有意让德语读者"出离母语"，为霍米·巴巴提出的文化"居间"概念提供了诗学实践，而《一部中文词典》中"不在场"的德汉语码转换则演绎了本雅明的语言观、翻译观以及多和田的移译诗学。总体来看，多和田叶子与汉字相关的多语诗歌创作有助于消解德国国民当前的单语情结。

关键词：多和田叶子；诗歌；多语；语码转换；本雅明；翻译

Title: An Analysis of German-Chinese Code-Switching in the Multilingual Poetry by Yoko Tawada

Abstract: Yoko Tawada has insisted on German-Japanese bilingual writing and actively incorporated Chinese characters into her writings. This article takes two of her representative poems as examples to explore the literary strategy of code-switching between German and Chinese characters in them. The article points out that "The Escape of the Moon" intentionally makes German readers "leave their mother tongue" through the use of code-switching between German and Japanese kanji, providing a poetic practice for the cultural concept of "in-between" proposed by Homi Baba; "A Chinese Dictionary", in which the German-Chinese code-switching is "not present", is an interpretation of Walter Benjamin's view of language and translation and Tawada's translation poetics. On the whole, Tawada's multilingual

---

* **作者简介**：卢盛舟，南京大学外国语学院副教授。研究方向：现当代德语文学。联系方式：lushengzhou@nju.edu.cn。

poetry related to Chinese characters helps to dismantle the monolingual complex of German citizens at present.

Key Words: Yoko Tawada; Poetry; Multilingualism; Code-switching; Benjamin; Translation

1 引言

文学中的多语现象一般指陌生、异质的语言在文学文本中以个别词句或以从外来语借用过来的语法结构的形式出现(Kilchmann, 2012:1－12)。二十一世纪以来,文学中的多语现象研究在德国德语文学研究界已然成为热点话题之一。例如,2020年出版的《文学与多语现象》一书的编者就指出,近年来,文学与文化研究对多语现象这一原本属于语言学研究范畴的课题日益关注。究其原因,一是这项研究为对文化间性、跨文化性和移民研究感兴趣的学者提供了认识语言、文化及社会差异的重要进路。二是源于多语化的文学文本重新提升了学者对文学文本语言结构的研究兴趣;文学研究也因此亟须重拾语言学的概念和术语,以便更加全面地认识、把握研究对象。三是研究多语现象使得超越国别文学的研究成为可能,这在当前聚焦世界文学和比较文学角色转换的讨论的背景下显得尤具学术吸引力(Dembeck & Parr, 2020:9－10)。

在对当代德语文学中的多语现象的研究中,日本旅德作家多和田叶子(Yoko Tawada, 1960—)是一位绕不开的作家。她早年曾在日本早稻田大学学习俄罗斯文学,之后移居德国,先后在德国汉堡大学和瑞士苏黎世大学获文学硕士、博士学位。自1982年起,她一直坚持用日语、德语创作,出版了大量小说、随笔、散文、戏剧、广播剧与诗歌作品。1991年,多和田叶子凭借日语小说《失去后脚跟》获得群像新人奖,1993年,她的日语小说《狗女婿上门》获介川文学奖。1996年,多和田叶子获德国沙米索文学奖,2016年获德国著名文学奖克莱斯特奖。2018年,她的小说集《献灯使》荣获美国全国图书奖首届翻译文学奖。因此,多和田叶子被誉为"日本文学史上首位使用日德双语写作并赢得两国文坛高度评价、连续摘得日语文学和德语文学重要奖项的当代作家"(秦刚,2022:77),"被视为最有希望入选诺贝尔文学家的日本作家之一"(张培,2022:78)。

作为一位对异语言、异文化有着持续思考的作家,多和田叶子对中国汉字也颇感兴趣。她认为"与字母文字不同,汉字即使没有语音化,也会持续散发出强烈的意象"(多和田叶子,2019:179),而在日语历史上,"利用从中国得到的汉字,在日本创造出复合词",是"光想就能让你心情开朗的事情"(多和田叶子,2019:180)。事实上,多和田叶子在其作品中也尝试融入汉字元素,这在现有研究中不多被涉及。因此,本研究将以她的两首代表性诗歌为例,探析其多语创作中的德汉语码转换所隐含的文学策略。

2 《月亮的逃跑》中德语和日语汉字间的语码转换

《月亮的逃跑》(die 逃走 des 月 s)一诗出自多和田叶子 2010 年出版的诗集《德语语法历险》。该诗集共收录 35 首诗,多和田叶子在其中从德语非母语者的视角出发,针对德语的语音、词法和句法进行了实验性创作。《月亮的逃跑》最初由多和田叶子用日语创作而成,由彼得·珀尔特纳(Peter Pörtner)翻译成德语,日语版和德语版均收录在多和田叶子 1987 年在德国出版的处女作《唯你所在之处一片空无》中。而在 2010 年版的《月亮的逃跑》中,多和田叶子在原先德译版本的基础上极富创意地加入了日语汉字,从而形成了德语和日语汉字之间的语码转换。笔者将分别列出《月亮的逃跑》的 2010 年版和 1987 年德语版,并附上笔者的中译,以便分析(如下表 1)。

表 1 《月亮的逃跑》2010 年版、1987 年德语版及中译

die 逃走 des 月 s	Die Flucht des Mondes	月亮的逃跑
我 歌 auf der 厠 da 来 der 月 herange 転 t	Ich sang in der Toilette da kam der Mond herangerollt	我在厕所唱歌时 月亮 进来了
裸 auf einem 自転車 彼 hatte den 道 mitten 通 den 暗喩公園 ge 選 um 我 zu 会	nackt auf einem Fahrrad Er hatte den Weg mitten durch den Metapherpark genommen um mich zu treffen	赤身裸体 踩着自行车 他取道穿过隐喻公园里的路 为了与我相会
戸外 die 道 entlang 散步 e 歯磨 end eine 美女 auf der 長椅子 im 公園 飲 ein 男 in 妊娠服 林檎汁 Am 末 eines 世紀 s ist die 健康 eben 適	Draußen die Straße entlang spazierte zähneputzend eine schöne Frau Auf der Bank im Park trank ein Mann in Umstandskleidung Apfelsaft Am Ende eines Jahrhunderts ist Gesundheit eben angesagt	户外一位美女沿着街道 边刷牙边散步 在公园的长椅上 穿着孕妇装的男人 喝着苹果汁 世纪末,流行养生
Im 天 穿 ein 穴 Die 月的不安 Der 月的苦悩 sind 去 全「的」飛翔 活溌 um das 穴 herum	Im Himmel klafft ein Loch Die mondgestaltige Angst der mondgestaltige Kummer sind weg Alles Gestaltige flattert munter um das Loch herum	天空突然裂开一个洞 月亮形状的不安和忧愁都 消失 一切有形状的东西 在洞的周围欢快飞舞

（续表）

die 逃走 des 月 s	Die Flucht des Mondes	月亮的逃跑
Die 皺 des 深淵 s 平 Auf der 光滑 en 表面 der 苦悩 登場 die 詩人 auf 氷靴 an	Die Falte des Abgrunds glättet sich Auf der blanken Oberfläche der Sorge treten die Dichter auf Schlittschuhen an	深渊的褶皱被抹平 在忧愁的光滑表面，诗人穿着滑冰鞋登场
月 我的 neben 我	Mond - meiner - neben mir	月亮 我的 在我身旁

语码转换通常指在话段中使用两种或两种以上的语言变体，研究者一般将语码转换分为句间转换、句内转换、词内转换、附加语转换等。由上可见，《月亮的逃跑》2010年版共4节11句，全诗共出现48处语码转换，均为句内转换，这其中又有7处同时为词内转换，即"herange 転 t""ge 選""散步 e""歯磨 end""世紀 s""深淵 s""光滑 en"。在这些词内转换中，日语汉字遵循德语的形态句法规则，保留了其包括动词变位词尾、形容词词尾、名词第二格词尾、第一分词词尾、第二分词前缀与后缀在内的语法屈折形态变化。

根据 Myers-Scotton 提出的主体语框架模式理论（Matrix Language Frame Model），在语码转换中，一种语言因其决定了语法框架而占统领性或主体性地位，因此被称作主体语（Matrix Language），而另一种或几种处于从属地位的语言被称为嵌入语（Embedded Language）；语法框架主要指包括屈折成分和功能词在内的系统语素和语素顺序（Myers-Scotton 1993）。不难看出，在《月亮的逃跑》2010年版中，提供系统语素、决定句法形态的德语为主体语，日文汉字为嵌入语；嵌入语日文汉字的内部成分结构包括词和语言岛（语言岛指短语或小句）两类，其中词的数量为57，语言岛的数量为3，语言岛又包括2个名词短语（NP）和1个小句（Clause）；嵌入语单个词的词性除个别虚词外，包括了名词、动词和形容词、代词四种实义词，其转换频率如表2所示：

表2 四种实义词在单个词类型中的转换频率

类型	名词	动词	形容词	代词	总数
数量	30	12	4	5	51
比例	58.8%	23.5%	7.8%	9.9%	100%

从语用角度看，语码转换作为一种修辞手段或策略应用，是作家为取得特殊的艺术效果而做的有意识的艺术处理。多和田叶子本人在诗集的脚注中对此并未多言，只是简单提及了她在诗中加入日语汉字的目的，指出2010年版的《月亮的逃跑》是对同诗1987年版的翻译转写："书写日文时，人们必须用汉字去书写承载意义的词干，其余的（词的手和脚）用表音文字书写"，2010年版的《月亮的逃跑》"表现了人们用这种书写方法也可以书写德语"（Tawada，2010：41）。而我们应进一步看到，多和田叶子在德译诗

基础上融入日语汉字，至少达成了三种艺术效果。

首先，德汉之间的语码转换更加凸显了 1987 年德语版《月亮的逃跑》的作品主旨。该诗描绘了被拟人化的月亮与诗中之“我”在夜间邂逅这一带有超现实主义色彩的事件。月亮逃离天空，和“我”相会，但这并没有招致灾难，天空中因月亮离开而留下的深渊、褶皱被迅速抹平，变得光滑，诗人甚至可以在其上滑冰优游。整首诗符合多和田叶子作品的一贯特点，即“处处充斥着不合理的、脱离现实的描述和夸张的变形”（梁汇敏、何俊，2023：22），流露出一种轻松、嬉戏的后现代主义文学基调，这也打破了东西文学史中咏月诗通常所具有的悲天悯人的伤感情怀（Kersting，2004：86）。值得注意的是，在 2010 年版《月亮的逃跑》中，作为嵌入语的日文汉字的语言岛包含的唯一小句为“全「的」飛翔 活溌”，这恰恰凸显了该诗的主旨。此外，该诗展演了一种范式转换，即一种通过深度（“深渊的褶皱”）、严肃与沉重（“不安”“忧愁”）、语言（“唱歌”）所呈现出的与西方形而上传统紧密相连的秩序，最终被表层（“表面”）、轻快（“欢快”）、轻盈（“滑冰”）与文字（滑冰者在冰面留下的痕迹）的秩序所替代（Kersting，2004：87），而日语汉字的加入无疑使得这一转向变得更为明显。

其次，虽然诗中德语为主体语，但日语中的汉字提供了所有包括名词、动词、形容词和代词在内的实义词成分。所以，在主体语理论框架下，这两种语言的主导地位可谓不分伯仲。为消解文化霸权，后殖民理论家霍米·巴巴在《文化的定位》中提出了“居间”（in-between）概念，认为“居间”这种不确定的状态使得主体得以在文化差异的间隙中对自我身份进行协商。多和田的这首诗无疑为霍米·巴巴的文化“居间”概念提供了一种诗学实践。正如有论者指出，“多和田叶子在日本文化和德国文化之间建立了一个中间地带，在这个中间地带中，语言和文化不再是静止的、封闭的，而是开放的、可以重新建构的。多和田叶子不属于东西方任何一种文化圈，而是主动置身于日、德两种文化和语言相互作用、交错、冲击中，体会文化和语言在中间地带的乐趣”（季文心，2021：176）。

最后，这首诗反转了多和田叶子通常所秉持的创作者“出离母语”（Exophonie）的立场。“出离母语”是多和田叶子在随笔集中提出的概念，意为走向母语的外部，以“异乡人”的角度来探索德语或日语创新表现的可能（秦刚，2022：88）。但在这首诗中，多和田叶子颇具挑衅意味地让母语为德语的读者“出离母语”，汉字产生的异体效应迫使他们不得不面对自己的阅读认知边界。进一步说，多和田叶子在诗中让不通汉字的读者所感知的不是词语或内容，而是视觉结构和图像（Rakusa，2011：74 - 75）。事实上，多和田叶子本人并不通中文，但她不学中文不是因为不感兴趣，而是因为害怕汉字与她的关系发生改变，她更喜欢“像看画一样凝望着汉字，在图像的世界里遨游”（多和田叶子，2019：179）。从宏观上看，多和田叶子的汉字书写也在一定程度上延续了 17—20 世纪德语文学中以翁泽尔、歌德、吕克特、道藤代、科默雷尔等作家为代表的对汉字文化的诗意想象（Klawitter，2015a：26）。

3 《一本中文词典》中"不在场"的德汉语码转换

如果说《月亮的逃跑》中的德汉语码转换是可见的，完全在场的，那么多和田叶子《一本中文词典》一诗中的德汉语码转换则呈现出一种德里达意义上的"不在场"的"在场"性。该诗源自多和田叶子2002年出版的文集《越海舌》。《越海舌》分为"亚欧之舌""南非之舌""南美之舌"三部分，收录了14篇长短不一的文本，展现出文本意义在德语、日语、汉语、法语、南非语和英语等不同语言之间的流动与撒播。《一本中文词典》全诗如下：

Pandabär：große Bärkatze
Seehund：Seeleopard
Meerschweinchen：Schweinmaus
Delphin：Meerschwein

Tintenfisch：Tintenfisch

Computer：elektrisches Gehirn
Kino：Institut für elektrische Schatten
schwindelerregend：in den Augen blühen unzählige Blumen in voller Pracht
Ohnmacht：Abenddämmerung der Vergangenheit

这首诗并不是由诗句组成，而是单词的罗列，这明显受到了奥地利现代诗人恩斯特·扬德尔(Ernst Jandl)的影响。全诗分3个诗节，共9行，每一行又被冒号分隔，冒号左边是一个德语单词，右边则是将该词先翻译成中文，再按照中文词语的字面意思回译成德语的德语单词或短语。例如第一节第一行，冒号左边的德语单词意为"大熊猫"，右边的短语是把中文"大熊猫"一词拆分成"大""熊""猫"三个语素并将其逐一译为德语得出；第二行冒号左侧的德语单词由See(海)和Hund(狗)两个语素构成，意为"海豹"，右边是将构成中文"海豹"一词的两个语素"海"和"豹"分别译为德语并组合而成的，德语中并不存在的复合词Seeleopard；第三行冒号左侧的德语单词由Meer(海)和Schweinchen(小猪)两个语素构成，意为"豚鼠"，右侧是将中文的"豚鼠"拆分成"豚"和"鼠"并分别译为德语；第四行冒号左侧德语单词意为"海豚"，右侧是将中文的"海豚"拆分成"海"和"豚"并分别翻译成德语。不难看出，在第一个诗节中，德文单词与中文单词语义相近,如第一行至第三行冒号左右两侧的词语均具有一个相同语素,第四行的两个词语之间虽然不存在相同语素,但冒号右侧的德语词与第三行中的词语均有相同语素。同时不难看出,第二个诗节构成了一个分水岭——抛开文化因素不看,冒号左右两边词语语义等值,都意为"墨鱼"。而到了第三个诗节,德文与中文单词的字面语义差别被拉大。例如,第六行 Computer(电脑)一词为英语借词,来自拉丁语 computare,意为"计算",而多和田叶子将中文的"电脑"直接翻译成"带电的大脑";第七行 Kino(电影院)为 Kinematograph 一词的缩略词,而多和田叶子将中文的"电影院"一词直接翻译成"带电的影子学院";第八行 schwindelerregend 意为"令人头晕的",多和田叶子可能将其理解为中文的"眼花缭乱"一词,并直译成"繁花在眼中盛开";第九行 Ohnmacht 意为"昏迷",多和田叶子将其理解为"昏过去",并将其拆分为"昏"和"过去",又分别赋予了新的含义:"昏"不再取"神智不清楚或失去知觉"的释义,而是表示"天刚黑的时候","过去"不再表示"失去原来正常的状态",而是做名词表示"从前"。因此,多和田叶子把"昏过去"直译为"昔日的黄昏"。

张培在《诗意变形:多和田叶子诗学观》一文中指出,翻译是多和田叶子写作的基础。多和田叶子在《变形记——图宾根诗学讲座》中就强调,自己完全可以想象采用翻译的风格创作一部文学作品,她甚至还想过"把一篇从德语译成日语的文章再次译成德语,从而形成一条循环往复的翻译链";对多和田叶子而言,对原文的每一次翻译都意味着对原文的重构,因为"翻译不是一个自然的过程,而是通过人为的努力,就像移花接木一样,大胆地增枝添叶,以审美的目光,赋予翻译作品以新的生命"。在多和田叶子看来,翻译首先是一个语言变形的过程,因为"在翻译的过程中,一个词可以被替代、排挤、歪曲、变形、延宕、抽空、破坏或驱逐"(引自张培,2022:79 - 80),她的语言变形直指语言所蕴含的解构力量。因此,《一本中文词典》展现了多和田叶子一贯的移译诗学,同时也和文集标题呼应——文集标题"越海舌"(Überseezungen)这一新造词可以理解为"在海外的舌头"(Übersee-Zungen)、"关于舌鳎鱼"(Über Seezungen),或者看成德语"翻译"(Übersetzung)一词的谐音,堪称一部点题之作,而诗中不在场的德汉语码转换恰恰构成了多和田叶子讲究诗意变形的移译诗学的基础。

《一本中文词典》类似于博尔赫斯笔下的"中国百科全书",正是这部虚构之书启发福柯写出了知识考古学著作《词与物》,而将德语源语词汇翻译成中文,再回译成德语,这又让人联想到法国汉学家朱利安在《(经由中国)从外部反思欧洲》一书中提出的绕道中国、迂回西方的文化策略(Klawitter, 2015b:333 - 334)。进一步,我们发现,《一部中文词典》在语词的选择和分类上看似没有逻辑标准,实则形象演绎了本雅明的语言观和翻译观。多和田叶子在她的博士论文《玩具和语言魔力》中就研究过本雅明的理论。本雅明在《论原初语言与人的语言》中指出,语言与万物相关;根据基督教神学,人类(亚当)用语言命名了万物,名称是具有特殊意义的语言形式:"在语言的王国中,名称乃是其最深层的本质，它是语言的唯一目的，也是其无可比拟的最高意义。”（本雅明，2009：6）反观《一本中文词典》，该诗基本上是名称的累加。在本雅明那里，原初语言与创世有关，人的语言参与创世之后的万物命名，介于上帝的语言与物的语言之间。在伊甸园时期，人类语言是最完善的语言，但人类被逐出伊甸园，人类堕落的过程是原初和谐的破裂和语言的堕落。语言的堕落带来语言的多元和混乱。再看《一本中文词典》，前两节均为动物名称，且大多与海洋有关，这似乎展现一幅史前世界的图景。彼时，语言的堕落尚未开始，语言之间的差别还不大，而第三节通过选取“电脑”“电影”等词汇，则展现了词语字面含义日渐趋异的现代世界。在本雅明看来，语言就如同打碎了一个完整的器皿，呈现碎片化、瞬间性和偶然性。器皿的修补，是对原初语言的追寻，是对原罪的“救赎”。因此，本雅明在《译者的任务》一文中提倡一种互补性的翻译，以解放更大、更普遍，但失落的语言。也正因为如此，他还质疑原作语言和翻译语言之间的对立。本雅明在《译者的任务》中写道：“一部真正的译作是透明的，它不会遮蔽原作，不会挡住原作的光芒，而是通过自身的媒介加强了原作，使纯语言更充分地在原作中体现出来。我们或许可以通过对句式的直译做到这一点。在这种直译中，对于译者来说基本的因素是词语，而不是句子。如果句子是矗立在原作语言面前的墙，那么逐字直译就是拱廊”，“翻译的语言小心翼翼地试探着文本的表面，不去依赖其实质”（本雅明，2009：35－36）。由此看来，多和田叶子在诗中采取的字面直译策略，和本雅明的语言观和翻译观是若合符节的。

而《一部中文词典》中德汉语码转换的不在场性则形象演绎了多和田叶子所说的“没有原文的翻译”（Übersetzung ohne Original）。在多和田叶子图宾根诗学讲座第二讲“龟壳上的文字或翻译的问题”中，她想象了一种“没有原文的翻译”（Tawada，1998：36）。在随笔《译者之门或策兰读日语》中，多和田叶子感叹“策兰在没有一本汉字辞典的帮助下写出《七朵玫瑰之后》，真是一个奇迹”（Tawada，1996：138），因为这首诗的日文翻译暗藏了七个带“门”字部首的汉字，恰好对应诗歌标题中“七”这个数字。此处，多和田叶子假设每篇作品在它诞生之初就与其他语言具有生产性关联。在她看来，并不存在单语文本，每个文本都是多语性的投射平面，这种多语性平面通过翻译或者透过对语言表面有意识的观察，即可得以展现。多和田叶子的这种翻译观和翻译实践无疑具有强烈的解构性，可谓先“毁灭”，再“创造”，“因为自始至终，多和田叶子都不满足于用单一语言来观察世界，而是置身于两种语言的夹沟之间，不受任何一种语言规则束缚，遨游于异语言组成的多元文化里，创造出自己独特的语言，并以自己的方式进行跨文化思考”（梁汇敏、何俊，2023：19）。

4 结语

作为言语交际中常见的语言策略，语码转换不仅发生在日常交往中，也出现在文学作品中。本研究通过分析、释读多和田叶子的两首代表性诗歌，探究了其中德汉语码转换之中隐藏着的文学策略。《月亮的逃跑》通过运用德语和日语汉字之间的语码转换，有意让德语读者"出离母语"，为霍米·巴巴提出的文化"居间"概念提供了诗学实践，而在《一部中文字典》中，"不在场"的德汉语码转换则演绎了多和田叶子所推崇的本雅明的语言观、翻译观和她自己的移译诗学。

正如伊迪兹在《后单语条件》一书中所说，多和田叶子的创作隶属于二十世纪九十年代兴起的多语主义文学潮流，她如游戏一般、具有超现实主义风格的先锋写作"旨在从内部对单语范式和母语概念进行批判"（Yildiz，2012：111）。无论是日语汉字还是中文汉字，都为多和田叶子的这一文学策略提供了有力工具，得以让作为接受主体的德语读者从同质性的单语观念体系中获得审美解放。在当今的德国社会，德国国民由来已久的单语情结使得他们依然无法接受德国已经成为多语社会的事实（张晓玲，2020：47），多和田叶子与汉字有关的多语诗歌创作，无疑有助于消解这种狭隘的单语情结。

参考文献

[1] Dembeck, T. & R. Parr. (eds.). 2020. *Literatur und Mehrsprachigkeit. Ein Handbuch.* Tübingen: Narr Francke Attempto.

[2] Kersting, R. 2006. *Fremdes Schreiben. Yoko Tawada*. Trier: WVT.

[3] Kilchmann, E. 2012. Mehrsprachigkeit und deutsche Literatur. Zur Einführung. *Zeitschrift für interkulturelle Germanistik*, 3(2):11 - 18.

[4] Klawitter, A. 2015a. *Ästhetische Resonanz: Zeichen und Schriftästhetik aus Ostasien in der deutschsprachigen Literatur und Geistesgeschichte*. Göttingen: Vandenhoeck & Ruprecht.

[5] Klawitter, A. 2015b. Ideofonografie und transkulturelle Homofonie bei Yoko Tawada. *Arcadia* 50(2): 328 - 342.

[6] Meyer-Scotton, C. 1997. Code-switching. In Florian C. (ed.), *The Handbook of Sociolinguistics*. Oxford: Blackwell Publishers Ltd, 217 - 238.

[7] Rakusa, I. 2011. Ilma Rakusa: Die Welt als Zeichen. Yoko Tawadas eigenwillige (Über) Setzungen. In Heinz Ludwig Arnold (ed.), *Text+Kritik*. München: edition text + kritik, 70 - 76.

[8] Tawada, Y. 1996. *Talisman*. Tübingen: Konkursbuchverlag.

[9] Tawada, Y. 1998. *Verwandlungen: Tübinger Poetikvorlesungen*. Tübingen: Konkursbuchverlag.

[10] Tawada, Y. 2000. *Spielzeug und Sprachmagie in der europäischen Literatur. Eine ethnologische Poetologie*. Tübingen: Konkursbuchverlag.

[11] Tawada, Y. 2002. *Überseezungen*. Tübingen: Konkursbuchverlag.

[12] Tawada, Y. 2010. *Abenteuer der deutschen Grammatik*. Tübingen: Konkursbuchverlag.

[13] Yildiz, Y. 2012. *Beyond the Mother Tongue: The postmonolingual Condition*. New York: Fordham University Press.

[14] 多和田叶子,2019. 飞魂. 金晓宇,译. 郑州:河南大学出版社.

[15] 季文心,2021. 在异文化和异语言的世界中行走:浅析多和田叶子的日语及德语作品. 吉林教育学院学报,(11):173-176.

[16] 梁汇敏,何俊,2023. 日本旅德作家多和田叶子跨语际和跨文化书写中的离散审美. 德意志研究. 武汉:武汉大学出版社.

[17] 秦刚,2022. 深耕母语边缘的越境诗学:多和田叶子以日语写作的"世界文学". 世界文学,(6):77-89.

[18] 瓦尔特·本雅明,2009. 写作与救赎:本雅明文选. 李茂增,苏仲乐,译. 上海:东方出版中心.

[19] 张培,2022. 诗意变形:多和田叶子诗学观. 西安外国语大学学报,30(2):78-83.

[20] 张晓玲,2020. 多语德国社会中的单语情结与主观多语偏好:评析德国社会的多语现象. 外语研究,(3):43-51.

语言学研究

认知语言学量化转向的新发展：认知语料库语言学*

四川外国语大学　吴淑琼　江艳艳**

摘　要：认知语料库语言学是认知语言学和语料库语言学的融合，是认知语言学"量化转向"的结果。本研究阐释了认知语言学和语料库语言学融合的可行性，综述了认知语料库语言学的主要研究范式和研究现状，并展望了其未来的研究趋势。研究发现：认知语料库语言学目前主要采用的研究方法有构式搭配分析法、行为特征分析法和语义向量空间模型；现阶段的研究主题聚焦于词汇语义、构式、词缀、语序等方面。未来认知语料库研究在内容上将更注重跨语言对比研究，研究视角上倾向于历时研究，而研究方法上将呈现多种实证研究方法的跨界整合。

关键词：认知语料库语言学；认知语言学；语料库语言学；量化分析

Title: New Developments in the Quantitative Turn of Cognitive Linguistics: Cognitive Corpus Linguistics

Abstract: Cognitive corpus linguistics is an integration of Cognitive Linguistics and corpus linguistics, which is the product of the quantitative turn of Cognitive Linguistics. This paper addresses the feasibility of the combination of Cognitive

---

* 本研究系四川外国语大学外国语言文学市级一流学科重点项目"词汇语义的语料库量化研究"(SISUWYJY202102)的阶段性成果。

** **作者简介**：吴淑琼，四川外国语大学外国语文研究中心教授。研究方向：认知语言学、词汇语义学、语料库语言学。联系方式：shuqiongwu@hotmail. com。江艳艳，四川外国语大学英语学院博士研究生。研究方向：认知语言学。联系方式：a2066220860@hotmail. com。

Linguistics and corpus linguistics and analyzes the main research paradigms, the current research foci and the future research trends of cognitive corpus linguistics. The analysis reveals the following findings. The main research methods used in cognitive corpus linguistics include collostructional analysis, behavioral profile analysis, and semantic vector space models. Its current research focuses on lexical semantics, constructions, affixes, word order and so on. Cognitive corpus linguistics will involve more cross-linguistic and diachronic studies and adopt a greater variety of empirical research methods in future.

Key Words: Cognitive Corpus Linguistics; Cognitive Linguistics; Corpus Linguistics; Quantitative Analysis

1 引 言

认知语言学肇始于20世纪80年代,早期主要运用内省法,基于语言学家生造的语例进行研究。随着认知语言学的发展,越来越多的学者认识到语言研究必须基于自然发生的真实语言,采用科学的量化分析方法,于是涌现了大量的实证研究,并由此带来了认知语言学的"量化转向"(Janda,2013:1)。

认知语料库语言学(Cognitive Corpus Linguistics)是认知语言学和语料库语言学的合流,是认知语言学量化转向的结果。该术语最早出现于 *Studies in Cognitive Corpus Linguistics* (Lewandowska-Tomaszcayk & Dziwirek,2009)论文集,随后阿尔佩等(Arppe et al.,2010:2)对其进行了界定,认为认知语料库语言学旨在"基于语料库运用统计分析方法解决与人类认知相关的问题"。认知语料库语言学在理论上与认知语言学研究一致,都秉承认知的承诺,认为语言是人类认知的重要组成部分,语言知识来源于语言使用。认知语料库语言学的一个基本假设是:基于语料库数据进行统计分析后得出的结论有助于洞察语言使用者的认知过程(Blumenthal-Dramé,2016:493)。认知语料库语言学也吸引了国内学者的关注,田臻、唐树华(2013)、张炜炜、刘念(2016)、贾红霞、李福印(2017)、吴淑琼、江艳艳(2023)等都对认知语言学研究中的语料库方法进行了述评。但前人时贤鲜少从学科层面对认知语料库语言学进行述介,目前可见文献仅有段芸等(2012)这一篇。他们首次在国内使用"认知语料库语言学"这个术语,重点综述了2010年前的研究现状和研究范式。近十多年来,认知语料库语言学得到迅猛发展,陆续出版了系列研究论著(如 Glynn & Fisher,2010;Janda,2013;Glynn &

Robinson，2014；Yoon & Gries，2016），并涌现了不少认知语料库统计方法的专著（如 Gries 2009，2016；Levshina，2015；Desagulier，2017）。有鉴于此，本研究将基于认知语料库语言学的最近研究成果，爬梳其最新研究现状，概述其研究范式，展望其未来的发展趋势，为国内的认知语料库语言学研究提供借鉴。

2 认知语言学和语料库语言学融合的可行性

认知语言学研究曾经历了两次实证研究浪潮。第一次是在 20 世纪 90 年代中期涌现的实验研究，心理语言学的实验法开始成为认知语言学研究的工具（如 Sandra & Rice，1995）。第二次浪潮则是基于语料库的认知语言学研究。尽管早期认知语言学家们也发表了一些基于语料库的实证研究论文，但真正系统的认知语料库语言学研究始于 21 世纪早期（Janda，2013：1）。众多研究表明，认知语言学和语料库语言学具有很多共性特征，二者相辅相成，互为补充（Grondelaers et al.，2007；Glynn & Fischer，2010）。

2.1 认知语言学和语料库语言学的共性

认知语言学和语料库语言学的共性特征主要体现在以下三个方面。首先，认知语言学和语料库语言学都秉承用法本位的语言观。认知语言学是一门基于使用的语言学研究范式。“语言知识来源于语言使用”是认知语言学的基本假设之一（Croft & Cruse，2004：1）。它不严格区分语言能力和语言使用。基于用法的语言观强调语言是用法事件的集合（an aggregate of usage events），认为所有的语言单位，无论是词素、词还是构式都来源于用法事件。语言不是自治的，语言结构来源于使用。语料库语言学也是基于使用的，它通过考察真实的语料，探寻各个层面的用法模式，包括单个词和它们的搭配、类联接，以及更大的结构（如型式语法）（Hunston & Francis，2000）。换言之，语料库语言学是基于语言使用来发掘语言的型式和规律。

其次，认知语言学和语料库语言学都认为意义是语言研究的核心。语料库语言学认为意义包括语言的社会意义、语境意义和用法意义。它强调通过语言文本研究意义，不太关注语言的心理层面（Teubert，2010：2－3）。认知语言学家认为意义就是概念化，是一种认知现象。意义在不同的语言结构中是动态的，是依赖语境的一种认知识解。认知语言学对意义的理解包含了四个不同的层面：概念化（conceptualization）、用法（usage）、世界知识（world knowledge）和指称（reference）（Fischer，2010：47）。不同层面的意义采用量化手段的可行性也不一样。概念化无法进行直接的量化分析，但用法意义可以基于语料库根据用法事件进行定量分析。语言使用是客观可及的，可以看作主观因素的操作化,因此可以通过量化手段分析语言使用来研究意义。由此可见,认知语言学和语料库语言学都重视对意义的研究,这是二者融合的基础之一。

最后,认知语言学和语料库语言学都将词汇和语法视为一个连续统。认知语言学把构式当作语言的基本单位,认为语言由各种抽象程度不同的构式组成。构式是形式和意义的配对体(Goldberg,1995)。词汇、形态和句法因图式化程度不同,构成一个渐变的连续统。在语料库语言学中,辛克莱(Sinclair,2000)主张"词语法"(lexical grammar),认为词汇和语法不是泾渭分明的,它们是不可分割的连续体,都表现为一定的型式。型式是词汇和语法的交汇点,是描述语言的基本单位。

2.2 认知语言学和语料库语言学的互补性

认知语言学秉持基于使用的语言观,因而认知语言学研究与实证方法密切相关。用法本位的语言学一定是研究真实的、非诱导的语料。语料库收集的语料来源于自然生活,是真实存在的(Heylen et al.,2008)。语料库语言学可为认知语言学提供真实语料。盖拉茨(Geeraerts,2006)指出,认知语言学研究如果不以真实的语料为基础,就与其所宣称的"基于使用"的本质不符。另外,认知语言学认为人对世界的认知不是对客观世界的被动反映,而是主观识解的过程。由于不同文化、不同人群、不同个体的识解方式不同,因而这种变异视角需要通过更宽泛的实证研究来进行探究。而语料库包含了各种文本,提供了不同语境下口语或书面的语料,因此与认知语言学的研究目标一致。同时,从语言学研究的科学性角度来说,认知语言学研究需要实证量化手段对其研究假设进一步证实或证伪(Janda,2013),并在必要时修正或补充认知语言学理论,从而形成螺旋式上升的发展过程(Dąbrowska & Divjak,2019)。语料库语言学基于大量真实的语料,运用量化统计方法对语言进行分析,可以提高认知语言学研究结论的可信性和有效性。目前,越来越多语言数据库的开发,以及多种统计方法的应用,为认知语言学和语料库语言学的结合提供了更多的可行性。

同样,语料库语言学也需要认知语言学的理论支持。语料库语言学基于大量的口头或书面语料来获取语言的使用模式,并借助数据统计方法处理大量的数据,大大提高了研究结论的科学性。然而,语料库语言学在对语料进行筛选和统计分析后,需要对数据结果进行解读。此时,认知语言学可为语料库研究提供理论基础,夯实语料库研究结果的理论解释。

因此,认知语言学和语料语言学并不是相互排斥的,而是相互补充的,二者融合有望形成一个真正的基于使用的语言认知模式。

3 认知语料库语言学的研究范式

3.1 两大主流研究团队

认知语料库语言学到目前主要有两大研究团队：一是美国加利福尼亚圣芭芭拉大学的斯蒂芬·格瑞斯(Stefan Gries)教授、德国柏林自由大学的阿纳托尔·斯特凡诺维奇(Anatol Stefanowitsch)以及他们的合作者(简称 G & S)；另一个是比利时鲁汶大学的德克·盖拉茨(Dirk Geeraerts)教授和他创建的"定量词汇学和变异语言学"(Quantitative Lexicology and Variational Linguistics，简称 QLVL)研究所。这两个研究团队都是基于语料库运用量化统计方法来揭示语言的用法特征，二者的研究方法较为一致，但也存在以下差异：一是在变量的设置上，G & S 主要考察语言内变量，而 QLVL 的研究不仅考察语言内变量，也囊括社会文化等语言外变量以及两类变量的交互作用；二是在对统计数据进行分析时，G & S 侧重通过量化分析结果揭示说话人选择词汇句法变体的在线认知过程，而 QLVL 侧重用量化分析揭示离线语料中词汇句法变体与语言相关的分布特征。尽管这两个团队在研究对象和研究视角等方面存在诸多不同，但未来二者有望进一步互补融合，成为认知语料库语言学研究的主导范式(Heylen et al.，2008)。

3.2 主要研究方法

目前认知语料库语言学主要有两种研究范式：一是运用量化分析方法对语料库数据进行分析，再运用认知语言学理论对量化分析结果进行解释；二是基于认知语言学理论提出研究假设，然后运用语料库量化分析方法对其假设证实或证伪，从而验证或修补认知语言学理论。就具体研究方法而言，目前认知语料库语言学较常用的研究方法包括构式搭配分析法、行为特征分析法和语义向量空间模型。

3.2.1 构式搭配分析法

构式语法认为，构式的语义受制于该构式槽位中不同填充词的影响，与该槽位语义形成互动关系(Stefanowitsch & Gries，2003)。构式搭配分析法(collostructional analysis)正是基于该研究假设开发的分析方法。该方法通过使用费舍尔精确检验(Fisher exact test)，比较词项在目标构式中的观测频数与期望频数之间的显著差异，计算关联强度，找出与构式搭配强度较高的共现词素语义类型，探寻单个构式的语义类型或者同义构式之间的语义差别(Gries & Stefanowitsch，2004a；Gries & Stefanowitsch，2004b)。构式搭配分析法主要有三种：共现词素分析法(collexeme analysis)、显著共现词素分析法(distinctive collexeme analysis)和共变共现词素分析法(covarying-collexeme analysis)。下面以斯特凡诺维奇和格瑞斯(Stefanowitsch & Gries,2003)对构式 N waiting to happen 的研究为例说明共现词素分析法的基本分析步骤：首先确定语料库和进行索引的软件，对语料进行提取，然后在语料库中统计出两类频数，一是出现在该构式中的名词频数(观测频数)，二是语料库中该名词的总频数(期望频数)，并形成列联表，再运用费舍尔精确检验计算搭配强度，找出与该构式搭配强度高的名词。研究发现该构式倾向与消极含义的名词共现，表明该构式带有消极义。构式搭配分析法借助统计方法获得构式搭配强度高的词项后，需要研究者对语义相近的词进行分类，归纳出该构式的语义(Hilpert,2014)。这个过程需借助研究者的已有知识，属于定性分析。因此，构式搭配分析法依赖统计方法确定语言之间的分布特征，而语言结构的识别需要研究者进行分析和判断。

3.2.2 行为特征分析法/多因素分析法

行为特征分析法(the behavioral profile analysis，简称“BP 分析法”)基于语料库真实语料，通过人工分析形态、句法、语义、功能等各个层面的语言特征，然后借助统计方法对数据进行量化分析，从而揭示词或构式的语义结构和用法模式(Gries & Divjak,2009;Gries & Otani,2010;Gries,2010)。该方法也被称作“多因素使用特征分析法(multifactorial usage-feature analysis)”(Glynn,2009)。BP 分析法通常包含四个步骤：首先从语料库中检索并筛选出研究对象的用例，然后人工分析和标注其形态、句法、语义等各个层面的语言特征，生成一个共现频率信息表，再将绝对频率转换为相对频率，最后运用统计方法进行量化分析。BP 分析法突破了已有的语料库研究仅关注搭配或类联接的局限性，囊括了形态、句法、语义和功能等诸多方面的语言特征，研究维度更为全面；同时，BP 分析法借助多元统计方法，以可视化方式呈现变量之间的细微差异，分析结果更为准确(吴淑琼、刘迪麟,2020)。在对数据进行量化分析时，研究者根据具体研究对象既可以使用探索性统计方法(如聚类分析、对应分析、多维尺度分析等)，也可以运用验证性统计方法(如逻辑回归、条件推断决策树、随机森林等)。

3.2.3 语义向量空间模型

语义向量空间模型(semantic vector space models)是从自然语言处理中发展起来的一种用于语言研究的分析方法(Levishina,2015)。该方法通过考察目标词之间分布的相似性来揭示其内部的语义关联。例如，希尔珀特和佩雷克(Hilpert & Perek,2015)分析了 many a NOUN 中名词之间的语义关联和语义类别，并探讨了该构式的语义。作者首先通过语料库确定出现在该构式中的 230 个高频名词，再以这些名词为目标词，在语料库中以左右 4 个节点词的标准获取这些名词的搭配词，同时剔除介词、连词、冠词等功能词和数词后，建立搭配词与目标词的共现矩阵；然后借助点互信息

(point wise mutual information，简称 PMI)计算不同搭配词与目标词之间的相关性，再运用余弦值(cosine measure)计算目标词之间的语义相似度；最后运用数据分析方法，对统计结果进行可视化分析。该研究运用 T 分布—随机邻近嵌入法(T-distributed Stochastic Neighbor Embedding)对数据进行可视化分析，并根据名词之间距离的相近性判断其语义的相似性，从而获得名词语义类别以及该构式的语义。该方法常用于语义的历史演变研究中，既可用于考察多义词、同义词的语义演变过程(如 Pettersson-Traba，2019)，又可用于分析构式的语义演化规律(如 Perek，2016)。由于语义向量空间模型无须人工标注特征，也无须研究者进行定性分类，因此研究结果相对于搭配分析和特征分析而言准确性更高，在当今大数据时代应用价值更大。

4 认知语料库语言学的研究内容

认知语料库语言学主要聚焦词汇和语法研究，具体可归为以下几类：词汇语义、构式、词缀和语序。

4.1 词汇语义研究

格瑞斯(Gries，2010：323)指出，词汇语义是语料库方法使用最多的领域。认知语料库语言学研究成果最为丰富的领域也是词汇语义研究，特别是同义词和多义词的研究。同义词研究的核心议题包括如何判断词之间的意义是相同的、如何测量同义词之间的相似度、如何辨析同义词等问题(Divjak，2010：2)。此类研究一般运用基于语料库的 BP 分析法，根据具体研究对象对语料进行不同语言特征的变量标注，并运用统计方法进行量化分析。譬如，刘迪麟(Liu，2013)运用分层结构频率分析法(Hierarchical Configural Frequency Analysis，简称 HCFA)考察了两组同义名词(authority/power/right 和 duty/obligation/responsibility)的语义特征和用法模式；吴淑琼(Wu，2021)运用 HCFA 探讨了汉语约量同义词“上下”“前后”“左右”的用法差异。

多义词研究的难点在于原型义的确定、多义词各个义项之间的区分度、多义词的语义网络表征、各义项的拓展机制等(Gries & Divjak，2009；Glynn，2014)。认知语料库的词汇多义性研究主要有以下两种范式：以格瑞斯为代表的研究和以格林恩为代表的研究。这两类研究同属于 BP 分析法的研究，不同之处在于前者倾向于基于各个层面的语言变量对语料进行标注，然后运用聚类分析或多维尺度分析考察多义词内部语义关系；而后者的研究范式多采用对应分析考察各变量之间的关联性，其设置的变量除了语言特征，还包括社会因素，但变量数量总体较少，标注工作量较小，且倾向于运用验证性统计分析法对结果进行检验。比如格林恩(Glynn，2010)首先运用多重对应分析考察多义动词 bother 的用法特征时,分析了情感因素与句法结构之间的关系、施事与情感因素之间的关系,然后使用逻辑回归考察了各个变量的影响效应。

在反义关系的研究中,认知语料库语言学聚焦于反义词用法特征的对称性和不对称性,通常采用的量化统计方法是聚类分析和对应分析。比如,格瑞斯和大谷(Gries & Otani,2010)运用层次聚类分析考察了大小类反义词群 big/large/great 和 little/small/tiny 之间的用法异同;帕拉迪斯等(Paradis et al. ,2015)运用对应分析探讨了 21 对反义形容词的用法差异;吴淑琼、张雪(2022)将聚类分析和对应分析相结合,对反义形容词 cold /hot 用法特征的对称性和不对称性进行了考察。

总体而言,目前认知语料库语言学对同义关系和多义关系的研究成果比较丰富,而反义关系的研究成果尚不多见。

4.2 构式研究

基于语料库的构式研究主要分为词汇与构式的互动研究和构式交替研究。前者主要运用构式搭配分析法中的共现词素分析法和共变共现词素分析法,考察单个构式中单个槽位或多个槽位搭配强度较高的共现词素语义类型,借此探寻构式的语义。例如,希尔珀特(Hilpert,2014)运用共变共现词素分析法考察了构式 It's ADJ to V 中形容词和动词共现的语义类型;同样,王欢、林正军(2022)运用共现词素分析法计算 way 构式与动词的搭配强度,考察构式与动词语义的兼容性对构式与动词搭配的方向性的影响。汉语这方面的研究较为丰富,比如田臻(2012)对汉语存在构式和动词的关联度的研究,张懂(2018)对汉语双及物构式搭配语义类型的研究等。

构式交替(syntactic alternation)指具有共同概念义的同一上位构式的构式变体(许家金,2020:5)。认知语料库语言学视角下的构式交替主要运用显著共现词素分析法,通过考察构式中搭配词项的语义倾向性,探讨构式变体的语义异同。例如,吉奎恩(Gilquin,2010)运用显著共现词素分析,对比分析了英语致使构式交替(如[X make Y V_{inf}]和[X be made $V_{to\text{-}inf}$])的语义差异。此外,有研究运用多重对应分析,通过构建基于样例的概念空间模型,对比分析交替构式的原型义和用法特征。譬如,张炜炜、王芳(2017)分析了汉语"让"和"给"被动用法的交替现象,发现二者的原型义和用法特征都存在差异。近年来,基于语料库运用逻辑回归考察近义构式选择的制约因素及其影响效应是构式交替研究的热点。比如方昱和刘海涛(Fang & Liu,2021)运用逻辑回归考察了汉语把字句和主谓宾句交替(如"他把那个苹果吃了"和"他吃了那个苹果")的影响因素和影响效应。

4.3 词缀研究

认知语料库语言学对词缀的研究聚焦于同义词缀用法特征的异同、多义词缀的内部语义结构以及词缀能产性的演变过程等。比如,格瑞斯(Gries,2001)基于语料库借助T值对比分析了英语同义形容词后缀-ic与-ical的用法区别;法比扎克等(Fabiszak et al.,2014)运用多元统计方法,包括对应分析、逻辑回归和聚类分析,考察了波兰语6个动词前缀(如do-、wy-)与myslec'think'组成的多义结构的用法特征的异同。除共时研究外,还有不少研究基于语料库探讨了词缀的语义演变过程。比如,希尔珀特(Hilpert,2013)运用HCFA考察了-ment词缀的历时能产性变化规律。这些研究表明,基于语料库的量化研究能够直观呈现词缀的句法语义特征,其分析过程明晰,研究结论更为客观。

4.4 语序研究

认知语料语言学对语序的研究主要在多因素分析范式下,运用量化统计方法考察影响语序选择的因素及其影响权重。语序包括词序和句序。词序主要涉及多个形容词修饰语的排序和并列二项式的词序。例如,吴淑琼和张洁(Wu & Zhang,2022)运用多因素分析法对比分析了英汉并列结构中反义词共现顺序的影响因素,并运用象似性和认知可及性理论阐释了二者的异同。句序的研究主要涉及状语从句和主句的先后顺序。比如康卉和许家金(Kang & Xu,2020)运用逻辑回归、随机森林和方差分析考察了中国大学生英语作文中although引导的让步状语从句位置的制约因素;格瑞斯和伍尔夫(Gries & Wulff,2020)运用逻辑回归对比分析了德国英语学习者与中国英语学习者在原因、让步、条件、时间等状语从句和主句顺序选择时的限制因素。

5 认知语料库语言学研究前瞻

5.1 研究内容:从单一语言拓展到跨语言对比研究

认知语料库语言学起初聚焦单一语言的研究,现逐步拓展到跨语言对比研究。在跨语言对比视角下,研究者通常基于平行语料库,运用量化分析方法,挖掘跨语言之间的用法模式的异同,揭示不同语言中特定概念的认知差异,并归纳普遍的认知规律。比如霍夫曼(Hoffmann,2019)运用构式搭配分析法考察了英语和德语比较构式的用法差异;张懂、许家金(2019)运用逻辑回归对比分析了英语与汉语与格交替选择的制约因素的异同。现阶段认知语料库语言学的跨语言研究在研究对象上主要集中于日耳曼语、罗曼语、斯拉夫语和汉语,未来的对比研究应考虑更多的语言和语群。在研究方法上,由于语言的复杂程度不同,用于一种语言的量化分析方法很难直接应用于语言对比研究中,因此未来研究需纳入更多的语料库量化分析模型。

5.2 研究视角：从共时研究拓展到历时研究

随着历时语料库语言学的发展，认知语料库语言学逐步从共时研究拓展到历时研究。认知语料库语言学的历时研究主要在认知语言学的理论框架下，运用基于语料库的量化分析方法，从历时视角探讨语言演变的过程和动因，揭示其中的认知规律。历时研究涉及语言现象在不同时期的对比分析，较之共时研究更为复杂，因此统计方法的选择在历时分析中显得至关重要（Hilpert & Gries，2016）。目前认知语料库的历时研究倾向使用动态图和多维尺度分析方法。这两类方法通过时间上连续排列的气泡图反映语言形式的动态变化过程，为历时研究者提供了一种鸟瞰式的分析视角（Hilpert，2013）。在研究对象上，现有研究聚焦于词汇、构式、概念结构的历时分析，比如佩特森—特拉巴（Pettersson-Traba，2021）运用 HCFA 考察了一组香味类同义形容词（fragrant/perfumed/scented/sweet-smelling）用法特征的历时差异；尚科等（Shank et al.，2014）采用逻辑回归分析了构式语义演变的影响因素和影响效应。但总体而言，运用认知语料库语言学的研究范式进行历时研究还有诸多可为之处。

5.3 研究方法：从语料库方法到多种实证方法的融合

阿尔佩等（Arppe et al.，2010：3）指出："为了寻求对语言的全面了解，我们需要整合不同的研究方法，对语言行为和语言知识的各个方面进行分析。"因此，认知语料库研究的未来走向是两种方法或多种方法的相互借鉴和融合，从而为认知语言学研究提供趋同证据。认知语料库方法的融合主要有两种路径：一是不同语料库研究方法之间的结合，以便多角度相互验证。语料库量化方法具有多样性，不同量化方法具有各自的优势与缺陷，因此可以互相补充，进行三角验证，从而获得不同的研究发现（Schlüter & Schützler，2022）。二是语料库研究法与心理实验法或神经实验法等其他实证方法的跨界使用。语料库数据具有离线性，很难深入了解语言使用者的认知加工过程（Heylen et al.，2008）；而实验方法的数据结果具有在线性，且具有个体差异性（Dąbrowska，2016）。不少研究者提倡将语料库方法与心理实验或神经实验结合（如 Liu，2013）。因此，将语料库研究法与其他实证方法结合起来，可为语言研究提供汇流的证据，从而增强研究结论的有效性和可靠性。

6 结语

认知语言学要真正成为认知科学，就必须注重与其他学科的界面研究（Stefanowitsch，2010）。认知语料库语言学是认知语言学和语料库语言学的结合，是认知语言学“量化转向”的一种新趋势。本研究基于国内外近年来学术论著中的前沿研究成果，论述了认知语言学和语料库语言学融合的可行性，梳理了认知语料库语言学的研究范式和研究内容，并探讨了其未来的发展趋势。认知语言学的量化转向历经十多年的发展，语料库方法已然成为认知语言学实证研究的常规研究范式。如何借助语料库研究方法进一步深化认知语言学研究，丰富研究选题，提升统计分析技术，彰显认知语料库语言学的学科价值，是认知语料库语言学亟须解决的核心议题。同时，已有研究多侧重定量统计方法的运用，对语言事实的解释略显不足，对认知语料库语言学中的“认知”凸显不够，因此整体上认知语料库语言学还有很大的发展空间。

另外，近年来国内认知语料库研究论文数量增势明显，但总体发文量还比较少，研究议题尚有待拓展，对语言变体特别是跨方言的研究成果较少，且方法上融合语料库方法和其他实证方法对汉语进行分析的成果鲜少。因此，如何基于认知语言学理论，充分运用语料库量化分析方法，对汉语语言现象进行系统研究，这是研究者后续需要努力的方向。

参考文献

[1] Arppe, A., G. Gilquin & D. Glynn, et al. 2010. Cognitive Corpus Linguistics: Five points of debate on current theory and methodology. *Corpora*, 5(1): 1 - 27.

[2] Blumenthal-Dramé, A. 2016. What corpus-based Cognitive Linguistics can and cannot expect from neurolinguistics. *Cognitive Linguistics*, 27(4): 493 - 505.

[3] Croft, W. & D. A. Cruse. 2004. *Cognitive Linguistics*. Cambridge: Cambridge University Press.

[4] Dąbrowska, E. 2016. Cognitive Linguistics' seven deadly sins. *Cognitive Linguistics*, 27(4): 479 - 491.

[5] Dąbrowska, E. & D. Divjak. 2019. Introduction. In E. Dąbrowska & D. Divjak (eds.). *Cognitive Linguistics: Foundations of Language*. Berlin/Boston: Mouton de Gruyter, 1 - 10.

[6] Desagulier, G. 2017. *Corpus Linguistics and Statistics with R: Introduction to Quantitative Methods in Linguistics*. Cham: Spring international publishing.

[7] Divjak, D. 2010. *Structuring the Lexicon: A Clustered Model for Near-Synonymy*. Berlin/New York: Mouton de Gruyter.

[8] Fabiszak, M., A. Hebda & I. Kokorniak, et al. 2014. The semasiological structure of Polish myśleć 'to think': A study in verb-prefix semantics. In D. Glynn & J. A. Robinson (eds.). *Corpus Methods for Semantics: Quantitative Studies in Polysemy and Synonymy*. Amsterdam/Philadelphia: John Benjamins Publishing, 223 - 252.

[9] Fang, Y. & H. Liu. 2021. Predicting syntactic choice in Mandarin Chinese: A corpus-based

analysis of ba sentences and SVO sentences. *Cognitive Linguistics*, 32(2): 219 - 250.

[10] Fischer, K. 2010. Quantitative methods in cognitive semantics: Introduction to the volume. In D. Glynn & K. Fischer (eds.). *Quantitative Methods in Cognitive Semantics: Corpus-driven Approaches*. Berlin: Mouton de Gruyter, 43 - 59.

[11] Geeraerts, D. 2006. Methodology in cognitive linguistics. In G. Kristiansen, M. Achard, R. Dirven & F. J. Ruiz de Mendoza (eds.). *Cognitive Linguistics: Current Applications and Future Perspectives.* Berlin/New York: Mouton de Gruyter, 21 - 50.

[12] Gilquin, G. 2010. *Corpus, Cognition and Causative Constructions*. Amsterdam/Philadelphia: John Benjamins Publishing.

[13] Glynn, D. & J. A. Robinson (eds.). 2014. *Corpus Methods for Semantics: Quantitative Studies in Polysemy and Synonymy*. Amsterdam/Philadelphia: John Benjamins.

[14] Glynn, D. & K. Fischer (eds.). 2010. *Quantitative Methods in Cognitive Semantics: Corpus-driven Approaches*. Berlin/New York: Mouton de Gruyter.

[15] Glynn, D. 2009. Polysemy, syntax, and variation: A usage-based method for cognitive semantics. In V. Evans & S. Pourcel (eds.). *New Directions in Cognitive Linguistics*. Amsterdam/Philadelphia: John Benjamins, 77 - 106.

[16] Glynn, D. 2014. Polysemy and synonymy: Cognitive theory and corpus method. In D. Glynn & J. A. Robinson (eds.). *Corpus Methods for Semantics: Quantitative Studies in Polysemy and Synonymy*. Amsterdam/Philadelphia: John Benjamins Publishing, 7 - 38.

[17] Glynn, D. 2010. Testing the hypothesis: Objectivity and verification in usage-based cognitive semantics. In D. Glynn & K. Fischer (eds.). *Quantitative Methods in Cognitive Semantics: Corpus-driven Approaches*. Berlin/New York: Mouton de Gruyter, 239 - 270.

[18] Goldberg, A. 1995. *Constructions: Construction Grammar Approach to Argument Structure*. University of Chicago Press, Chicago.

[19] Gries, S. T. & A. Stefanowitsch. 2004a. Extending collostructional analysis: A corpus-based perspective on 'alternations'. *International Journal of Corpus Linguistics*, 9(1): 97 - 129.

[20] Gries, S. T. & A. Stefanowitsch. 2004b. Covarying collexemes in the into-causative. In M. Achard & S. Kemmer (eds.). *Language, Culture and Mind*. Stanford: CSLI, 225 - 236.

[21] Gries, S. T. & D. Divjak. 2009. Behavioral profiles: A corpus-based approach towards cognitive semantic analysis. In E. Vyvyan & S. Pourcel (eds.). *New Directions in Cognitive Linguistics*. Amsterdam/Philadelphia: John Benjamins, 57 - 75.

[22] Gries, S. T. & N. Otani. 2010. Behavioral profiles: A corpus-based perspective on synonymy and antonymy. *ICAME Journal*, (34): 121 - 150.

[23] Gries, S. T. & S. Wulff. 2020. Examining individual variation in learner production data: A few programmatic pointers for corpus-based analyses using the example of adverbial clause ordering. *Applied Psycholinguistics*, 42(2): 1 - 21.

[24] Gries, S. T. 2001. A corpus-linguistic analysis of-ic and-ical adjectives. *ICAME Journal*, 25:

65 - 108.

[25] Gries, S. T. 2010. Behavioral profiles: A fine-grained and quantitative approach in corpus-based lexical semantics. *The Mental Lexicon*, 5(3): 323 - 346.

[26] Gries, S. T. 2016. *Quantitative Corpus Linguistics with R: A Practical Introduction* (2nd edition). New York/London: Routledge.

[27] Gries, S. T. 2009. *Statistics for Linguistics with R: A Practical Introduction*. Berlin/Boston: Mouton de Gruyter.

[28] Grondelaers, S. D. Geeraerts & D. Speelman. 2007. A case for a Cognitive corpus linguistics. //M. Gonzalez-Marquez, I. Mittelberg, S. Coulson & M. J. Spivey. *Methods in Cognitive Linguistics*. Amsterdam/Philadelphia: John Benjamins, 149 - 169.

[29] Heylen, K., J. Tummers & D. Geeraerts. 2008. Methodological issues in corpus-based cognitive linguistics. In G. Kristiansen & R. Dirven (eds.). *Cognitive Sociolinguistics: Language Variation, Cultural Models, Social System*. Berlin/New York: Mouton De Gruyter, 91 - 128.

[30] Hilpert, M. & F. Perek. 2015. Meaning change in a petri dish: constructions, semantic vector spaces, and motion charts. *Linguistics Vanguard*, 1(1): 339 - 350.

[31] Hilpert, M. & S. T. Gries. 2016. Quantitative approaches to diachronic corpus linguistics. In K. Merja & P. Päivi (eds.). *The Cambridge Handbook of English Historical Linguistics*. Cambridge: Cambridge University Press, 36 - 53.

[32] Hilpert, M. 2014. Collostructional analysis: Measuring associations between constructions and lexical elements. In D. Glynn & J. A. Robinson (eds.). *Corpus Methods for Semantics: Quantitative Studies in Polysemy and Synonymy*. Amsterdam/Philadelphia: John Benjamins, 391 - 404.

[33] Hilpert, M. 2013. *Constructional Change in English: Developments in Allomorphy, Word Formation, and Syntax*. Cambridge: Cambridge University Press.

[34] Hoffmann, T. 2019. *English Comparative Correlatives: Diachronic and Synchronic Variation at the Lexicon-Syntax Interface*. Cambridge: Cambridge University Press.

[35] Hunston, S. & G. Francis. 2000. *Pattern Grammar: A Corpus Driven Approach to the Lexical Grammar of English*. Amsterdam/Philadelphia: John Benjamins.

[36] Janda, L. A. (ed.). 2013. *Cognitive Linguistics: The Quantitative Turn: The Essential Reader*. Berlin/Boston: Mouton de Gruyter.

[37] Kang, H. & J. Xu. 2020. A multifactorial analysis of concessive clause positioning. *Journal of Quantitative Linguistics*, 28(4): 356 - 380.

[38] Levshina, N. 2015. *How to Do Linguistics with R: Data Exploration and Statistical Analysis*. Amsterdam/Philadelphia: John Benjamins.

[39] Lewandowska-Tomaszcayk, B. & K. Dziwirek (eds.). 2009. *Studies in Cognitive Corpus Linguistics*. Frankfurt: Peter Lang.

[40] Liu, D. 2013. Salience and construal in the use of synonymy: A study of two sets of near synonymous nouns. *Cognitive Linguistics*, 24(1): 67 – 113.

[41] Paradis, C., S. Löhndorf & J. van de Weijer, et al. 2015. Semantic profiles of antonymic adjectives in discourse. *Linguistics*, 53(1): 153 – 191.

[42] Perek, F. 2016. Using distributional semantics to study syntactic productivity in diachrony: A case study. *Linguistics*, 54(1): 149 – 188.

[43] Pettersson-Traba, D. 2021. A diachronic perspective on near-synonymy: The concept of SWEET-SMELLING in American English. *Corpus Linguistics and Linguistic Theory*, 17(2): 319 – 349.

[44] Pettersson-Traba, D. 2019. Measuring semantic distance across time: An analysis of the collocational profiles of a set of near-synonyms in American English. *Journal of Research Design and Statistics in Linguistics and Communication Science*, 6(2): 138 – 165.

[45] Sandra, D. & S. Rice. 1995. Network analyses of prepositional meaning: Mirroring whose mind—the linguist's or the language user's. *Cognitive Linguistics*, 6(1): 89 – 130.

[46] Schützler, O. & J. Schlüter. 2022. *Data and Methods in Corpus Linguistics: Comparative Approaches*. Cambridge: Cambridge University Press.

[47] Shank, C., K. Plevoets & H. Cuyckens. 2014. A diachronic corpus-based multivariate analysis of "I think that" vs. "I think zero". In D. Glynn & J. A. Robinson (eds.). *Corpus Methods for Semantics: Quantitative Studies in Polysemy and Synonymy*. Amsterdam/Philadelphia: John Benjamins, 279 – 303.

[48] Sinclair, J. 2000. Lexical grammar. *Naujoji Metodologija*, 24: 191 – 203.

[49] Stefanowitsch, A. 2010. Empirical cognitive semantics: Some thoughts. In D. Glynn & K. Fischer (eds.). *Quantitative Methods in Cognitive Semantics: Corpus-Driven Approaches*. Berlin/Boston: Mouton de Gruyter, 355 – 380.

[50] Stefanowitsch, A. & S. T. Gries. 2003. Collostructions: Investigating the interaction of words and constructions. *International Journal of Corpus Linguistics*, 8(2): 209 – 243.

[51] Teubert, W. 2010. My brave old world. *International Journal of Corpus Linguistics*, 15(3): 395 – 399.

[52] Wu, S. 2021. A corpus-based study of the Chinese synonymous approximatives *shangxia*, *qianhou* and *zuoyou*. *Corpus Linguistics and Linguistic Theory*, 17(2): 411 – 441.

[53] Wu, S. & J. Zhang. 2022. Antonym order in English and Chinese coordinate structures: A multifactorial analysis. *Review of Cognitive Linguistics*, 20(2): 536 – 563.

[54] Yoon, J. & S. T. Gries (eds.). 2016. *Corpus-based Approaches to Construction Grammar*. Amsterdam/Philadelphia: John Benjamins.

[55] 段芸，莫启扬，文旭，2012. 认知语料库语言学刍议. 外语与外语教学，(6)：35 – 39.

[56] 贾红霞，李福印，2018. 基于语料库方法的认知语言学研究：文献计量学视角. 语言学研究，(1)：45 – 58.

[57] 田臻，唐树华，2013. 近十年来语料库法在认知语言学研究中的应用. 现代外语，36(4)：427－433，439.

[58] 田臻，2012. 汉语存在构式与动词关联度的实证研究. 语言教学与研究，(3)：58－65.

[59] 王欢，林正军，2022. 英语 Way 构式中动词与构式方向性搭配关系研究. 解放军外国语学院学报，45(4)：26－34，87，160.

[60] 吴淑琼，刘迪麟，2020. 词汇语义的语料库量化研究：行为特征分析法. 英语研究，(1)：153－164.

[61] 吴淑琼，张雪，2022. 基于语料库的反义形容词 cold/hot 的不对称性研究. 山东外语教学，43(2)：21－31.

[62] 吴淑琼，江艳艳，2023. 历时认知语言学的语料库量化研究方法. 外语教学，44(6)：8－15.

[63] 许家金，2020. 多因素语境共选：语料库语言学新进展. 外语与外语教学，(3)：1－10，21，146.

[64] 张懂，许家金，2019. 英汉与格交替现象的多因素研究. 外国语(上海外国语大学学报)，42(2)：24－33.

[65] 张懂，2018. 基于语料库的汉语双及物构式原型语义模式实证研究. 外语与外语教学，(5)：79－88，149.

[66] 张炜炜，王芳，2017. 从基于样例的概念空间看构式交替：以“让”和“给”的被动用法为例. 外语与外语教学，(6)：22－33，145－146.

[67] 张炜炜，刘念，2016. 认知语言学定量研究的几种新方法. 外国语(上海外国语大学学报)，39(1)：71－79.

中国环境形象建构的话语历史分析
——基于《中国日报》气候变化报道语料库的研究*

华南理工大学　武建国　欧　敏　包伟玲**

摘　要：气候变化已成为全球关切的焦点问题，相关报道在很大程度上影响并塑造着国家环境形象。本研究以 2011 年至 2020 年《中国日报》有关中国气候变化的报道为语料，在沃达克（Wodak，2001）话语历史分析法的基础上，结合 LDA 主题模型和语料库方法，探析该话语实践所建构的中国环境形象。通过对报道主题、互文关系、语言表现形式的分析，本研究发现《中国日报》凭借六大主题和多样话语策略，成功塑造了绿色低碳、勇担责任、言出必行、开放共享的中国环境形象。希望本研究能丰富国家环境形象建构研究，并为外宣媒体提出可行性建议。

关键词：环境形象建构；话语历史分析；气候变化报道；基于语料库的研究；《中国日报》

Title: A Discourse-Historical Approach to the Construction of China's Environmental Image: Based on the Corpus of News Coverage on Climate Change in *China Daily*

Abstract: Climate change has become a hot issue of worldwide concern, whose coverage to a large extent influences and constructs the national environmental image. Based on the self-built corpus of China-related news reports on climate change in *China Daily* from 2011 to 2020, this paper intends to investigate the discursive

---

* 本研究系广东省哲学社会科学规划 2023 年度学科共建项目（编号：GD23XWY16）和中央高校跨学科青年团队项目（编号：QNTD202308）的阶段性成果。

** **作者简介：**武建国，教授、博导。研究方向为话语分析、话语与文化传播、语用学、文体学。联系方式：fljgwu@scut. edu. cn。欧敏，博士研究生。研究方向为话语分析、话语与文化传播。联系方式：flom@mail. scut. edu. cn。包伟玲，硕士研究生。研究方向为话语分析、话语与文化传播。

construction of China's environmental images from the perspective of Wodak's Discourse-Historical Approach (2001) with LDA topic model and corpus methods. It is found that, by analyzing the themes, intertextual relationships, and linguistic realizations of the news reports, *China Daily* has constructed the environmental images of China concerning greenness, responsibility, credibility, and openness through six themes and multiple discursive strategies. It is hoped that this paper can enrich the research on national environmental image construction and provide practical suggestions for the media of external publicity.

Key Words: Environmental Image Construction; Discourse-Historical Approach; Climate Change Coverage; Corpus-Based Study; *China Daily*

1 引言

在当前波谲云诡的国际形势下,中国涉及气候变化的报道被西方媒体贴上了诸般负面标签,“中国气候威胁”言论甚嚣尘上。中国亟须呈现事情真相,加强环境形象的积极重塑。鉴于此,考虑到“十二五”规划(2011—2015 年)明确了绿色低碳发展的政策导向,本研究选取《中国日报》2011 年至 2020 年涉及中国气候变化的报道,以沃达克(Wodak, 2001)的话语历史分析法(Discourse-Historical Approach, DHA)为分析框架,结合潜在狄利克雷分布(Latent Dirichlet Allocation, LDA)主题模型和语料库方法,剖析我国环境形象的话语建构,就如何通过气候变化报道建构良好的中国环境形象提出切实建议。

2 文献回顾

近年来,学界越发重视国家形象建构研究,并认为国家形象是经由媒介传播形成对一国不同方面的总体认知和评价,涵盖国内外受众,多元多维,而不同侧重点的选择可建构不同的国家形象(胡开宝、李鑫, 2017)。其中,国家环境形象作为国家形象的有机组成部分,逐渐受到学者们的关注。如郭小平(2010)把其阐释为国际社会对媒体传播中一国生态环境的整体认识和综合评价。徐明华等(2020)认为环境议题的媒体报道会引导受众形成对一国环境形象的认知和态度。赵莉、叶欣(2021)则采用国家环保形象的概念，将其定义为国际受众经由国家互动及媒体传播所形成的对一国生态环境、政府环保能力等的认知和观念。因此，本研究结合对《中国日报》气候变化报道的认识，将国家环境形象定义为一国的生态环境、环境治理以及环境保护在媒介传播中给受众留下的总体印象、认知与评价。

气候变化报道能影响和建构国家环境形象，然而，这一课题在学界受到较少关注。在语言学领域，仅有少数学者采用不同方法或理论对气候变化报道内容进行分析，如自动语义识别系统（Ji, 2018）、趋近化理论（张慧等, 2021）等。在传播学领域，学者们主要基于大量文本数据，考察西方主流媒体对中国环境形象的建构，发现其意在塑造负面的中国环境形象，否定了中国为应对气候变化做出的努力与贡献（郭小平, 2010；邱鸿峰, 2015；徐明华等, 2020）。可见，有关中国环境形象的研究屈指可数，且大多专注于他塑，较少提及自塑的重要意义。

自沃达克提出 DHA 以来，国外学者广泛将其应用于政治话语（Nartey, 2022）、新闻话语（Azatyan et al., 2021）等领域，除雷西格和沃达克（Reisigl & Wodak, 2009）以气候变化相关政客的发言为例提出了 DHA 的八大分析步骤以外，鲜少与国家环境形象建构相结合。同时，伴随着语料库语言学的发展，DHA 与语料库结合的研究趋势也得到充分展示（Baker et al., 2008），以克服批评性话语分析主观性较强的局限。近年来，国内学者也多融合语料库方法，运用 DHA 揭示政治话语背后隐含的媒体态度变化（杨敏、符小丽, 2018）、对企业形象建构进行话语策略分析（赵永刚, 2021）等。但总体而言，以 DHA 为基础的中国环境形象建构研究在国内外均较为罕见。

鉴于此，本研究运用计算机技术和语料库方法，自建《中国日报》气候变化报道语料库，基于 DHA 探究我国外宣媒体自塑的国家环境形象，以期拓宽 DHA 的研究范围，力图从话语实践出发，为改进我国环境形象的建构提供参考。

3 分析框架

DHA 作为批评性话语分析的研究模式之一，强调跨学科、多方法、多数据的融合，重视语言内外各个维度的语境，以此构建语言系统和社会结构之间的关联。这一模式重点关注三个维度：内容主题、话语策略，以及实现主题和策略的语言表现形式（van Leeuwen & Wodak, 1999）。基于此，沃达克（Wodak, 2001）提出了 DHA 的具体分析步骤，即确定内容主题、研究互文关系、揭示话语策略的语言表现形式。

LDA 主题模型由布莱等人于 2003 年提出，应用无监督的计算方法识别出文档之间的语义关联，从而提取文本语料库的潜在主题，是自然语言处理中适用于主题挖掘的典型模型，可降低研究者主观判断的随机性和复杂性（参见 Blei et al., 2003）。

综上,本研究遵循 DHA 的分析步骤,并将 LDA 主题模型和语料库方法融入其中,提出以下分析框架(详见图 1)。

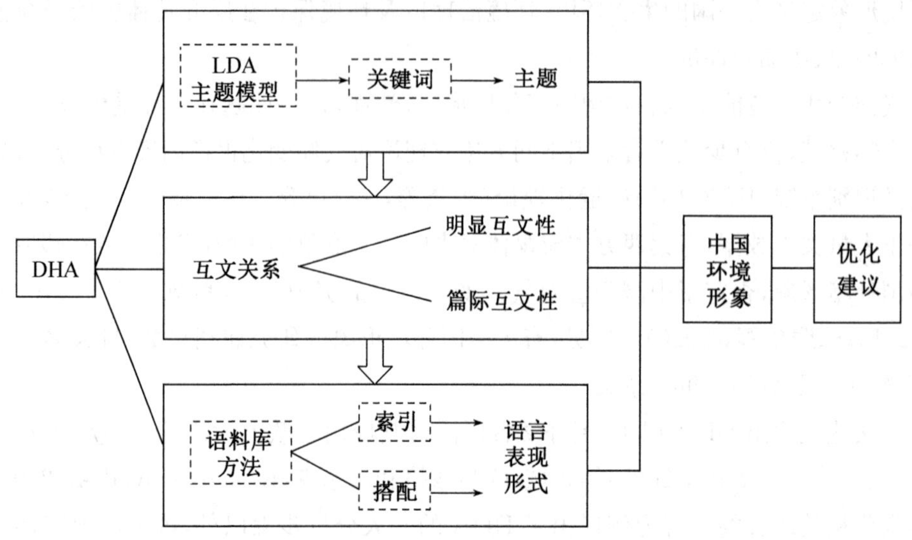

图 1　基于 DHA 的中国环境形象分析框架

根据上述框架,本研究首先运用 python 进行 LDA 主题模型运算,确定主题数目和关键词,总结与中国环境形象相关的主题。其次,分析文本内外的互文关系,探析气候变化报道如何通过互文现象塑造中国环境形象。再次,利用语料库工具,借助索引和搭配功能揭示建构中国环境形象的语言表现形式。最后,基于以上分析,提出优化中国环境形象的相关建议。

4　基于 DHA 的中国环境形象分析

本研究以 China 和 climate change 为关键词,收集《中国日报》官方网站英语版 2011 年 1 月 1 日至 2020 年 12 月 31 日间涉及中国气候变化的报道。经过筛选,最终获得 613 篇相关报道,并以此建立气候变化报道语料库(Climate Change Corpus,简称 CCC),共计 300,762 形符(token)、10,447 类符(type)。

4.1　主题分析

本研究经过一致性分数、困惑度以及可视化结果分析(见图 2),确定机器训练效果最佳的主题数目为 6。

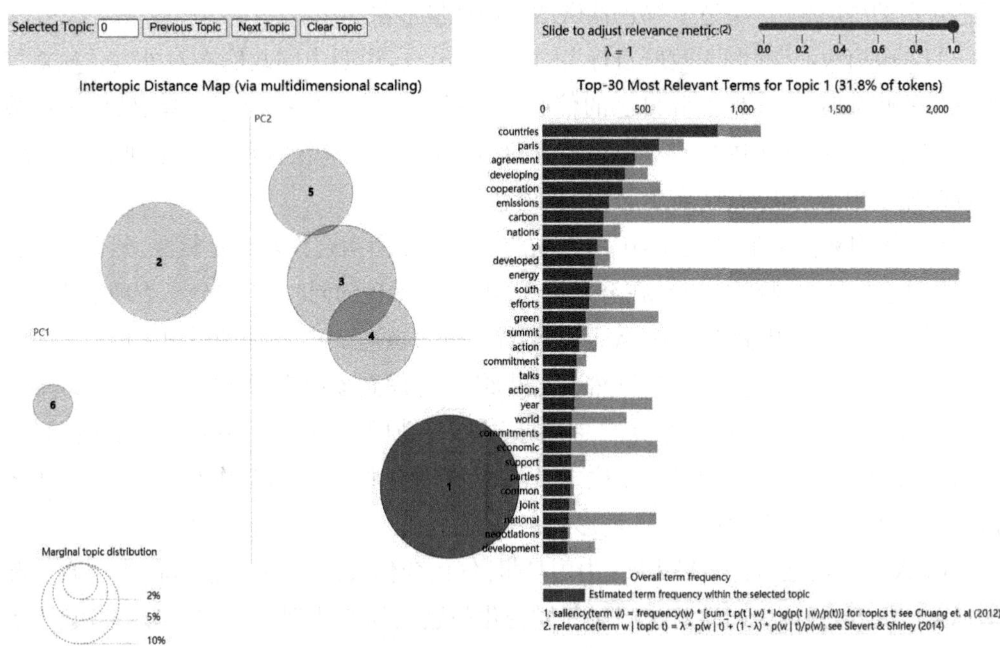

图 2　主题数目为 6 的可视化分析结果

如图 2 所示，圆圈大小代表主题权重，圆圈距离代表主题间的关联度。一般来说，圆圈距离越大，重合越少，各主题的相似度越低，训练模型效果越好。结合一致性分数和困惑度结果，最后可通过可视化分析得出训练效果最佳的主题模型。本研究在确定最佳主题数目后，根据可视化结果输出的关键词，总结出 CCC 的 6 大主题(详见图 3)。

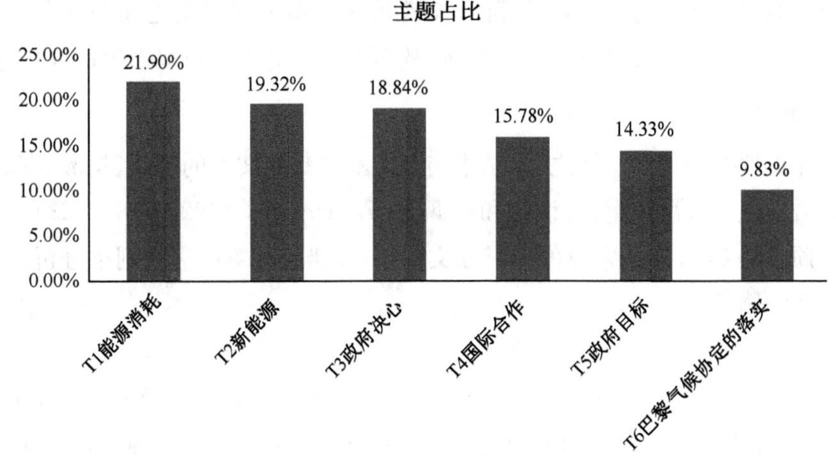

图 3　LDA 主题模型的分类结果

如图 3 所示，“T1 能源消耗”和“T2 新能源”占比排名前二，表明中国政府高度重视能源问题，不断优化以煤炭为主的能源消费结构，加快推动可再生能源的开发，展现了绿色转型的中国担当，塑造了绿色低碳的中国环境形象。

“T3 政府决心”比“T5 政府目标”占比高 4.51%，说明中国政府在对外宣传应对气候变化的政策时，更多地强调自己的信心与责任。CCC 多次提及碳达峰、碳中和的战略与承诺，着重描述中国政府对绿色经济的不懈追求以及坚决采取的一系列措施方案，充分凸显了中国勇担责任、言出必行的环境形象。

在“T4 国际合作”的报道中，中国设立的气候变化南南合作基金是核心，强调中国作为国际社会发展中国家的一员，在努力进行本国环境治理的同时，积极分享治理经验与智慧，在全球气候治理中做出表率，从而塑造了倾囊相助的全球气候治理引领者形象。

“T6 巴黎气候协定的落实”虽然占比最低，但考虑到该协定于 2015 年才颁布，却能在十年的语料库时间跨度上聚类出专属的主题，可证明中国对《巴黎协定》这一国际条约的重视，侧面反映了中国坚持多边主义，致力于促进国家间的合作互助，展示了积极作为的全球气候治理倡导者的环境形象。

LDA 主题模型运行结果表明《中国日报》气候变化报道主要围绕能源、中国政府和国际合作展开，强调中国政府在应对气候变化问题上的总体理念、方针与内容，建构了积极正面的中国环境形象。然而美中不足的是，报道中并未着重阐述中国的治理经验，例如，如何实现“沙漠变绿洲”的中国奇迹等。

4.2 互文分析

DHA 的第二个步骤为文本内外互文现象的分析。根据费尔克拉夫(Fairclough, 1992: 117 - 130)的研究，互文性可分为明显互文性和篇际互文性。明显互文性强调当前文本与其他文本之间的关联，而篇际互文性关注文本不同要素之间的混杂，如主题、话语、体裁、风格等。下文将就此展开分析，从而揭示其对中国环境形象的建构作用。

4.2.1 明显互文性

明显互文性作为文本特性之一，是指当前文本对其他文本的吸收、反驳、嘲讽等，常表现为话语呈现、预设、否定、元话语和反讽等(Fairclough, 1992: 118 - 123)。鉴于话语呈现和预设是 CCC 中最常见的明显互文现象，本研究仅对此进行列举分析。请看以下话语呈现的例子：

(1) China is vigorously promoting international climate cooperation, advancing the development of a green Silk Road, helping relevant countries ... to achieve energy transition and green development, which is "setting an example for the international community," <u>Zhang said.</u>

(Joint Efforts Required in Tackling Climate Change, China's UN Envoy Says, Jul. 25, 2020)

例(1)选自中国常驻联合国代表在安理会气候与安全线上会议的讲话，他就气候变化问题阐述了中国主张。句子前面是其话语的间接呈现，凸显了中国推动气候治理国际合作的决心和行动，尾句直接引用他的部分话语，强调了中国的榜样力量。在新闻报道中，间接或直接话语呈现，即转述或引用新闻当事人的话语，一方面，可融入作者本人的意图，另一方面，可增加报道的权威性。在此例中，话语呈现这种明显互文关系，彰显"T3 政府决心"的同时，强调了"T4 国际合作"，突出了中国勇于担当、行动务实的环境形象。

费尔克拉夫(Fairclough，1992：120－121)认为文本生产者可操控预设，把线索蕴含于当前文本中，借此与其他文本构成明显互文关系，给受众呈现"已知"事实，从而影响受众接受文本的潜在观点，请看下例：

(2) The new promises, which provide a clearer path to realize the targets, have injected strong impetus into global climate progress, said Vice-Minister Zhao Yingmin ...

(More Top-level Measures on Horizon to Advance China's Climate Endeavor, Dec. 14, 2020)

例(2)是围绕《巴黎协定》达成五周年之际，中国政府提出的气候治理新愿景。此处作者用 clearer 和 strong 来修饰这一愿景，前者预设了"没有比新愿景更加清晰的道路助力中国减排目标实现"的命题，后者则表明"中国新愿景可以有效推动全球气候治理进程"。二者将新愿景的科学性和有效性当成已知命题传递给受众，既表明了"T5 政府目标"，又突出了"T6 巴黎气候协定的落实"，塑造了言出必行、主动作为的中国环境形象。

4.2.2 篇际互文性

篇际互文性可分为融合型、镶嵌型、转换型和链接型篇际互文性，其中融合型篇际互文性指的是在话语实践中，与不同社会实践相关的体裁、话语和风格等要素交织融合，难以辨别(武建国，2023：69－70)，往往暗含作者目的。考虑到该篇际互文现象在 CCC 中最为突出，本小节仅对其进行重点阐释，请看下例：

(3) Farmers know more about climate change ... according to the survey ... China's 674 million rural residents ... are susceptible to natural disasters. A farmer ... once said, "A decade ago, rainfalls were regular, but now the climate is unpredictable and we feel it is hard to live."

(Chinese Public More Familiar with Climate Change, Nov. 1, 2012)

例(3)是一个典型的融合型篇际互文现象，由调查报告、新闻评论和新闻采访体裁融合而成,三类体裁的交织将官方数据、日常交谈融入新闻话语,结合报告体和通俗体风格,明示受众气候变化的严峻性,暗示中国政府加快应对速度。可见,例(3)点明了"T1 能源消耗"过度带来的实际伤害,报道的最后也涉及"T2 新能源"发展及"T5 政府目标"的描述,表示中国定会加快绿色低碳发展,稳稳托住人民群众的幸福生活。如此,便合理塑造了一个心系群众、直面挑战的中国环境形象。

综上,可看出 CCC 中各类文本、主题、体裁、话语和风格等相互交织,形成了独特的互文现象,将真实正面的中国环境形象建构其中,潜移默化地影响了受众。

4.3 语言表现形式分析

DHA 关注五大话语策略:命名、述谓、辩论、视角化、强化/弱化。限于篇幅,本小节仅分析建构中国环境形象的命名、述谓和辩论话语策略的语言表现形式。

4.3.1 命名

命名策略关注身份建构,在语言层面可表现为修饰活动者、事件或行动的名词和动词(Reisigl & Wodak, 2009: 94)。本研究以 China 为检索词,在语料库中筛选有效修饰中国的名词,合计 367 条,并对其建构的中国环境形象进行总结归类,详见表 1。

表 1 命名中国的名词短语分类①

中国环境形象	名词短语	频数	频率
人口最多的发展中国家	world's largest developing country, world's most populous and largest developing country, etc.	91	24.80%
可再生能源的最大投资者和领导者	leader in renewable energy, global leader in renewable energy investment, etc.	73	19.89%
气候治理的领导者	leader to create the Paris Agreement, leading actor on global climate issues, etc.	60	16.35%
经济大国	world's biggest manufacturer, world's No. 2 economy, etc.	42	11.44%
世界最大排放国	world's largest emitter, the top emitter of carbon in the world, etc.	42	11.44%
责任大国	a country that keeps its words, the first to admit more needs to be done, etc.	41	11.17%
最大能源消费国	world's largest consumer of coal, second largest oil importer, etc.	12	3.27%
气候变化的受害者	vulnerable countries to climate change, etc.	6	1.64%

① 此研究涉及的时间范围为 2011 年至 2020 年。根据联合国发布的《2022 年世界人口展望》报告,截至 2022 年,中国仍然是全球人口最多的国家。

结合检索行的上下文，由表 1 可知，CCC 在提及中国时，刻画了中国是人口最多的发展中国家(24.80%)、经济大国(11.44%)、世界最大排放国(11.44%)和最大能源消费国(3.27%)的客观中国环境形象(50.95%)。虽然“世界最大排放国”“最大能源消费国”这一类不回避客观事实的表述可塑造中国勇担责任的环境形象，但这类标签易让受众产生“中国”与“全球气候暖化根源”的错误关联。事实上，中国人均碳排放量远低于发达国家。

此外，作为人口最多的发展中国家(截至 2022 年)，中国在工业化进程中率先踏上绿色发展转型之路，积极承担自身责任，向有需要的发展中国家提供援助，助力提升其气候变化应对能力，从而塑造了可再生能源的最大投资者和领导者(19.89%)、气候治理的领导者(16.35%)和责任大国(11.17%)的积极的中国环境形象(47.41%)。

在应对气候变化的问题上，中国较少提及自己是气候变化的受害者(1.64%)，侧面反映了不愿屈服的中国环境形象，表明与其消极接受气候变化的影响，不如主动出击，想对策、做贡献的中国态度，由此建构了值得信赖的全球气候治理引领者形象。

4.3.2 述谓

述谓策略指的是用隐性或显性的谓语，建构活动者正面或负面的形象(Wodak，2001：73)。限于篇幅，本小节仅以与 China 搭配频率较高的情态动词 will(447)和 can(94)为例，阐释其如何建构中国环境形象。根据韩礼德和麦蒂森(Halliday & Matthiessen，2004：621－624)对情态动词的分类，will 和 can 分别属于中、低量值。基于语料库研究，戈蒂(Gotti，2003)发现 will 在当代英语情态动词中出现频率高，常表达意愿的情态意义。CCC 中大部分 will 也表达该意，由图 4 可知，当 China 和 will 搭配时，右侧多凸显 spare、inspire、continue 等积极的抽象行为动词，集中体现了中国应对气候变化的乐观态度和意向，请看下例：

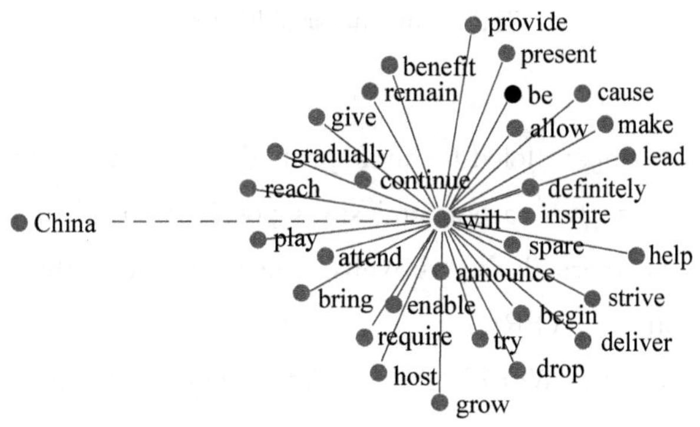

图 4　China 和 will 的搭配图(反映搭配强度的 MI 值排名前 30 的搭配词)

(4) At the UN climate summit, China announced that it will make greater efforts to address climate change more effectively and take international responsibilities that are commensurate with its national conditions, stage of development and actual capabilities.

(China Committed to Addressing Climate Change, Jun. 12, 2015)

例(4)中,will既表明中国欲高效解决气候变化问题并承担与本国国情相符的国际责任的意愿,也是对国际社会作出的庄严承诺,意在受众认知中塑造勇担责任、满怀信心的中国环境形象,令人信服。

情态动词can在表明能力含义时,是主观倾向的表达,类似于意愿的情态意义,可看成是will的低值变体(Halliday & Matthiessen, 2004: 621)。在CCC中,当China和can搭配时(见图5),右侧动词多阐明了中国在全球气候治理中的能力和担当,如help、play、achieve等,反衬其竭尽所能以提升应对气候变化的力度和责任,请看下例:

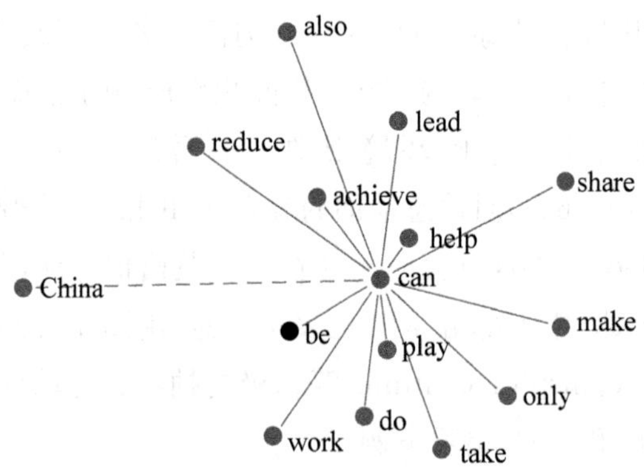

图5 China和can的搭配图

(5) With its unparalleled technological advancements in this field, China can not only reduce its own carbon emissions possibly ahead of schedule, but also help all of its partners do so as well, especially those that participate in the Belt & Road Initiative (BRI).

(China Will Lead the World's Post-COVID-19 Green Recovery, Dec. 14, 2020)

尽管中国一直强调自身能力、义务及采取的措施,但"世界最大排放国和能源消费国"的身份依然为其带来了不少质疑。在例(5)中,can一方面回应他者质疑,彰显国之信心,另一方面表明意愿,做出一定的情态承诺,展示了以行动践行诺言、实干彰显担当的中国环境形象。

CCC 中 will 的使用频率约为 can 的 5 倍，且 will 的情态量值大于 can，进一步突出了中国在对外宣传时的承诺和信心，塑造了积极乐观、全力而为的国家环境形象。

4.3.3 辩论

辩论策略指的是用不同形式的论题，证实对活动者、事件或行动积极或消极的属性，论题包括有用/有利、危险/威胁、人道主义、数字等（Wodak，2001：73－74）。下面通过分析人道主义和数字的论题，探究其如何建构中国环境形象。

由主题分析可知，CCC 中共有 98 篇报道涉及“T4 国际合作”，其中，帮助发展中国家应对气候变化的报道约占 1/3，如例（5）所示，中国考虑到发展中国家应对气候变化的脆弱，出于大国人道主义关怀，积极推动气候治理的南南合作，倡导世界各国携手共进，共同应对气候危机。因此，人道主义的论题建构了同心合力、和衷共济的中国环境形象。

数字论题是新闻生产者常用来提高内容真实性的手段之一。然而，CCC 中仅有少量报道应用其以表明中国在应对气候变化方面取得的巨大成就。尽管如此，该论题的使用仍能客观地建构积极的国家环境形象，请看下例：

(6) China has already accomplished ... its 2020 target to reduce carbon intensity by 40—45%... three years ahead of schedule in 2017. NASA satellite data ... found a 5% increase in the world's total green area, and at least 25% of this gain was attributed to China.

(China's Green Future, Dec. 14, 2019)

例（6）中，中国“提前三年”完成减排任务、“对全球植被面积增加贡献率达 25%”，这些由美国 NASA 认证的客观数据，肯定了中国应对气候变化的成功经验，暗示了中国后续气候治理的持续推进以及愿与各国分享成功经验的大国胸怀，从而塑造了治理有方、开放共享的中国环境形象。

本小节通过分析命名、述谓和辩论话语策略的语言表现形式，发现《中国日报》气候变化报道首先通过对中国的不同命名，塑造了客观、积极的中国环境形象。其次，大量地运用 will 和 can，突出了中国应对气候变化的能力、意愿和承诺。最后，通过人道主义援助和数据呈现，塑造了勇担责任、开放共享、行动务实的中国环境形象。

5 提升中国环境形象的建议

本研究基于以上三个维度的分析,总结了《中国日报》十年气候变化报道建构的中国环境形象。现根据分析结果,对外宣媒体建构中国环境形象提出五点建议。

第一,扩大主题来源,深化报道内容。现今报道多与政府相关,但气候变化绝非仅限于国家层面,也与每个人息息相关。外宣媒体可融入多个事件主体的声音,调整以政府权威为中心的单一报道,添加真情实感的中国故事,拉近和受众的距离,使其更易接受中国宣传的环境形象。此外,可细化报道内容,强调中国应对气候变化的具体方案措施及实际效果,在加深受众对中国应对气候变化行动认知的同时,与世界共享中国经验。

第二,采用多样的互文手段,提升报道的可读性。如明显互文性中的引用和用典策略、篇际互文性中的故事嵌入和时空链接策略。互文性在新闻报道中能将不同的社会实践联系起来,向受众展示中国在应对气候变化问题上的全貌,不仅增加话语真实性和趣味性,丰富受众的阅读体验,还可以将中国环境形象的塑造隐含其中,使受众在潜移默化中接受并认可中国的观点和作为。

第三,自我指称时增加积极正面的修饰,缓和负面表述带来的影响。现今报道多把中国描述成"世界最大排放国"等,这虽不利于在受众认知中建构起良好的中国环境形象,但在此基础上可深化"可再生能源的最大投资者"等表述,在报道中主动消解认知误差,淡化负面形象的描绘,最大化传达正面印象。

第四,尽量多使用高量值的情态动词。在传达情态承诺含义时,低量值情态动词的频繁使用侧面反映了说话者对说话内容的保留态度,不利于建构胸有成竹的中国环境形象。因此,在选择表达意愿的情态动词时,报道应优先选用高量值的情态动词,以增强受众对中国应对气候变化行动的信心。

第五,多选用符合全球公众利益的数字论题,宣扬人类命运共同体理念,发扬人道主义精神。外宣媒体在报道时,需兼顾受众观感,可多选用西方权威机构公布的客观数据来论证中国应对气候变化行动的成效以及给国际社会带来的益处,从而提高中国行动的客观性、合情性与合理性。

6 结语

气候治理是国家环境形象的外在表现之一，相关报道在塑造国家环境形象和影响国际舆论方面变得至关重要。本研究采用定性和定量相结合的方法，对《中国日报》十年气候变化报道所塑造的国家环境形象进行批评性分析。同时，就如何通过此类报道完善国家环境形象提出建议，旨在更有效地向世界讲好中国气候治理故事。希望本研究能为 DHA 和国家环境形象研究提供一定的借鉴和参考。

参考文献

[1] Azatyan, S., Z. M. Ebrahimi & Y. Mansouri. 2021. Non-violent revolutions are believed to take place: A discourse-historical analysis of the Armenian Velvet Revolution in Armenian news media. *Discourse & Communication*, 15(5): 495 - 518.

[2] Baker, P., C. Gabrielatos & M. Khosravinik, et al. 2008. A useful methodological synergy? Combining critical discourse analysis and corpus linguistics to examine discourses of refugees and asylum seekers in the UK press. *Discourse & Society*, 19(3): 273 - 306.

[3] Blei, D. M., A. Y. Ng & M. I. Jordan. 2003. Latent dirichlet allocation. *Journal of Machine Learning Research*, 3: 993 - 1022.

[4] Fairclough, N. 1992. *Discourse and Social Change*. Cambridge: Polity Press.

[5] Gotti, M. 2003. Shall and will in contemporary English: A comparison with past uses. In R. Facchinetti, M. Krug & F. Palmer (eds.). *Modality in Contemporary English*. Berlin: Mouton de Gruyter, 267 - 300.

[6] Halliday, M. A. K. & C. M. I. M. Matthiessen. 2004. *An Introduction to Functional Grammar*. London: Arnold.

[7] Ji, M. 2018. A quantitative semantic analysis of Chinese environmental media discourse. *Corpus Linguistics and Linguistic Theory*, 14(2): 387 - 403.

[8] Nartey, M. 2022. Kwame Nkrumah's construction of 'the African people' via the unite or perish myth: A discourse-historical analysis of populist performance. *Pragmatics and Society*, 13(4): 605 - 624.

[9] Reisigl, M. & R. Wodak. 2009. The discourse-historical approach (DHA). In R. Wodak & M. Meyer (eds.). *Methods of Critical Discourse Analysis*. London: Sage Publications, 87 - 121.

[10] van Leeuwen, T. & R. Wodak. 1999. Legitimizing immigration control: A discourse-historical analysis. *Discourse Studies*, 1(1): 83 - 118.

[11] Wodak, R. 2001. The discourse-historical approach. In R. Wodak & M. Meyer (eds.).

Methods of Critical Discourse Analysis. London: Sage Publications, 63 - 94.

[12] 郭小平，2010. 西方媒体对中国的环境形象建构：以《纽约时报》"气候变化"风险报道（2000—2009）为例. 新闻与传播研究，18(4)：18 - 30，109.

[13] 胡开宝，李鑫，2017. 基于语料库的翻译与中国形象研究：内涵与意义. 外语研究，34(4)：70 - 75，112.

[14] 邱鸿峰，2015. 美国主流报纸的中国环境形象建构："议题关注周期"视角. 新闻界，(9)：18 - 25.

[15] 武建国，2023. 互文性研究. 北京：北京大学出版社.

[16] 徐明华，李丹妮，王中字，2020. "有别的他者"：西方视野下的东方国家环境形象建构差异：基于 Google News 中印雾霾议题呈现的比较视野. 新闻与传播研究，27(3)：68 - 85，127.

[17] 杨敏，符小丽，2018. 基于语料库的"历史语篇分析"（DHA）的过程与价值：以美国主流媒体对希拉里邮件门的话语建构为例. 外国语（上海外国语大学学报），(2)：77 - 85.

[18] 张慧，林正军，董晓明，2021. 中美气候变化新闻报道中生态话语的趋近化研究. 西安外国语大学学报，29(1)：35 - 40，128.

[19] 赵莉，叶欣，2021. 英国公众眼中的中国环保形象：基于图式理论的访谈研究. 新闻与传播评论，74(2)：118 - 128.

[20] 赵永刚，2021. 媒体并购话语中的中国企业形象对比研究：一项语料库辅助的话语—历史分析. 解放军外国语学院学报，44(1)：62 - 70.

现实相关性的句法分析：以汉语双“了”结构和英语完成态为例*

南京理工大学外国语学院　王　晨**

摘　要：本研究提出现时相关性这一跨语言的语法功能实为焦点结构的观点。其灵活的解读来源于强调事件已完成这一事实在不同语境下引发的会话隐含义。这一观点决定了现时相关性在句法上应该包含两个关键信息：一为焦点标记，二为完成时体。这在英语中表现为助动词 have 和过去分词组成的完成态，而在汉语中表现为同时包含词尾“了”和句尾“了”的双“了”结构。完成态和双“了”结构在句法上具有很多相似的表现，如不兼容状语修饰词、受焦点干涉效应影响等。这说明以焦点标记和完成时体表达现时相关性这一概念是一种跨语言的共通手段。

关键词：句法；现时相关性；完成态；了

Title: A Syntactic Analysis of Current Relevance Based on Mandarin Double Le Configuration and English Perfect

Abstract: In this paper, I propose that current relevance, a grammatical function found cross-linguistically, is a structure of focus. The flexibility of its interpretation comes from the conversational implicature raised by focus in different contexts. The idea entails a syntactic model consisting of two core parts: a focus marker and the perfective aspect. This model is realized as the perfect in English, which includes the auxiliary *have* and the past participle, and the Double Le Configuration in Mandarin, which involves the co-occurrence of verbal *le* and sentential *le*. These morpho-

---

* 本研究系南京理工大学自主科研项目“跨语言视角下方位系统的生成语法研究”（中央高校基本科研业务费专项资金资助，No. 30923010411）的阶段性成果。

** **作者简介**：王晨，副教授。主要研究领域是理论语言学、句法学、句法构词学。联系方式：cwang@njust. edu. cn。

syntactic structures exhibit similar distributional restrictions, such as the incompatibility with adverbial modifiers in the absence of a proper context, and the constraints typically found with the focus intervention effect. This analysis shows that from a cross-linguistic view, there may be a universal mechanism that express the meaning of current relevance with focus and perfectiveness.

Key Words: Syntax; Current Relevance; Perfect; *Le*

1 引言

自科姆里(Comrie, 1976)将英语中完成态(perfect)的语义功能总结为"现时相关性"(present relevance),很多语言学者都试图将这一概念扩展到其他语言中。例如,李讷和汤普森(Li & Thompson, 1981: 240)认为汉语里句子末尾的"了"核心功能即是"现时相关性"(current relevance)。两者原文术语的微妙差异体现了定义的不同。根据科姆里(Comrie, 1976: 52)的说法,现时相关性指的是过去发生的事件与会话时间的状态有某种相关性,因此 present 实与 past 相对。而李讷和汤普森提出的 current relevance 仅指会话内容与现时情境相关,并不强调"过去发生"。

不过,两者的定义都面临一个问题,就是所谓的现时相关性仅仅是对语义解读的一种概括,无法精确描述何为"与现实情境相关"。从语用角度来看,会话中说出的话语必定与当前话题相关,甚至在表面无关时都会被听者默认为相关,从而引发会话隐含义(参见 Levinson, 2000)。所以,现时相关性作为一个语法功能不够精确。而这种模糊性为句法推导也带来了问题,因为很难解释这样的相关性在句法结构中是如何体现的。而且,英语中完成态本身是由完成体和助动词 have 联合构成的复杂结构,很难想象两个不相关的句法位置共现是为实现一个不可拆分的单一功能。

我们认为,所谓现时相关性本质是在会话时间强调事件完成的事实所引发的解读。现时相关性的模糊性来自强调结构对语境的依赖性。因此句法上现时相关性也是由两个部分组成:一是完成体,二是焦点标记。这在英语中分别由过去分词和 have 承担,在汉语中则为双"了"结构,即同时含两个"了"的句子,如(1a,b)。

(1) a. John has eaten three apples.

b. 张三吃了三个苹果了。

在下文中，本研究会首先回顾关于汉语中与“了”相关的文献和英语完成态的研究，借此明确本研究对“了”和完成态的定义，并在之后讨论焦点标记和完成体如何实现现时相关性的解读，最终借此解释双“了”结构和完成态在用法上产生相似限制的原因。

2 过往研究回顾

2.1 汉语中的“了”

汉语中的“了”作为抽象的功能标记一般有两种用法。一种是用在动词后宾语前，称为词尾“了”，如(2a)；另一种是用在宾语之后，一般也是句子末尾，称作句尾“了”，如(2b)。

(2) a. 张三吃了三个苹果。
　　b. 张三想家了。

词尾“了”一般认为跟完成体(perfective)具有密切联系[①](Li & Thompson, 1981; Smith, 1997; Huang et al., 2009; 王晨,2018 等)，也就是事件时间整体在某个时间参照点之前。不过也有文献持不同意见，主要基于如下例句：

(3) a. 我要杀了他。
　　b. 张三租了一间公寓。

在说这些句子时“他”尚未被“我”杀掉，“公寓”也仍在租住，所以句意与一般完成体不同。司马翎(Sybesma, 1999)据此认为汉语中实有两种词尾“了”：(3a)中的这种是结果谓词，由“了结”义而来；(3b)中这种是“实现体”标记(realization marker)，即事件一旦发生，无论有没有结束都算作实现。林若望(Lin, 2003)等也认同实现标记的观点。但王晨(2018/2020a)认为，这种划分无法解释为何词尾“了”不可用在(4a, b)所示的句子中。

(4) a. ？张三弹了钢琴。

① 当下汉语研究的文献多将 perfective 称作“完整体”，如张立昌(2015)等。但在英语研究中却仍多用“完成体”。本研究在此统一采用“完成体”这一术语。

b. 张三正在杀(死/光/*了)他的猪。

(王晨，2018：123－125)

(4a)中“弹钢琴”可以是已经发生的事件，与“实现体”的定义并不冲突，但用“了”标记却不好接受。而(4b)中，如“死”“光”一类的结果谓词明明可以接在动词后，“了”却不可以出现。王晨据此认为词尾“了”原本是终结体标记(telic marker)，意指所标示的事件在语义上是有界的，一般反映为具有一个自然结束点。只有当句法结构中出现外时体投射时，“了”才能发挥完成体标记功能。因此，在没有特殊语境的支持下，“弹钢琴”这类没有自然边界的事件即便是已经发生的，也不能用词尾“了”。而当出现其他外时体标记时，词尾“了”也不能出现，如(4b)中“在”与“了”便不能共现。

王晨(2020b)借用了这一观点来解释(3a，b)中的问题。他认为(3a)中情态词“要”的出现替代了外时体投射，没有触发“了”的完成体标记功能。而(3b)严格来说仍是完成体，此时“租公寓”作为一个动态事件已经结束，延续的只是租约的效力，而非事件本身。这一分析解决了词尾“了”作为完成体标记面临的大部分问题，因此本研究采用王晨(2018/2020a)对于词尾“了”的分析，认为词尾“了”可以有终结体标记和完成体标记的双重功能，只不过后者在一定情况下可以不被触发。更多非完成体“了”的讨论，详见王晨(2022/2023)。

相对于词尾“了”，汉语界关于句尾“了”的观点分歧较大，只能笼统地说与话语功能相关(Li & Thompson，1981；金立鑫，2003；Soh，2009 等)。但由此而来的问题是句尾“了”在句法上的功能和地位。句尾“了”的句法意义在过往研究中比较模糊，以便尽可能多地涵盖其广泛的分布情况。但从句法的角度看，功能语类在句法框架中的位置一般是固定的，其对应的功能也不会随语境改变。因此，句尾“了”在句法上必然存在一个核心功能，且与其灵活的分布并不冲突。

李讷和汤普森(Li & Thompson，1981：244－288)认为句尾“了”的核心功能是“现时相关性”。他们由此总结出了五种常见的解读：1. 状态改变(Change of State)；2. 纠正错觉(Correcting a Wrong Assumption)；3. 报告进展(Progress So Far)；4. 引出下文(What Happens Next)；5. 结束陈述(Closing a Statement)，分别对应(5a－e)中的例句：

(5) a. 他知道那个消息了。(状态改变)

b. 这已经不算贵了。(纠正错觉)

c. 张三已经吃了三个苹果了。(报告进展)

d. 车要来了。(引出下文)

e. 学费太贵了。(结束陈述)

显然,如此具体的语义内涵不可能是一个纯功能词项应该有的,因此这五类解读只能说是含句尾“了”的句子整体的语义归纳。而所谓“现时相关性”也是一个比较模糊的概念,缺乏精确的定义。不过,(5a－e)涉及静态、动态、完成、将来等不同的情境,每一个都可以与句尾“了”结合,这本身就说明了一定问题。陈前瑞、胡亚(2016)也通过类型学的多功能模式视角,认为句尾“了”兼有完结体、完成体、完整体以及现在状态功能。但实际上正如张宁(Zhang, 2000)指出,既然句尾“了”可以兼容各种时体(aspect),那么其本身应该跟时体并不直接相关。这一点大致可归于语法和用法的差异(参见张翼,2006)。

金立鑫、于秀金(2013)认为句尾“了”表达的是新情况的起始,由此引申出了“新闻—报道”的解读,从而具有了某种话语标记功能。他们认为(6b)这样的句子仅仅是独立事件的客观陈述,而作为强调新情况的现场报道,只能用(6a)这样的句子。

(6) a. 张三到河边了,他脱鞋了,他下水了,他过河了。

b. 张三到了河边,他脱了鞋,他下了水,他过了河。

但事实上,(6a)中的情况一般被认为是旧信息。听话者事先已知张三要过河,所以“到河边”“脱鞋”“下水”“过河”等就成了可以预料的动作。所谓新闻—报道的语感正出自对这些预料之中事件的逐步实现。而且从句法上看,(6a)中的句子拿掉句尾“了”便不合语法,这也不符合句尾“了”是新情况起始的观点。因为金、于认为这里的起始的新情况是前述事件的完成状态,但“到河边”“脱鞋”等事件没有“了”就没有完成义,完成状态的起始就无从谈起。这一问题同样存在于另一些学者(Soh, 2009; Erlewine, 2017)对于句尾“了”语义的归纳。他们认为句尾“了”是一个预设(presupposition)标记,其功能是强调当前状态和过去状态的对比。

(7) 句尾“了”的语法功能:对于命题 P:

强调 $P=1$,且

预设:$\exists t\,[t<st \wedge P^t=0]$

(Erlewine, 2017:46)

根据(7)中的定义,“他知道了”预设的情况是“此前他不知道”,“车要来了”预设了“此前车还没有要来(的迹象)”。但这很难解释(5b)和(5e)中的用法,因为在此之前价格未必贵,学费也不一定便宜。另外在(6a)中如果少了“了”,被强调的命题 P 就不可能是完成体解读。王晨(2020c)据此认为这种仅句尾有“了”却又有完成体解读的句子并非典型的句尾“了”用法。这里宾语后的“了”实为做完成体标记的词尾“了”。动词和宾语经历伪名词合并(Pseudo-noun Incorporation)后作为完整 VP 提升到了内时体指示词位置,如(8)所示。这再次证明句尾"了"跟时体无关。

(8) [$_{EP}$ 张三 E [$_{AspQP}$[$_{VP}$喝一酒]i 了~~[$_{VP}$喝 [$_{NP}$酒]]~~i]]]

但事实上,"对比强调"这一功能其实很好地概括了句尾"了"的语法作用,只是必须厘清对比的情境究竟是什么。刘勋宁(2002)就曾指出,(5a,c,d)这样的例子中"了"表示新情况与旧情况的对比,而(5b,e)这种例子则是与标准程度的对比。(5b)的比较对象是听话者错觉中的标准程度,(5e)则是说话者自己主观预设的标准程度。这很好地总结了句尾"了"的特性,只是对于这样的"对比"义如何在句法上实现没有进一步讨论。本研究赞同刘勋宁的观点,认为句尾"了"本质上是一个焦点标记,通过对预设的情境/状态进行对比强调当下状况。详见第 4 节。

2.2 英语中的完成态

英语中,perfective 和 perfect 实为两个不同的术语。前者是"视点体"(viewpoint aspect)的一种。后者则特指句法上的一种结构,通常由助动词和过去分词组成。因此本研究将前者称作"完成体",后者称作"完成态"。关于完成态的语法功能,"现实相关性"仍是最常见的说法(McCoard, 1978; Moens, 1987; Lindstedt, 2000 等)。但对于现时相关性的来源则有不同的观点。帕森(Parson, 1990)认为完成态强调的是完成状态的延续性,因此(9a)的语义实际应该表述为(9b)。

(9) a. Mary has eaten the apple

b. $\exists e \exists x(eat(e) \wedge Agent(e,Mary) \wedge Theme(e,x) \wedge apple(x) \wedge Hold(R\text{-}state(e),S))$

(9b)的关键之处在于强调事件 e 的结束状态(R-state)在会话时间点(S)依然存续(Hold)。换句话说,完成态的焦点在于状态,而非事件本身。莱姆查安德(Ramchand, 2018)也提出了类似的看法,并提供了一套句法上实现这一功能的手段。她认为英语完成态涉及两个事态:S0 和 S′。前者指处于完成体视点下的事件本身;后者则在会话时间点强调事件的结果状态。S0 在句法上由动词的过去分词实现,而助动词 have 则负责引入 S′,如(10)所示。

(10)

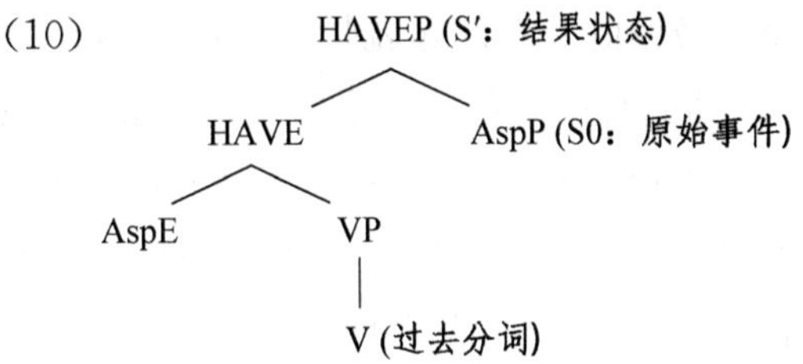

（改编自 Ramchand，2018：126－127）

可以说，帕森和莱姆查安德分别构建了完成态在语义和句法上的定义。两者的共同出发点就是完成态是静止的状态。在过往文献中，为了证明完成态表达的是静止状态而非动态事件，卡茨（Katz，2003：207－215）曾提出了一系列检测手段：1. 在一般现在时下，静态动词可以维持状态解读，而动态事件只能得出习惯（habitual）义，如（11a）；2. 静态词可以用在 turn out 后的结构中，而动态词不可以，如（11b）；3. 静态词前的情态词 must 可以有认识（epistemic）和道义（deontic）两种解读，而动态词前的 must 只能是道义解读，如（11c）；4. 强调施事性（agentivity）的副词 intentionally 只能修饰动态词，不能修饰静态词，如（11d）；5. 在以 and 并列时，静态词描述的可以是同步出现的状态，而动态词表达的只能是按先后顺序发生的事件，如（12a，b）。

(11) a. John loves（状态）/ kisses（习惯）Mary.

b. John turned out to love（静）/ * kiss（动）Mary.

c. John must（认识/道义）love/ must（道义）kiss Mary.

d. John intentionally kissed（动）/?? loves（静）Mary.

(12) a. John woke up. The sky was clear and the washing was on the line.（同步状态）

b. John woke up. The sky cleared and he put the wash out to dry.（顺序事件）

卡茨将完成态带入这些测试，发现完成态与静态词表现一致，如（13a－e），从而得出了完成态表达静止状态的结论。

(13) a. John has written a novel.（非习惯义）

b. John turned out to have written a novel.

c. The sky was clear. Mary had left quietly.（同步状态）

d. John must have written a novel.（认识）

e. ?? John intentionally has kissed Mary.

然而，这一系列的测试并非完美。最大的一个问题就是进行体在测试中也与静态词表现出了相同的特性，如(14a－e)。进行体一般都具有明确的动态事件解读，而且其一大特性就是不与静态词兼容，如(15)所示。因此可以说(11－12)和(14)中的测试给出了自相矛盾的结果。由此可见，卡茨提出的测试只能用于动词本身语义，不适用于带有时体标记的结构。当前尚无明确证据表明完成态表达的是静止状态。

(14) a. John is writing a novel.（非习惯义）
　　b. John turned out to be writing a novel.
　　c. The sky was clear. Mary was running.（同步状态）
　　d. John must be writing a novel.（认识）
　　e. ?? John intentionally is kissing Mary.

(15) ?? John is loving Mary.

事实上，帕森以及莱姆查安德对于英语完成态的分析与刘勋宁(2002)对汉语句尾"了"的观点十分接近，本质上都是借助事态之间的对比表达强调功能。而且两者同时构想了一个相似的二元模型：一是表事态本身的谓词结构，提供了需要强调的命题 P；二是一个纯功能性成分，在事态本身的基础上附加对比强调的含义。而要实现这一功能其实并不需要假设存在一个句法语义上可见的"结果状态"，依靠强调结构本身的解读方式即可实现。下一节中我们会首先讨论如何从强调结构推导出英语完成态的现时相关性。

3　英语完成态的现时相关性

英语完成态的现时相关性多体现在与一般过去时的对比上。例如，(16)中对于 A 的提议，B 通常应以完成态作答，而用一般过去时就不太适合。因为既然没有用 YES/NO 正面接受或拒绝提议，B 就必须强调过去吃了三个苹果与当下情况的关联。

(16) A：Have some more apples.
　　B：I have eaten three. / ♯I ate three.

抛开用法不谈，完成态与一般过去时的最大区别就在于过去时虽然可以出现在动词、助动词、系动词等一系列位置上，但在单独一个句子中只会选取一个位置，而完成态在形态学上却总是涉及两个位置的变化，且绑定了助动词 have。从这一点上看，完成态很有可能是两个语法功能的组合。因此本研究采用王晨(2020d)中的观点,认为英语完成态包含了焦点和完成体两种信息。助动词 have 本质上是一种焦点标记,而过去分词状态下的谓词短语则描述了一个完成体事件。二者结合用于强调事件已经完成的事实,如(17)所示。

(17) [$_{TP}$ *have*$_i$+T [$_{FocP}$ t_i(焦点)[$_{AspP}$Perf. -*en*(完成体)[$_{VP}$(事件/状态)]]]

(王晨,2020d:33)

根据(17)的分析,完成态的功能就是在特定时点(TP)下强调事件已经完成。听话者会根据语境自行解读强调事件完成与当前话题的关联,从而引发“现时相关性”。例如,(16)中 B 的回答强调自己当前完成了吃三个苹果这件事,因此可以理解为 B 不想再吃了。这一过程不涉及帕森以及莱姆查安德等提到的“结果状态”,因此也无须证明完成态是表达静止状态的语法结构。王晨(2020d)提出了两条证据以证明这种强调结构的分析。首先,米特沃赫(Mittwoch, 2008)指出,完成态在没有特殊语境的支持下一般无法与方式和地点副词共现。这与一般过去时明显不同,如(18—19)所示。唯一例外的情况就是地点词实为谓词结构要求的论元,如(20)所示。

(18) a. John closed the window quickly.

b. John has closed the window (?? quickly).

(19) a. John peeled three potatoes in the garden.

b. John has peeled three potatoes (?? in the garden).

(20) John has put three potatoes in the bucket.

(Mittwoch, 2008: 329 - 330)

王晨(2020d)认为,只有当 have 是一个焦点算子时,(18 - 19)中的对比才可以得到解释,因为此时副词修饰语要么是焦点,要么是背景。若副词处于焦点地位,则句子强调事件是以当下所示的方式(或是在给定的地点)完成的。若副词处于背景地位,说明其提供的信息属于语境中默认已知的信息。所以无论是焦点还是背景,都需要一个特定语境的支持,才能使以特定方式/在特定地点完成事件具有意义。(20)没有问题是因为 in the bucket 并非副词修饰语,本就包含在事件必要的信息之内。

另一个证据是一句话中包含多个焦点算子时,英语完成态中可以观察到“焦点干涉效应”(focus intervention effect),如(21 - 22)所示。

(21) a. Every student watched a film.(辖域:$\forall>\exists$ 或 $\exists>\forall$)

b. Every student has watched a film.（辖域：$\forall > \exists$）

(22) a. Every student watched a film，namely Titanic.

b. Every student has watched a film，（# namely Titanic）.

（王晨，2020d：36）

焦点干涉效应要求焦点算子和其约束的短语之间不可以插入其他焦点算子(Beck，2006)。(21a)中一般过去时的句子可以有两种解读，这取决于全称量词和存在量词哪个辖域更宽。但在(21b)中的完成态句子中存在量词必须取窄域，这由(22a，b)中的对比可以看出。王晨(2020d)认为这是由于存在量词想要取宽域必须先通过(隐性)量词提升到达句法结构中高于全称量词的位置，再回头约束名词短语，但在完成态中助动词 have 作为焦点算子处于两者之间，会引发焦点干涉效应，使得句子不合法，如(23)所示。

(23) $[_{TP}\ \exists\ [_{TP}[_{Spec}$ Every student$]$ has_i $[_{FocP}$ t_i $[_{AspP}$ $Perf$ $[_{VP}$ watched $[_{DP}$ a film$]$ $]]]$

从句法角度看，如果完成态只是时体投射 AspP 的一种，势必无法解释上述两种用法限制产生的原因，因为在其他时体下这些限制并不存在。而从语义的角度看，无论是副词修饰语还是存在量词的宽域解读与一般意义上的“现时相关性”都没有任何冲突。所以过去对完成态的分析很难应对这些现象。而将完成态分析成强调结构下的完成体事件不仅解释了现时相关性的句法意义，也能更好地预测其用法与分布。

4 汉语双“了”结构的句法意义

汉语界对于“了”的研究多针对词尾“了”或句尾“了”之一，将两者并立的双“了”结构作为研究对象的比较少见。部分学者(如 Soh & Gao，2006：115)认为对于一个表达有界性事件的句子来说，双“了”结构与只有词尾“了”的句子语义上没有差别，因为此时两种“了”都表示“完成”。然而，事实却并非如此。部分语境中双“了”结构是必要的，如(24)中的场景。这与(16)中英语完成态的用法十分接近，也就是强调与当前话题相关。

(24) A：再吃点苹果吧。

B：我吃了三个了。/ # 我吃了三个。

(24)说明“现时相关性”的解读不仅仅是语用因素影响的结果,而且是语义上切实存在的差别。所以双“了”结构不同于独立使用的任何一种“了”,具有自身的句法语义功能。本研究认为,汉语中的双“了”结构在功能上接近英语里的完成态,两者都是强调事件已经结束,从而在语境背景下引发会话隐含义,产生现实相关性解读。两者最大的不同在于,英语完成态中 have 是与过去分词绑定的助动词,所以完成态绑定了完成体,而汉语中句尾“了”作为一个焦点标记可以兼容各种时体,所以不同时体下句子中都可以在一定程度上与现时相关性联系起来。参照(17)中完成态的组合式分析,本研究认为双“了”结构也具有类似的句法结构,如(25)所示。

(25) $[_{FocP}[_{AspP}$ *Perf*(完成体)$[_{vP}[_{AspQP}$(词尾)了 $[_{VP}]]]]$(句尾)了]

词尾“了”在(25)中本身是终结体短语 AspQP 的中心语,但在视点体短语 AspP 出现时可以通过一致性(Agree)与其核查,给予事件一个完成体解读。句尾“了”则是更高的焦点短语 FocP 的中心语,只不过如“吗”“吧”等句末小词一样,是中心语后置(head-final)结构,从而出现在句子末尾。从这一结构来看,词尾“了”的功能相当于英语中的过去分词形态,而句尾“了”相当于助动词 have,只是不与完成体绑定。

这一分析可以预测到双“了”结构会与完成态一般不兼容副词修饰语。如(26)中如果在句末加上一个“了”就不太好接受。此时句子虽非完全不可理解,但总需要一些特殊语境使得“飞快地关”和“在客厅里关”具有某种特殊意义。这与单独使用词尾“了”时不需要任何语境的情况完全不同。

(26) 张三飞快地/在客厅里关上了窗户(?? 了)。

同时,汉语中同样有焦点干涉效应(Li & Law, 2016)。作为典型的 wh-原位语言,汉语里特殊疑问句本不需要将疑问词提前,但在(27a)中,当主语被焦点算子“只有”约束时,疑问词“什么”留在原位便不合法,必须向(27b)中一样提升到高位。一般认为这是由于一般情况下疑问词虽然看似留在原位,但实际还是经历了隐性提升,再回头约束自己原位的语迹。但当主语位有另外的算子时,这种长距离约束关系就会被干扰,必须通过显性移位让疑问词直接占据高位。

(27) a. *只有张三买了什么东西?

b. 什么东西只有张三买了?

如果本研究的分析正确,那么应该可以预见到双“了”结构在包含多个算子时同样会如(21b)中的完成态一样表现出焦点干涉效应。这可由(28a,b)作证。

(28) a. 每个学生都看了一部电影。(辖域：∀＞∃ 或 ∃＞∀)
b. 每个学生都看了一部电影了。(辖域：∀＞∃)

黄正德(Huang, 1982)曾认为汉语与英语不同，(28a)这类句子并无歧义。但很多学者都不支持这一观点(Aoun & Li, 1993；蒋严，1998；蒋严、潘海华，2005 等)。林若望(Lin, 1998)支持这一说法，但认为恰当的例子应如(29)所示。

(29) 每一本书都有一个人没买。(Lin, 1998：239)

然而本研究认为(29)这类句子中“每一本书”并非主语，而是话题短语，因此始终占据最宽的辖域。(28a)中存在量词可以通过提升获得高于全程量词的辖域，但在(29)中却不行，因为量词提升的落点也无法高过话题短语。因此(29)并非合理的反例。实际上，多算子下的歧义解读在(30a)这类句子中更加明显。

(30) a. 两个学生看了三部电影。(三部或六部电影)
b. 两个学生看了三部电影了。(六部电影)

(30a)中，可以是两个学生共看了三部电影，也可以是各看了三部，共六部电影。但(30b)中加上了句尾“了”，就只能是各看了三部，因为“三部电影”取宽域的解读需要量词提升，此时被句尾“了”干扰了。

不过，汉语 wh-原位的特性也使得双“了”结构在疑问句表现上与英语完成态有所不同。例如，双“了”结构在特殊疑问句中不太容易接受，而完成态不受此限制，如(31a,b)。

(31) a. 张三买了什么东西(？了)？
b. What has John bought?

(31a)带句尾“了”并非完全不可接受，但多数时候需要一个语境，如：已知张三有一些东西需要购买，问张三究竟买了其中哪些。不过，这一解读跟(31b)中的英语完成态并不完全相同，对应的疑问词应该是 which 而非 what。与 what 不同，which 的使用总是预设了一个确定的已知范围，与语境信息高度相关，因此被称作 D-link 短语(Pesetsky, 1987)。D-link 短语与普通的 wh 疑问词在句法表现上有所不同，比如可以无视优先效应(Superiority effect)，如(32a,b)所示。

(32) a. *What did who buy?

b. Which book did which person buy?

(Pesetsky, 2000: 23)

(32)意味着 D-link 短语并不遵循普通 wh 疑问词的移位原则。本研究认为(31a)中的疑问词只有作为 D-link 短语解读时才可接受,是因为普通 wh 疑问词受到了焦点干涉效应影响:汉语中 wh 疑问词可以看作受到句首 CP 中心语位置的[+Q]特征约束,因此当句尾“了”出现时就会干扰这种约束关系,如(33a)所示(vP 内部细节暂时忽略)。而英语完成态不受此限制是因为 wh 疑问词已经通过显性移位到达了[Spec, CP],与[+Q]之间的关系不会受到 have 的干扰,如(33b)。

(33) a.

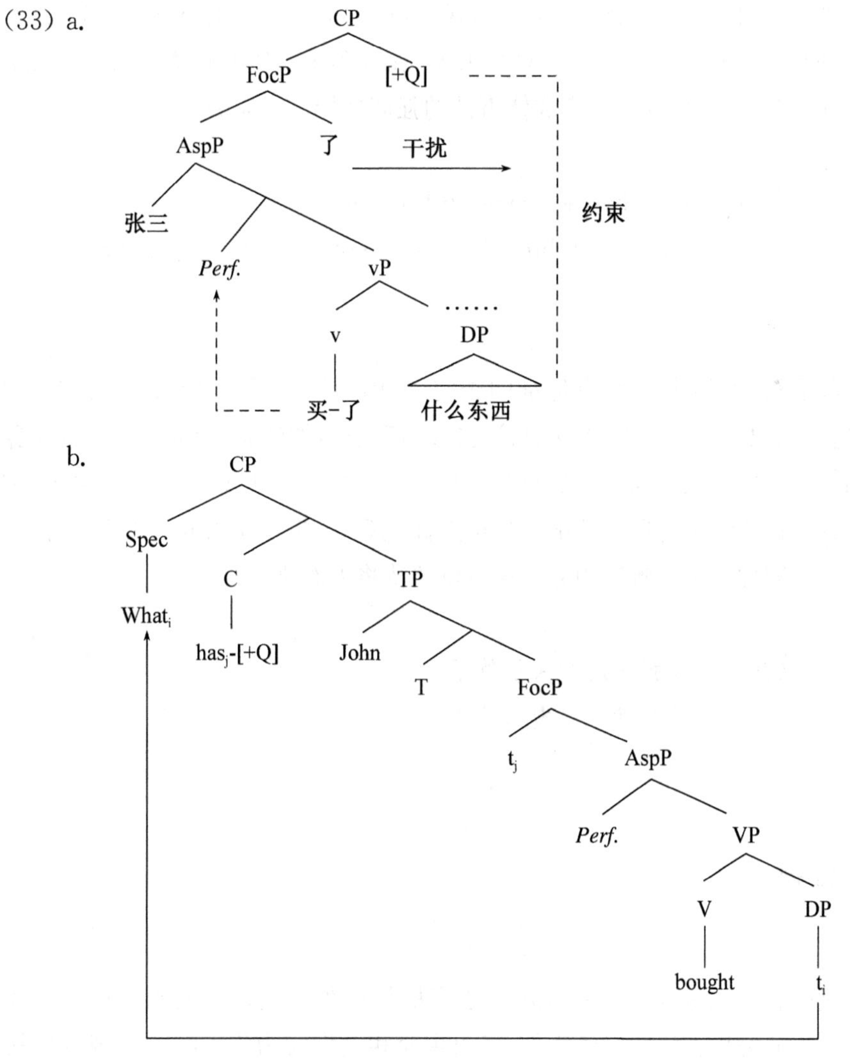

不过，与(31a)的情况不同，双“了”结构可以很好地兼容一般疑问句，如(34a)所示。本研究认为这是由于一般疑问句只包含一个 CP 中心语位置的特殊算子，这个算子在汉语中一般表现为语气词“吗”，且不约束句子内任何 wh 疑问词或者说其只约束一个初始合并在[Spec, CP]的隐性疑问词 whether(Radford, 2009; 王晨、刘伟, 2014 等)。如此一来句尾“了”就不会形成干扰，如(34b)所示。

(34) a. 张三打碎了那个杯子了吗？

b. [$_{CP}$[$_{FocP}$[$_{AspP}$张三 *Perf* [$_{vP}$打碎了那个杯子]] 了] 吗]

另一个重要的汉英差别是否定式。英语完成态的否定式中 not 位于助动词 have 之后，如(35a)所示。这表面上看似乎影响了本研究 have 强调事件完成的基本假设。但本研究采用阿杰(Adger, 2003)的观点，认为 not 所在的 NegP 在句法结构中本在 have 所处的 FocP/AuxP 之上，只是 have 提升到了 TP 中心语位置后才出现在其后。因此 not 不会干扰 FocP 对完成体事件的强调功能，如(35b)。

(35) a. John has not come to London.

b. [$_{TP}$ [$_{Spec}$ John] *has$_i$* [$_{NegP}$ not [$_{FocP}$ t$_i$ [$_{AspP}$ *Perf* [$_{VP}$ come to London]]]]

汉语双“了”结构却没有标准的否定式，因为词尾“了”结构的否定式需要借助“没有”这一标记，而句尾“了”无法直接与“没有”共现，如(36a)所示。不过金立鑫(2005)指出当时段词出现在动词前的焦点位置时句尾“了”实际可以与“没有”共现，如(36b)所示。这间接佐证了句尾“了”本身是焦点标记观点，也预示着句尾“了”不兼容“没有”的原因可能同样与焦点解读相关。这一点留待将来的研究讨论。

(36) a. *张三没有来伦敦了。

b. 张三两年没有来伦敦了。

5 结语

现时相关性是常见于多种语言的语法功能，但其具体定义和句法机制却往往模糊不清。本研究以英语和汉语为例，提出现时相关性实为焦点结构的观点。其灵活的解读来源于强调事件已完成这一事实在不同语境下引发的会话隐含义。这一观点决定了现时相关性在句法上应该由一个组合式的二元模型实现。模型二元中一为焦点标记,二为完成时体。这在英语中表现为助动词 have 和过去分词组成的完成态,而在汉语中表现为同时包含词尾“了”和句尾“了”的双“了”结构。完成态和双“了”结构在句法上具有很多相似的表现,如不兼容状语修饰词、受焦点干涉效应影响等。这说明以焦点标记和完成时体表达现时相关性这一概念是一种跨语言的共通手段,或基于一种不同语言共有的认知机制。

参考文献

[1] Adger, D. 2003. *Core syntax: A Minimalist Approach*. Oxford: Oxford University Press.

[2] Aoun, J. & A. Li. 1993. *Syntax of Scope*. Cambridge, MA: the MIT Press.

[3] Beck, S. 2006. Intervention effects follow from focus interpretation. *Natural Language Semantics*, 14(1): 1-56.

[4] Comrie, B. 1976. *Aspect*. Cambridge: Cambridge University Press.

[5] Erlewine, M. 2017. Low sentence-final particles in Mandarin Chinese and the Final-over-Final Constraint. *Journal of East Asian Linguistics*, 26(1): 37-75.

[6] Huang, C-T. 1982. Logical relations of Chinese and the theory of grammar. Doctoral dissertation, MIT.

[7] Huang, C-T., Y-H. Li & Y-F. Li. 2009. *The Syntax of Chinese*. Cambridge: Cambridge University Press.

[8] Katz, G. 2003. On the stativity of the English perfect. In A. Alexiadou, M. Rathert, and A. von Stechow (eds.), *Perfect Explorations*. Berlin: De Gruyter, 205-234.

[9] Levinson, S. 2000. *Presumptive Meanings: The theory of Generalized Conversational Implicature*. Cambridge, MA: MIT press.

[10] Li, C. N., & S. A. Thompson. 1981. *Mandarin Chinese: A Functional Reference Grammar*. Berkeley: University of California Press.

[11] Li, H. & H. Law. 2016. Alternatives in different dimensions: a case study of focus intervention. *Linguistics and Philosophy*, 39(3): 201-245.

[12] Lin, J.W. 1998. Distributivity in Chinese and its implications. *Natural language semantics*, 6(2): 201-243.

[13] Lin, J-W. 2003. Temporal reference in mandarin Chinese. *Journal of East Asian Linguistics*, 12(3): 259-311.

[14] Lindstedt, J. 2000. The perfect-aspectual, temporal and evidential. In O. Dahl (ed.), *Tense and Aspect in the Languages of Europe*. Berlin: De Gruyter, 365-384.

[15] McCoard, R. 1978. *The English Perfect: Tense Choice and Pragmatic Inferences*. Elsevier

Science Ltd.

[16] Mittwoch, A. 2008. The English resultative perfect and its relationship to the experiential perfect and the simple past tense. *Linguistics and philosophy*, 31(3): 323 - 351.

[17] Moens, M. 1987. Tense, Aspect and Temporal Reference. Doctoral Dissertation, University of Edinburg.

[18] Parsons, T. 1990. *Events in the Semantics of English: A Study in Subatomic Semantics*. Cambridge, MA: the MIT Press.

[19] Pesetsky, D. 1987. Wh-in-Situ: movement and unselective binding. In Eric J. Reuland & Alice G. B. ter Meulen (eds), *The Representation of (In)definiteness*. Cambridge, MA: the MIT Press, 98 - 129.

[20] Pesetsky, D. 2000. *Phrasal Movement and its Kin*. Cambridge, MA: the MIT Press.

[21] Radford, A. 2009. *Analysing English Sentences: A Minimalist Approach*. Cambridge: Cambridge University Press.

[22] Ramchand, G. 2018. *Situations and Syntactic Structures Rethinking Auxiliaries and Order in English*. Cambridge, MA: the MIT Press.

[23] Smith, C. S. 1997. *The Parameter of Aspect (second edition)*. Dordrecht: Kluwer.

[24] Soh, H. L. 2009. Speaker presupposition and Mandarin Chinese sentence-final-le: a unified analysis of the "change of state" and the "contrary to expectation" reading. *Natural Language & Linguistic Theory*, 27(3): 623 - 657.

[25] Soh, H.L. & M. Gao. 2006. Perfective aspect and transition in Mandarin Chinese: An analysis of double-le sentences. In P. Denis, E. McCready, A. Palmer and B. Reese (eds.), *Proceedings of 2004 Texas Linguistics Society Conference: Issues at the Semantics-Pragmatics Interface*. Somerville, MA.: Cascadilla Press, 107 - 122.

[26] Sybesma, R., 1999. *The Mandarin VP*. Dordrecht: Kluwer.

[27] Zhang, N. 2000. The reference time of tense and the Chinese sentence-final Le. Unpublished Manuscript. Available at http://www. ccunix. ccu. edu. tw/~lngnz/index. files/2000%20Reference%20time. pdf.

[28] 蒋严，1998. 语用推理与“都”的句法语义特征. 现代外语，(1)：10 - 24.

[29] 蒋严，潘海华，2005. 形式语义学引论. 北京：中国社会科学出版社.

[30] 金立鑫，2003. “s 了”的时体意义及其句法条件. 语言教学与研究，(2)：38 - 48.

[31] 金立鑫，2005. “没”和“了”共现的句法条件. 汉语学习，(1)：25 - 27.

[32] 金立鑫，于秀金，2013. “就/才”句法结构与“了”的兼容性问题. 汉语学习，(3)：3 - 14.

[33] 林若望，2017. 再论词尾“了”的时体意义. 中国语文，(1)：3 - 21，126.

[34] 刘勋宁，2002. 现代汉语句尾“了”的语法意义及其解说. 世界汉语教学，16(3)：70 - 79，3 - 4.

[35] 王晨，2018. 论汉语词尾“了”的双重标记功能. 语言学研究，(25)：122 - 136.

[36] 王晨，2020a. 跨语言视角下动词复制结构的句法推导. 外语教学与研究，52(3)：372 - 384，480.

[37] 王晨，2020b. 再论“了 3”的句法语义功能. 对外汉语研究，(21)：26 - 37.

[38] 王晨,2020c.基于伪名词合并的完整体句尾“了”的分析.对外汉语研究,(22):36-52.
[39] 王晨,2020d.英语完成态中的焦点干涉效应.西安外国语大学学报,28(1):33-37.
[40] 王晨,2022.事件之“量”与状态之“量”.解放军外国语学院学报,45(5):27-35.
[41] 王晨,2023.非完整体“了”与程度量化.语言科学,22(1):17-26.
[42] 王晨,刘伟,2014.最简方案框架下汉语完成体标记“了”的研究.语言科学,13(4):355-368.
[43] 张翼,2006.语法=用法?:2003 年和 2005 年美国语言学会主席演讲.当代语言学,8(2):156-164.

历史仪式礼貌视域下晚清奏折道歉语研究*

河南科技大学　卢加伟　孙莉雯**

摘　要：本研究以曾国藩的奏折为语料，基于 Kádár 的仪式礼貌理论，从历史语用学视角探究晚清奏疏道歉言语行为的仪式化表达、语用策略及权利义务关系内涵。研究发现，晚清臣子以固定的体例和词句实现仪式框架下的规约道歉表达，或在直接向皇帝道歉的同时，基于直陈过失、自我贬损和情感抒发等策略，使用直接道歉、维护面子等手段实现非规约性表达。晚清道歉语具备等级性、目的性和责任性的特征。利用这两种仪式化言语表达方式，晚清道歉语作用于仪式群体道德秩序的感知与修复，构建君臣间道德秩序。本研究丰富了历史仪式礼貌的语料范围，同时为从语言学角度探讨晚清君臣关系提供了佐证。

关键词：历史语用学；历史仪式礼貌；道歉语；奏折；晚清

Title: Apologies in Memorials to the Throne in the Late Qing Dynasty—A Ritual Theory-based Inquiry

Abstract: Based on Daniel Kádár's theory of ritual politeness, this study explores the ritualized expressions, pragmatic strategies and the connotation of the relationship between rights and obligations in the late Qing Dynasty's memorials to the throne from the perspective of historical pragmatics. It is found that in the late Qing Dynasty, ministers used fixed sentence patterns and words to realize conventional apologies under the framework of the ritual; or they used direct apologies, face saving strategies and other means to realize unconventional expressions based on the

* 本研究为国家社科基金后期资助项目"话语语用学范式下二语会话语用非流利研究"(17FYY022)的阶段性成果。

** **作者简介**：卢加伟，博士，副教授。主要研究方向为语用学理论与实践、外语教学。联系方式：lugavin@163.com。孙莉雯，硕士研究生，主要研究方向为语用学理论与实践。联系方式：harrys_ginny@163.com。

strategies of indicating mistakes, self-derogation and expressing feelings. Apologies in the late Qing Dynasty are characterized by hierarchy, purpose and responsibility. Taking advantages of these two forms of ritualized speech acts, apologies in the late Qing Dynasty played a role in the perception and repair of the moral order of the ritual groups, and constructed the moral order between the emperor and his ministers. This study has enriched the corpus range of historical ritual politeness and provided evidence for discussing the relationship between emperor and ministers in the late Qing Dynasty from the linguistic perspective.

Key Words: Historical Pragmatics; Historical Ritual Politeness; Apology; Memorials to the Throne; the Late Qing Dynasty

1 引言

自 1985 年 Stein 首次提出"历史语用学"这一概念并倡导该领域的研究之后，经过近 40 年的发展，它"已从语用学的边缘学科发展为中心学科"(Taavitsainen & Jucker, 2010:4)。历史语用学认为历史文本中的言语互动是当时生活情境的真实反映(Jacobs & Jucker, 1995: 7)，它从历史视角观察古人的人际交往方式，以历史文本为载体，关注语言形式、功能、语境之间的互动和制约关系，探讨其历史更替的特征与规律(钟茜韵、陈新仁, 2014)。近年来，历史语用学的研究不断深入，历史(不)礼貌已成为其中备受关注的一大核心研究领域。历史(不)礼貌将礼貌的表现方式置于历史背景中，旨在研究历史语境下(不)礼貌的描述和比较分析，以及对历史礼貌理论和框架的修改或创建。加强对历史文本，尤其是奏折等具有特殊历史背景、体现社会性质的国家公文研究，有助于考察和总结汉语言语行为的实施方式和变化发展，进一步挖掘汉语和汉语言文化区别于其他语种和文化的特征(钟茜韵、陈新仁, 2014: 25)。基于此，本研究拟采用历史仪式礼貌的理论框架，选取晚清重臣曾国藩上书皇帝奏折中的道歉语为语料，探讨以下几点：1) 晚清奏疏道歉言语行为仪式化表达；2) 晚清奏疏道歉言语行为的仪式化语用策略；3) 道歉言语行为与权利、义务之间的关系。

2 文献综述

2.1 道歉语

道歉是日常交际中常用的、威胁面子的一种言语行为(Brown & Levinson, 1978),属于表述类言语行为的一种,是说话人表达心理状态或情感态度的形式(Searle, 1979)。戈夫曼(Goffman, 1971)将道歉定义为补救性交流(remedial interchange),是发生冲突后恢复社会和谐的手段。他认为承担责任、表示懊悔、请求原谅是道歉的三个主要功能。而利奇(Leech, 1983)把重点聚焦于说话人,提出了道歉言语行为损害说话人利益的观点。道歉言语行为通常表现为程式化语言。多伊奇曼(Deutschmann, 2003)从句法结构总结出道歉语的三个表现形式为"省略式道歉"、"'道歉'+标记语"以及"'道歉'+其他成分"。李军(2007)聚焦汉语道歉行为的话语模式,提出因用意侧重而使用不同功能形式的道歉语的观点,例如侧重于抒发自身歉意时通常使用"对不起,抱歉,不好意思"等,请求对方宽恕自己的错误时习惯性加上"海涵""谅解""多担待"等,而用赔罪的方式弥补过失时则会选择"谢罪""请罪""赔不是"等词语。曹湘洪(2009)在研究汉语书信启辞的过程中认为道歉语主要由显性式和隐性式两种形式,即直接或间接地进行表达,且显性式道歉语的使用频率远多于隐性式表达。

此外,道歉的语用策略一直是学者们讨论的重点之一。弗雷泽(Fraser, 1981)最先认为道歉策略有十种,其中宣布道歉、要求听话者接受道歉等四种直接道歉形式,而另外的表示遗憾、请求原谅、承认责任、保证克制、提供补救等策略在组合使用后也有道歉的含义;霍姆斯(Holmes, 1990)指出道歉分为四种类型,即显性表达、承认责任、解释和保证克制。虽然这些人的研究详尽细致,但是他们的研究语料均为英语,具有一定局限性。李军(2007)将汉语作为研究语料,认为汉语道歉言语行为由使用专门道歉词语、承担错误和补救措施的必有手段和陈述道歉事实、不利行为的原因解释和使用呼唤语的辅助手段组成,通过单独使用或进行组合的方式表达说话人的歉意。蓝纯、赵韵(2010)选取《红楼梦》为语料,将道歉人群用社会等级分成两类,一类是丫鬟奴仆,另一类是贾母、贾琏、王熙凤等贾府主人,通过他们道歉时不同的词句选择和肢体表达探究跨等级道歉行为。在研究道歉语用策略的众多论文中,使用言外之力指示手段划分道歉类别也是一大重要方法(Deutschmann, 2003; 刘风光 2016; Lutzky & Kehoe, 2017; 袁周敏,2022 等)。值得注意的是,袁周敏(2022)从以言行事指示手段出发,参考康达(Kádár)仪式规程理论从程式性和仪式性研究政务道歉的语用功能,对政务语言能力建设提供了启示。

综上,国内外学者从人际关系视角对道歉言语行为进行了卓有成效的研究(Olshtain, 1989; 黄永红, 2001;刘思、刘润清, 2005;Harris, 2006; Kampf, 2009; 胡春雨, 2022等),丰富了道歉言语行为的表达方式,拓宽了研究视角。但大部分为外语语料,仅有的几项现代汉语范畴下的道歉语研究较少涉及历史文本语料。因此,从历史语用学角度研究汉语道歉语言行为的仪式特征,可以进一步拓宽历史仪式礼貌研究的语料范围,同时为从语言学角度探讨晚清君臣关系提供佐证。

2.2 历史仪式礼貌

仪式是人类活动发展的产物,是文化现象的载体和表现形式。康达(Kádár, 2021)将仪式定义为礼仪和宗教实践,从语用学的角度来看,仪式也包括一系列面向公共、被规约化的现象。仪式的社会化性质认为仪式的存在可以建立并加强人际关系,增进联系,缓解冲突,甚至传递文化间或群体间的意识形态(Kádár, 2013)。在此之前,戈夫曼(Goffman, 1967)曾将仪式与礼貌原则结合,用仪式来代指所有涉及面子成分的人际互动。康达(Kádár, 2017)结合仪式与礼貌研究,用仪式来检验礼貌理论,发现在礼貌领域内,仪式的界限是通过与规约化的比较来进行描述的。也就是说,仪式构建道德秩序并进行维护和延续,而礼貌存在于仪式行为中,既是一种具有互动性质的行为化现象,也是一种由仪式的交互行为引发的论断。

近几年,国内外对历史仪式礼貌的研究日益增多。康达(Kádár, 2019)以清朝绍兴师爷龚未斋的私人书信合集《雪宏轩尺牍》为语料,研究中国历史书信中的语言形式,发现其中的语言运用具有强烈的仪式特点倾向。中国的历史书信是特定社会文化背景下人际交往互动的产物。文人通过仪式性的言语行为展示自己的书信才能,由此触发强烈的仪式礼貌。宋玉龙(2020)从不礼貌角度研究《左传》谏政辞的语用特征和语用理据。研究发现,在仪式规程中,仪式参与者遵守特定道德秩序会产生具有冲突性质的话语,这是规约化表达的结果。周小渟(2021)将仪式分为规约化表达和非规约化表达两种形式,指出历史仪式礼貌视角下的言语行为是封建统治权力的构建工具,具有层级性、功能性和互动性的特点。康达(Kádár)的历史仪式框架自从提出后就受到了学术界的广泛关注,历史仪式礼貌的研究也正逐年增多,但从整体数量来看仍然偏少。并且宋玉龙(2020)与周小渟(2021)在康达(Kádár)的仪式框架下所研究的谏政辞和恭维语均为正向言语行为,其言语行为发出的前提都是对听话者有益。由此可以看出,历史仪式礼貌的语料研究对象缺乏以损坏听话者为前提的历史文本。道歉言语行为是指说话人做出损坏对方利益的行为后发出的弥补性措施,将与之前损益关系不同的历史文本作为语料有利于丰富历史仪式框架的研究对象,拓宽历史仪式礼貌的研究范围,促进历史仪式相关理论研究的发展。

3 语料及分析框架

3.1 语料

本研究以晚清重臣曾国藩的奏折为分析语料,共选取47个语篇。清朝的奏折制度作为文书制度,"为加强清廷的集权专制提供了可靠的制度保证"(孙千惠,2021)。奏折是政治话语的体现形式,是大臣与皇帝进行沟通的一条重要渠道。大臣利用奏折实现政治抱负,皇帝通过奏折了解国内要事,维系君臣情感。因为皇权至高无上的特殊性,大臣会因等级差异对皇帝进行自省并谢罪,涉及道歉语的出现。本研究从"形式—功能"的研究路径出发,对曾国藩奏折中的道歉语进行识别与分类,分析和挖掘其道歉语的表现形式和语用功能。

3.2 分析框架

道歉言语行为是发话者与听话者双方共同理解的过程。在封建极权统治的晚清背景下,大臣为了避免表达不当而引起皇帝的猜忌或怒火,往往会选择直接有效的道歉方式。塞尔(Searle, 1969)将适切条件(felicity conditions),即命题条件、准备条件、真诚条件和根本条件当作实现命题内容真实性、判定言语行为有效性的必要手段。根据Searle的理论,晚清道歉言语行为所要满足的命题条件是指大臣为自己的过错向皇帝表达歉意;准备条件是指大臣具有道歉的立场,即在道歉行为发出前,大臣做出了损害皇帝的利益或积极面子的错误行为;真诚条件是指大臣怀有愧疚悔恨的心理,道歉态度诚恳;根本条件是指大臣希望自己的话语被看作道歉语,并且希望自己的道歉意图被皇帝感受到。

奏折中的道歉语,因其出现在公文中,具有一定的仪式性特征。仪式是一种"形式化的、重复出现的行为(a formalized and recurrent act)",当涉及语用关系时,也包含了一系列的群体导向和规约化的现象。根据康达(Kádár, 2017)提出的(不)礼貌视角下的仪式规程,仪式发生在标准的场景中,具有以下三个特点:(1)仪式参与者的位置凸显,带有一定语用色彩;(2)仪式具有反复性;(3)仪式的实现方式与特定的角色有关联(Kádár, 2021)。仪式参与者具有明确的权利与义务的关系是仪式和其他活动不同的根本原因。而奏折发生在特定的仪式情境中,是皇帝与大臣沟通交流的书面材料,具有严格的等级性特征。在道歉的仪式框架内,皇帝与臣子皆为仪式的参与者,臣子为发话者,皇帝为听话者。臣子使用道歉语表达自己的歉意和悔恨之心时,为了表达对皇帝的尊敬之情,需要在语言使用上遵守特定的道德规范,形成特有的表现形式。

首先，道歉是大臣书写奏折时常见的一种消解矛盾的言语行为方式，大臣通过道歉免于处罚，具有强烈的语用效力。其次，道歉是反复出现于奏折中的一种行为，通过道歉，大臣维护皇帝的面子，缓解两者关系，引导君臣互动。最后，由于封建社会君臣社会地位的不对等，大臣是道歉行为的发出者，且遵循古代“礼”的秩序规范，具有特殊的时代烙印。因此，本研究基于仪式的重复性及程式化特征，聚焦道歉言语行为，展示群体仪式道德的感知与修复，并体现仪式群体内部的权利与义务关系。

4 历史仪式礼貌视角下晚清道歉语研究

4.1 历史仪式礼貌视角下道歉语的实现形式

首先，道歉言语行为的表达大多体现在一些侧重于道歉情感抒发的动词使用上，比如“憾”“疚”等，这些词本身就有道歉的含义，多使用于因为自身过错损害他人的场合，在奏折中也多是大臣表达自己的愧疚心理。而“愧”有惭愧之意，较多体现出大臣为自己的能力或是表现不足等情况而向皇帝道歉(李军，2007)。这些词语是自身歉意的表达，能让皇帝感受到臣子表示歉意，希望得到谅解的心理，是仪式化规约道歉语的重要实现形式。

(1) 愧涓埃之莫报，实兢惕之弥深。

(2) 惟广东厘金一款，臣为拯贫之策，几蹈专利之名，私衷耿耿，如负重疚。

(3) 愧臣兄弟谬当重任，深恐上辜君恩，下负民望，遂陷于大戾而不自知。

(4) 臣愧无知人之明，无储才之素，私衷耿耿，抱疚良深，仰蒙圣慈垂询，不敢不据实上陈。

由于古代公文具有森严的等级性特点(胡元德，2012)，君臣政治身份不对等，臣子为了化解矛盾则会采用更加强烈直接的方式进行道歉。这几条例句中均有“愧”“疚”等道歉词的出现，直接显然地表达出说话人的道歉用意。奏折中道歉言语行为成立的条件是臣子做出了有损皇帝利益的事情，而从例句(1)、(3)、(4)中可以看出曾国藩所为道歉之事——“愧涓埃之莫报”“兄弟谬当重任”“无知人之明”皆存在一定的主观判断。曾国藩身为晚清重臣，学识渊博忠心耿耿，并非如他自己所说那样不堪。他在某种程度上夸大自己所犯之事，并且大量使用直抒胸臆的道歉词语，目的是让自己更加真诚地表达歉意，以达到皇帝减轻怒气、宽恕自己的效果。

其次，道歉言语行为也多使用承担错误或赔罪类表达，如“罪”“咎”“负”等。“罪”有请罪之意，"负"也包括辜负、违背的含义，这些词主要用于严重损害他人利益或者冒犯他人面子的场合(李军，2007)。臣子犯下了重大的过错，通过奏折承担错误，并将责任归到自己身上，以减少皇帝的不满心理，也具有一定的仪式化规约性。

(5) 不料老巢既破，而饷绌若此；皆臣经理不善之咎。

(6) 兼此三端，实乏良策，臣等调度乖方，上负皇上委任之意，下负苍生企望之情，终夜以思，不觉泣下。

君权是封建王朝国家治理的基础。帝王，作为国家绝对的权威，对国家内的大小事务拥有绝对的统治权和话语权，因此也有"君要臣死，臣不得不死"的说法。绝对服从是君臣之间关系的黏合剂，这也意味着臣子的低下姿态在一定程度上也会取悦皇帝。例(5)和例(6)中，曾国藩将一切责任揽在自己身上——"皆臣之咎""上负皇上""下负苍生"，毕恭毕敬谦卑之意自然流露。他使用"咎""负""罪"等道歉语力较深的词表达歉意，更容易被听话者感知与接纳，通过以赔罪来弥补自己过失的方式减少皇帝心中的不悦之情，得以谅解。

最后，道歉言语行为的表达还可以体现在句法层面。据统计，晚清奏折道歉语的句法结构主要分为"道歉词＋否定词"、"道歉词＋称呼语"以及"道歉词＋其他成分"三种。从形式和数量上看，曾国藩的道歉言语行为大致遵从道歉词与所要道歉的内容相加的方式进行表述，且"道歉词＋否定词"的道歉形式出现频率较高。"道歉词＋否定词"，如例(4)和例(5)的使用表明道歉行为的产生，而否定词的使用既是对犯错之事的原因解释，也是将自己摆在卑微低下的位置，试图用极负真诚语力的行为引起处于高位的皇帝感知与怜悯自己，得到宽恕。"道歉词＋称呼语"，如例(6)的道歉形式则更为直观地表达臣子内心的愧疚之情，并且这种道歉形式中通常使用"负"这种带有"罪"这一特性的道歉词语，因此也有求皇帝恕罪的含义在。除此以外，还有"道歉词＋其他成分"，如例(2)这样的道歉言语行为，虽然没有固定成分的书写，但是道歉词语的出现仍然说明大臣直观表达歉意，希望皇帝感知的愿望。这样固定句式的道歉手段方式既直接坦诚，又体现出皇权威严下封建教条的约束和严明的等级秩序。

然而，晚清奏折道歉语的表达形式与现代汉语略有不同。李军(2007)、曹湘洪(2009)等在研究现代汉语文化中指出补救措施也是说话者表达歉意的手段之一，主要从承诺改正和提供补偿两个方面构建话语形式，但是从曾国藩的奏折中却很难找到这样的话语表达。蓝纯、赵韵(2010)探究《红楼梦》跨等级道歉时认为古代下级向上级的道歉体现了道歉双方极度不平衡的社会地位与关系，即一方卑微被动，一方高高在上，掌握主动。君臣间悬殊的社会地位决定了臣子在道歉时必须全心全意表达自己的愧疚之情，其目的只是让皇帝感知。而做错事后改正的行为是皇帝下达的命令，也是皇帝宽恕的结果。封建制度的特别属性是晚清奏折道歉语言语行为不同于现代汉语的主要原因。

总的来说，从曾国藩的奏折中可以看出晚清大臣与皇帝之间清晰严明的等级差距。直接明了的道歉语的出现和具有一定程式的道歉言语行为表达都说明大臣做错事后承认错误的迫切心情和对皇帝的尊重态度。因此臣子往往选择采用最为直接的道歉语表达自己的悔恨心理，以此博得皇帝的怜悯与宽恕，维护自己的权利与义务。

4.2 历史仪式礼貌视角下道歉语的语用策略

由于封建帝制的特殊性，大臣和皇帝作为道歉行为主体的发话人和听话人在身份地位上截然不同。皇帝掌握大臣的生杀大权，大臣以仰视和谦卑的姿态向皇帝道歉，二者关系天然对立。奏折是皇帝了解大臣处事动机的一种方式，因此，大臣在上书向皇帝致歉时会使用不同的语用策略维护皇帝的积极面子，缓和紧张的对立气氛，消除错误行为带来的不良后果。研究发现，曾国藩奏折中道歉语的语用策略可以被大致分为“直陈过失”“自我贬损”“情感抒发”三种类型。

4.2.1 直陈过失

直陈过失策略是指通过直接使用道歉相关的词语向皇帝传达自己的愧疚之情，而道歉的语料分为“已经发生”和“还未发生”两种类型。

(7) 臣于六月二十八日验明洪逆正身，即行戮尸焚化，未将首级留传各省，是臣识见不到之咎。(已经发生)

曾国藩同治三年(公元 1864 年)接到谕旨，选派官员押解太平天国逆首李秀成、洪仁达等人回京斩首。李秀成、洪仁达等人因长期蛊惑百姓，深得民心，在抵达京城后被快速斩首。曾国藩命人焚烧尸体后的第二天接到了同治帝的谕旨，将逆党的头颅各地示众，以雪前期妖言惑众，令皇室蒙羞之耻。没有留下逆党头颅的错误行为已经发生，于是曾国藩向皇帝道歉，承担过失，即“是臣识见不到之咎”，“咎”即错误也。他态度坦然诚恳，用道歉语积极承认自己的错误，希望皇帝理解自己的愧疚之情并谅解自己。

(8) 国以民为本，百姓之颠连困苦，苟有纤毫不得上达，皆臣等之咎也。(还未发生)

反馈社会状况，人民生活水平，自古以来都是奏折涉及的一个重要方面。此奏折写于咸丰元年(公元 1851 年)。咸丰皇帝依靠奏折了解民生，但有些大臣深知他爱听赞美之词，便对皇帝隐恶扬善，极力阿谀奉承。曾国藩在这道奏折中向皇帝汇报了时下民间三大重要问题,其间言辞犀利,直击要害。曾国藩认为自己尚未实施的行为,即"纤毫不得上达"表明自己未尽到作为大臣该尽的责任或义务,这是他工作失职之处,因此他用"皆臣等之咎也"直接向皇帝请罪致歉。"苟"有如果的意思,代表着他要道歉的事情并未发生,但在假设的语境中他做出了错误行为,为了表示自己的恭敬之心他仍然为此道歉。曾国藩在奏折中的这句道歉语缓和了奏折前边营造的紧张氛围,也表达出他希望平息皇帝怒火的迫切心情,并在冒犯皇帝威严后重建君臣间的和谐关系。

4.2.2 自我贬损

自我贬损策略是指通过贬低自己的能力和才干,以此抬高皇帝的品行道德与威严地位,借此向皇帝谢罪。

(9) 愧屡沐夫鸿施,曾无坠露轻尘之报。

本例句出自曾国藩的第一道奏折。道光二十三年(公元 1843 年),曾国藩被皇帝赏识,任命为四川省的乡考正考官。曾国藩感恩于皇帝的提拔,便写下了这道奏折。"愧"本意惭愧,是曾国藩因"无坠露轻尘之报"的错误而对皇帝表达自己歉意的道歉方式。随后他又写道"惟勉勤乎蛾术,益凛临深履薄之思",提出补救性措施也是为了让皇帝原谅自己的错误。曾国藩作为因科考成绩优异而被皇帝任命的翰林院侍讲,能力与才华自然出众。但是本例句中,他放低姿态,用"坠露轻尘"这样轻廉的词语形容自己的才干,和皇帝的"鸿施"形成鲜明对比,因为"道歉就是使听话人受益,说话人受损,从而达到损益平衡的言语行为"(王梅, 2010)。曾国藩此举维护了皇帝的积极面子,体现了皇家的天恩浩荡。

(10) 遽承恩诏移抚鄂疆,荷宠命之迭颁,愧涓埃之未答,门庭太盛,惕励弥深。

道歉言语行为既有维护他人积极面子的作用,另一方面也是传达说话人感情色彩和心理活动的社会行为。本句道歉语出自《曾国荃调补鄂抚并负剿捻新命恭谢天恩折》,是曾国藩为了感谢同治皇帝给他及弟弟曾国荃二人调任职务的奏折。"愧涓埃之未答"指的是愧疚于没有用点滴的功劳报答朝廷给自己的托付,是曾国藩的自谦自贬说法。"愧"是道歉语的表述方式,表达曾国藩内心因"涓埃之未答"而产生的愧疚心理,随后他禀告同治皇帝自己将会以更加谦逊的态度对待政事,不生骄纵心理。曾国藩希望皇帝看到他的忠诚和才能,但同时又对自己没能尽最大的努力做事感到惭愧,对皇帝的感激与惶恐之情交织在一起,自贬也是他复杂心理的真实写照。

4.2.3 情感抒发

情感抒发策略是指道歉者向受谦者用表明自身痛苦、悔恨等词语进行道歉。

(11) 臣愧愤之至，不特不能肃清下游江面，而且在本省屡次丧师失律，获罪甚重，无以对我君父。

曾国藩于咸丰四年(1854 年)前往岳州搜寻打击太平军余部，却因急于打胜仗立下战功而战败。在湘军水陆两军的将士们纷纷溃散逃窜之时，曾国藩恼羞于自己的能力弱小，无颜再见世人，自杀未遂后写下这道奏折向皇帝请罪。曾国藩用"愧愤"形容自己的心理，并且直接将惨烈的战况陈述于咸丰帝，"获罪甚重"则是直接向咸丰帝陈述自己的失职，承认自己犯下的错误。"无以对我君父"表达了他愤懑羞愧之情，并向北方九叩首，希望用自己的生命弥补犯下的过错，也希望皇帝能看到自己诚恳的态度，饶恕自己的家人。曾国藩用表明自身悔恨、痛苦类的词语抒发自己的歉意(李军，2007)，适当减轻了冒犯程度，有加强道歉语力的作用(Holmes，1990)。该奏折中还有另外三处道歉语，均是因为羞愧于战败而向皇帝道歉，态度真诚，道歉语力强。

值得关注的是，日常道歉中常用的"请求原谅"策略在奏折道歉语中并未出现，这与袁周敏(2022)对政务道歉的研究结果一致。他发现"请求谅解"类是政务道歉中使用最少的以言行事指示手段，并认为汉语文化注重关系的和谐，人际关系的紧张及对立常受到舆论谴责，请求公众的谅解很有可能使刚刚缓和的矛盾再一次激化。奏折亦是一种政治性话语，况且面对的是至高无上的皇帝，"请求原谅"类道歉"在他们自己的预期中很可能不被接受"(Kádár et al.，2018：27)。"在这种情况下，最好的方式便是向对方传递情感信息从而转移冲突的焦点，平息对方的情绪达到道歉的目的。"(袁周敏，2022：763)

4.3 历史仪式礼貌视域下晚清奏折道歉语权利与义务的关系内涵

权利与义务体系定义并组成了社会结构中个人和群体间合适的人际关系，而仪式作为在特定互动中激活权利与义务的互动工具，形成并维护道德秩序的运行与发展(Douglas，1999)。随着一系列如设立军机处和奏折制度等强化王权的制度措施的制定与实施，清朝君主专制达到顶峰。皇权的巩固削弱了臣子的政治性权利，另一方面增强了臣子的政治性义务(李昊，2011)。道歉作为政治生活中不可或缺的部分，是晚清大臣书写奏折时具有程式化和反复性的仪式化言语行为，其表达方式揭示出晚清奏折中特有的权利与义务关系内涵。

第一，晚清奏折道歉语体现等级性特征。中国古代自秦朝起是君主专制的中央集权国家，皇帝与大臣是上下位的关系。一方面，君臣间存在的天然等级差异使得臣子在所有场合都需要向皇帝展示绝对的尊敬。皇权下臣子进行道歉言语行为表述时使用的固定且谦卑的词句特征也说明了臣子基于身份应尽的义务和进行自我表达的权利。政治秩序上的礼貌规约体现出封建社会君臣之间森严的等级秩序。另一方面，皇帝拥有绝对统治权，赋予臣子权利，并在臣子没有付出相应义务时将权利收回，调整二者仪式关系。清朝晚期社会动荡不安，内忧外患，皇帝改革推新，大臣救国心切，二者矛盾摩擦增多。出于对君臣仪式关系的维护，大臣实施冒犯行为后积极承担义务，化解君臣矛盾，这表明晚清奏折道歉言语行为是缓解君臣关系、维护臣子权利义务的仪式化言语工具，也是皇权至上、君臣间显示等级特征的具体表现。

第二，晚清奏折道歉语体现目的性特征。奏折是大臣呈给皇帝的文书，是君臣之间维持和谐关系的纽带。道歉是臣子做出冒犯行为后进行补救的方式，旨在维护皇帝的面子，得到皇帝的谅解。古人遵循严格正式的礼教约束，大臣在面圣道歉时甚至需要长跪不起，以表内心的谦卑使得皇帝宽恕自己。在语言使用方面，为了让皇帝感受到自己的诚意与歉意，臣子使用自贬自嘲的语言策略甚至夸大他们犯下的错误程度，其主要目标是皇帝受益，因而体现目的性特征。李昊(2011)认为清朝文官义务可以大致分为清朝律例规定的义务和因其道德伦理而产生的义务，即政治义务和道德义务。晚清大臣通过道歉维护皇帝的积极面子，巩固皇帝至高无上的形象，这也是“君为臣纲”的必然要求，是道德义务的体现方式。

第三，晚清奏折道歉语体现责任性特征。作为臣子，其身份的存在意义是辅佐皇帝更好地管理国家。因此，大臣的首要任务是履行职责，而后才是为了遵循礼仪教化衍生出的道德伦理要求(艾永明，2003)。与现代社会不同，封建社会皇帝掌握臣子生杀大权，臣子通过示弱保全自身，道歉则是其中的一种途径。曾国藩身为晚清重臣，曾因民生政事屡次惹怒咸丰皇帝，闯下滔天大祸被关进大狱，后又因岳州战败羞愧难当险些自尽，君臣间的数次博弈都是以曾国藩请罪的方式得以缓和。由此可见，道歉是臣子维护仪式群体关系、完善群体交际的必要手段，也是臣子的基本权利与义务。而在曾国藩的数篇奏折中，虽然因政事道歉的奏折数量居多，但其根本目的是维护积极面子达到君臣间的和谐关系，是道德义务的范畴。清朝末期国势渐衰、局势动荡、朝廷腐败的形势迫使大臣在皇权集中到达巅峰的政治氛围中将道德义务置于政治义务之前，将皇帝的个人感受放在首位，这也是封建制度局限性的体现。

5 结语

本研究收集晚清重臣曾国藩奏折中的道歉语后进行归纳与分析，从仪式化规约性与非规约性两个方面研究道歉语的表现形式和语用策略。本研究发现，历史礼貌仪式视角下晚清道歉语具有等级性、目的性和责任性三个特征。仪式化道歉言语行为表达维护大臣的政治权利与义务，并推动君臣间仪式关系的重建。晚清奏折道歉语的研究拓宽了道歉语的研究视角，丰富了历史语用学的研究语料。但是本研究语料较少，充分性不足，后续可以采用语料库语言学的研究方法进行更加充分的定量分析，进一步深化历史语用学的研究。

参考文献

[1] Brown, P., & Levinson, S. 1978. Universals in Language Usage: Politeness Phenomena. In E. Goody (ed.). *Questions and politeness: strategies in social interaction*. Cambridge: Cambridge University Press, 56 - 310.

[2] Deutschmann, M. 2003. *Apologising in British English*. Umea: Umea Universitet.

[3] Douglas, M. 1999. *Implicit Meanings: Selected Essays in Anthropology*. London: Routledge.

[4] Fraser, B. 1981. On apologizing. In F. Coulmas (ed.). *Conversational Routine: Explorations in Standardized Communication Situations and Prepatterned Speech*. The Hague: Mouton Publishers.

[5] Goffman, E. 1967. *Interactional Ritual*. Chicago: Aldine Publishing Company.

[6] Goffman, E. 1971. *Relations in Public*. New York: Basic Books Inc.

[7] Harris, S., Grainger, K., & Mullany, L. 2006. The pragmatics of political apologies. *Discourse & Society*, 17(6): 715 - 737.

[8] Holmes, J. 1990. Apologies inNewZealand English. *Language in Society*, 19(2): 155 - 199.

[9] Jacobs, A & Jucker, A. 1995. The historical perspective in pragmatics. A. In Jucker (eds.). *Historical Pragmatics: Pragmatic Developments in the History of English*. Philadelphia: John Benjamins.

[10] Kádár, D. & M, Bax. 2013. In-group ritual and relational work. *Journal of Pragmatics*, 58: 73 - 86.

[11] Kádár, D. 2013. *Relational Rituals and Communication: Ritual Interaction in Groups*. New York: Palgrave Macmillan.

[12] Kádár, D. 2017. *Politeness, Impoliteness and Ritual: Maintaining the Moral Order in Interpersonal Interaction*. Cambridge: CUP.

[13] Kádár, D. 2019. Relational ritual politeness and self-display in historical Chinese letters. *Acta Orientalia Academiae Scientiarum Hungaricae*, 72(2): 207 - 227.

[14] Kádár, D. 2021. Interaction ritual and (im)politeness. *Journal of Pragmatics*, 179: 54 - 60.

[15] Kádár, D. Z., P. Ning & Y. Ran. 2018. Public ritual apology: A case study of Chinese. *Discourse, Context & Media*, 26: 21 - 31.

[16] Kampf, Z. 2009. Public (non-)apologies: the discourse of minimizing responsibility. *Journal of Pragmatics*, 41(11): 2257 - 2270.

[17] Leech, G. 1983. Principles of Pragmatics. London: Longman.

[18] Lutzky, Ursula & Andrew Kehoe. 2017. "Oops, I didn't mean to be so flippant": A corpus pragmatic analysis of apologies in blog data. *Journal of Pragmatics*, 116: 27 - 36.

[19] Lutzky, Ursula & Andrew Kehoe. 2017. "I apologise for my poor blogging": Searching for apologies in the Birmingham Blog Corpus. *Corpus Pragmatics*, 1(1): 37 - 56.

[20] Olshtain, E. 1989. Apologies across languages. In S. Blum-Kulka, J. House, & G. Kasper (eds.). *Cross-Cultural Pragmatics: Requests and Apologies*. Norwood: Ablex, 155 - 173.

[21] Pan, Y & Kádár, D. 2011. *Politeness in Historical and Contemporary Chinese*. London: Continuum.

[22] Searle, J. 1969. *Speech Acts: An Essay in the Philosophy of Language*. Cambridge: CUP.

[23] Searle, J. 1979. *Expression and Meaning: Studies in the Theory of Speech Acts*. Cambridge: CUP.

[24] Taavitsainen, I & Jucker, A. 2010. "Trends and developments in historical pragmatics". In A. Jucker & Taavitsainen (eds.). *Handbook of Historical Pragmatics*. Berlin: Mouton de Gruyter.

[25] Trosborg, A. 1995. *Interlanguage Pragmatics: Requests, Complaints and Apologies*. Berlin/New York: Mouton de Gruyter.

[26] 艾永明，2003. 清朝文官制度. 北京：商务印书馆.

[27] 曹湘洪，2009. 道歉寒暄礼貌：汉语书信启辞中道歉语形式与功能研究. 新疆师范大学学报(哲学社会科学版)，30(4)：129 - 135.

[28] 顾曰国，1992. 礼貌、语用与文化. 外语教学与研究，24(4)：10 - 17，80.

[29] 胡春雨，李雨欣，卢春梅. 2022. 商务英语通用语交际中道歉言语行为的语料库语用学研究. 中国外语，19(3)：43 - 52.

[30] 胡元德，2012. 古代公文文体流变. 扬州：广陵书社.

[31] 黄永红，2001. 对言语行为"道歉"的跨文化研究. 解放军外国语学院学报，(5)：33 - 36.

[32] 蓝纯，赵韵，2010.《红楼梦》中跨等级道歉的语用研究. 当代修辞学，(2)：77 - 84.

[33] 刘风光，邓耀臣，肇迎如，2016. 中美政治道歉言语行为对比研究. 外语与外语教学，(6)：42 - 55，148.

[34] 李昊，2011. 清朝文官义务与惩戒制度. 太原师范学院学报(社会科学版)，10(1)：30 - 32.

[35] 李军，2007. 道歉行为的话语模式与语用特点分析. 语言教学与研究，(1)：11 - 19.

[36] 刘思，刘润清，2005. 对"道歉语"的语用定量研究. 外国语，(5)：17 - 23.

[37] 宋玉龙，刘风光，丹尼尔·康达，2020. 历史仪式礼貌视阙下《左传》谏政辞研究. 外语学刊，(5)：52 - 57.

[38] 孙千惠，2021. 清朝奏折制度运作的话语视角分析. 长春师范大学学报，40(11)：56 - 60.

[39] 王梅，2010. 国外道歉语研究综述. 北京科技大学学报(社会科学版)，26(2)：107 - 112.

[40] 袁周敏，2022. 政务道歉的程式性与仪式性特征. 现代外语，45(6)：756 - 766.

[41] 周小渟，2021. 历史仪式礼貌视阈下晚清奏疏恭维言语行为研究. 外语与外语教学，(3)：62 - 71，148 - 149.

[42] 钟茜韵，陈新仁，2014. 历史语用学研究方法：问题与出路. 外语教学理论与实践，(2)：21 - 26，94 - 95.

终结性句法编码的语言共性、差异及其理论解释*

北京大学　王思雨**

摘　要：跨语言来看，终结性的编码存在两种主要句法机制：一是通过宾语的量化性决定事件的量化性，二是用显性的结果短语编码事件终结性。此外，语言中还存在编码终结性的形态手段。汉语编码终结性的特征体现在：完结类动词的量化性宾语不一定带来终结性；结果成分可以编码终结性但不影响光杆名词宾语的量化性；完结义小品词可以对终结性进行形态上的编码。本研究总结了终结性跨语言编码的共性和差异，并回顾了新构式主义视角下终结性编码的两个句法框架：外骨架模式和第一语段理论，探究了这两个理论框架对于汉语终结性现象的解释力。

关键词：终结性；词汇体；量化性；事件结构；新构式主义

Title: The Syntactic Encoding of Telicity: Universality, Variation and Theoretical Accounts

Abstract: Cross linguistically, there are two syntactic mechanisms to determine telicity. The first one encodes telicity with the quantization of the object argument and the second one achieves telicity through an overt resultative phrase. In addition, languages also mark telicity morphologically. Telicity encoding in Chinese obtains the following three morphosyntactic properties: a quantized object of an accomplishment verb shows aspectual variability; a resultative element can encode telicity but it doesn't bring quantization to the object argument. Completive particles encode telicity

* 本研究得到了国家社科基金项目"基于宜兴方言的新构式语法理论研究"（项目编号：18BYY044）的资助，《外国语文研究》编辑部和胡旭辉老师在文章写作过程中提出了诸多宝贵意见，笔者在此表示诚挚的谢意。

** **作者简介**：王思雨，博士研究生。研究方向为生成语言学视角下的句法学，形态学。联系方式：wangsiyu@pku.edu.cn。

morphologically. This article generalizes the cross linguistic universality and variation in telicity encoding and reviews two syntactic frameworks for telicity under the neo-constructivism approach: The Exo Skeleton Model and the First Phase Syntax, in the hope of exploring their explanatory power to account for the telicity issues in Chinese.

Key Words: Telicity; Lexical Aspect; Quantization; Event Structure; Neo-Constructivism

1 引言

对于语言中"体"的概念,学界普遍认为存在两个相互联系但有所区别的范畴:内时体与外时体。外时体根据参照时间和事件时间的关系可分为完整体和非完整体(Klein, 1994; Smith, 1997)。内时体也称情状体,是谓词表征的事件在时间结构上呈现出的情状类型。终结性(telicity)是描述情状类型的维度之一,聚焦事件存在自然终结点与否。作为情状类型的状态(state)和活动(activity)不具备终结性;完结(accomplishment)和达成(achievement)具备终结性(Vendler, 1957)。

在生成语法中,外时体往往通过普遍存在的功能节点投射来实现。而内时体的句法定位则存在一定争论,尤以终结性为代表。跨语言来看,事件终结性的编码存在不同的方式,可通过词汇或者句法方式完成。比如,词汇语义会影响终结性(Vendler, 1957; Rothstein, 2004),最典型的是达成类动词因其表征状态变化而自然具备终结性。终结性编码也和某些句法成分相关,比如宾语的量化性、格标记、显性结果表达或完整体标记等。据此,终结性可以看作句法推导的结果(Borer, 2005; Macdonald, 2008; Travis, 2010; Hu, 2018 等)。

汉语的终结性表达既符合普遍存在的语言共性,又有其独特之处。普遍性表现在:词汇语义如达成类动词直接表达终结性,结果类成分也可以直接编码终结性。特殊性在于,汉语完成类动词的量化性宾语不一定带来终结性。此外,汉语存在表完结义的动词后小品词,比如"完""掉""到""好"等。这些词有明确的词汇意义,又可以系统性地编码终结性,因此属于"半功能词"(semi-functional words, Huang, 2015)。从跨语言视角来看,此类小品词和斯拉夫语的完整体前缀非常类似。动词后完结义小品词的存在体现了终结性编码的词汇—句法界面性质,对其本质的探讨将有利于我们揭示终结性编码的核心机制。

本研究将归纳出汉语编码终结性的不同方式,并将其纳入跨语言图景中,展现终结性句法编码的跨语言共性和差异，在此基础上回顾生成语言学新构式主义理论对终结性的句法阐释，并探究其对汉语相关现象的解释力，厘清词汇语义和句法结构甚至语用信息在编码事件终结性中的贡献，为解释终结性形态—句法编码的跨语言差异提供理论启示。

2 终结性句法编码的共性与跨语言差异

2.1 终结性编码的句法方式

尽管对动词情状类型的划分标准之一是终结性(Vendler，1957)，但学界的普遍共识是，终结性并非只存在于动词层面，而是动词词组内部动词和其他成分共同作用的结果，具有句法组合性(Verkuyl，1972，1993；Dowty，1979；Krifka，1992，1998；Rothstein，2004，2008；Filip，2005；Borer，2005；MacDonald，2008；Travis，2010；Hu，2018 等)。根据麦克唐纳(MacDonald，2008)的总结，句法结构对于终结性的影响是通过两种方式实现的，一种是宾语—事件映射关系(object-event mapping)；另一种是事件结构(event structure)。以英语为例，宾语—事件映射关系通过宾语的量化性确定事件的终结点，尤以渐成性客体(incremental theme)与完成类动词的组合为例，比如：

(1) John ate an apple in three minutes.
约翰 吃—过去时 不定冠词 苹果 在 三 分钟
"约翰在三分钟内吃了一个苹果。"

(2) John ate apples *in/ for three minutes.
约翰 吃—过去时 苹果—复数 在 三 分钟
"约翰吃了三分钟(的)苹果。"

在(1)中，约翰吃苹果的事件终结点可以用"一个苹果"来衡量，这个苹果从有到无的过程和事件进行的过程是同步的，因此例(1)可以用表时间跨度的介词短语"in three minutes"衡量。而在(2)中，光杆复数名词短语"apples"不具备量化性，因此无法为事件的进程提供参考标准，事件不具备终结性，只能用表时间持续长度的介词短语"for three minutes"衡量。通过宾语的量化性衡量事件进程从而确定终结点的方式即为宾语—事件映射。

对于活动动词来说，宾语—事件的映射关系不能直接发挥量化作用，确定事件的终结点：

(3) John pushed a cart *in/ for three minutes.
约翰 推—过去时 不定冠词 车 在 三分钟
"*约翰在三分钟内推了一辆车/约翰推一辆车推了三分钟。"

(4) John pushed carts *in/ for three minutes.
约翰 推—过去时 车—复数 在 三分钟
"*约翰在三分钟内推了车/约翰推了三分钟车。"

对于约翰推车事件来说，车并非渐成性客体，其量化性不能帮助衡量事件的终结点，在推车这个事件中，事件的进程是用路径来衡量的，因此目标短语可以带来终结性。

(5) John pushed a cart to the corner in three minutes.
约翰 推—过去时 不定冠词 车 到 定冠词 角落 在 三分钟
"约翰在三分钟内推了一辆车到角落里。"

麦克唐纳(MacDonald，2008)将其归结为事件结构的改变对终结性的影响。"push a cart"编码一个活动类事件，而"to the corner"将其转变为一个完成类事件，带来终结性。值得注意的是，目标短语加入后，宾语的量化性也展现对终结性的影响，比较(5)和(6)：

(6) John pushed carts to the corner *in/ for three minutes.
约翰 推—过去时 车—复数 到 定冠词 角落 在 三分钟
"*约翰在三分钟内推了车到角落里/约翰推车到角落里推了三分钟。"

也就是说，目标短语对于终结性的编码是先于宾语量化性的，后者对终结性的影响仅在完结类事件中体现。除了目标短语，表结果的句法成分也有同样的作用。

宾语量化性和事件结构对终结性的影响体现出终结性内涵的不同侧面。对于前者来说，终结性的本质是量化性，即一个终结性事件是有界的，原子性的(Borer，2005；Rothstein，2008；Hu，2018)。而对于后者来说，终结性的关键在于结果的显性编码(Ramchand，2008)。

宾语量化性和事件结构对终结性的影响在汉语中也同样得到体现，首先，对于完成类动词来说，量化性宾语可以带来终结性：

(7) a. *小明在三分钟内吃了苹果。

b. 小明在三分钟内吃了一个苹果。

但是,量化性宾语似乎也可以带来非终结性解读:

(8) a. 小明吃苹果吃了三分钟。

b. 小明吃一个苹果吃了三分钟。

c. 小明吃了一个苹果,可是没有吃完。

汉语的完成类动词如“吃”展现终结性不确定性,即使在具备量化性宾语的情况下,终结性也不能被确定。

对于活动类动词来说,结果短语对于事件终结性至关重要:

(9) a. 娜娜打算在三分钟内推一辆车。

(“三分钟”指称事件开始前的时间)

b. 娜娜打算在三分钟内推一辆车到校门口。

(“三分钟”指称事件结束的时间)

以上说明,事件结构影响终结性的解读。对于活动类动词如“推”来说,宾语量化性和事件结构对于终结性都有影响。但是在汉语中,当结果补语出现终结性可以直接被编码。光杆名词宾语不影响事件的终结性解读:

(10) a. 娜娜打算在三分钟内洗衣服。

(“三分钟”指称事件开始前的时间)

b. 娜娜打算在三分钟内洗干净衣服。

(“三分钟”指称事件结束的时间)

在(10a)中,宾语位置的光杆宾语不具备量化性,事件只能得到非终结性解读,对比(10b),结果补语作为唯一变量,带来事件终结性。但不一定给光杆名词宾语带来量化性,“衣服”在(10b)中不一定因为结果补语的加入而获得定指或殊指解读。

跨语言来看,对于完结类动词来说宾语的量化性可以带来终结性解读。对于活动类动词来说,需要满足结果短语和宾语量化性的双重条件才能带来终结性。但在汉语中,宾语的量化不一定带来终结性,即使对于完成类动词来说;结果短语在汉语中可以单独编码终结性,不一定对光杆名词论元产生量化性影响。

2.2 终结性编码的形态体现

除量化性和结果性的句法编码外，语言中还存在其他的终结性编码方式。汉语就是一个例子，正如引言中提到的，汉语中存在一系列表示完结意义的动词后小品词(completive particles)，比如“完”“掉”“到”“好”“住”(赵元任，1968；朱德熙，1982；玄玥，2008 等)[①]，他们依附在动词之上表达终结性的意义。在这些词存在的情况下，事件不需要明确的终结点或量化性的宾语，也可以编码终结性：

(11) 大华打算在一小时内写好作业[②]。
(12) 娜娜每天都在三分钟内喝完蔬菜汤。
(13) 警察打算在三天内抓住小偷。
(14) 小明计划在一天内卖掉汽车。

上述例子中，宾语论元为光杆名词，不具备量化性；句子中也不存在结果状态的显性表达，但是仍然具备终结性。该终结性意义是完结义小品词带来的。

斯拉夫语系中普遍存在一种完整体前缀(perfective prefix)，同样也可以用来编码终结性：

(15) a. Ja vy-pil butylku vina/vino za čas/ * v te čeniji časa.
我 完整体—喝 一杯 酒 在 小时 在 之间 小时
“我在一小时之内喝了一杯酒/* 我喝一杯酒喝了一小时(没有喝完)。”

b. Fermer pri-tasčil brevno (v ambar) za čas/ * v tečeniji časa.
农民 完整体—拉 木材 (进 谷仓) 在 小时/* 在 之间 小时
“农民在一小时之内把木材拉进了谷仓/* 农民把木材拉进谷仓拉了一小时(没有拉进去)。”

(引自 MacDonald，2008，p.146：(18) & p.157：(47))

---

① 一些动词后小品词比如“到”“掉”等可以表达一些非常抽象的结果意义，比如客体的获取或者失去等，但是和一般的动结式仍然有很大差别，比如不能单独做“得”后补语小句，不能被直接否定等(见玄玥，2008)，因此，我们将其统一处理为完结义小品词，编码动作的完结。

② 我们认同大多数文献对动词后“了”的看法，即完整体标记(perfective marker)，是外时体的句法表现。鉴于“了”和终结性编码的关系相对复杂，我们尽量避免使用了验证终结性的存在，而是将大多数例句设置在非现实情态或者惯常体当中。

以上例子中的动词前缀 *vy-* 和 *pri-* 直接加在动词的非完整体形式上得到完整体形式，带来终结性。英语的一些动词后小品词比如 *up*、*out* 等在某些情况下也可以带来终结性，但相对有限：

(16) Robin took off (in two seconds).
罗宾 拿—过去时 掉 (在 二 秒)
"罗宾在两秒内突然离开。"

(17) They paired up (in two minutes)
他们 配对—过去时 起(在 二 分钟)
"他们在两分钟内配成一对。"

(18) The army took over (in two hours).
定冠词 军队 拿—过去时 过 (在 二 小时)
"军队在两小时内完成接管。"

(引自 Borer, 2005, p. 203: (39)-(40))

上述三例不存在宾语论元，也没有结果短语，因此动词后小品词帮助终结性的实现。在其他情况下，英语的动词后小品词在编码终结义上并不发挥作用：

(19) a. John heated water (for ten minutes/in ten minutes).
b. John heated water up (for ten minutes/in ten minutes).

(引自 Svenonius, 2004, p. 228: (53)-(54))

综上所述，这些完结义小品词(前缀)的存在带来了除宾语量化性和结果短语之外的终结性编码的第三种方式。汉语和斯拉夫语中存在系统性的编码终结性的完结义小品词，而英语中这些小品词编码终结性只是少数情况，这是终结性表达的跨语言差异之一。

不同于英语，汉语和斯拉夫语的光杆名词都可以直接做论元，这带来了完结义小品词(前缀)和宾语量化性之间的互动，根据前人研究(Filip, 2004; Slabakova, 2001; Ramchand, Svenonius, 2002; Svenonius, 2004; Borer, 2005)，斯拉夫语中的完整体前缀可以为光杆名词宾语提供量化性，使后者得到殊指或者定指性解读：

(20) Basia prze. czytalap artykuly.
巴西亚 完整体—读 文章—宾格
(不可能的解读)"巴西亚读完了文章(非定指)。"

(可能的解读)“巴西亚读完了某篇/那篇文章。”

(波兰语，引自 Borer, 2005, p. 173: (24b))

而在汉语中，动词后完结义小品词对光杆名词宾语量化性的影响受制于小品词本身的词汇语义，对于“完”和“好”来说，宾语位置的光杆名词可以获得不定指或者非殊指的解读(陈平，1987)，甚至用在离合词之中：

(21) 小明打算在三分钟内跳完舞。

而对于小品词比如“到”和“掉”来说，他们的使用隐含着宾语论元的获得或者失去，因此可能会影响光杆论元的量化性。

(22) 小明打算在三天内抓到小偷。

在英语的动词后小品词帮助编码句法终结性的情况下，宾语论元往往不存在，见(16)—(18)，其量化性无从谈起。完整体前缀(小品词)和宾语量化性的互动上存在差异，这是终结性句法编码的跨语言差异之二。

最后，终结性编码的跨语言差异还体现在完结义小品词(前缀)是必需的还是可选的。斯拉夫语系中，完整体前缀是表达终结性的必要条件。没有完整体前缀，即使存在量化性宾语或者结果的显性表达，仍然无法编码终结性(Slabakowa, 2001; MacDonald, 2008 等)。而在汉语中，动词后完结义小品词的出现可以帮助编码终结性，在一些情况下，完结义小品词的存在是可有可无的，尤其是在“了”存在的情况下：

(23) 小明吃(掉)了一个苹果。

这一可选性受到动词词汇语义的影响，在和一些单纯表示动作方式的动词搭配时，完结义小品词必须出现才能带来终结性。比如，对于“找”来说，只有“到”出现时，终结性才得以编码：

(24) 娜娜找了钥匙，可是还没有找到。

在英语中，动词后小品词表达终结意义的可选性特征更加明显：

(25) a. John wrote three letters * for three hours/in three hours.
约翰 写—过去时 三 信—复数 在 三 小时/ 在 三 小时
"约翰在三小时内写了三封信/*约翰写三封信写了三小时(没有写完)。"

b. John wrote three letters up * for three hours/in three hours.
约翰 写—过去时 三 信—复数 完 在 三 小时/在 三 小时
"约翰在三小时内写了三封信/*约翰写三封信写了三小时(没有写完)。"

在这种情况下,完结义小品词的作用主要在于充实词汇语义,强调终结点的到达,而并非决定终结性的编码。

综上所述,斯拉夫语、汉语和英语都存在可以编码终结性的小品词(前缀),但是三者的句法表现仍然展现很大差异,如下表所示:

(26)

表1 完结义小品词表达终结性的跨语言差异

	是否为编码终结性的充分条件	是否为表达终结性时的必要条件	是否对宾语量化性产生影响
汉语	是	否	不确定
英语	否	否	否
斯拉夫语	是	是	是

3 新构式主义视角下事件终结性的句法编码

鉴于终结性受多种形态—句法因素的影响,其推导可以被看作句法操作的结果,这和生成语言学视角下的新构式主义思想不谋而合。新构式主义(neo-constructivism, Marantz, 1997, 2013; Harley, 1995, 2011; Borer, 2005; Ramchand, 2008)抛弃了动词对句法结构的决定作用,终结性不是动词带来的,而是句法推导的结果。终结性在句法中通过功能核心编码,并在概念—意象界面得到解读。新构式主义放大了句法成分对于事件终结性的影响,词汇语义和其他因素被归结为界面条件。在这一视角下,终结性编码的跨语言差异(尤其是斯拉夫语和英语)研究取得了丰富的成果,折射出对终结性本质的探索,下面将详细展开回顾。

3.1 终结性作为事件量化性的投射

前文提到,宾语量化性和事件结构对终结性的影响体现出终结性内涵的不同侧面。对于前者来说,终结性的本质是量化性,这在外骨架模式(Exo-Skeletal Model, Borer, 2005)中体现。这一理论的核心是,终结性是事件量化的结果,事件结构中有专门负责量化性的句法核心词投射。

外骨架模式的理论核心在于建立起指示词短语和事件短语的平行性,二者的句法编码在一定程度上是层层对应的(Borer, 2005; Hu, 2018)。在名词的扩展投射中,存在数量投射(Num/Quan)为物体计数,编码有界性。在动词的扩展投射中,也存在表示数量的核心词投射,用来计量事件,并编码终结性。终结性的本质是量化性。博雷尔(Borer, 2005)将该数量核心词投射称为 Asp_Q,它带来一个论元位置,即量化主体(Subject of quantity)。Asp_Q具备不可解释性的数量特征,需要在句法推导中被赋值,完成终结性编码,参见下图:

(27)

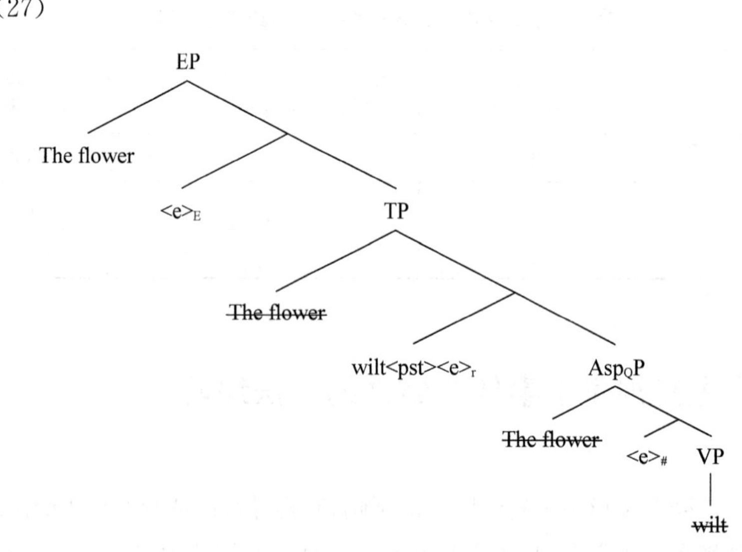

图 1 外骨架模式下终结性的句法编码

(引自 Borer 2005, p. 84: (15))

在英语中,名词短语"the flower"具备量化性,它生成在 Asp_Q的指示语位置,其量化性特征[+Quan]可以为 Asp_Q赋值。英语和斯拉夫语在终结性编码上的跨语言差异被归结为 Asp_Q赋值方式的差异。作者认为英语中表达终结义的小品词不具备量化特

征无法为 Asp_Q 赋值，而斯拉夫语的完整体前缀携带量化特征[①]，直接合并在 Asp_Q 上为其赋值。因此英语的完结小品词不能带来终结性，而斯拉夫语的完成体前缀是获得终结性的充分必要条件。赋值核心词又可以给标志语上的论元赋予数量特征，使后者也具备量化性，解释了斯拉夫语光杆名词宾语的量化性来源[②]。

在这一理论方案下，英语的量化性宾语为 Asp_Q 间接赋值，斯拉夫语的完整体前缀直接为 Asp_Q 赋值，这体现了终结性的句法属性和跨语言差异。但是该理论框架无法解释活动动词如"push"在具备量化性宾语的条件下仍然无法得到终结性，而需要结果短语辅助的语言事实。动词词汇语义在该理论框架下如何发挥作用呢？胡旭辉（Hu，2018，2019，2020）进一步完善了外骨架模式对于终结性的解释，明确了词汇语义乃至语境信息对于终结性表达的作用。他指出，句法编码的终结性意义要到概念—意象界面进行解读，此时，动词的词汇语义和语境信息必须和句法推导的意义相兼容，否则终结性意义仍然无法得到。作者将其称为"界面合法条件"。以活动类动词为例：

(28) John pushed a cart *in/ for three minutes.
约翰 推—过去时 不定冠词 车 *在/在 三 分钟
"*约翰在三分钟内推了一辆车/约翰推一辆车推了三分钟。"

宾语论元"a cart"具备数量特征可以为核心词赋值，但事件终结性仍然无法获得。作者认为这是句法推导的终结性在概念—意象界面上无法与动词语义或世界知识兼容的结果。如果语境信息或者句法中存在其他成分可以帮助明确谓词的潜在终结点，终结性解读便可以获得。比如，加入目标短语：

(29) John pushed a cart to the corner in three minutes.
约翰 推—过去时 不定冠词 车 到 定冠词 角落 在 三 分钟
"约翰在三分钟内推了一辆车到角落里。"

综上，外骨架理论将终结性的本质视为量化性，通过在句法结构中为核心词 Asp_Q 赋值得以实现，跨语言差异被归结为该语言的功能词库中是否存在为 Asp_Q 赋值的词项差异。

---

① 准确来说，作者认为斯拉夫语的完整体形式是携带量化特征的核心词的语音实现形式。

② 此外作者承认英语中也存在直接赋值的情况，即前文提到的一些动词后小品词比如 *up*、*out* 也带来终结性的情况，作者认为这些小品词基础生成在最底层的谓词范域内，通过移位完成赋值。

3.2 终结性作为路径或结果的句法编码

将终结性的本质视为量化性强调了事件论元对于终结性的决定性作用。此外,终结性的关键还在于结果义的显性表达,尤其是对于活动类动词来说。终结性的这一内涵在事件结构分解理论下得到体现(Harley, 1995, 2011; Ramchand, 2008),该理论将终结性视为结果/路径短语在句法中投射的结果,以第一语段理论为代表。

第一语段理论(The First Phase Syntax, Ramchand, 2008)的核心思想在于将动词投射的句法结构和编码事件的语义结构一一对应。动词语义并非原子性的,而是句法推导的结果,动词的词汇语义被分别编码到句法结构的核心词: Init、Porc 和 Res 上。三个核心词分别对应事件的不同阶段:起因(initiation)、过程(process)和结果(result),这三个子事件共同表征一个事件的内部体特征。不同的情状类型通过核心词的投射及其论元类型确定。

(30)

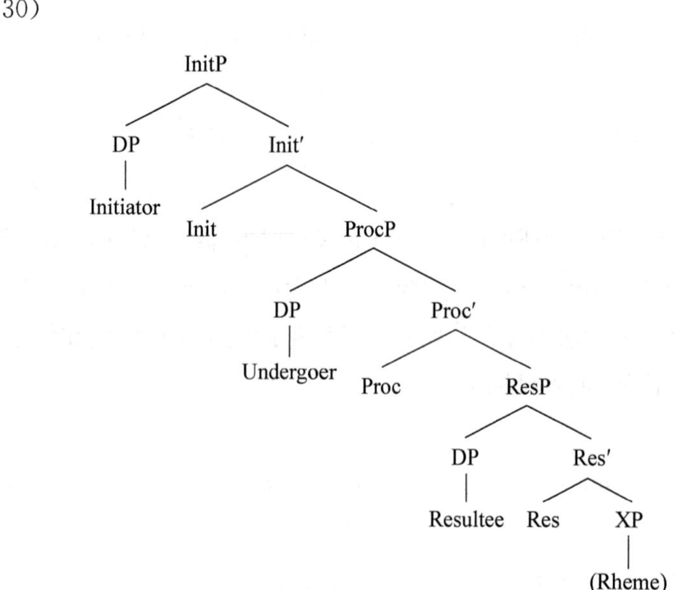

图 2 第一语段理论下的事件结构

(引自 Ramchand, 2008, p. 39:(1))

举例说,活动动词如"drive"直接合并在 Proc 上并发生核心词移动到 Init 位置,该活动类事件确认了起因、经过两个子事件,两个论元分别获得发起者(initiator)和经历者(undergoer)的角色。因为结果义核心词 Res 并未投射,所以"John drove a car"不具备终结性。目标短语"to the garage"合并在 Proc 的补足语位置并获得路径(path)的论旨角色，由路径终结点确定事件终结性。对于具备宾语—事件映射关系的完成类动词如"eat"来说，宾语论元的量化性并不直接决定事件终结性，而起到定义路径的作用，也就是说"三个苹果"的论旨角色并非经历者而是路径，所以完成类动词尽管没有 Res 的投射，路径的存在使得终结性得以编码。达成义动词"break"因为蕴含某种潜在的结果，它最初合并的句法位置是 Res，并通过核心词移位攀升到 Init 位置，其宾语论元也通过移位实现结果主体(resultee)和经历者两个参与者角色。该动词确认起因、经过和结果三个子事件，所编码的事件自然具备终结性。

第一语段理论框架强调事件结构对于终结性句法编码的决定性作用，消解了宾语—事件映射关系对终结性的作用。在该理论框架下，终结性的编码有两种方式，一个是作为结果短语投射的语义蕴含(比如达成类动词)。另一个是由路径类型确定事件终结点(比如完成类动词的宾语论元或活动类动词的结果短语的投射)。总之，确认一个终结性事件的关键在于事件结构，宾语—事件的量化映射关系只是路径义的一个体现方式。至于光杆复数名词短语带来的非终结性，作者认为实则和复数事件意义有关，而一般情况下终结性都是在单数事件范畴内进行讨论，此处另当别论。

在这一理论下完结义小品词(前缀)对终结性的影响也可以得到解释(Ramchand & Svenonius，2002；Svenonius，2004)。这些成分都生成在 Res 的补足语位置(PartP)，但区别在于英语的小品词发生核心词移位到 Res 上，而斯拉夫语的 PartP 中存在一个隐形的量化性算子，该算子需要移位到 VP 之外，即更高的 AspP(outer aspect)的标志语位置对事件进行约束，带来完整体意义，事件终结性是完整体意义的语义蕴含。

(31)

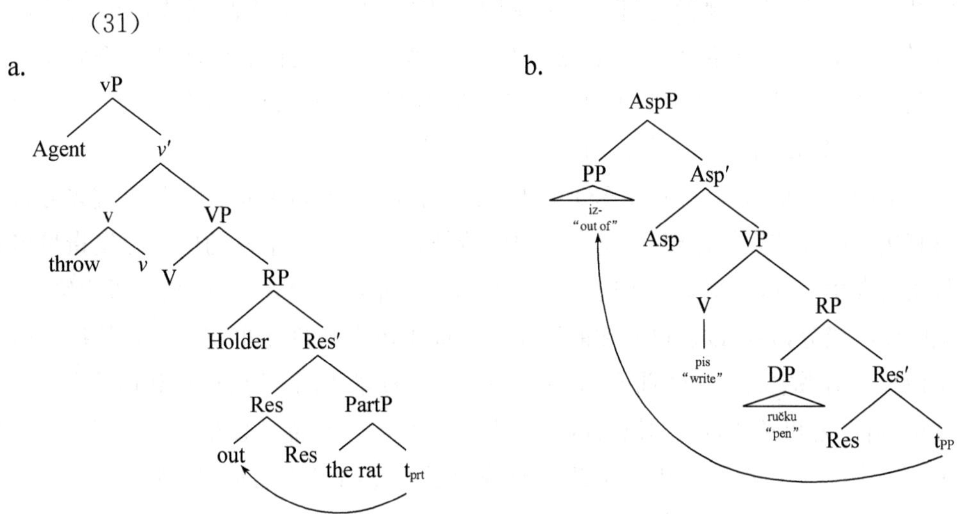

图 3 第一语段理论下完结义小品词(前缀)编码终结性的机制

(引自 Ramchand & Svenonius，2002，p. 393：(16) & Svenonius，2004，p. 243：(81))

该假设把英语和斯拉夫语小品词(前缀)在编码终结性上的区别转移到一个隐性的

量化算子上，斯拉夫语的前缀带来的是完整体意义，因此完整体前缀缺失会导致句子外部体缺失而不合法。英语的小品词具备可选性，是因为动词自身也可以基础生成在 Res 内部，不一定需要完结义小品词，这解释了他们在编码终结性意义上的强制性区别。此外，隐形的量化算子也可以解释斯拉夫语完整体前缀的出现对光杆名词宾语的量化性作用，英语中缺乏该量化算子，自然缺乏对宾语的量化作用。

4 终结性的句法解释框架对汉语现象的解释力

回到汉语的终结性编码，在前文的现象梳理中提到，汉语编码终结性的特征在于：

(a) 完成类动词如“吃”的量化性宾语不一定带来终结性；

(b) 结果短语可以编码终结性但对光杆名词宾语的量化性不产生影响；

(c) 完结小品词可以直接带来终结性，其对宾语量化性的影响受小品词本身词汇语义的影响。

外骨架模式下的终结性本质在于为量化核心词 Asp_Q 赋值，跨语言差异存在于该语言的功能词库中是否存在为 Asp_Q 赋值的词项差异：若存在，则可以完成直接赋值，若不存在，则需要量化性宾语的间接赋值。(a) 中的现象说明间接赋值方式在汉语中并不完全奏效，在汉语中量化性宾语并不直接带来终结性事件。(b) 说明量化性和终结性的关系不是单向赋值关系，宾语量化性并非终结性编码的条件。用名词的量化性解释终结性的获得有因果倒置之嫌。(c) 说明汉语中的完结义小品词或许可以看作为 Asp_Q 直接赋值的成分，但不同于斯拉夫语，其对宾语的量化性影响不能完全确定。解决这些问题需要对外骨架模式下直接赋值与间接赋值的并行性，以及宾语—事件双向映射关系在编码终结性中的作用机制做进一步的探究。

以上问题在胡旭辉(Hu, 2023)中得到了详细的讨论，该文章关注的是宜兴方言中能够直接编码终结性的标记 lə，这一标记的特征是在编码终结性的同时触发指量名和光杆宾语发生前移，并带来过去时的默认解读。在外骨架模式下，lə 被分析为给 Asp_Q 直接赋值的成分，并可以通过一致的操作使其标志语上的论元也获得数量特征。但不同于斯拉夫语系中的完整体前缀，lə 同时是一个全称量化词，故要求在其辖域内约束一个变量，指量名和光杆名词的语义内涵并非一个变量，所以需要发生移位留下一个作为变量的语迹(trace)被 lə 约束。由此观照普通话的完结义小品词，尽管显性移位不存在，但宾语量化性的产生仍然可能是某些完结义小品词触发了宾语论元在逻辑式层面(LF)发生隐形移位的结果，从而带来宾语量化性上的不同。需要补充的是，作者的另一个核心假设是 lə 同时是一个完整体标记，通过指示时间和说话时间的互动带来过去时解读。这一点也为汉语普通话中备受争议的“了$_1$”的异质性特征提供了方言的佐证，展示了内部体、外部体和时态之间的紧密互动。

与之相对，第一语段理论并不认为论元的量化性对事件终结性有决定性影响，反而更加强调表达事件结果的句法成分对于终结性的作用，这和汉语的现象相对兼容，对于(a)和(b)中现象的解释有借鉴意义：对于完结类动词如"吃"来说，终结性的不确定在于该动词实现在不同的句法结构中，具体表现为宾语论元被赋予经历者还是路径的论旨角色。结果短语通过直接确认一个结果成分来实现终结性的语义蕴含。此外，汉语的完结义小品词可以看作合并在 Res 核心词上的成分，且可通过核心词移位并入动词内部，与动词合并为一个词项。不同于斯拉夫语，汉语的完结义小品词不存在量化算子，因此不会移位到体范畴编码外部体，不具备强制性或对宾语量化性产生影响。问题在于，该分析无法区分汉语的动结式和完结义小品词的句法差异，鉴于二者都是基础生成在 Res 内部并发生核心词移位的结果。目前文献中尚缺乏在这一视角下对汉语终结性问题的讨论。

综上所述，外骨架模式和第一语段理论作为解释事件终结性的两大句法框架，二者在对于汉语现象的解释力上各有短长。究其本质而言，二者分别关注了事件终结性本质的两个不同侧面：一方面，具备终结性的事件是具有量化性特征的，类似一个原子性的名词。另一方面，具备终结性的事件往往需要一个结果成分来确认终结点。尽管不同的句法框架对这些现象的解释相对独立，但是并非难以兼容，关键在于厘清动词语义、论元结构、事件结构之间的互动机制及其各自对词汇体编码的句法和语义贡献。

5 结语

从跨语言的视角反观汉语的终结性编码：宾语量化性对终结性的影响甚微，终结性的表达侧重于使用结果成分和完结义小品词，此外，汉语的光杆名词可以直接做论元，结果成分和完结义小品词对光杆名词的量化性不一定产生影响，使得事件—宾语映射关系在汉语中得不到充分体现。最后，完结义小品词可以独立编码事件终结点，该终结点和结果状态不直接相关，也不同于外部体对事件的时间结构刻画。这些汉语现象可以作为检验一个终结性的句法理论框架的重要参项，也启示我们建立一个解释终结性本质及其跨语言差异的框架，需要兼顾其事件量化性特征和结果成分的表达，并打通二者的句法互动机制。

参考文献

[1] Borer, H. 2005. *Structuring Sense: Volume II: The Normal Course of Events*. Oxford: Oxford University Press.

[2] Chao, Y. R. 1968. *A Grammar of Spoken Chinese*. Berkeley: University of California Press.

[3] Dowty, D. 1979. *Word Meaning in Montague Grammar*. Dordrecht: Reidel.

[4] Filip, H. 2004. The Telicity Parameter Revisited. In K. Watanabe & R. B. Young (eds.). *Proceedings of Semantic and Linguistic Theory*. Ithaca, NY: CLC Publications, 92 - 109.

[5] Harley, H. 1995. Subjects, events, and licensing. Doctoral dissertation, MassachusettsInstitute of Technology, Cambridge, MA, US.

[6] Harley, H. 2011. A minimalist approach to argument structure. In C. Boeckx (ed.). *The Oxford Handbook of Linguistic Minimalism*. Oxford: Oxford University Press, 427 - 448.

[7] Hu, X. H. 2018. *Encoding Events: Functional Structure and Variation*. Oxford: Oxford University Press.

[8] Hu, X. H. 2020. Functional items, lexical meaning and telicity: A Parameter Hierarchy based approach to the parameters of telicity. In A. Bárány, T. Biberauer, J. Douglas & S. Vikner (eds.) *Syntactic Architecture and Its Consequences I: Syntax Inside the Grammar*. Berlin: Language Science Press, 333 - 359.

[9] Hu, X. H. 2023. Bundling telicity, verbal quantification, and perfective aspect: A study on lə in Yixing Chinese. *Journal of Linguistics*, 1 - 37.

[10] Huang, C. T. J. 2015. On syntactic analyticity and parametric theory. In A. Li, A. Simpson & D. Tsai (eds.). *Chinese Syntax in a Cross-Linguistic Perspective*. New York: Oxford University Press, 1 - 48.

[11] Klein, W. 1994. *Time in language*. London: Routledge.

[12] Krifka, M. 1992. Thematic Relations as Links between Nominal Reference and Temporal Constitution. In I. A. Sag & A. Szablocsi(eds.). *Lexical Matters*. Stanford, CA: Center for the Study of Language and Information, 29 - 53.

[13] Krifka, M. 1998. The origins of telicity. In S. Rothstein (ed.). *Events and Grammar*. Dordrecht: Kluwer, 197 - 235.

[14] MacDonald, J. E. 2008. *The Syntactic Nature of Inner Aspect: A Minimalist Perspective*. Amsterdam: John Benjamins Publishing.

[15] Marantz, A. 1997. No escape from syntax: Don't try morphological analysis in the privacy of your own lexicon. University of Pennsylvania working papers in linguistics, 4(2): 201 - 225.

[16] Marantz, A. 2013. Verbal argument structure: Events and participants. *Lingua*, 130: 152 - 168.

[17] Ramchand, G. C. 2008. *Verb Meaning and the Lexicon: A First Phase Syntax*. Cambridge: Cambridge University Press.

[18] Ramchand, G & Svenonius, P. 2002. The lexical syntax and lexical semantics of the verb-particle construction. In L. Mikkelsen & C. Potts (eds.) *Proceedings of WCCFL* 21. Somerville: Cascadilla Press, 387 - 400.

[19] Rothstein, S. 2004. *Structuring Events: A study in the Semantics of Lexical Aspect*. Oxford: Blackwell Publishing.

[20] Rothstein, S. 2008. Telicity, atomicity and theVendler classifcation of verbs. In S. Rothstein (ed.). *Theoretical and crosslinguistic approaches to the semantics of aspect*. Amsterdam: John Benjamins Publishing, 1 - 43.

[21] Slabakova, R. 2001. Telicity in the Second language. John Benjamins Publishing.

[22] Smith, C. S. 1991/1997. *The Parameter of Aspect* (Vol. 43). Dordrecht: Springer Science & Business Media.

[23] Svenonius, P. 2004. Slavic prefixes inside and outside VP. In P. Svenonius (ed.). *Nordlyd, 32(2): Special issue on Slavis Prefixes*. University of Tromsø, Tromsø, 205 - 253.

[24] Travis, L. 2010. *Inner aspect: The articulation of VP*. Dordrecht: Springer.

[25] Vendler, Z. 1957. Verbs and times. *The Philosophical Review*, 66(2): 143 - 160.

[26] Verkuyl, H. J. 1972. *On the compositional nature of the aspects* (Vol. 15). Dordrecht: Springer Science & Business Media.

[27] Verkuyl, H. J. 1993. *A Theory of Aspectuality. The Interaction between Temporal and Atemporal Structure*. Cambridge: Cambridge University Press.

[28] 胡旭辉,2019. 事件终结性的“词汇—句法”界面研究:基于生成构式理论的分析. 语言学研究,(1):45 - 59.

[29] 玄玥,2008. 完结短语假设和汉语虚化结果补语研究:兼论汉语结果补语、体标记和趋向补语的句法问题. 博士论文,北京:北京大学.

[30] 朱德熙,1982. 语法讲义. 北京:商务印书馆.

微博道歉回应的语用研究

北京航空航天大学　吴依蔓　彭雨晨*

摘　要：虽然语用学和话语研究对道歉关注已久，但是对道歉回应的研究却相对较少。本研究基于信任违背框架，探究网民回应名人公开道歉时语用策略的选择，聚焦道歉者性别和信任违背类型对网民使用回应策略的影响。本研究依据评论热度收集网民的微博回评，共选取400条道歉回应语料。研究发现，道歉者性别和信任违背类型显著影响网民对回应策略的选择和使用。"间接确认"是回应男性名人的首选策略，"回避道歉"是回应女性名人的首选策略。回应能力型信任违背道歉时，网民呈现出"直接接受"或"拒绝接受"的两极化倾向。针对正直型信任违背道歉，网民的态度则较为模糊。本研究深化了对道歉及其回应的探究，为社交媒体交际的语用探索提供了新的视角，对汉语新媒体网络交际研究具有重要的启示意义。

关键词：道歉回应；社交媒体交际；道歉者性别；信任违背类型

Title: A Pragmatic Study of Apology Response on Weibo

Abstract: Although apology is a popular research topic in pragmatics and discourse research, apology response has received little attention. Based on trust violation framwork, this study investigates the employment of pragmatic strategies when netizens responding to celebrities' public apologies specifically focusing on the effects of apologist gender and trust violation types on the apology response strategies. This study collected a corpus of 400 Weibo apology responses from netizens according to the popularity of comments. The results showed that apologist gender and trust violation types significantly influenced the apology response

* **作者简介**：吴依蔓(通讯作者)，北京航空航天大学博士研究生。研究方向为语用学及二语习得。联系方式：yiman_wu@buaa.edu.cn。彭雨晨，北京航空航天大学博士研究生。研究方向为语用学及二语习得。联系方式：PengYC@buaa.edu.cn。

strategies. "Acknowledgment" was a preferred response strategy for male celebrities, and "evasion" was a the preferred response strategy for female celebrities. When responding to a competence-based trust-violation apology, the netizens showed a polarized preference for "acceptance" or "rejection", while they showed more ambiguous attitudes towards an integrity-based trust-violation apology. This study deepens the inquiry into apologies and their responses, provides a new perspective for the pragmatic exploration of social media communication, and has important implications for the study of Chinese New Media network communication.

Key Words: Apology Response; Social Media Communication; Apologist Gender; Trust Violation Types

1 引言

信任作为一种复杂的现象，已成为语言学、心理学、社会学等学科的研究热点。信任违背是指被信任方做出了某些违背信任方期待的行为（Tomlinson et al.，2004）。信任违背行为发生后，被信任方通常会为挽回自身面子和声誉而采取某些修复手段。道歉是一种最常见的信任修复手段，是一种为实际或潜在受到冒犯的听话者提供支持的言语行为（Olshtain，1989）。道歉能够补救真实或虚拟的信任违背行为，对维护社会关系和谐（Goffman，2010）和重塑融洽的人际关系（Spencer-Oatey，2008）具有重要意义。在社会交往中，道歉并非孤立存在，它涉及互动对方的回应。道歉回应是对道歉所做出的反应，是一种由道歉接受者发起的行动。它能够体现道歉者意图修复信任、重建社会和谐、维护自身形象和声誉的目标是否实现。

道歉一直是语用学和话语研究的热点话题之一。然而，道歉回应研究尚未引起学界的重视。迄今为止，仅有少数学者探究了新西兰英语、澳大利亚英语、印度尼西亚语中的道歉回应（Holmes，1995；Adrefiza & Jones，2013；Murphy，2016；Waluyo，2017）。鲜有研究调查汉语道歉回应，特别是网络交际语境下的道歉回应特征。网络交际中的道歉回应可能会因交际的匿名性而呈现出与面对面回应不一致的特征。不同网络交际主体之间的道歉—回应互动方式也可能有所不同。探究网络交际中的道歉回应有助于揭示网络舆情和社会价值观的演变和变化，为个体及组织机构的形象维护、网络社区成员之间的人际信任修复提供有益的参考，对网络交际的和谐性和凝聚力具有重要意义。

因此,本研究立足于汉语新媒体平台——微博,探究网民对名人公开道歉的回应策略,重点关注道歉者性别及信任违背类型对网民使用道歉回应策略的影响。本研究有助于为汉语新媒体语境下的道歉回应研究提供新的分析视角,为语用学和话语研究提供有益参考,有利于为机构话语实践和管理提供宝贵启示(李宇明、刘鹏飞、任伟等,2023)。

2 相关研究回顾

2.1 道歉回应与性别

道歉回应对人际关系具有重要意义。然而,目前语用学界对道歉回应的研究仍较少。霍姆斯(Holmes, 1989)将新西兰英语中的道歉回应分为六种类型:接受(Acceptance)、确认(Acknowledgement)、回避(Evasion)、拒绝(Rejection)、无预期回应(No response expected)和其他(Other)。霍姆斯指出,"接受"和"回避"是最普遍使用的道歉回应策略。罗宾逊(Robinson, 2014)将道歉回应分为"首选回应"(preferred responses)和"非首选回应"(dispreferred responses)两种类型。前者包括"没关系"和"否认道歉的需要"等,而后者包括"回应延迟""确认""同意道歉必要性"以及沉默、耸肩、启动新对话序列等。

性别在道歉及回应中扮演着重要角色,可能影响人们对道歉及回应的认知、期望和表达方式。一方面,不同性别的道歉者可能会采取不同的道歉方式和策略;另一方面,道歉回应者也可能会根据道歉者的性别来选择不同的回应策略。以往探究性别影响的道歉回应研究通常聚焦回应者性别。霍姆斯(Holmes, 1989)提出,女性比男性更容易接受道歉,而男性则更多使用"拒绝"和"回避"策略来回应道歉。安毅(2021)发现,男性的道歉回应多以信息导向型策略为主,而女性的道歉回应多以情绪导向型为主。男性更常"拒绝"道歉,女性则更倾向于使用"接受"和"回避道歉"策略回应道歉。阿德雷菲扎和琼斯(Adrefiza & Jones, 2013)探究了澳大利亚英语和印尼语母语者道歉回应策略的使用差异,发现性别未显著影响道歉回应策略的使用。

上述研究主要考察了男性和女性在回应他人道歉时的策略使用差异,却忽视了道歉发起方的性别是否影响他们对回应策略的使用。为了弥补这一研究的不足,本研究从道歉发起方的性别入手来考察道歉回应。这可以帮助我们更深入地了解社会对不同性别的道歉者的期待和评价,从而更好地理解性别因素造成的社交差异,为消除互动者性别间的交际障碍提供有益的参考和启示。

2.2 道歉回应与信任违背

信任通常被划分为能力型信任和正直型信任两种类型。能力型信任是指信任方确信被信任方拥有完成某项工作所需要的技术和人际交往能力（Butler Jr & Cantrell, 1984）；正直型信任指信任方认为被信任方拥有正直的品行和高尚的道德（Mayer et al., 1995）。与信任类型相对应，金等（Kim et al., 2004）认为信任违背包括两种类型：能力型信任违背（competence-based trust violation）和正直型信任违背（integrity-based trust violation）。前者指一方相信另一方有能力完成双方约定的活动，但另一方因自身能力不足而未能完成约定任务。后者指一方相信另一方能够遵守社会道德准则来完成双方约定的活动，但另一方未能遵守道德准则而导致的信任破裂。

信任违背行为发生后，被信任方通常会采取某些手段来挽回自身的面子和声誉、修复自己与信任方之间的人际关系。信任修复已成为语言学家们所关注的热点话题之一。冯薇和任伟（Feng & Ren, 2019）发现，作为被信任方，"表达感谢"是中国酒店管理层回应消费者负面评价时最常用的信任修复策略。莫罗和山内健太（Morrow & Yamanouchi, 2020）发现，在英语和日语两种文化中，酒店管理者在回应顾客的消极评论时会使用"道歉"策略来承认服务失败的责任。范霍伊东克和利布雷希特（Van Hooijdonk & Liebrecht, 2021）考察了航空公司与投诉者之间的网络关怀对话，"道歉"同样是航空公司最常用的回应策略。

可见，上述研究主要集中于电子商务领域，考察作为被信任方的酒店或公司如何回应消费者的负面评价，修复信任。然而，这些研究忽略了信任方对被信任方发起的道歉作出了何种回应。我们认为，不同的道歉回应方式可能会影响信任关系的恢复和发展。因此，道歉回应具有重要的研究价值，应得到进一步的探索。此外，信任修复不仅局限于电子商务领域，信任关系的主体不只涉及公司/酒店与消费者，还涉及名人和网民。在新媒体时代，名人与网民之间的互动关系日益增强，信任问题也愈发突出。研究名人和网民之间的信任修复和回应可以更好地理解和解决新媒体互动中的信任问题。然而，目前却鲜有研究关注名人和网民这对新媒体交际主体之间的关系和信任。因此，为了弥补上述不足，本研究旨在分析网民群体回应不同性别的名人道歉以及面对名人不同的信任违背类型时所采取的回应策略，具体探究以下研究问题：

（1）道歉者性别对网民的道歉回应策略有何影响？

（2）信任违背类型对网民的道歉回应策略有何影响？

3 研究方法和数据

3.1 语料收集

本研究语料来源于名人在微博上发表的公开道歉声明下的网民回评。首先，研究者在微博检索#名人道歉#的话题标签，在所有检索出的名人道歉中，以平衡道歉者性别和信任违背类型的数量为原则，选取了8则名人公开道歉微博。其中，4则微博由男性名人发布，4则微博由女性名人发布。能力型信任违背道歉和正直型信任违背道歉在不同性别名人的道歉微博中各占一半。① 其次，我们在每则名人道歉微博下，按照评论热度选取了前50条网民回评，带有"铁粉"②标识的网民回评被剔除。因此，本研究共收集了400条网民的道歉回应评论。

3.2 语料编码与数据分析

本研究基于霍姆斯(Holmes, 1989)的道歉回应框架，结合所收集的网民道歉回应语料，借助NVivo质性分析软件对数据进行编码。由于本研究语料来源于微博上网民的真实评论，霍姆斯的"无回应"策略不适用于本研究，而"其他"策略的分类太过笼统。因此本研究在编码时未采取以上两种策略。此外，本研究将"否认道歉必要性"作为网民回应名人道歉时使用的一种新策略纳入编码框架。本研究编码出的道歉回应策略共五类，分别为：直接接受、间接确认、回避道歉、拒绝接受、否认道歉必要性。网民的道歉回应策略、释义及示例如表1所示：

表1 道歉回应策略、释义及示例

策略	释义	示例
直接接受	网民对名人道歉持有积极态度，明确接受其道歉并原谅其错误行为。	
宽恕	直接表达谅解	第一次，没关系，不要在意，继续努力。
支持鼓励	对名人表示支持	道歉很棒，公众人物能做到这样很了不起。
表示同情	对名人表达关心与同情	有没有受伤呀？要照顾好自己。
降低错误	降低名人错误行为的严重程度	其实也没什么大错……对公众人物要求太高。

① 能力型信任违背道歉主要选取名人因表演或主持失误而发表的道歉微博，正直型信任违背道歉主要选取名人因违反交通规则等不当社会行为而发表的道歉微博。

② 铁粉是微博推出的反映粉丝与博主之间互动亲密度的用户标识。

（续表）

策略	释义	示例
分担责任	愿意与名人共同承担责任	不对的地方，我们代表A给所有的路人道歉。
间接确认	使用某些面子威胁言语行为确认名人的错误，但未呈现明确的接受或拒绝态度。	
指明错误	指出错误，认为名人有道歉义务	确实不对……错了就是错了，这是他该承担的后果。
提醒告诫	劝告名人注意其言行	下次注意，一定要谨慎。
提供建议	为名人提供错误解决方案	压力大，就和朋友一起出去散散心，谈谈话。
回避道歉	网民未针对道歉本身做出回应	
指责他人	转移指责目标	那些说着风凉话的人都是站着说话不腰疼。
转移话题	转移话题至与道歉无关的方面	HLL 明年高考加油。
拒绝接受	网民明确表示不接受名人的道歉，评论多呈现负面情绪或态度。	
责备	直接指责名人	这么大型活动被你主持感觉完全看不下去。
质疑	以反问形式质疑名人的错误行为	你真的彩排过演练过吗？真的有吗？
公式化拒绝	使用固定化格式进行道歉回应	抱歉我不接受。
讽刺	以嘲讽的形式对名人进行批评	加油猪肝！期待你一如既往的口误。
负面请求	对名人提出负面要求	求你不要再主持了。
否认道歉必要性	认为名人无须道歉	姐姐不用道歉，你很好。

语料编码由两位研究者共同完成。为了测验评分者信度，确保本研究编码框架的可靠性，两位研究者随机抽取了全部语料的20%进行编码比较。结果显示，两位研究者间的编码百分比一致性为95.93%，Cohen's Kappa 系数为0.869（$k \geq 0.75$），说明编码一致性较高。研究者对编码过程中的不确定和困难情况进行了探讨，并对编码的最终结果达成了一致。

4 研究结果

本节分析网民的道歉回应策略，以及道歉者性别、信任违背类型对回应策略使用的影响。由于本研究语料中的一条评论可能同时包含多种回应策略，我们将每条策略都进行了独立编码。因此，400条网民道歉回应评论共计产出556条道歉回应策略。图1显示了网民回应名人道歉时的总体策略使用情况。

由图1可见，“直接接受”是网民使用频率最高的道歉回应策略，总频率为247（44.42%），

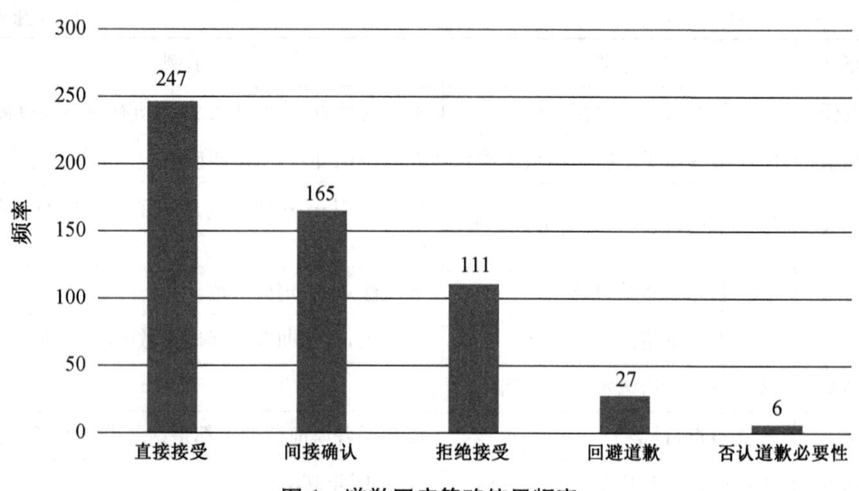

图 1　道歉回应策略使用频率

表明大部分网民倾向于接受名人的道歉。具体而言，网民主要通过宽恕和支持鼓励名人等形式表达其积极态度。“间接确认”策略的使用频率为 165 (29.68%)，同样是网民较为常用的回应策略。网民倾向于通过提醒告诫的形式指明错误，在一定程度上威胁了道歉人的面子。“拒绝接受”策略主要通过责备或质疑道歉人的形式呈现，其使用频率为 111 (19.96%)，能够反映出网民回应道歉时的消极态度。“回避道歉”的使用频率相对较低，仅出现 27 次 (4.86%)。网民主要通过指责他人或转移话题等形式来实现回避目的。“否认道歉必要性”是本研究归纳出的道歉回应新类别，但在本研究中的出现频率最低 (仅为 6 次)，使用此策略的网民通常直接否认名人道歉的前提，即认为道歉人毫无过错，因此无须道歉。下文将详细探究道歉者性别及信任违背类型对网民回应策略使用的影响。

4.1　道歉者性别对回应策略的影响

本文使用卡方检验对网民的道歉回应策略进行统计分析。表 2 呈现了道歉者性别对网民回应策略使用的影响。

表 2　针对不同道歉者性别的道歉回应策略使用频数及百分比

回应策略	道歉者(男)		道歉者(女)		总计
	频数	百分比/%	频数	百分比/%	频数
直接接受	*116*	*40.7*	*131*	*48.3*	*247*
宽恕	38	32.8	58	44.3	96
支持鼓励*	53	45.7	41	31.3	94
表示同情*	1	0.9	9	6.9	10

（续表）

回应策略	道歉者(男)		道歉者(女)		总计
	频数	百分比/%	频数	百分比/%	频数
降低错误	10	8.5	11	8.4	21
分担责任	14	12.1	12	9.1	26
间接确认**	*108*	*37.9*	*57*	*21.0*	*165*
提醒告诫	63	58.3	36	63.2	99
指明错误	22	20.4	17	29.8	39
提供建议*	23	21.3	4	7.0	27
回避道歉*	*7*	*2.5*	*20*	*7.4*	*27*
指责他人	6	85.7	10	50.0	16
转移话题	1	14.3	10	50.0	11
拒绝接受	*52*	*18.2*	*59*	*21.8*	*111*
责备	30	57.8	41	69.5	71
质疑	15	28.8	8	13.5	23
公式化拒绝	2	3.8	2	3.4	4
讽刺	3	5.8	7	11.9	10
请求	2	3.8	1	1.7	3
否认道歉必要性	*2*	*0.7*	*4*	*1.5*	*6*

* $p<0.05$ ** $p<0.001$

由表 2 可见，在“直接接受”策略中，道歉者性别显著影响网民对“支持鼓励”与“表示同情”策略的使用。卡方检验结果显示，网民使用“支持鼓励”策略回应不同性别名人的道歉时存在显著差异（$\chi^2=7.289, p=0.020$），网民更倾向于使用“支持鼓励”策略来回应男性名人（45.7%，f=53）。费希尔精确检验结果表明，网民使用“表示同情”策略回应不同性别名人的道歉时存在显著差异（$p=0.021$），网民更倾向于对女性名人“表示同情”（6.9%，f=9）。

道歉者性别对网民“间接确认”策略的使用同样具有明显影响（见表 2），卡方检验结果显示道歉者性别显著影响“间接确认”策略的使用（$\chi^2=18.924$，$p<0.001$）。相比于回应女性道歉者（21%，f＝57），网民更倾向于使用该策略来回应男性道歉者（37.9%，f=108）。就具体策略而言，无论是回应男性还是女性，“提醒告诫”都是网民最普遍使用的回应策略。“提供建议”的使用频数虽然较低，但其对比最为突出。网民在回应男性道歉者时使用该策略的频数约为回应女性道歉者时使用频数的 6 倍，分别为 23 和 4。费希尔精确检验结果表明，道歉者性别显著影响网民对“提供建议”策略的

使用（p=0.025），表明网民更倾向于向男性名人提供解决问题的建议。

费希尔精确性检验结果表明，网民在“回避道歉”策略的使用上存在显著的道歉者性别差异（p=0.009），与回应男性名人道歉（2.5%，f=7）相比，网民更倾向于使用该策略来回应女性名人（7.4%，f=20）。就具体策略而言，“指责他人”和“转移话题”均在回应女性道歉者时的使用频数较高。然而卡方检验结果显示道歉者性别对“回避道歉”策略的使用无显著影响。此外，无论是回应男性还是女性名人，“责备”都是网民拒绝名人道歉最普遍使用的策略。然而卡方检验结果显示名人性别对网民“拒绝接受”策略的使用同样无显著影响。

“否认道歉必要性”是网民使用频率最低的道歉回应策略，也是本研究编码出的一种新型道歉回应策略。网民使用该策略回应女性道歉者的频数为4，回应男性道歉者的频数仅为2。卡方检验结果显示网民在该策略的使用上不存在显著的道歉者性别差异。

4.2 信任违背类型对回应策略的影响

表3显示了网民针对不同信任违背类型的回应策略使用情况。除了“否认道歉必要性”，网民对“直接接受”“间接确认”“回避道歉”“拒绝接受”四类总策略的使用均存在显著差异。

表3 针对不同信任违背类型的道歉回应策略使用频数及百分比

回应策略	能力型信任违背		正直型信任违背		总计
	频数	百分比/%	频数	百分比/%	频数
直接接受*	*138*	*51.3*	*109*	*38.0*	*247*
宽恕	53	38.4	43	39.4	96
支持鼓励*	61	44.2	33	30.3	94
表示同情*	9	6.5	1	0.9	10
降低错误	11	8.0	10	9.2	21
分担责任**	4	2.9	22	20.2	26
间接确认**	*34*	*12.6*	*131*	*45.6*	*165*
提醒告诫	16	47.1	83	63.4	99
提供建议*	11	32.3	16	12.2	27
指明错误	7	20.6	32	24.4	39
回避道歉*	*7*	*2.6*	*20*	*7.0*	*27*
指责他人	4	57.1	12	60.0	16

(续表)

回应策略	能力型信任违背		正直型信任违背		总计
	频数	百分比/%	频数	百分比/%	频数
转移话题	3	42.9	8	40	11
拒绝接受**	*88*	*32.7*	*23*	*8.0*	*111*
责备	57	64.8	14	60.9	71
质疑	18	20.4	5	21.8	23
公式化拒绝	3	3.4	1	4.3	4
讽刺	8	9.1	2	8.7	10
请求	2	2.3	1	4.3	3
否认道歉必要性	*2*	*0.8*	*4*	*1.4*	*6*

* $p<0.05$ ** $p<0.001$

如表3所示，在面对能力型信任违背道歉时，网民使用“直接接受”策略的频数为138；而针对正直型信任违背道歉的回应策略使用频数为109，卡方检验结果显示二者存在显著差异（$\chi^2=9.981$，$p=0.002$）。由于“直接接受”策略在回应能力型信任违背道歉时的使用频率更高，因此可以说明网民更倾向于直接接受因能力失误而发表的道歉。就具体策略而言，“支持鼓励”“表示同情”子策略在回应能力型信任违背道歉时的使用频数均高于回应正直型信任违背道歉时的频数，分别为61比33和9比1。卡方检验结果显示信任违背类型显著影响网民对“支持鼓励”和“表示同情”子策略的使用（$\chi^2=5.011$，$p=0.025$；$\chi^2=4.924$，$p=0.046$）。这说明网民在回应名人的能力型信任违背道歉时，倾向于通过支持鼓励的形式谅解对方，甚至对其因能力失误而可能遭受的身心挫折表现出明显的理解与共情。就“分担责任”子策略而言，在针对能力型信任违背道歉的回应中，其使用频数仅为4，而在正直型信任违背道歉回应中，这一策略的使用频数达22。费希尔精确性检验结果表示，“分担责任”子策略的使用存在显著的信任违背类型差异（$p<0.001$）。

“间接确认”策略在回应正直型信任违背道歉时出现131次，而在回应能力型信任违背道歉时仅出现34次（见表3），卡方检验结果显示二者之间差异显著（$\chi^2=72.478$，$p<0.001$），说明当名人因社会行为不当而致歉时，网民更倾向于确认其错误行为。就具体策略类型而言，“提供建议”策略受信任违背类型的影响最显著。网民使用该策略回应能力型信任违背道歉时的频率为32.3%，而回应正直型信任违背道歉时的频率为12.2%，卡方检验结果显示二者之间差异显著（$\chi^2=8.000$，$p=0.005$），表明网民更倾向于为能力失误提供详细的提升与改进方案。此外，网民在“回避道歉”策略的使用上同样存在显著差异（$p=0.018$）。其中，在正直型信任违背道歉的网民回应中，该策略

的使用频数为 20,而在能力型信任违背道歉回应中的使用频数仅为 7。这说明网民的回避态度主要针对正直型信任违背行为。

就"拒绝接受"策略而言,在名人因能力型信任违背行为而道歉时,该策略的使用频数为 88,而在正直型信任违背道歉回应中的使用频数仅为 23,卡方检验结果显示二者之间差异显著($\chi^2=53.017$, $p<0.001$)。这说明网民在回应能力型信任违背道歉中表现出了更明显的负面态度,网民对名人的专业能力失误的接受程度明显更低。

5 讨论

本研究从信任违背及修复的视角出发,详细分析了网民在回应名人道歉时使用的语用策略。本研究发现,网民在道歉回应中使用频率最高的策略为"直接接受",说明大多数网民对名人的信任违背行为持有包容态度。该结论与霍姆斯(Holmes, 1989)的研究结论一致,即"接受"是面对他人道歉时的首选回应。在新媒体交际中,网民群体倾向于维护名人的面子,致力于恢复彼此之间关系的和谐与平衡(Holmes, 1995)。

本研究探究了道歉者性别对网民道歉回应策略的选择及使用的影响。虽然过往研究也考察过性别因素的影响(如 Adrefiza & Jones, 2013),但主要调查的是回应者性别对其策略使用的影响。本研究探讨了道歉者性别对回应方语用策略使用的影响,为道歉回应研究提供了新视角。本研究发现,道歉者性别会影响网民对回应策略的选择及使用。首先,道歉者性别对网民使用"间接确认"和"回避道歉"策略具有显著影响。若道歉者为男性,网民倾向于使用"间接确认"策略进行回应;若道歉者为女性,网民则更倾向于使用"回避道歉"策略进行回应。此外,网民更多地向男性名人提供建议,对女性则更倾向于表示同情。这可能是由于通常情况下,女性在社会关系中更容易获取同情(Heflick et al., 2011)。因此,当道歉者为女性时,网民会通过指责他人、转移话题等方式回避其道歉,维护其面子。而对于男性道歉者,网民则会通过指明错误、提醒告诫、提供建议等威胁对方面子的方式间接确认其信任违背行为。本研究揭示了网民在新媒体交际中对不同性别道歉者的回应态度差异,发现网民群体对女性道歉者相对宽容,对男性道歉者较为严苛。这与萨顿等(Sutton et al., 2006)的研究结论相呼应,即人们会更加关注和跟进男性道歉者的信任违背行为。

本研究还探究了信任违背类型对网民回应策略使用的影响。针对能力型信任违背道歉,本研究发现网民的回应呈现出两极化趋向:"直接接受"和"拒绝接受"是使用最多的两种回应策略类型。大部分网民倾向于接受名人因专业失误或能力不足而发表的道歉,通常会使用"支持鼓励"和"表示同情"等子策略进一步表示对道歉的接受。这可能是由于网民权衡有关能力的积极信息与消极信息的方式存在内部差异(Snyder &

Stukas, 1999)。由于更重视能力方面的积极信息,网民对名人在工作中产生偶然失误的行为较为宽容。因此,名人针对能力型信任违背行为发表的道歉更易被网民接受。此外,也有部分网民会通过责备、质疑或讽刺等方式直接拒绝名人的能力型信任违背道歉。这部分网民的负面态度可能是他们对能力方面积极信息的重视导致他们对名人产生了较高程度的期待和信任。而因能力不足引发的信任违背行为背离了网民的预设行为期待 (Burgoon & Hale, 1998),较高程度的初始信任 (Kim et al. , 2004) 被打破,从而使部分网民形成强烈的情感落差,对名人做出了负面评估,因此拒绝接受其有关能力失误而发表的道歉。此外,本研究还发现网民更倾向于为名人的能力失误提供建议。这可能是由于相对于道德素质,能力与专业技能的提升更易给出具体的改善意见和方案。

针对正直型信任违背道歉,网民的回应态度则较为模糊。网民多使用"间接确认"和"回避道歉"进行回应,其原因可能在于网民对正直型信任违背行为的衡量标准较为模糊。本研究还发现,网民倾向于为名人的正直型信任违背道歉分担责任,其原因可能是涉及社会规范或行为准则的正直型信任违背行为可以通过公众监督、共同参与进行改善。

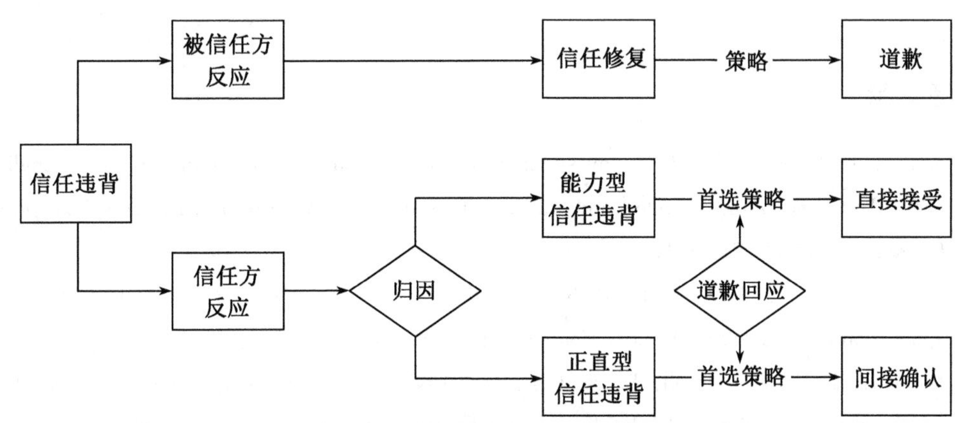

图 2 人际信任修复与道歉回应互动模式

基于本研究发现,我们构建了新媒体交际语境下的人际信任修复与道歉回应互动模式(见图 2)。在本研究中,名人作为被信任方,会采取各类手段进行信任修复。道歉是最具代表性的修复策略之一,而网民作为信任方,会对名人的信任违背行为进行判断与归因,并依据其对信任违背行为的归因 (能力型信任违背和正直型信任违背) 选择不同的道歉回应策略,给予形式不一的回应。如图 2 所示,针对能力型信任违背,网民的首选回应策略为直接接受,针对正直型信任违背,网民的首选回应策略为间接确认。

综上,本研究考察了网民针对名人道歉的回应策略,从道歉者性别和信任违背行为类型出发,探究其对道歉回应策略使用的影响,并在此基础上提出了新媒体交际语境下的人际信任修复与道歉回应互动模式。研究结果证实，在新媒体交际中，网民对名人道歉的回应态度受道歉者性别和信任违背类型的影响而呈现出不同的使用倾向。

6 结语

本研究在归纳并分析网民道歉回应策略的基础上，进一步探究了道歉者性别和信任违背类型对网民回应的影响，为道歉回应的语用研究提供了新的思路。同时，本研究在信任违背框架下探索网民对名人道歉的回应，对汉语新媒体交际的语用探索有积极的贡献，并为加强网络交际中的人际信任、规范汉语新媒体网络交际提供了重要参考。本研究亦存在一定不足。本研究按照道歉者性别和信任违背类型随机选取网民回应400条，未来研究可进一步扩大语料收集范围、丰富语料来源。此外，未来研究还可以采取口头访谈等方式探究网民策略使用的原因，从而深化对于新媒体交际中道歉回应的讨论。网络平台差异是否对网络回应语用策略具有潜在影响也是值得关注的重要研究问题之一（李宇明、刘鹏飞、任伟等，2023）。

参考文献

[1] Adrefiza & Jones, J. F. 2013. Investigating apology response strategies in Australian English and Bahasa Indonesia: Gender and cultural perspectives. *Australian Review of Applied Linguistics*, 36(1): 71 - 101.

[2] Burgoon, J. K. & Hale, J. L. 1988. Nonverbal expectancy violations: model elaboration and application to immediacy behaviors. *Communication Monographs*, 55(1): 58 - 79.

[3] Butler Jr, J. K. & Cantrell, R. S. 1984. A behavioral decision theory approach to modeling dyadic trust in superiors and subordinates. *Psychological Reports*, 55(1): 19 - 28.

[4] Feng, W. & Ren, W. 2019. "This is the destiny, darling": Relational acts in Chinese management responses to online consumer reviews. *Discourse, Context & Media*, 28: 52 - 59.

[5] Goffman, E. 2010. *Relations in Public: Microstudies of the Public Order*. New York: Routledge.

[6] Heflick, N. A., Goldenberg, J. L. & Cooper, D. P., et al. 2011. From women to objects: Appearance focus, target gender, and perceptions of warmth, morality and competence. *Journal of Experimental Social Psychology*, 47 (3): 572 - 581.

[7] Holmes, J. 1989. Sex differences and apologies: One aspect of communicative competence. *Applied Linguistics*, 10(2): 194 - 213.

[8] Holmes, J. 1995. *Women, Men and Politeness*. London: Addison Wesley Longman.

[9] Kim, P. H., Ferrin, D. L., Cooper, C. D. & Dirks, K. T. 2004. Removing the shadow of suspicion: The effects of apology versus denial for repairing competence-versus integrity-based trust violation. *Journal of Applied Psychology*, 89(1): 104 - 118.

[10] Mayer, R. C., Davis, J. H. & Schoorman, F. D. 1995. An integrative model of organizational trust. *Academy of Management Review*, 20(3): 709 - 734.

[11] Morrow, P. R. & Yamanouchi, K. 2020. Online apologies to hotel guests in English and Japanese. *Discourse, Context & media*, 34:100379.

[12] Murphy, J. 2016. Apologies made at the Leveson Inquiry: Triggers and responses. *Pragmatics and Society*, 7(4): 595 - 617.

[13] Olshtain, E. 1989. Apologies across languages. In S. Blum-Kulka, J. House & G. Kasper (eds.). *Cross-cultural Pragmatics: Requests and Apologies*. New Jersey: Ablex Publishing Corporation, 155 - 173.

[14] Robinson, J. D. 2004. The sequential organization of "explicit" apologies in naturally occurring English. *Research on Language & Social Interaction*, 37(3): 291 - 330.

[15] Snyder, M. & StukasJr, A. A. 1999. Interpersonal processes: The interplay of cognitive, motivational, and behavioral activities in social interaction. *Annual Revies of Psychology*, 50 (1): 273 - 303.

[16] Spencer-Oatey, H. 2008. Face, (im) politeness and rapport. In H. Spencer-Oatey (eds.). *Culturally Speaking Second Edition: Culture, Communication and Politeness Theory*. London: Continuum Interactional Publishing Group, 11 - 47.

[17] Sutton, G. W., Washburn, D. M. & Comtois, L. L. et al. 2006. Professional ethics violations gender, forgiveness, and the attitudes of social work students. *Journal of College and Character*, 7(1): 1 - 7.

[18] Tomlinson, E. C., Dineen, B. R. & Lewicki, R. J. 2004. The road to reconciliation: Antecedents of victim willingness to reconcile following a broken promise. *Journal of Management*, 30(2): 165 - 187.

[19] VanHooijdonk, C & Liebrecht, C. 2021. Sorry but no sorry: The use and effects of apologies in airline webcare responses to NeWOM messages of flight passengers. *Discourse, Context & Media*, 40:100442.

[20] Waluyo, S. 2017. Apology response strategies performed by EFL learners. *Metathesis: Journal of English Language, Literature, and Teaching*, 1(2).

[21] 安毅，向明友，苏杭，2021. 基于语料库的英国英语道歉回应行为研究. 语言学研究，(1)：134 - 148.

[22] 李宇明，刘鹏飞，任伟，等，2023. "语言与新媒体"多人谈. 语言战略研究，8(1)：50 - 54.

应用语言学研究

学前儿童否定结构语用发展研究*

黑龙江大学/广东外语外贸大学　刘丽芬

黑龙江大学　于　磊　广东外语外贸大学　余灼雅**

摘　要:基于默认语义学理论,采用自然观察法,考察不同年龄段汉语学前儿童否定结构的语用发展特征。结果表明,随着年龄的增长,儿童逐渐使用复杂的否定形式,较多将否定词“不”放在句首,常见否定词“不”放在句中,将否定词“不”放在句尾的情况罕见。否定词“不”的移动过程与儿童的心智认知水平、语境要素语言化能力发展水平和语境依赖度有关,体现了语言使用的经济原则;儿童否定结构的使用建立在预设基础上,其语义表征受不同因素的制约,呈现出不同的语用发展过程。本研究旨在探索儿童否定结构语用发展规律,为儿童否定结构学习与语用能力的发展提供借鉴。

关键词:学前儿童;否定结构;语用发展;默认语义学

Title: A Study on the Pragmatic Development of the Negation Structure in Preschool Children

Abstract: This study, in the light of the Default Semantics theory, investigates

* 本研究系中国博士后科学基金第72批面上资助项目(编号:2022M721070)、黑龙江省哲学社会科学研究规划项目青年项目“类型学视野下汉英儿童否定结构语用发展轨迹对比研究”(编号:22YYC337)、新时代龙江优秀硕士、博士学位论文资助项目(编号:LJYXL2022-094)和黑龙江省外语教育学术交流基地研究课题“预设的语义、语用分析及其对教学改革的启示”(编号:S2020021)的阶段性研究成果。

** **作者简介**:刘丽芬,黑龙江大学俄罗斯语言文学与文化研究中心研究员,广东外语外贸大学翻译学研究中心研究员、教授、博士生导师、博士后协作导师。研究方向:语言学、对比语言学与翻译。于磊(通讯作者),黑龙江大学外国语言文学博士后流动站博士后研究人员,讲师。研究方向:语用学、发展语用学。联系方式:m168202@163.com。余灼雅,广东外语外贸大学英语教育学院讲师。研究方向:语言教学、文学与文化研究、教师发展。

the pragmatic development characteristics of negation structure in Chinese preschool children through naturalistic observation. The research shows that children can gradually use complex negation forms with the growth of age. In addition, children can use the negation word *bu* at the beginning of a sentence, and often use the negation word *bu* in a sentence, but rarely use the negation word *bu* at the end of a sentence. The movement process of the negation word *bu* is related to children's cognitive level, context dependence degree and the economic principle of language use; the use of the negation structure is based on the presupposition, and its semantic representations are constrained by different factors, showing different pragmatic development processes. This study aims to explore the pragmatic development of negation structure in children and provide reference for their learning of negation structure and development of pragmatic competence.

Key Words: Preschool Children; Negation Structure; Pragmatic Development; Default Semantics

1 引言

否定是人类语言普遍存在的现象，人类表达否定的重要手段之一就是使用否定结构。否定也被认为是儿童批判性思维培养的前提问题（苏慧丽、于伟，2019），儿童语言发展中，否定句作为需要习得的特殊句式之一，体现儿童语言结构能力的发展和语用能力的发展（李宇明，1995；周国光、王葆华，2001）。现有研究涉及法语、韩语、英语、德语、俄语等语言的儿童否定结构习得时间、否定词在不同发展阶段出现的位置差异性等问题，相关习得特征体现出一定的跨语言共性（Wode，1977；Choi，1988；Kim，1997；Thornton & Rombough，2015）。一些学者（Volterra & Antinucci，1979；Reuter et al.，2018；沃尔泰拉、安提奴其，1986；朱曼殊、缪小春，1990；孔令达等，2004）指出，儿童否定句最重要的方面似乎是语用上的问题，使用否定结构时需建构其赖以成立的预设，并受否定话语所在语境认知需求的影响。汉语早期儿童否定句习得阶段表明前两阶段与国外研究发现基本相似，但第三阶段主要解决否定词后移的句法位置问题（李宇明，1995）。但目前缺少对汉语学前儿童否定词移动情况的系统探讨，与之相关的否定结构语义表征的讨论还不充分，尤其儿童否定结构的语用发展问题少有研究。考察汉语学前儿童自发语料，深入探究儿童否定结构语用发展过程及其反映的语用能力显得十分必要。

本研究拟从自建语料库中选取114名汉语儿童自发语料，将儿童根据年龄分为低龄组（3岁）、中龄组（4岁）和高龄组（5—6岁），每组儿童年龄跨度分别为36个月至47个月、48个月至59个月、60个月至72个月，平均年龄分别为41个月、53个月、65个月。每组儿童人数相同，男女比例均为1∶1，儿童语言发展正常，无任何言语障碍。采用录像的方法收集儿童同伴自然情境中真实的游戏互动语料，每对儿童语料拍摄时长约为30分钟，场景主要涉及玩插塑、积木、模型玩具（水果、蔬菜、炊具、餐具、小汽车等）。为获得儿童自然语料，研究者尽量避免对儿童造成干扰，这有别于实验法。国际儿童语料库CHILDES的建立及引进为儿童语用发展研究提供了有力工具，使儿童语料得以被充分观察、描写和阐释（于磊，2021），按照CHILDES规定的CHAT格式将语料转写成可在CLAN程序中运行的文本文件，使用SPSS统计分析学前儿童否定结构数据。以默认语义学理论为依据分析汉语儿童否定结构的语用发展特征，旨在为儿童否定句这一特殊句式的教学以及发展儿童语用能力提供启示，为儿童否定结构研究提供新视角。

2　学前儿童否定结构使用分析

汉语否定结构常用的否定词是“不”，否定词“不”作为汉语儿童使用频率较高的词汇，其所构成的否定结构及否定词移动时否定意义的表达也是儿童需要掌握的（李宇明，1995；周国光，2002；孔令达等，2004；张云秋，2014）。李宇明（1995）指出汉语儿童进入双词句阶段后，一般把否定词放在句首；随着儿童语言的发展，否定词也开始后移至主语和谓语中心语之间，或者放在句尾，并有正反相叠的结构出现，进入第二阶段；第三阶段儿童获得了可能补语的否定形式时，否定句的发展才臻于成熟，因此，否定词向后移动的过程体现了否定词所拥有的句法位置的发展，也体现了儿童否定焦点渐趋明确、否定能力的逐渐发展。

本研究将进一步探索学前儿童否定词“不”及否定结构的分布特征，通过否定词“不”在句首、句中和句尾三种位置的移动情况探讨儿童否定能力。分析儿童语料，儿童使用带“不”的否定结构主要有以下类型：“不＋形容词（短语）”“不＋动词”“不＋动词性结构”“动词＋不＋补语”“不＋介宾＋动词（短语）”“不＋助动词（短语）”“X不X（常用于反复句）”“介词短语＋不＋一样”“不……就/……就不”“只要……就不……”“即使……也不……”以及否定性周遍句和单用。统计否定词“不”出现在上述结构不同位置的百分比（儿童相应结构使用总和除以儿童话语总和），分析学前儿童否定结构的使用及发展情况。

2.1　否定词处于句首

当否定词位于句首时，不同年龄段儿童否定结构呈现不同的发展特征，其使用情况见图 1。由图 1 可知，不同年龄段儿童使用“不＋动词”的比例相对较高，分别为 0.68％、0.7％、0.68％，均使用了“不＋动词性结构”“不＋助动词”“不＋形容词(短语)”“不＋动词＋就/就＋不＋动词”四种否定结构，但单用的情况低龄组没出现，“不＋介宾＋动词(短语)”仅出现在高龄组。统计分析显示，显著值均大于 0.05，三组儿童使用上述结构的比例相差不大。

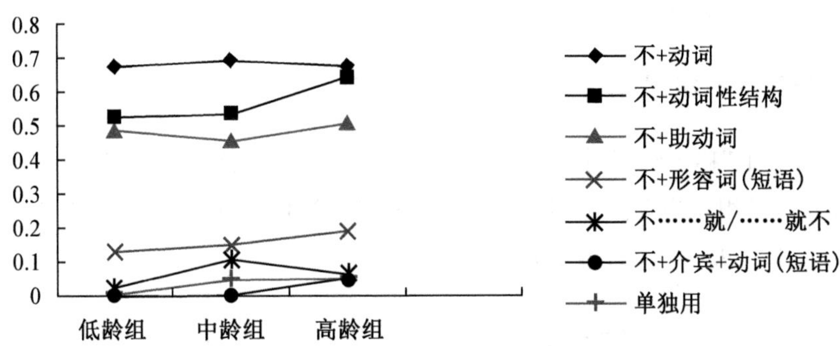

图 1　不同年龄段儿童否定词“不”位于句首的否定结构使用比例

2.2　否定词处于句中

当否定词“不”移至句中时，所有年龄段儿童的语言中，否定结构类型均较丰富(如图 2)。低龄组(0.97％)、中龄组(1.44％)和高龄组(2.20％)使用“不＋动词性结构”的比例随着年龄的增长递增且使用比例均较高；各年龄组儿童使用“不＋动词”“不＋助动词(短语)”的比例递增，高龄组儿童使用比例分别达到 1.05％、1.10％；而“动词＋不＋补语”的使用，低龄组使用比例较高，为 1.08％，中龄组使用比例达 1.18％。此外，随着年龄的增长，不同年龄段儿童使用“X 不 X”的比例上升，低龄组达 1.02％，至于其他否定结构类型，不同年龄段儿童使用比例均较低。

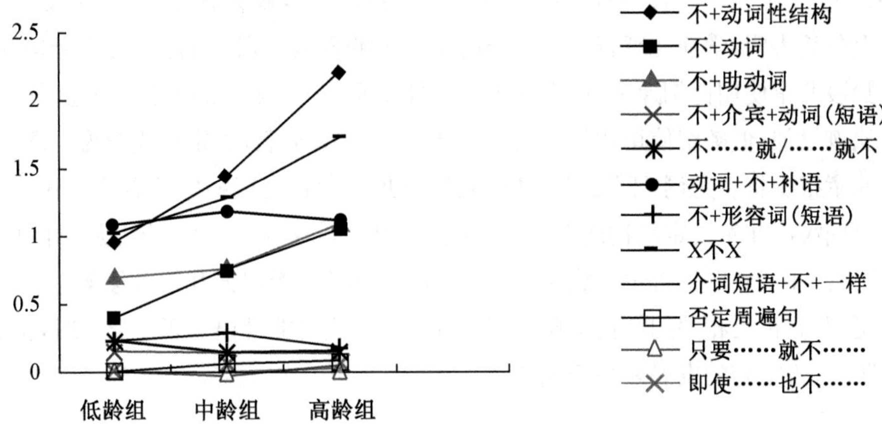

图 2　不同年龄段儿童否定词“不”位于句中的否定结构使用比例

Kruskal-Wallis 检验表明,各年龄组间"不+动词性结构""不、动词""X 不 X""介词短语+不+一样"的使用比例差异显著,卡方值分别为 13.134、7.204、6.196、6.107,自由度均为 2,显著值均小于 0.05。两两比较,对"不、动词性结构""X 不 X""介词短语+不+一样"的使用,低龄组和高龄组、中龄组和高龄组均有较大差异,显著值小于 0.05;对"不+动词"的使用,高龄组显著高于低龄组,显著值小于 0.05。各组间其他否定结构的使用比例差异不明显,显著值大于 0.05。

2.3 否定词处于句尾

当否定词"不"移至句尾时,否定形式处于疑问句中,构成了"X 不 X"的特殊表现形式(如图 3),低龄组未出现,"X 不 X"的特殊表现形式最高使用比例仅为 0.04%。统计分析显示,显著值大于 0.05,各组间差异不大。

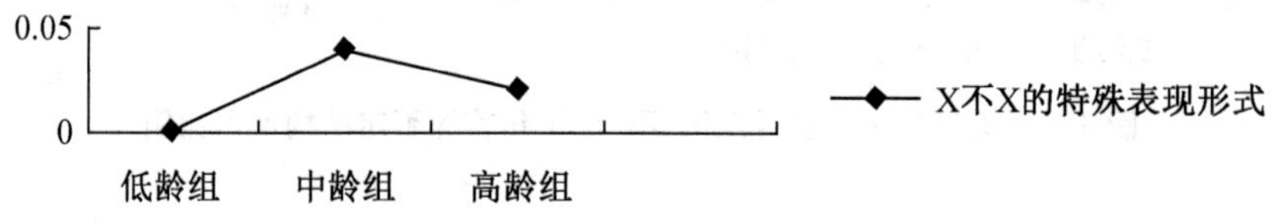

图 3 不同年龄段儿童否定词"不"位于句尾的否定结构使用比例

由上可见,儿童可以将否定词"不"放在句首、句中、句尾,不同年龄段儿童否定结构的使用呈现了不同的发展特征。儿童较少将否定词"不"放在句尾,放在句首较多,但儿童更倾向于将否定词放在句中,使用比例非常高,低龄组儿童使用比例已达 4.79%,位于句首的情况也较多。整体上看,随着年龄的增长,不同年龄段儿童将否定词位于句首、句中的否定结构使用比例增加。Kruskal-Wallis 检验表明,位于句中时,各年龄组儿童使用比例有显著的区分力,卡方值为 13.318,自由度为 2,显著值小于 0.05。两两比较发现,低龄组和中龄组、低龄组和高龄组差异明显,显著值小于 0.05。而各年龄组儿童将否定词"不"位于句首和句尾的使用比例,差异不大,显著值均大于 0.05。

以上分析表明,学前儿童否定结构经历了一定的发展阶段,当否定词位于句首时,不同年龄段儿童使用比例递增,但未达到显著性水平;随着年龄的增长,否定词后移至句中的比例增加,低龄组使用比例已较高,各组之间差异显著,否定形式较为丰富;不同年龄段儿童很少将否定词"不"放在句尾,低龄组儿童没有出现相应的表达形式。这一结果与早期汉语儿童否定结构的发展阶段(李宇明,1995:177 - 178)有差异,即进入双词句阶段后,儿童一般把否定词放在句首;进入第二阶段,否定词开始后移至主语后,或放在句尾,并有正反相叠的结构出现;当"不"后移,形成可能补语的否定形式时,被认为是第三阶段,否定句的发展才臻于成熟。

3 学前儿童否定结构的语用发展

若从发展观看，否定最重要的方面是语用问题（Volterra & Antinucci，1979）。通常认为，否定词的否定有一定的辖域，在无标记时，否定词的辖域通常是位于其右侧的成分（刘丽萍，2014），否定词移动过程中否定焦点有所变化，儿童关于否定焦点和否定辖域知识的发展是个渐进的过程（范莉，2007），需要儿童在语用发展中逐渐习得。根据交际目的、意图和需要，结合对语境所作的设想，交际者可以根据预设调整焦点位置（何兆熊，2000；王宏军，2009）。儿童否定结构的使用也离不开预设，基于预设，儿童通过移动否定词确定否定焦点，在否定词移动过程中需要识别并确认句子主语、说话人的交际意图以及句子结构所起的作用，以表达不同程度的否定意义，实现特定交际目的。可见，儿童否定研究不应局限于传统的句法学、语义学，采用默认语义学理论分析儿童否定结构语义表征是探寻儿童否定结构语用发展研究的新路径，利于更全面地认识否定结构这一重要语言现象。

3.1 默认语义学理论模式

默认语义学融合了语义、语用因素，将语义、语用在话语意义加工中的作用通过模式化形式呈现，各种信息来源与话语加工过程构成组合性并合表征（Merger Representation，符号表示为 Σ），包括：1）词汇意义和句子结构；2）有意识的语用推论；3）各种默认。其中首要意义是自动的、默认的，又是有意识的、推论性的，如图 4（Jaszczolt，2010：200）。

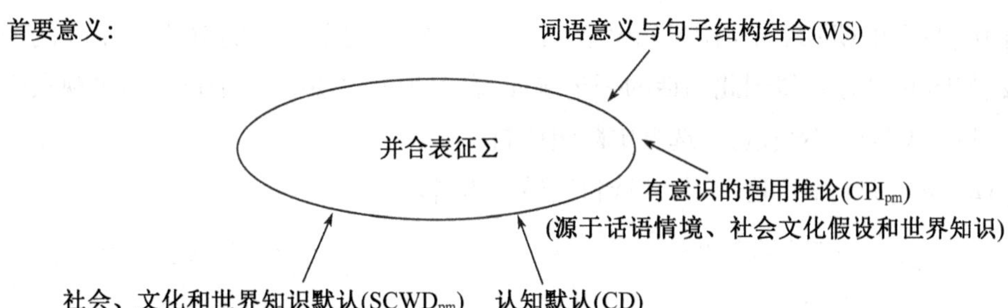

图 4 默认语义学话语理解的加工模式

此外，依据格赖斯（Grice，2001）的可接受性算子（ACC），并将其引入并合表征式，否定在并合表征的各个阶段发挥作用，与预设密切相关，而语言发展系统中的默认语义学展现了以并合表征为内容的能力的发展（Jaszczolt，2005）。默认语义学可以系统解释儿童话语意义，随着儿童心智、认知的发展，儿童 WS、CD、SCWD、CPI 能力也在发展，儿童使用的话语语义表征内容也会呈现不同程度的变化，通过意图等级的强弱我们能够获得儿童语用发展中的不同话语意义，本质上揭示了儿童语用能力的发展（于磊，2019）。此模式可用于阐释儿童否定结构发展特征，否定意义可通过含否定词的否定结构（狭义的否定句）来表达，否定词在句中出现的位置不同会影响句子意义的表达，将其话语意义通过并合表征呈现，根据否定结构赖以成立的预设，获得完整的儿童否定结构语用发展过程。

3.2 儿童否定结构的语用发展特征分析

儿童能够以不同的方式表达自己的愿望，具有谈话、交流方面的本能（谢维和，2022），分析儿童语料中带“不”的否定结构，发现在话语交际中不同年龄段儿童可以基于建构的预设并移动否定词确定否定焦点，表达不同程度的否定意义，实现不同的交际意图，默认语义学为其提供解释机制，可通过并合表征呈现。

3.2.1 否定词“不”处于句首

否定词“不”处于句首，各年龄段儿童较多使用“不”与动词或动词性结构组合的否定类型，如例(1)，儿童$_2$问儿童$_1$做好的是什么玩具，儿童$_1$回答“不知道”，儿童$_1$从儿童$_2$的话语中获取预设信息，此句话否定词位于句首，省略了主语“我”。此话语的全面阐释离不开预设的构建，也要考虑儿童表达的词语意义和句式结构，而传统句法语义等单一层面难以进行系统解释。根据默认语义学，结合儿童心智等特征，整句话主要受 WS 的影响，凸显静态的性状，结合儿童$_1$建构的预设，使用“不知道”表达儿童$_1$较强的否定意图，通过并合表征获得了统一的话语意义加工过程，见图 5。又如例(2)，儿童$_2$使用“不”否定“玩”，儿童$_2$从正做的事中获取预设信息，否定词位于句首，虽省略了主语“我”，但与例(1)相比，由于动词性结构含有“这个”，要付出较多的认知努力来识别其指称，因而 WS 和 CD 共同作用于语义表征，并参与整个句子意义的解读中，由句子预设触发(如图 6 中的 s)得到此句话的否定解读，表达儿童$_2$不想玩这个玩具的主观意愿。

(1) *CH1：不知道。(选自中龄组语料)

(2) *CH2：不玩这个了。(选自高龄组语料)

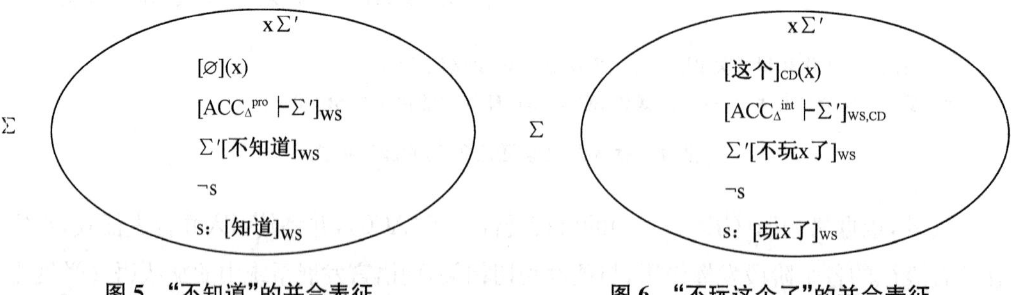

图 5 “不知道”的并合表征　　图 6 “不玩这个了”的并合表征

与“助动词”组合而成的否定结构中，儿童使用的助动词包括“能”“应该”“可以”等。如例(3)，儿童$_1$向儿童$_2$要玩具，儿童$_2$从正做的事中直接获取预设信息，否定词处于句首，句中虽省略了主语“你”，但仍可成功地被识别，见图7，“不可以”表示对允许道义情态意义的否定，体现了WS、CD的共同参与，结合儿童$_2$建构的预设，表达了儿童$_2$较强烈的否定意图。

较之上述几种否定结构，与形容词组合的否定结构儿童较少使用。汉语形容词的肯定式比否定式更丰富，体现了人们在大多情况下习惯于用形容词的肯定性质表达而不大习惯于用否定性质表达的语言心理(李宇明，1998)，此特点在学前儿童的认识中有所体现。如例(4)，否定词“不”处于句首，否定形容词“辣”，表达对事物性状的否定，体现了主观认定，因缺少主语，CD未参与话语意义加工，但根据事物或事件之间的常规性联系，儿童$_2$建构了预设，认为辣椒通常是辣的，当儿童$_1$拿出辣椒模具时，儿童$_2$笑着说“不辣”，此话语意义受制于WS、SCWD，由句子预设触发(如图8中的s)得到此句话的否定解读，在并合表征中得以呈现，如图8所示。

(3) *CH2：不可以。(选自低龄组语料)

(4) *CH2：& 哈哈 不辣。(选自低龄组语料)

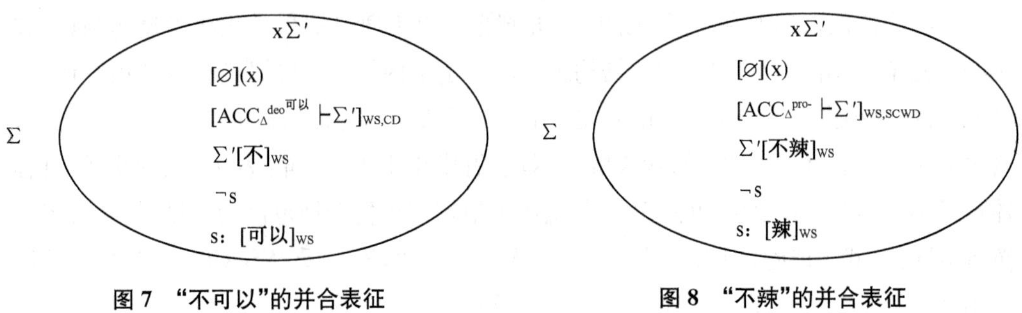

图7 “不可以”的并合表征　　图8 “不辣”的并合表征

对于“不……就/……就不”“不+介宾+动词(短语)”和单独用的否定结构，各年龄段儿童较少使用。例如，中龄组儿童看到还有一些大怪兽，当同伴认为大怪兽被消灭时，儿童直接从语境中获取信息建构预设，儿童单独使用“不”，由WS触发，表达否定判断的功能，体现儿童较强的否定意图。

总之，当否定词位于句首时，句中省略主语，付出的认知努力较小，话语双方同样可以顺利地进行会话，在意义解读过程中，儿童依靠习得的WS及各种默认获得不同的否定意义，主要由WS、CD来触发，通过并合表征得以完整呈现。这可能与儿童的心智认知水平、语境要素语言化能力发展水平和语境依赖度有关，体现了语言使用的经济原则。儿童语言发展的过程就是语境要素不断语言化的过程，从而使语境依赖度逐渐降低，语境要素语言化能力越强，就有可能说出具有不同语境依赖度的话语(李宇明，1995)。分析儿童语料发现，学前儿童语言能力逐渐增强，基于已习得的否定结构，可以根据交际需要表达不同语境依赖度的话语。此外，预设在语言交际中具有积极作用，可以减轻说话人的表述负担，也使听话人免去了理解话语时的诸多辛劳，有助于突出信息焦点等（魏在江，2003），学前儿童可以在特定语境中恰当建构预设，并在建构中体现出话语表达的经济性、凸显性等特征。

3.2.2 否定词“不”处于句中

与否定词位于句首相比，各年龄段儿童更倾向于将否定词后移至主语和谓语中心语之间，儿童较多使用“不＋动词性结构”“X 不 X”“动词＋不＋补语”结构，其次是“不＋助动词（短语）”“不＋动词”，较少使用“不＋形容词”“介词短语＋不＋一样”“只要……就/都……不”“即使……也……不”“不＋介宾＋动词（短语）”“不……就/……就不”以及否定周遍句几种较为复杂的否定结构。

当否定词“不”移至动词之后，构成可能补语的否定结构，如“安不上”“抓不到”，似乎插在一个结构的中间，即在结构上表现为“安＋不上”“抓＋不到”。这种结构的历史来源也是“安＋不上”“抓＋不到”（刘丹青，2017：144），表达对主观能力可能性的否定，如例（5），玩具掉到了离儿童$_1$座位较远的位置，儿童$_1$从正在做的事中获取预设信息，WS 和 CD 共同参与否定结构“捡不回来”意义的建构，结合相应的预设，表达儿童$_1$没有能力把物体捡回来的无奈之情，见图 9。儿童也可以不通过情景变化线索建构预设，如例（6），儿童$_2$使用了“不”和动词性结构组合的否定结构，儿童$_2$根据经验得到预设信息，当儿童$_1$指出小猫咪不会叫时，儿童$_2$说“因为它不认识你是谁”，此时否定词位于句中，通过 CD 获得了“它”和“你”的默认指称，即小猫咪和儿童$_1$，儿童$_2$表达否定意图的过程体现了 WS 与 CD 的参与，见图 10。儿童还可根据常识构造规范性的预设，如高龄组儿童告诉同伴“我不能吃，因为我是你们的主人”，当前语境下，受 WS、CD 和 SCWD 共同作用，体现了情理上或环境上的不许可，表达道义情态。

（5） *CH1：捡不回来了。（选自中龄组语料）

（6） *CH2：因为它不认识你是谁。（选自高龄组语料）

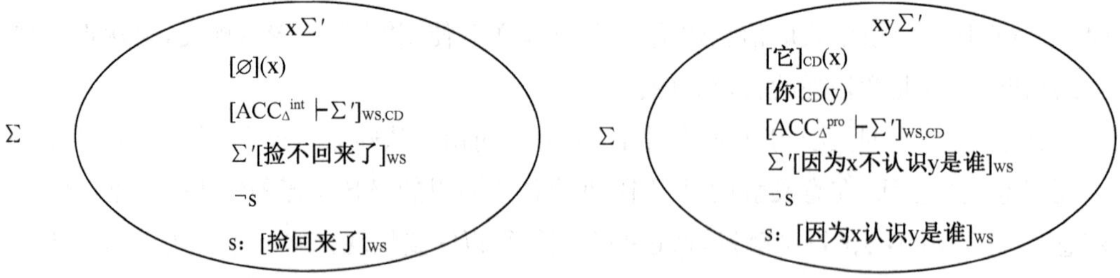

图 9 “捡不回来了”的并合表征　　　图 10 “因为它不认识你是谁”的并合表征

此外，汉语有一种特殊类型，形式上表现为肯定和否定并列，回答的方式是在并列的项目里选择一项作为回答，这种类型可称为反复问句(朱德熙，1982)。各年龄段儿童可以使用这种正反相叠的否定结构“X 不 X”，且均有较多的使用，比如儿童问同伴“你看我摆的房子酷不酷?”，以获得对摆的房子性状的主观认可，儿童从事实中获取预设信息，并合表征中 WS 和 CD 共同作用凸显了确认的意义。

总之，当否定词位于句中时，仍主要依赖 WS、CD 的参与；儿童能更加灵活地运用不同否定形式表达话语意图，同时出现了较为复杂的句子结构，句中主语的识别离不开 CD 的作用，与否定词位于句首相比，付出的认知努力更大。随着儿童认知水平的提高、生活阅历和体验的不断丰富，年龄较大的儿童可调动更多的 SCWD，预设建构方式更多样。

3.2.3 否定词“不”处于句尾

当否定词移至句尾并含语气成分时，这种特殊形式标记也被称为反复问句(祝敏彻，1995)，否定词“不”位于句尾的情况仅出现在中龄组和高龄组儿童话语中，且使用比例较低。如例(7)，儿童$_2$从眼前的事实中获取预设信息，使用“好看不”的形式来问儿童$_1$，以获得对玩具“好看”或“不好看”性状的主观认定，此话语意义的加工离不开 WS 和 CD 的共同参与，结合儿童$_2$建构的预设，凸显了确认的意义，如图 11 所示。刘丹青指出，对于命题之外还表达言语行为或主观态度(两者通称语气)的句子来说，否定成分的辖域小于语气成分(刘丹青，2017：140)。此外，不同年龄段儿童可将否定词“不”移至句首或句中来表达疑问等语气，此时，体现较弱的否定色彩，如例(8)及其并合表征(如图 12)。上述相关表达方式各年龄段儿童使用不多，可能是因为儿童在习得否定词语意义及句式结构基础上，还需掌握各种语气的表达手段，需要较高的语言能力、认知水平及语用能力。

(7) *CH2：这是我做的，好看不？(选自中龄组语料)

(8) *CH2：摆不了？(选自高龄组语料)

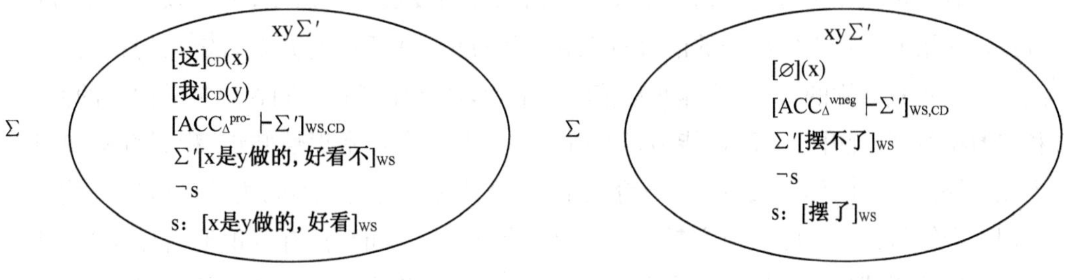

图 11 “这是我做的，好看不”的并合表征　　**图 12 “摆不了”的并合表征**

例(8)中，儿童$_2$从正在说的话语中获取预设信息，儿童$_2$对儿童$_1$再摆十层房子的可能性进行提问，形成的语义表征体现了 WS 和 CD 的参与，结合儿童$_2$建构的预设，使用

“摆不了？”表达较弱的否定意图，并想要得到儿童$_1$的答复，此时儿童$_1$说“再摆十五层就倒了”，话语双方实现特定的交际目标。

上述分析表明，儿童可以认知自己或他人的心理状态并做出相应背景假设，选择不同方式建构否定结构赖以成立的预设，恰当使用不同否定形式表达话语意义，而较复杂的结构和词语表达，儿童使用起来还不太熟练，需要更高的认知发展水平和语言能力才能习得。可见，儿童语用发展与语言系统习得、社会认知习得同时进行，相互促进(陈新仁，2000：39)，儿童语用发展中受到不同的心理、认知动因影响，制约着儿童话语意义的表达，通过并合表征呈现的含否定词“不”的话语意义离不开 WS、CD、SCWD 的共同参与，以 WS、CD 的作用为主，这一过程体现了儿童语用的发展。

4 结语与启示

综上，学前儿童否定结构已趋于成熟，出现一些特殊的否定表达形式，这些特殊标记使用更为复杂。当否定词位于句首时，儿童使用比例较多，但儿童更倾向于将否定词用于句中，出现较多的正反相叠、否定可能补语的结构，而否定词移位于句尾属于较复杂的结构，儿童使用很少。与单词句阶段不同，学前儿童可更好地运用不同否定形式，独立的否定词“不”具有一定的语序灵活性，儿童可根据双方共有知识的多少来恰当移动否定词，并省略或添加各种主语、补语等其他句子成分，体现了儿童语境要素语言化能力的发展，也反映了儿童可根据不同语境要求，采用语境依赖度不同的话语，与语言使用的经济原则有关。通过并合表征较为完整地呈现出不同程度的否定认知投入状态、建立的预设以及儿童语用发展过程，不同否定话语意义的表达受到 WS、CD、SCWD 的制约，其中以 WS 和 CD 的参与为主，而通过建构否定结构预设来表达其他特殊含义的情况未出现。

本研究可为儿童否定结构教学及儿童语用能力发展提供启示，可从以下几个方面有意识地培养儿童否定结构的语言意识和语用意识：1) 重视与儿童否定结构相关的词汇意义和句式结构的习得，培养儿童范畴化能力，使儿童了解不同否定范畴内部的原型和非原型特征，提升儿童语言能力；2) 适当引导儿童掌握常识性知识，积累百科知识，为儿童提供更多的体验机会；3) 教育教学中，有针对性地创设不同语境，满足儿童恰当使用否定结构进行交际的现实需求；4) 提高儿童的预设能力，有意识地引导儿童根据不同语境选择情景或非情景变化方式来建构预设，帮助儿童激活已有的知识和经验来认识和理解他人的心理状态，并解释和预测他人行为，增强儿童变换使用不同类型否定结构实现交际意图的能力等。

本研究仅探讨带“不”的否定结构，其他否定结构未涉及，学前儿童使用否定结构表达不同意义时体现的否定等级以及跨语言分析等是后续需探讨的问题。

参考文献

[1] Choi, S. 1988. The semantic development of negation: a cross-linguistic longitudinal study. *Journal of Child Language*, 15(3): 517 - 531.

[2] Jaszczolt, K. M. 2010. Default semantics. In B. Heine, H. Narrog (eds.). *The Oxford Handbook of Linguistic Analysis*. Oxford: Oxford University Press, 193 - 221.

[3] Jaszczolt, K. M. 2005. *Default Semantics, Foundations of a Compositional Theory of Acts of Communication*. England: Oxford University Press.

[4] Kim, Y. 1997. The acquisition of Korean. In D. I. Slobin (ed.). *The Crosslinguistic Study of Language Acquisition*, Vol. 4. Hillsdale, NJ: Lawrence Erlbaum, 370 - 386.

[5] Reuter, T., Feiman, R., Snedeker, J. 2018. Getting to No: Pragmatic and Semantic Factors in Two-and Three-Year-Olds' Understanding of Negation. *Child Development*, 89(4): e364 - e381.

[6] Thornton, R. & Rombough, K. 2015. The Syntax-PF Interface in Children's Negative Sentences. *Language Acquisition*, 22(2): 132 - 157.

[7] Volterra, V. & Antinucci, F. 1979. Negation in Child Language: A Pragmatic Study. In E. Ochs, B. B. Schieffelin(eds.), *Developmental Pragmatics*. New York: Academic Press, 281 - 292.

[8] Wode, H. 1977. Four early stages in the development of L_1 negation. *Journal of Child Language*, 4(1):87 - 102.

[9] 陈新仁,2000. 国外儿童语用发展研究述评. 外语与外语教学,(12):38 - 41.

[10] 范莉,2007. 儿童对普通话中否定词的早期获得. 现代外语,30(2):144 - 154,218 - 219.

[11] 何兆熊,2000. 新编语用学概要. 上海:上海外语教育出版社.

[12] 孔令达等,2004. 汉族儿童实词习得研究. 合肥:安徽大学出版社.

[13] 李宇明,1995. 儿童语言的发展. 武汉:华中师范大学出版社.

[14] 李宇明,1998. 形容词否定的不平行性. 汉语学习,(3):1 - 5.

[15] 刘丹青,2017. 语法调查研究手册(第二版). 上海:上海教育出版社.

[16] 刘丽萍,2014. 否定辖域及焦点否定之语义解释. 语言教学与研究,(5):69 - 78.

[17] 苏慧丽,于伟,2019. 否定性:儿童批判性思维培养的前提问题. 教育学报,15(4):26 - 34.

[18] 王宏军,2009. 论汉英"焦点"与"预设"的表现手段. 外国语文,25(2):79 - 82.

[19] 魏在江,2003. 预设研究的多维思考. 外语教学,24(2):32 - 35.

[20] 沃尔泰拉(Volterra, V.),安提奴其(Antinucci, F.),1986. 儿童语言中的否定句:语用学的研究. 王志,译. 国外语言学,(3):97 - 102.

[21] 谢维和,2022. 论学前教育的"学前性". 教育研究,43(3):88 - 96.

[22] 于磊,2019 - 12 - 31. 从时间指称看儿童语用发展. 中国社会科学报.

[23] 于磊，2021－12－21. 重视语料库在发展语用学研究中的功能与价值. 中国社会科学报.
[24] 张云秋，2014. 汉语儿童早期语言的发展. 北京：商务印书馆.
[25] 周国光，2002. 儿童使用否定词"不"及其相关否定结构状况的考察. 语言文字应用，(4)：42－49.
[26] 周国光，王葆华，2001. 儿童句式发展研究和语言习得理论. 北京：北京语言文化大学出版社.
[27] 朱德熙，1982. 语法讲义. 北京：商务印书馆.
[28] 朱曼殊，缪小春，1990. 心理语言学. 上海：华东师范大学出版社.
[29] 祝敏彻，1995. 汉语选择问、正反问的历史发展. 语言研究，15(2)：117－122.

职前英语教师批判性思维能力测评探究*

河北师范大学　黄永亮**

摘　要：培养学习者的批判性思维是当前外语教育教学的一个重要目标。对职前英语教师的批判性思维能力进行测评，守好"入门关"，是确保其未来英语教育教学胜任力的直接举措。职前英语教师批判性思维能力可从"窄式"视角界定为：能够恰当地运用英语进行论证的能力，包括识别论证结构的能力、评价论证的能力和论证个人观点的能力。职前英语教师批判性思维能力测试设计宜采用拓展式的建构型作答任务，分别制定三个相应的评分量表。评分量表维度设置兼顾论证和语言表达，量表描述语应充分体现论证的内在特征。这可为我国职前英语教师批判性思维能力测评思路设计提供些许参照。

关键词：批判性思维；批判性思维能力；职前英语教师；论证能力

Title: Assessing Critical Thinking Skills of Pre-service English Teachers

Abstract: To cultivate critical thinking of learners is, currently, among the key objectives of foreign language education and teaching. It's the immediate measure to assess critical thinking skills for pre-service English teachers so as to guarantee the gateway to their positions and their teaching proficiency. Critical thinking skills for pre-service English teachers can be narrowly defined as the ability to argue in English appropriately, including argument identification, argument evaluation, and argument construction. Three test tasks with extended constructed response format and their corresponding rating criteria are to be designed respectively. Argument and language

* 本研究为2022年第十一批"中国外语教育基金"重点项目"大学外语评价生态系统重构机制研究"（编号：ZGWYJYJJ11Z022）的阶段性成果。

** **作者简介**：黄永亮，河北师范大学大学外语教学部教授。研究方向：语言测试、外语教育。联系方式：huang@bfsu. edu. cn。

expressions are the two dimensions of rating criteria with distinctive features of argument in their descriptors. The present study may provide some references for assessing critical thinking skills for pre-service English teachers in China.

Key Words: Critical Thinking; Critical Thinking Skills; Pre-Service English Teachers; Argumentative Skills

1 引言

批判性思维在教育教学中的地位举足轻重。批判性思维是21世纪学生发展核心要素中不可或缺的部分（林崇德，2016），是高校毕业生未来岗位卓越胜任力的必备能力（Liu, Frankel & Roohr, 2014）。要培养和发展英语学习者的批判性思维能力，英语教师首先要具备一定的批判性思维（粟莉，2004），因为他们要在教育教学活动中起到相应的示范作用（Brookfield, 2012；Fisher, 2001；都建颖、李伟平，2017），但包括英语教师在内的教师队伍的批判性思维状况却不容乐观（Bakir, 2013；Paul, Elder & Bartell.，1997；李晶晶等，2017a，2017b；杨叔子，2014），这无疑会在一定程度上影响学生批判性思维的培养效果。

如何确保英语教师的批判性思维水平足以胜任相应的教育教学任务？从长远看，这是一个庞大、复杂、系统且长期的工程，不可能一蹴而就。就最直接的措施而言，可通过加大职前英语教师批判性思维的考查力度，严把英语教师"入门关"来实现该目标。然而，现有主要的英语教师证书考试对批判性思维的考查力度均严重不足。比如，英国的英语语言教师证书（CELTA）和英语教学能力证书（TKT）、美国的普瑞克斯系列考试（Praxis-ESOL、Praxis-MSELA、Praxis-ELA：C & A）、我国的中小学和幼儿园教师资格考试（英语），均未明确将批判性思维纳入测量目标。因此，有必要研发专门的批判性思维能力测试，检验职前英语教师的批判性思维水平，以确保其未来英语教育教学的胜任力。

构念界定、任务设计和评分方法是测试研发的三个核心议题（Fulcher, 2010；Haladyna & Rodriguez, 2013）。本研究聚焦批判性思维界定中的共识与核心——论证，紧扣论证能力，界定职前英语教师批判性思维能力；厘清现有批判性思维测试、典型的建构型作答的批判性思维能力测试任务及其评分量表的优势和不足，旨在为职前英语教师批判性思维能力的测评思路设计提供参照。

2 职前英语教师批判性思维能力的构念界定

批判性思维界定的视角多样，目前却尚无统一的、普遍接受的批判性思维的定义(Atkinson, 1997;Davies & Barnett, 2015;Moon, 2008)，也未见职前英语教师批判性思维能力界定的专项研究。哲学传统、认知心理和教育教学视角下的批判性思维界定各有侧重：哲学传统(Bailin & Battersby, 2010; Facione, 1990; Paul & Eler, 2006; Siegel, 1988)强调理想的批判性思维和最佳情境，注重批判性思维的标准，强调逻辑规则的应用和论证；认知心理视角(Halpern, 1998; Sternberg, 1986; Willingham, 2008)紧扣现实可见的思维结果，往往以技能或步骤简表方式呈现，均不同程度强调批判性思维活动中的论证；教育教学视角(Anderson et al., 2001; Bloom et al., 1956; Marzano & Kendall, 2007)扎根教学观察与实践，注重高阶思维及其实现所必需的论证。不难看出，上述批判性思维的界定虽侧重点各异，但就论证的重要性却能达成共识。

大体上讲，论证是提出论点，通过论据论述论点并反驳相左论点的行为。它既是一个智力过程，又是一个社会过程(Mauk & Metz, 2013)。具体而言，论证是指依据某个或某些判断的真实性，来断定另一判断真实与否的思维过程(Fogelin & Sinnott-Armstrong,2005;Mooney, Williams & Burik, 2016;Watson & Arp, 2011)。换句话说，论证是提供充分的理由以支撑相应的结论。

对于论证的基本要素，目前观点不一：有观点认为论证包括两要素，也有观点认为包括三要素。认为论证由两个基本要素构成的学者表述论证基本要素所用的术语也不尽相同。例如，福格林和辛诺特-阿姆斯特朗(Fogelin & Sinnott-Armstrong, 2005)、亨特(Hunter, 2009)、穆尔和帕克(Moore & Parker, 2009)等认为论证的基本要素是前提和结论。其中，福格林和辛诺特-阿姆斯特朗(2005)也把前提称为理由。前提是推理中的已知判断，是推理的出发点和根据；结论是推理中依据前提推出的新判断，是推理过程的终结。费希尔(Fisher, 2004)等则认为论证的基本要素是理由和结论。他同时指出，"理由通常被称为论证的前提"(Fisher, 2004: 172)。因而，上述论证基本要素术语表述中的分歧能够得到消解。此外，莫克和梅茨(Mauk & Metz, 2013)采用论点和论据表述论证的两要素，查菲、麦克马洪和斯托特(Chaffee, McMahon & Stout, 2008)则采用两组可以交替使用的术语表述论证的两要素。不过，不管论证两要素如何表述，其实质均可归结为理由(前提)和结论。

与此相对，穆尼、威廉斯和伯里克(Mooney, Williams & Burik, 2016)、董毓(2017)、谷振诣(2000)等国内外学者认为，论证由论点(主张或结论)、论据(理由或前提)和论证关系(支持)三要素构成。论点由命题内容和命题态度组成,是论证的最终目标。论证关系是一个从理由得出结论的过程。

尽管有关论证基本要素数量的分歧依然存在,但这并不影响"提供充分的理由以支撑相应的结论"——论证的这一实质。完整的论证包括至少一个理由(前提)和一个结论,前提和结论在论证中的位置较为灵活。

事实上,论证是用于评价主张或命题的真实性、明确表达能够为人们接受的主张或命题的最重要的工具,是思维的实质(Johnson & Siegel,2010),是批判性思维的基础和核心(Moore & Parker, 2009;Swatridge, 2014)。依据劳(Lau, 2011)和武宏志(2016)的观点,论证能力包括识别论证结构的能力、评价论证的能力和论证个人观点的能力。

论证可分为简单论证和复杂论证两类。识别论证的基本结构,确定论证的理由(前提)和结论是理解、分析论证质量的首要任务,是评价论证质量的关键前提。评价论证质量是批判性思维中最重要的能力(Vaughn,2008),这一点也反映在诸多论证质量评价框架研究成果中,如查菲、麦克马洪和斯托特(2008)、费希尔(2004)、亨特(2009)、沃森和阿尔普(Watson & Arp, 2011)、董毓(2017)等。若要说服他人认可某主张的真实性,就要进行有效的或令人信服的论证。要构建好论证,则需给出能为人们所接受的理由,且该理由能够支撑相应的结论(Mooney, Williams & Burik, 2016)。对于学习者而言,其批判性思维最重要的一点就体现为"建构极具说服力的论证"(Judge, Jones & McCreery, 2009: 4)。就个人观点论证而言,其评价标准与上述论证质量评价框架中的诸多标准相一致。

基于上述考察,结合英语教师自身的教育教学特点,职前英语教师批判性思维能力可从"窄式"视角界定为:能够恰当地运用英语进行论证的能力,包括识别论证结构的能力、评价论证的能力和论证个人观点的能力。其中,识别论证结构的能力是指能够准确识别主要论点及其支撑理由;评价论证的能力是指能够准确评价论点的明确性和相关性、证据的真实可靠性与推理的有效性,并能够与文本互动,提供恰当的细节支撑;论证个人观点的能力是指职前英语教师论证个人观点时,能够做到论点明确、相关性强,论据真实可靠,推理有效性强。同时,职前英语教师未来要在教育教学中起到示范作用,因此,结构完整、衔接自然,表达清楚、准确等英文表达质量的重要指标亦应成为评价职前英语教师批判性思维能力的关键要素。

3 职前英语教师批判性思维能力的任务设计

职前英语教师批判性思维能力的上述界定可作为衡量标准,评价颇具影响的批判性思维测试及典型的建构型作答的批判性思维能力测试任务,判断它们能否作为我国职前英语教师批判性思维能力考查的理想工具。即使它们并非理想工具,至少可以给职前英语教师批判性思维能力任务设计提供参照和借鉴。

20 世纪 70 年代,随着批判性思维运动的兴起,批判性思维测试开始受到越来越多的关注,不少颇具影响的批判性思维测试应运而生。其中,华生—格拉泽尔批判性思维评价(Watsons-Glaser Critical Thinking Appraisal)、康奈尔批判性思维测试:X 水平(Cornell Critical Thinking Test, Level X)、康奈尔批判性思维测试:Z 水平(Cornell Critical Thinking Test, Level Z)、加利福尼亚批判性思维技能测试:大学水平(The California Critical Thinking Skill Test: College Level)、HEIghtenTM 批判性思维测试(HCT)等属于较具代表性的选择型作答任务的批判性思维测试;恩尼斯—韦尔批判性思维作文测试(The Ennis-Weir Critical Thinking Essay Test)、伊利诺伊批判性思维作文测试(Illinois Critical Thinking Essay Test)、大学生学习评估测试(Collegiate Learning Assessment Test)、国际批判性思维作文测试(International Critical Thinking Essay Test)等属于较具代表性的建构型作答任务的批判性思维测试。此外,赫尔珀恩批判性思维测评(Halpern Critical Thinking Assessment)则属于较具代表性的选择型作答任务与建构型作答任务相结合的批判性思维测试。

3.1 选择型作答任务的批判性思维测试

选择型作答任务的批判性思维测试,尤其是大规模的批判性思维测试,具有评分轻松、高效、低成本,能够确保考查批判性思维的确切方面等优点(Ennis, 2011)。该类测试也存在全面性欠缺、效度不及建构型作答任务的批判性思维测试等不足之处(Ennis, 1993;Ku,2009)。具体而言,选择型作答任务通常会遗漏批判性思维的诸多要素,忽略考生所在的背景、所持的信仰、所拥有的理念等差异。测试命题者也可能会选择具有标准答案的演绎逻辑测试项而有意避开具有不确定性的风险选项,这会让测试的全面性和效度大打折扣。同时,选择型作答任务的批判性思维测试在反映考生作答的推理情况时也显得无能为力(Davidson & Dunham, 1997;Norris & Ennis, 1989)。此外,对批判性思维中创造性维度的考查也容易被忽视(Ennis, 2009)。

具体来讲,"华生—格拉泽尔批判性思维评价"和"加利福尼亚批判性思维技能测试:大学水平"存在测试偏好、子任务与整个测试之间的相关度较低等问题(Stein, Haynes & Unterstein, 2003)。此外,后者也未考查在批判性思维中发挥作用的常见推理的关键方面,而主要侧重批判性思维构念中并不具代表性的推理技能。同时,测试任务的情景设置脱离了批判性思维本应存在的真实语境,不少试题的标准答案也存在争议(Groarke, 2009)。"康奈尔批判性思维测试:X 水平"和"康奈尔批判性思维测试:Z 水平"均未考查批判性思维中的价值判断,也未直接考查批判性思维倾向;"康奈尔批判性思维测试:X 水平"还未直接考查意义建构能力;两项测试的效度也不容乐观

(Ennis, 2009)。

除了上述不足,还有观点认为选择型作答任务根本“无法测量高阶思维,也无法测量应用高阶思维的能力”(Darling-Hammond et al., 2014: 19)。因此,对批判性思维这类高阶思维的考查似乎只有建构型作答任务才能完成。

需要特别指出的是,HEIghtenTM 批判性思维测试采用单选、二选一和多选题的方式,要求考生在 1 小时内完成 26 个基于实例分析的题目,主要考查考生的分析性思维能力和综合性思维能力(Liu et al., 2016)。有研究结果显示,来自不同国家的考生用各自的母语作答时所需的能力及其思维过程并无明显差异,该测试可视作批判性思维能力测量的标准化工具(凌光明、刘欧, 2019)。这表明,作为选择型作答的 HEIghtenTM 批判性思维测试似乎是个例外。当然,该测试的效度仍待进一步验证。

3.2 建构型作答任务的批判性思维测试

相较选择型作答任务的批判性思维测试,建构型作答任务的批判性思维测试的管理和评分环节投入相对更高,可它却更加适用于批判性思维的考查(Ennis, 2009, 2011; Norris & Ennis, 1989; Taube, 1997),因为它在相当程度上弥补了前者存在的明显不足,比如,构念考查的全面性、批判性思维运用的真实性、对批判性思维中创造性过程的考查等。同时,标准化的建构型作答任务的批判性思维测试也能在某种程度上解决大规模的选择型作答任务的批判性思维测试成本过高的问题;建构型作答任务的批判性思维测试采用经过培训的评分员进行评阅,可在一定程度上避免因考生背景差异、对测试任务情景设置的误读以及可能存在歧义的任务而出现的各种问题(Ennis, 2011)。此外,建构型作答任务还能够考查批判性思维的深度(Darling-Hammond et al., 2014)。

具体而言,“大学生学习评估测试”能够较为真实地考查大学生在实际问题解决中的批判性思维能力(Possin, 2008),曾被誉为“美国标准化批判性思维测试的样板”(Spellings Commission on the Future of Higher Education, 2006: 32)。它把批判性思维视作“一组能够独立起作用,且按一系列维度排列的子技能”(Benjamin et al., 2009: 22),采用整体评分的方式,主要由计算机完成。该测试的问题主要在于:一是其服务费相对较高(仲海霞, 2018);二是其评分方式选用欠妥。确切地说,其整体评分方式易忽视批判性思维的诸多子技能而导致“只见森林而不见树木”(Possin, 2013a)。换句话说,其评分依据宜“更多侧重批判性思维的诸多子技能,而非作答表现中的修辞技巧”(Possin, 2013a)。

“恩尼斯—韦尔批判性思维作文测试”将批判性思维与写作测试结合起来,通过给编辑写回信的方式考查考生的推理能力,适用于七年级至大学学生群体,该测试受到哈彻(Hatcher, 1995)的高度评价。同时,戴维森和邓纳姆(Davidson & Dunham,

1997)、哈彻(Hatcher, 1999)等的报告支撑了该测试的效度,进一步阐述了将批判性思维与写作测试相结合的可行性和有效性。约翰逊(Johnson, 2009)也肯定了该测试,认为它抓住了批判性思维中的论证推理这一核心,是上佳的批判性思维测试。不过,该测试的大部分任务仅停留在找出论证的瑕疵这一推理核心层面,就其对论证技能维度的考查而言,"恩尼斯—韦尔批判性思维作文测试"并不能令人满意。此外,即使批判性思维极强的评分员亦需花费大约 6 分钟才能评阅一份试卷(Ennis, 2011),这也是该测试难以推广的一个重要因素。

"伊利诺伊批判性思维作文测试"旨在通过选择对某一问题的立场并进行相应论证来考查高中生的批判性思维能力和写作能力,该测试亦可用于低年级或更高年级的考生。尽管该测试具有很高的评分员信度(r=0.94),但由于教师们更愿意使用评阅方便的选择型作答任务的批判性思维测试以及该测试开发团队关键成员的工作变动等原因,"伊利诺伊批判性思维作文测试"只落得个销声匿迹的结果(Ennis, 2011)。

"国际批判性思维作文测试"的目的有二:一是通过前测和后测判断考生在某一课程或学科中所具有的批判性思维状况;二是为教师提供测评工具以激励他们在授课过程中更好地培养学生的批判性思维。该测试的一个不足之处在于不提供考生需要阅读的文章,而须由测试用户自己确定相关文章。这既会增加测试用户的负担,又难以保证测试的公平性(仲海霞, 2018)。

作为选择型作答任务与建构型作答任务相结合的基于网络的批判性思维测试——"赫尔珀恩批判性思维测评"在高等教育领域得到广泛的认可,因为它具备较高的信度和效度(Halpern, 2010),其测试结果也与现实世界中的批判性思维表现较为一致(Butler, 2012)。不过,泊松(Possin, 2013b)从构念效度、内容效度、评分效度等方面对该测试进行质疑。他还指出该测试的施考环节也存在因价格昂贵而令用户的经济负担过重、用户访问体验不佳等问题。

3.3 典型的建构型作答的批判性思维能力测试任务

除了建构型作答的批判性思维测试,"国际人才英语考试"(English Test for International Communication)中的高端类(以下简称为"国才高端")测试中的"时评分析"书面作答任务和"剑桥思维测试"(Cambridge International AS and A Level Thinking Skills)中的试卷二"批判性思维"测试任务这两项典型的批判性思维能力测试任务也值得特别关注,因为它们紧扣论证,符合批判性思维评测中的"测试任务设计的真实性原则"(Bensley & Murtagh, 2012)。

两项典型的批判性思维能力测试任务的具体测量目标均围绕论证能力展开。"国才高端"旨在"评价、认定高校学生及社会人士在高层次国际交往活动中运用英语从事专业性工作的能力"(中国外语测评中心,2022:124),其"时评分析"采用读写结合的综合建构型设计模式，用于考查总结论点、分析论据、评价论证优缺点等批判性思维能力（罗凯洲、韩宝成，2018）。“剑桥思维测试”旨在认定高校、企事业等单位所需的具有成熟、精密思维方式的人才，其“批判性思维”测试采用建构型作答任务，所考查的批判性思维能力包括识别论证、确定结论、识别逻辑谬误、评价论证、深度论证等方面（Cambridge International Examinations，2015）。两项典型的批判性思维能力测试任务均可为职前英语教师批判性思维能力测试任务设计提供有益的借鉴。

通过回顾可以发现，选择型作答任务的批判性思维测试的优点和不足同样明显，而现有较具影响的建构型作答任务的批判性思维测试自身的问题虽依然存在，但对构念考查的全面性，提供批判性思维运用所需的真实语境，对批判性思维中创造性维度、论证推理过程等诸方面的考查都更胜一筹。然而，它们并非针对英语教师而设计与开发，因而并不是考查职前英语教师批判性思维能力的理想工具。上述典型的建构型作答的批判性思维能力测试任务虽遵循“测试任务设计的真实性”原则，紧扣论证能力，但其终究不是针对职前英语教师批判性思维能力而开发的测试任务，不宜直接用来考查英语教师的批判性思维能力。要有效测量我国职前英语教师的批判性思维能力，守好英语教师批判性思维能力的“入门关”，就要依据我国英语教育教学的现实情况，紧扣职前英语教师批判性思维能力的“窄式”界定，设计适用于我国职前英语教师批判性思维能力的测试任务。

4 职前英语教师批判性思维能力的评分方法

相较上述典型的批判性思维能力测试任务的设计，其评分标准却逊色不少。以“国才高端”中的“时评分析”测试任务的评分量表为例。该评分量表包括内容和语言两个维度。内容维度聚焦任务主题、任务要求和细节支撑，考查考生作答“是否紧扣任务主题，是否完成任务要求，是否有细节支撑等”（罗凯洲、韩宝成，2018）；语言维度则聚焦用词、句式和语法，考查考生作答“用词是否准确，句式是否灵活，语法是否准确”（罗凯洲、韩宝成，2018）。不难发现，从测试任务评分标准的描述语中似乎看不出论证自身的特点。

然而，通过考查“时评分析”测试任务评分量表的内容维度可以发现如下描述语，考生作答“条理是否清晰，行文是否流畅，衔接是否自然，格式是否规范等”（罗凯洲、韩宝成，2018）。这表明该评分量表的内容维度实际上包括“内容”和“结构”两个维度的相关描述。换句话说，该评分量表某种程度上涵盖内容、结构和语言三个维度，这与“国才考试”其他书面沟通任务的评分量表维度相一致。

考查“时评分析”测试任务评分量表中的描述语可以发现，各分数档的描述语中仅有“论证过程”一词与批判性思维能力紧密相关，且未明确指出论证过程的具体含义。一般来讲，评价论证质量至少要从论点、证据和推理三个方面着眼。具体而言，要评价论点的明确性、相关性，评价论据的真实可靠性，评价推理的有效性。而“时评分析”测试任务评分量表中的描述语均未涉及上述内容。因此，仅就该测试任务评分量表描述语而言，该批判性思维能力测试任务的批判性思维能力特征并不明显。

细致考查“时评分析”测试任务评分量表中的描述语还可以发现，该评分量表内容维度的描述语较为模糊，因而很难给评分员以清晰的指导。以内容维度最高分数档的描述语“对原文论证过程的优缺点有明确的评价”为例，该描述语并未明确指出原文论证过程的何种优缺点，也未明确什么是“明确的评价”。上述关键点未能明确，评分员评阅过程中极可能遇到这样那样的问题。此外，目前尚未见上述典型的建构型作答的批判性思维能力测试任务效度方面的相关报告。

实际上，该典型测试任务评分量表中的不足之处，或许会在某种程度上影响对职前英语教师批判性思维能力测试任务评分标准制定的参照意义。

5 结语

本研究聚焦批判性思维界定中的共识与核心——论证，紧扣识别论证结构、评价论证质量和论证个人观点三个基本要素，对职前英语教师批判性思维能力进行“窄式”界定，阐述现有批判性思维测试的优势和不足，指出典型的建构型作答的批判性思维能力测试任务评分量表的评分维度不典型、评分量表描述语中论证要素评价欠缺等问题。

结合英语教师教育教学的实际情况、职前英语教师批判性思维能力的“窄式”定义和典型的建构型作答的批判性思维能力测试任务的特点，职前英语教师批判性思维能力测试设计宜采用拓展式的建构型作答任务，测试任务设计紧扣识别论证结构、评价论证质量和论证个人观点三个方面，并分别制定三个相应的评分量表。其中，识别论证结构评分量表可包括主要论点和支撑理由两个维度，评价论证质量评分量表可包括论证质量和语言表达两个维度，论证个人观点评分量表可包括论证过程和语言表达两个维度。评分量表宜采用论点的明确性和相关性、论据的真实可靠性、推理的有效性、与文本的互动性且具有细节支撑等体现论证内在特征的描述语。这样做既能抓住批判性思维的共识与核心，又能兼顾职前英语教师批判性思维能力测试任务的真实性，还能在评分量表维度设置和描述语中充分体现职前英语教师批判性思维能力的鲜明特征。

参考文献

[1] Anderson, L. W., et al. 2001. *A Taxonomy for Learning, Teaching and Assessing: A Revision of Bloom's Taxonomy of Educational Objectives*. New York: Longman.

[2] Atkinson, D. 1997. A critical approach to critical thinking in TESOL. *TESOL Quarterly* 31(1): 71-94.

[3] Bailin, S. & M. Battersby. 2010. *Reason in the Balance: An Inquiry Approach to Critical Thinking*. Toronto: McGraw-Hill Ryerson.

[4] Bakir, S. 2013. The critical thinking skills of teacher candidates Turkish Republic of Northern Cyprus sampling. *Eurasian Journal of Educational Research*, 53: 231-248.

[5] Benjamin, R., et al. 2009. Returning to Learning in an Age of Assessment. Retrieved Feb. 5, 2018, from http://www.collegiatelearningassessment.org.

[6] Bensley, D. A. & M. P. Murtagh. 2012. Guidelines for a scientific approach to critical thinking assessment. *Teaching of Psychology*, 39(1): 5-16.

[7] Bloom, B. S., et al. 1956. *Taxonomy of the Cognitive Domain: The Classification of Educational Goals*. Michigan: Longman.

[8] Brookfield, S. 2012. *Teaching for Critical Thinking: Tools and Techniques to Help Students Question Their Assumptions*. CA: Jossey-Bass.

[9] Butler, H. A. 2012. Halpern critical thinking assessment predicts real-world outcomes of critical thinking. *Applied Cognitive Psychology*, 26(5): 721-729.

[10] Cambridge International Examinations. 2015. Syllabus: Cambridge International AS and A Level Thinking Skills. Retrieved Oct. 5, 2017, from https://www.cambridgeinternational.org/images/128643-2015-syllabus.pdf.

[11] Chaffee, C., C. McMahon. & B. Stout. 2008. *Critical Thinking, Thoughtful Writing: A Rhetoric with Readings* (4th edition). Boston: Houghton Mifflin Company.

[12] Darling-Hammond, L., et al. 2014. *Next Generation Assessment: Moving Beyond the Bubble Test to Support 21st Century Learning*. San Francisco: Jossey-Bass.

[13] Davidson, B. & R. Dunham. 1997. Assessing EFL student progress in critical thinking with the Ennis-Weir critical thinking essay test. *JALT Journal*, 19(1): 43-57.

[14] Davies, M. & R. Barnett. 2015. Introduction. In M. Davies & R. Barnett (eds.), *The Palgrave handbook of critical thinking in higher education*. New York: Palgrave Macmillan, 1-26.

[15] Ennis, R. 1993. Critical thinking assessment. *Theory into Practice*, 32(3): 179-186.

[16] Ennis, R. 2009. Investigating and assessing multiple-choice critical thinking tests. In J. Sobocan., L. Groarke. & R. Johnson., et al. (eds.), *Critical thinking education and assessment: Can higher order thinking be tested?*. Ontario: The Althouse Press, 75-87.

[17] Ennis, R. 2011. Critical thinking: Reflection and perspective (Part II). *Inquiry*, 26(2): 5-19.

[18] Facione, P. A. 1990. Critical thinking: A statement of expert consensus for purposes of educational assessment and instruction. Research Findings and Recommendations. ERIC Doc. No. ED 315423. Retrieved Nov. 2, 2017, from https://files. eric. ed. gov/fulltext/ED315423.pdf.

[19] Fisher, A. 2001. *Critical Thinking: An Introduction*. Cambridge: Cambridge University Press.

[20] Fisher, A. 2004. *The Logic of Real Arguments* (2nd edition). Cambridge: Cambridge University Press.

[21] Fogelin, R. J. & W. Sinnott-Armstrong. 2005. *Understanding Arguments: An Introduction to Informal Logic*. Toronto: Wadsworth.

[22] Fulcher, G. 2010. *Practical Language Testing*. London: Hodder Education.

[23] Groarke, L. 2009. What's wrong with the California Critical Thinking Skills Test? CT testing and accountability. In J. Sobocan., L. Groarke., R. Johnson. & F. Ellett Jr. (eds.), *Critical thinking education and assessment: Can higher order thinking be tested?*. Ontario: The Althouse Press, 35 - 54.

[24] Haladyna, T. M. & M. C. Rodriguez. 2013. *Developing and Validating Test Items*. New York: Routledge.

[25] Halpern, D. F. 1998. Teaching critical thinking for transfer across domains: Dispositions, skills, structure training and metacognitive monitoring. *American Psychologist*, 53(4): 449 - 455.

[26] Halpern, D. F. 2010. Halpern Critical Thinking Assessment. SCHUHFRIED (Vienn a Test System): Modeling, Austria. Retrieved Feb. 10, 2018, from http://www. schuhfried. com/vienna-test-system-vts/all-tests-from-a-z/test/hcta-halpern-critical-th 137 inkingassessment-1/.

[27] Hatcher, D. 1995. Combining critical thinking and written composition: The whole is greater than the sum of the parts. *Inquiry*, 15(2): 20 - 36.

[28] Hatcher, D. 1999. Why critical thinking should be combined with written composition. *Informal Logic*, 19(2 & 3): 171 - 183.

[29] Hunter, D. A. 2009. *A Practical Guide to Critical Thinking: Deciding What to Do and Believe*. New Jersey: John Wiley & Sons, Inc.

[30] Johnson, R. 2009. The implications of the dialectical tier for critical thinking. In J. Sobocan., L. Groarke., R. Johnson. & F. Ellett Jr. (eds.), *Critical thinking education and assessment: Can higher order thinking be tested?*. Ontario: The Althouse Press, 55 - 74.

[31] Johnson, S. & H. Siegel. 2010. *Teaching Thinking Skills* (2nd edition). London: Continuum International Publishing Group.

[32] Judge, B., P. Jones. & E. McCreery. 2009. *Critical Thinking Skill for Education Students*. Cornwall: Learning Matters Ltd.

[33] Ku, K. Y. L. 2009. Assessing students' critical thinking performance: Urging for measurements using multi-response format. *Thinking Skills and Creativity*, 4(1): 70 - 76.

[34] Lau, J. Y. F. 2011. *An Introduction to Critical Thinking and Creativity: Think More, Think Better*. New Jersey: John Wiley & Sons, Inc.

[35] Liu, O. L., et al. 2016. Assessing critical thinking in higher education: TheHEIghtenTM approach and preliminary validity evidence. *Assessment & Evaluation in Higher Education*, 41 (5): 677 - 694.

[36] Liu, O. L., L. Frankel. & K. C. Roohr. 2014. *Assessing Critical Thinking in Higher Education: Current State and Directions for Next-generation Assessment*. ETS Research Report Series, (1):1 - 23.

[37] Marzano, R. J. & J. S. Kendall. 2007. *The New Taxonomy of Educational Objectives* (2nd edition). Thousand Oaks, CA: Corwin Press.

[38] Mauk, J. & J. Metz. 2013. *Inventing Arguments* (3rd edition). Boston: Wadsworth Cengage Learning.

[39] Moon, J. 2008. *Critical Thinking: An Exploration of Theory and Practice*. London and New York: Routledge.

[40] Mooney, T. B., J. N. Williams & S. Burik. 2016. *An Introduction to Critical and Creative Thinking: Analyzing and Evaluating Ordinary Language Reasoning*. Singapore: McGraw-Hill Education.

[41] Moore, B. N. & R. Parker. 2009. *Critical Thinking* (9th edition). New York: McGraw-Hill.

[42] Norris, S. & R. Ennis. 1989. *Evaluating Critical Thinking*. Pacific Grove, CA: Critical Thinking Press and Software.

[43] Paul, R. & L. Elder. 2006. *Critical Thinking: Tools for Taking Charge of Your Learning and Your Life* (2nd edition). New Jersey: Pearson Prentice Hall.

[44] Paul, R., L. Elder. & T. Bartell. 1997. A brief history of the idea of critical thinking. California, ON: The Foundation for Critical Thinking. Retrieved Jan. 3, 2018, from http://www.criticalthinking.org/pages/a-brief-history-of-the-idea-of-critical-thinking/408.

[45] Possin, K. 2008. A field guide to critical thinking assessment. *Teaching Philosophy*, 31(3): 201 - 228.

[46] Possin, K. 2013a. A serious flaw in the Collegiate Learning Assessment (CLA) Test. *Informal Logic*, 33(3): 390 - 405.

[47] Possin, K. 2013b. Some problems with the Halpern Critical Thinking Assessment (HCTA) Test. *Inquiry: Critical thinking across the disciplines*, 28(3): 4 - 12.

[48] Siegel, H. 1988. *Educating Reason: Rationality, Critical Thinking and Education*. New York and London: Routledge.

[49] Spellings Commission on the Future of Higher Education. 2006. A Test of Leadership: Charting the Future of the US Higher Education. Retrieved Jan. 11, 2018, from http://www.ed.gov/about/bdscomm/list/hiedfuture/reports.html.

[50] Stein, B., A. Haynes. & J. Unterstein. 2003. Assessing Critical Thinking Skills. Paper

presented at SACS/COC Annual Meeting/Nashville (December 6 - 9), Tennessee.

[51] Sternberg, R. J. 1986. Critical thinking: Its nature, measurement and improvement. National Institute of Education. Retrieved Feb. 7, 2018, from http://eric. ed. gov/PDFS/ED272882. pdf.

[52] Swatridge, C. 2014. *The Oxford Guide to Effective Argument and Critical Thinking*. Oxford: Oxford University Press.

[53] Taube, K. T. 1997. Critical thinking ability and disposition as factors of performance on a written critical thinking test. *The Journal of General Education*, 46(2): 129 - 164.

[54] Vaughn, L. 2008. *The Power of Critical Thinking: Effective Reasoning About Ordinary and Extraordinary Claims*. New York: Oxford University Press.

[55] Watson, J. & R. Arp. 2011. *Critical Thinking: An Introduction to Reasoning Well*. London & New York: Continuum International Publishing Group.

[56] Willingham, D. T. 2008. Critical thinking: Why is it so hard to teach? *Arts Education Policy Review*, 109(4): 21 - 32.

[57] 董毓,2017. 批判性思维原理和方法:走向新的认知和实践(第二版). 北京:高等教育出版社.

[58] 都建颖,李伟平,2017. 语言与思维视角下的批判性思维测试. 外语教育,(00):39 - 46.

[59] 谷振诣,2000. 论证与分析:逻辑的应用. 北京:人民出版社.

[60] 李晶晶等,2017a. 批判性思维教学的教师技能研究及启示. 中小学教师培训,(8):1 - 5.

[61] 李晶晶等,2017b. 国外批判性思维研究的启示:教师准备的视角. 教育科学研究,(9):81 - 87.

[62] 林崇德,2016. 21 世纪学生发展核心素养研究. 北京:北京师范大学出版社.

[63] 凌光明,刘欧,2019. 中国高中生批判性思维能力的测量及其影响因素初探. 中国考试,(9):1 - 10.

[64] 罗凯洲,韩宝成,2018. 国才考试的构念界定、任务设计与评分方法. 中国外语教育,(1):40 - 46.

[65] 粟莉,2004. 论教师在批判性思维培养中的角色. 中山大学学报论丛,(4):339 - 342.

[66] 武宏志,2016. 论批判性思维的核心元素:论证技能. 延安大学学报(社会科学版),8(1):5 - 20.

[67] 杨叔子,2014. "傻瓜"精神:推动批判性思维教育. 工业与信息化教育,(3):1 - 2.

[68] 中国外语测评中心,2022. 国际人才英语考试官方指南. 北京:外语教学与研究出版社.

[69] 仲海霞,2018. 批判性思维能力测试评介. 工业和信息化教育,(5):77 - 89,92.

新文科视域下的外语学科发展研究：现状、范式与趋势*

南京大学　邓世平　上海外国语大学　王雪梅**

摘　要：新文科视域下，外语学科发展问题受到学界广泛关注。本研究采用内容分析、文献计量和文本挖掘相结合的方法，全面梳理了外语学科发展相关研究，尝试建构外语学科研究范式，并对未来的研究趋势做出了展望。期望为今后新文科视域下的外语学科发展相关研究提供新视角。

关键词：外语学科发展；现状；趋势；范式

Title: Research on the Development of Foreign Language Discipline in the Context of New Liberal Arts: Status, Prospects and Paradigm

Abstract: The development of foreign language discipline in the context of new liberal arts have garnered widespread attention among researchers. Adopting the methods of content analysis, bibliometrics and text mining, this paper conducts a comprehensive review of the current research on the development of foreign language discipline, attempts to construct the paradigm of foreign language discipline research and forecasts the research prospects. It is expected to provide a new perspective for the future research on the development of foreign language discipline in the context of the new liberal arts.

Key Words: the Development of Foreign Language Discipline; Status Quo; Trend; Paradigm

* 本研究系国家社科基金项目“新时代我国高校外语学科范式重构研究”(编号 21BYY023)的部分成果。

** **作者简介**：邓世平，南京大学大学外语部副教授。研究方向：外语教育、语言政策与规划。联系方式：dengshipingdsp@163. com。王雪梅，上海外国语大学中国外语战略研究中心教授，博士生导师。主要研究方向为外语学科发展、语言战略与外语教育。联系方式：wxm97@126. com。

1 引言

学科是学术创新、培养一流人才、建设一流大学的重要载体。因此,学科发展历来是政府、高校、学界都十分关注的重要问题。随着新文科建设的持续推进,外国语言文学学科(以下简称外语学科)迎来了转型升级与创新发展的新时代。新文科将给外语学科带来一场“革命”(王铭玉, 2020),在这场“革命”中,外语学科的知识体系、组织体系、科学研究、人才培养都将发生重大变化。因此,外语学科研究亟待更新指导思想、理念信念以及方法论,建构新的研究范式(Kuhn, 1962)。当前,新文科视域下外语学科如何建设和发展的相关研究成果已初具规模。本研究尝试运用文献计量学的方法,在对总体文献进行简要分析的基础上,将内容分析、文献计量与文本挖掘相结合,对国内新文科视域下外语学科发展研究成果系统梳理与分析,从而全面把握该主题相关研究现状与趋势。在此基础上,结合对学科内涵的理解,提出新文科视域下外语学科发展研究的范式,为后续研究提供参考。

在高等院校内,学科既是一种系统化的知识体系,也是知识更新和研究领域拓展的源泉,具体体现为学术共同体、教学共同体、专业学会、院系及学科建制等形式的组织体系(王雪梅、邓世平, 2022)。因此,考查新文科视域下外语学科的发展,也应从知识观和组织观两个角度出发,既探讨外国语言文学学科领域知识的创新、传播与应用,也分析相应学科建制、研究学会等组成的组织体系的演进或变革,同时关注二者如何通过互动推进外语学科的整体发展。

2 数据收集与处理

2.1 CNKI 数据来源及处理

2018 年,我国正式提出“新文科”的概念(赵奎英, 2020)。笔者在 CNKI 数据库中选择“主题”字段,检索词设为“新文科”等,来源类别为 CSSCI(含 CSSCI 来源期刊及扩展版)和“核心期刊”(即北京大学《中文核心期刊总览》来源期刊),发现最早的文献发表于 2019 年。因此,本研究选取 2019 年以来的核心文献展开计量分析,将“主题”字段设为“新文科”并含“外语”,时间段设为 2019 年至今。检索后通过逐条阅读剔除会议综述、书评、广告、通讯等,最终有效文献数量为 70 篇(2022 年 12 月 20 日检索)。本研究采用内容分析法以及 CiteSpace 6.1.2 软件对有效文献进行分析。

2.2 学术会议数据收集与处理

笔者搜集2019年至今学界召开的以新文科背景下外语学科建设或发展为主题的21场学术会议信息(其中包括部分重要会议中的外语学科发展分论坛)(表1),整理出其中主旨报告和论坛发言的主题,建成一个小型文本数据库。采用文本挖掘软件Text Mining 5.9进行关键词词频分析和聚类分析,以进一步掌握学界对新文科视域下外语学科发展的最新研究动态。

表1 纳入本研究的学术会议(论坛)一览表

序号	会议名称	承办单位	会议时间
1	一流外语学科建设方略与实践路径研讨会	上海交通大学	2019年4月20日
2	首届全球治理与外语学科发展高峰论坛	同济大学	2019年11月15日
3	新时代 新文科 新外语——外国语言文学学科发展的高精尖之路高层论坛	北京第二外国语学院	2019年11月22日
4	新文科背景下外国语言文学学科与专业建设高层论坛	武汉科技大学	2020年8月12日
5	新文科与外语学科建设校长论坛	山东大学	2020年9月19日
6	新文科背景下外语学科建设和人才培养高端论坛	河北师范大学	2020年10月31日
7	第三届全国理工类院校外语教育发展高端论坛	上海理工大学	2020年11月15日
8	新时代外语学科发展论坛暨全国语用学研究会常务理事会议	河北大学	2021年6月26日至27日
9	新文科背景下外国语言文学学科发展和学术创新高层论坛	内蒙古工业大学	2021年7月27日至28日
10	第三届师范类院校外语学科发展高端论坛	西北师范大学	2021年9月18日至19日
11	新文科背景下高校外语学科建设论坛	湖北大学	2021年9月25日
12	新时代背景下外国语言文学学科建设国际高端论坛	四川师范大学	2021年10月17日
13	新文科背景下商务英语学科建设研讨会	上海对外经贸大学	2021年11月13日
14	新时代外国语言文学学科的守正与创新高端论坛	清华大学	2021年11月17日至11月23日
15	第三届中国高校外语学科发展联盟年会暨一流外国语言文学学科建设与发展高端论坛	上海外国语大学	2021年12月12日

（续表）

序号	会议名称	承办单位	会议时间
16	新文科与外语学科发展高端论坛	中国石油大学	2021 年 12 月 16 日至 17 日
17	第六届全国高等学校外语教育改革与发展高端论坛专题外语学科发展分论坛	北京外国语大学	2022 年 3 月 19 日至 3 月 20 日
18	第三届财经类院校外语学科发展高端论坛	中南财经政法大学	2022 年 5 月 7 日
19	面向国家战略的外语学科发展高端论坛	浙大宁波理工学院	2022 年 5 月 21 日
20	新时代外语学科建设与发展研讨会	上海交通大学	2022 年 6 月 18 日
21	第四届中国高校外语学科发展联盟年会暨一流外国语言文学学科建设高峰论坛	上海外国语大学	2022 年 12 月 17 日

3　新文科视域下的外语学科发展研究现状

3.1　文献数量

将 70 篇需要分析的文献按年度整理后画出折线图(如图 1 所示)。可以看出,总体而言,自 2019 年以后,随着新文科建设的推进,有关新文科视域下外语学科发展的研究文献呈现较快增长趋势,其中 2021 年的发文量是 2020 的 3.2 倍,是 2019 年的 14 倍(因数据入库的滞后性,2022 年度的数据仅供参考)。可见,随着新文科建设的推进,该视域下外语学科的发展问题受到学界的普遍重视,这一领域的研究正处于升温过程中。

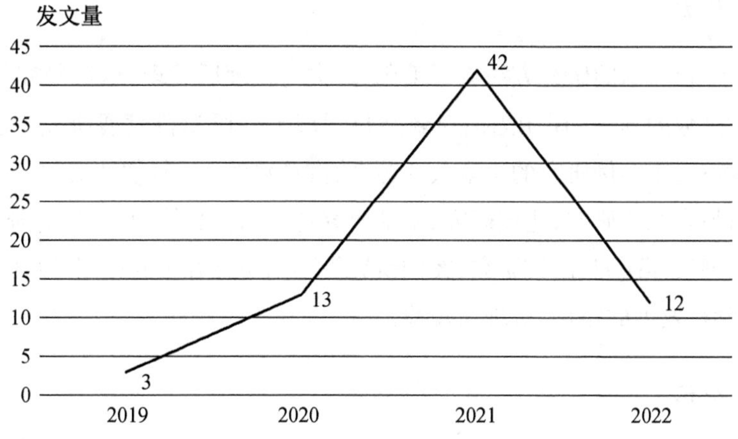

图 1　2019 年以来新文科视域下外语学科研究发文情况

3.2 发文期刊

文献所在期刊分布状况能够揭示出新文科视域下外语学科发展研究相关文献的空间分布特征,确定该领域的主要学术阵地。表2统计了近十年发表一流学科相关研究的主要学术期刊情况。

表2 一流学科研究重要学术阵地

排名	期刊名称	载文数量/篇
1	中国外语	11
2	外语电化教学	9
3	当代外语研究	8
4	外语界	5
5	外国语文	4
6	中国高等教育	3
7	外语研究	3
8	外语教育研究前沿	3
9	外语教学	3

表2中所列9种期刊发表新文科视域下外语学科发展研究文献的数量为49篇,占发文总量的70%。这些刊物多数为外国语言文学类学术刊物,构成了一流外语学科研究的主要学术阵地;此外,一些教育学类刊物也开始刊发该话题的研究成果,显示出当前这一话题逐渐受到越来越多研究者的关注。

3.3 研究方法

笔者对70篇文献的研究方法进行编码、分类与整理后发现,思辨研究的数量为58篇,约占总文献数的83%,说明当前对新文科视域下外语学科发展研究主要基于研究者的主观思考;采用案例研究的文章共9篇,约占总数的13%,说明案例研究是重要研究方法之一;另有综述研究、比较研究、实证研究各1篇。总体而言,当前研究以思辨为主,今后可加强实证研究、比较研究、案例研究等不同研究方法的运用,以便能细致深入地探索外语学科发展的路径、机理与规律。

3.4 研究热点

笔者采用内容分析法对所有文献进行编码,发现2019年以来新文科视域下外语学科发展研究主要涵盖 6 大主题（表 3），其中既有对外语学科创新发展的宏观思考，也有对外语教育政策、外语专业建设、外语人才培养等重要问题的探索与阐释，此外还涉及外语教师专业发展及其他微观教学问题。

表 3　新文科视域下外语学科发展研究主题分布

研究主题	发文量	所占比例
新文科视域下外语学科与外语教育重构和转型的宏观思考	28	40%
新文科视域下的外语人才培养	19	27%
新文科视域下外语专业建设转型与创新的理论与实践	10	14%
新文科视域下的外语微观教学研究	5	7%
新文科视域下的外语教育政策与规划	4	6%
新文科视域下的外语教师专业发展	4	6%
合计	70	100%

相关研究从宏观角度思考新文科视域下外语学科的重构和升级。首先，研究者不仅探讨外语学科的发展理念、原则、路径，更主张通过价值引领、促进学科内外交叉融合实现外语学科的创新发展（查明建，2018；蔡基刚，2021；匡伶，2021；殷健等，2022），呼吁结合问题导向与学科导向，将社会现实问题转化为外语学科的研究命题，促使不同学科实现协同交叉（屈文生，2021）。在交叉融合时，要结合具体高校的历史传统、区位特征、办学定位等追求学科的特色化发展，实现内涵式建构（安丰存、王铭玉，2021；刘宏，2021；何莲珍，2021）。研究者一方面就新文科视域下语言学、文学、翻译各学科领域的交叉融合发展路径分别展开探讨（胡开宝，2020），另一方面还就外语学科五大领域之间交叉融合的基础、方向及注意事项进行了分析（吕洪灵，2022）。还有一些学者就俄语、日语等不同语种如何对标“新文科”的要求进行学科建设提出了自己的看法（赵爱国，2020；王升远等，2021）。同时，相关研究还对外国语言文学、外交学、人工智能、工程学等相关学科交叉融合形成的新学科（如“外交话语学科”“智能工程外语”等）的发展给予了关注（杨明星，2021；王刚、张译文，2022）。也有研究者指出，新文科视域下的外语学科发展在追求创新、交叉的同时，还要注意适度性和平衡性，处理好外语本体与学科融合的关系，维系创新与守正的平衡（纪秀明、曾春莉，2021）。总之，有关新文科视域下外语学科重构的宏观思考主要就如何推动外语学科内外部的交叉融通，并基于不同类型院校、不同语种的实际探讨外语学科的多元发展路径进行探讨，反映出当前国家战略和社会发展对外语学科知识体系重构的新要求。外语学科如何通过学科交叉融合实现自身学科内涵的拓展升级以及不同类型的学科交叉融合背后的原理机制等尚待进一步探索。

新文科背景下外语专业建设转型与创新的理论与实践也是研究者重点关注的问题

之一。理论探索方面，研究者认为外语专业应参与新文科知识体系的构建，即以外语专业为抓手推动新文科建设，而不仅仅是讨论新文科背景下外语专业的发展问题（郭英剑，2021）；指出外语专业要加强跨界融通、坚守人文本色，做到内核坚实、体系开放（王俊菊，2021），强调新文科背景下外语专业“多元化”发展与彰显“中国特色”的重要性（石琳霏、姜亚军，2020）。与此相呼应的是，研究者根据不同类型院校的特点，展现并阐释了各具特色的外语专业设计方案与建设实践。例如，方秀才（2021b）基于 OBE 理念提出了新文科视域下的外语专业框架建设，并基于师范类院校的特点构建了跨学科、跨专业的课程框架及质量保障体系框架，刘利（2020）、王军哲（2020）总结了语言类高校设置新的专业方向、建设特色项目，以及从课程、师资、课程教学、实践教学等方面打造自身特色的实践经验，刘琳琪（2021）则报告了工科院校外语专业如何通过优化顶层设计、提升课程质量、建构跨学科融通新模式等突显自身办学特色。总之，新文科视域下，外语专业承载着新的功能定位，需要在守正的基础上通过新的融合实现新突破，并建构新的质量标准和质量保障体系。当前的理论探索旨在回应这一需求。从当前研究来看，对新文科视域下外语专业的功能尚需进一步明确，外语专业的“中国特色”也需要进一步探索。同时，面对多元化的外部需求，外语专业的特色发展是必由之路，未来应通过对更多不同类型、不同地区、不同层次院校开展深入研究，总结专业分类发展与特色发展的规律，使外语专业摆脱“千校一面”的局面。

研究者针对新文科视域下外语人才培养的原则、重点、特色以及如何实现对人才的价值引领等进行了深入研究。在人才培养原则方面，相关研究强调高等外语教育应主动识变、应变、求变，以大外语理念为指引培养高素质人才（吴岩，2019），以社会需求导向，强调打破原有结构，通过跨界与交叉形成新的教育教学体系，培养新型外语人才（宁琦，2021；屈文生，2021；蔡基刚，2021）。在培养重点方面，在新文科视域下，一些特定人才能力素养和人才类型受到重点关注。具体而言，国际传播能力、数字信息素养的提升是研究者关注较多的问题（何宁、王守仁，2021；张红梅，2021；刘夏、何高大，2022；胡晓娜、唐锦兰，2021）；同时研究者围绕商务外语人才和多语种外语人才的培养规格、培养路径、课程体系、教学内容、教学方法以及能力指标体系等进行了探讨（张蔚磊，2021；王立非、宋海玲，2021；张红梅，2021；李岩松，2022）。在人才培养特色方面，相关研究分别考察了综合类（常辉，2021）、财经类（郭鸿杰等，2021）、外语类（姜智彬、王会花，2019）、师范类（苗兴伟，2021）等不同类型院校的特色改革与创新实践。在价值引领方面，研究者将外语课程思政视为重要抓手，就不同类型课程如何融入优秀文化和先进技术等问题进行探究（王卉、杨金才，2021）。上述研究既回应了人工智能技术发展、社会产业变革对外语人才的数字素养、跨学科素养、商务外语能力等方面的新要求，也反映出讲好中国故事、传播中国声音、推动中国参与全球治理等国家战略对人才的多语种能力、国际传播能力的迫切需求。同时，“价值引领”是新文科建设的思想内涵;新文科视域下的外语人才要站稳中国立场,体现“中国特色、中国风格、中国气派”,要能够“与时代同呼吸,与国家共命运”(王俊菊,2021;王欣、陈凡,2021),而这也正是外语课程思政所追求的价值目标。随着外语教育新文科改革的不断深入,后续研究仍需持续关注和不断探索外语人才培养的新问题、新模式、新路径,同时应就如何形成人才培养特色,实现人才培养的多元化,以及如何通过建设不同类型课程推动人才形成情感与价值认同等开展针对性研究。

外语教育政策与规划是影响新文科背景下外语学科发展的重要因素,研究者对此进行了初步探索,其中既有对国内政策的梳理和解读,如向明友(2020)就新版《大学英语教学指南》这一政策文本如何体现新文科的要求进行了阐释;也有对国外规划措施的引介与剖析,如陆丹云(2021)深入解析了美国的“外语战备指数”项目及其对我国外语学科开展新文科建设的启示。同时,研究者也就具体课程政策展开探讨,如邓世平和王雪梅(2021)历时梳理了我国“外语+”课程政策的演变动因、过程以及未来该政策的发展趋势,指出“外语+”课程政策需适应新文科对外语教育的新要求。可以看出,研究者已经意识到外语教育政策与规划研究对于外语学科新发展的重要意义,但我国现行外语教育政策不能满足新文科和学科交叉的要求,特别是在信息化建设和文化自信培养方面缺乏针对性的政策指引(张天伟,2021)。相关研究也尚局限于对已有政策的解读及提出初步建议,对于未来宏观政策如何调整与改进缺乏深入探究,对于学校层面的中观外语教育规划以及具体的课程政策、教材政策、评估政策也缺乏具体研究。外语教育政策与规划是新文科背景下外语学科发展的推进器,也是重要的“导航仪”,宏观政策将指导外语学科的新文科实践方向,中观层面的政策链接宏观战略与微观教学,关系到新文科理念的落地,值得学界深入探究。

新文科视域下的外语教师发展也是热点话题,相关研究从新文科背景下教师的身份认同危机(刘艳、蔡基刚,2021)、教师能动性(龙德银、廖巧云,2021)、教师科研能力提升与发展(郑咏滟,2021)等角度进行了初步探讨。研究者还设计出新文科视域下外语教师跨学科研究能力基本框架(陶伟,2022)。新文科建设过程中,外语教师面临的身份、能力等方面的多重困扰和挑战,亟待提升自身能动性,走出“舒适区”,通过开展以问题为导向的交叉融合研究,拓展自身的知识和能力边界。上述外语教师发展研究为探究新文科视域下的外语教师发展开拓了新的话题领域,提供了新思路。不过相关研究尚处于起步阶段,一方面研究对象未涵盖所有外语教师,另一方面对于外语教师身份、外语教师能动性、外语教师科研能力等问题的影响因素和发展路径尚待进一步研究。

新文科背景下外语微观教学问题也逐渐引起研究者的重视,相关研究涉及课程、教材、测试以及智能技术应用等多个方面。课程与教材方面,有研究认为,建立分级课程目标和多样化的课程类型,是突破传统学科壁垒、实现高校外语教育教学特色发展的有效路径（潘海英、刘淑玲，2021），还有研究者建议实现专业英语、通用英语、创新创业教育等课程的良性互动和有机融合，推动大学英语通用教材的重构（温荣芬，2021）。评估方面，研究者建构了回应新文科要求的 ESP 能力测试框架（方秀才，2021a）。智能技术应用方面，如何通过智能技术和智能平台为新文科视域下的外语教学赋能成为重要议题。研究者发现智能技术可帮助学习者跨越学科边界、建立多学科知识的有效链接（朱晔等，2021），还有研究者自主开发了适应新文科要求的外语教学数字化平台（孔蕾、秦洪武，2021）。新文科倡导学科交叉，外语的教与学所要关照的学科范围与问题领域得到拓宽，给课程设计、教材开发、教学过程、教师和学生带来新的要求和挑战。在外语教育领域贯彻新文科理念需要依托智能技术，通过重构课程教材，创新教学过程、教学模式和教学评估来实现，而这些微观领域的研究均处于起步阶段，需要研究者持续进行探索。

总体而言，当前新文科视域下外语学科发展研究覆盖面较广，同时呈现以宏观思考、专业建设、人才培养为主的研究格局。首先，在宏观思考方面，当前研究多提倡通过交叉融合实现外语教育的新发展，对外语学科本身的发展探讨不多。从学科本体研究来看，外国语言文学学科的发展首先应体现为知识体系的重组、升级或创新。新文科视域下，外语学科迎来了知识体系重构的机遇，但如何实现知识体系的重构亟待系统研究。同时，学科作为知识体系与组织体系的统一体，如何变革学科组织体系以使其适应和推动知识体系的发展也需要深入研究。其次，在专业建设方面，多数研究聚焦英语专业建设，相对忽略对其他语种专业，尤其是非通用语种专业如何回应新文科要求的探讨。一般来说，关键词中心性大于 0.1 即认为该话题具有较高重要性，并可结合词频确定其影响力（张坚、吉欢，2021）。根据 CiteSpace 对关键词中心性、频率的呈现结果（见表 4，“英语专业”这一关键词的中心性为 0.12，频次在所有关键词中排第三位），说明确实当前研究者对新文科背景下英语专业的建设与发展给予了较多关注。今后应深入探讨各语种专业在新文科时代的发展路径，以回应国家和社会对多语种人才的需求，助力对外讲好中国故事，提升国家传播能力。再次，在人才培养方面，一些研究者对外语类、师范类、财经类等不同类型院校的外语类专业人才培养进行了探索，总结了相关实践经验，但相关研究主要关注传统外语专业、商务英语专业，对于新文科背景下外语与其他专业高层次复合型人才培养的理论与实践尚须进一步讨论。今后应结合复合型人才在实际工作中的需求，对新时代复合型人才培养的理念与路径，尤其是人工智能加速发展背景下复合型外语人才的培养重点及培养转型等问题进行探究，以更好地满足社会对全面发展人才的期待。此外，外语学科的新文科建设是一项系统工程，外语教育政策与规划、外语教师专业发展、外语课程思政建设以及诸多微观外语教学问题也亟须进一步深入研究。

表 4　中心性大于 0.01 的关键词

序号	频次	中心性	年份	关键词
1	40	0.74	2019	新文科
2	6	0.12	2019	英语专业
3	5	0.05	2020	大外语
4	10	0.04	2020	人才培养
5	2	0.04	2020	《教学指南》
6	4	0.03	2020	外语专业
7	3	0.03	2019	高等教育
8	6	0.02	2020	外语学科
9	2	0.02	2020	新时代
10	4	0.02	2021	课程思政
11	2	0.01	2019	外国文学
12	5	0.01	2020	外语教育

4　新文科视域下外语学科发展研究范式

新文科视域下的外语学科发展研究应当秉承交叉融合和价值引领的理念,将学科的发展置于构建中国特色的学科体系、学术体系、话语体系的大局中,破除学科壁垒,实现研究范式创新。范式包括研究的指导思想、研究共同体的信念以及包括具体方式方法和工具等在内的共同体成员开展学术活动的方法论(Kuhn, 1962; Kuhn, 1974)。笔者基于学科内涵和相关研究,尝试构建如图 2 所示的新文科视域下外语学科发展研究范式。以下简要说明其主要内涵。

首先,新文科视域下的外语学科发展研究涵盖学科现状研究、影响因素研究、发展路径研究和发展成效研究等问题领域。就现状研究而言,研究者需要从守正与创新两个角度,全面梳理新文科视域下全国各类型院校中外语学科的学科体系建设情况,并从文文交叉、文理交叉、文工交叉、文医交叉等方面厘清外语学科新文科建设的基本类型及各类型的布局情况,为分类推进外语学科建设和外语学科发展研究积累基本数据。同时,还应通过调研包括研究生导师在内的学科教师以及本硕博学生,了解学科发展过程中的成效和问题。在影响因素方面,应该秉承教育生态意识,构建宏观、中观、微观各层面因素在内的影响因素体系,探明各层面因素的关系。应该认识到,目前对于学科的认识有“自组织”和“他组织”两种观点,前者本质上是一种“发展观”,强调学科要素重组

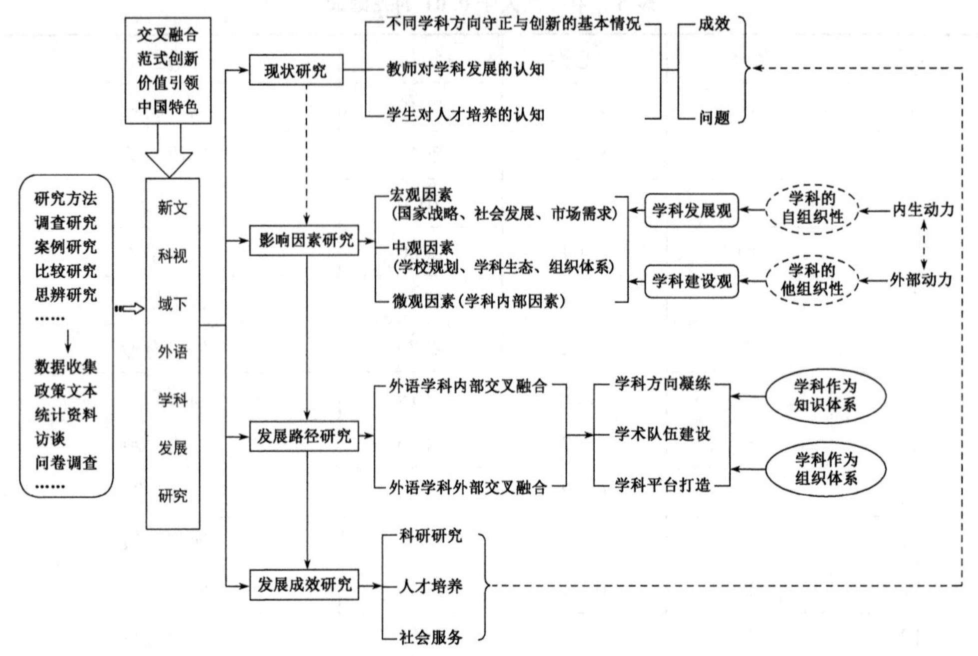

图 2　新文科视域下外语学科发展研究范式

所产生的内部动力在推动学科发展中所发挥的作用;后者实际上是一种“建设观”,强调通过汇聚资源、推行学科评估制度等外在因素与活动来建设学科(武建鑫,2016)。在不同阶段,这两种动力源都可以对新文科视域下外语学科的发展产生影响。就发展路径研究而言,我们不仅要关注新文科背景下外语学科传统领域的变革,也要探究新兴交叉领域的创新,同时,考虑到不同类型院校的学科生态差异很大,还应分类探究不同类型院校外语学科的发展路径问题。在具体研究的过程中,要从学科知识体系和组织体系两个角度,对学科方向的凝练过程、学术队伍的建设过程、学科平台的打造过程进行深入细致的考察。此外,要对新文科视域下外语学科的发展成效进行调查,相关研究可以从科学研究、人才培养、社会服务等视角展开,通过收集多方数据来相互印证。最后,前一阶段学科发展的成效和问题,在下一阶段的研究开始之前,其实也是一种现状(取决于研究者从什么时间点切入),由此便可形成一个螺旋上升式的循环,开启对外语学科发展新一轮的研究。

其次,在新文科视域下,外语学科的发展研究应秉承合作原则,通过吸纳具有不同学科背景的研究人员,打破学科壁垒,形成外语学科研究的新理念和新范式,建构新型研究共同体。一方面,合作研究不仅是在学术层面上的协同努力,更是跨越学科壁垒的沟通与交流。外语学科在与其他学科交叉融合过程中的知识体系拓展重构与组织体系变革创新涉及多个学科的互动,要达成不同学科逻辑和范式的适应,需要不断对交叉融合的类型、方式、模式等进行调适。而跨学科合作促使研究者能够借鉴多个学科的方法和理论，从多种角度审视新文科视域下外语学科的发展问题，从而拓宽研究的视野，为解决现实问题提供更为全面和创新的思路。另一方面，应在合作研究的基础上打造新的学科发展研究共同体。在新的共同体中，研究者之间不仅分享共同的研究视域、研究资源、研究体验，更能形成一种对于共同价值观的认同和承诺。这不仅有助于提高工作效率，同时也可加强学科之间的联结。基于共同的研究目标和合作平台，外语学科与不同学科背景的研究者能够消除隔阂，协同工作，从而提升外语学科发展研究的广度和深度。

最后，新文科视域下外语学科发展研究应实现方法与技术的突破。研究者应改变当前以思辨方法为主的局面，形成方法多元的新格局。外语学科发展涉及的问题、因素、主体纷繁芜杂，必须根据具体的研究问题选用合适的研究方法。比如，可以通过开发调查问卷，开展大规模调查研究，了解高校外语学科发展的现状；可以通过开展访谈等方式对具体个案进行深入研究，探明某一类型高校或者某一类型学科方向的发展机理与规律；也可以通过比较研究，探索不同类型高校或不同学科方向在发展路径上是否存在差异或存在何种差异；还可以借助收集政策文本、科研成果以及人才培养统计资料等开展非介入性研究，了解学科发展的实效等。当然，很多问题可能非常复杂，此时就需要多种研究方法同时介入。同时，新文科视域下外语学科的发展研究应充分利用先进的科技手段，通过数字化、智能化的技术来支持研究工作。这不仅包括数据的收集和分析，更涉及教学模式的创新、评估体系的建设等方面。通过引入智能技术，外语学科的研究者可以更高效地开展实证研究，为外语学科的理论建设和教育改革实践提供更为可靠的数据支持。

5　新文科视域下的外语学科发展研究的趋势

为厘清学界对新文科视域下外语学科发展研究的脉络和前沿，笔者利用 CiteSpace 软件绘制了如图 3 所示的关键词时区图。从中可以看出以下几点趋势。

首先，针对该问题的研究呈现逐步扩展的趋势。从最初主要关注英语专业的新文科建设，到关注包括英语专业在内的外语专业的建设与人才培养，并进一步拓展至商务外语、公共外语的发展问题，研究范围逐渐涵盖当前外语教育的各个主要领域。

其次，相关研究正逐步走向深入。从倡导大外语、学科交叉融合的理念，宏观论述外语学科新文科建设的时代背景与路径，到探讨具体院校的外语学科与外语教育的特色，以及如何实现新文科视域下的教师发展，如何提升学生的外语能力，研究的话题越来越深入细致，正逐步靠近新文科建设的底层逻辑，而所提出的改革建议也越来越具有可操作性和可行性。

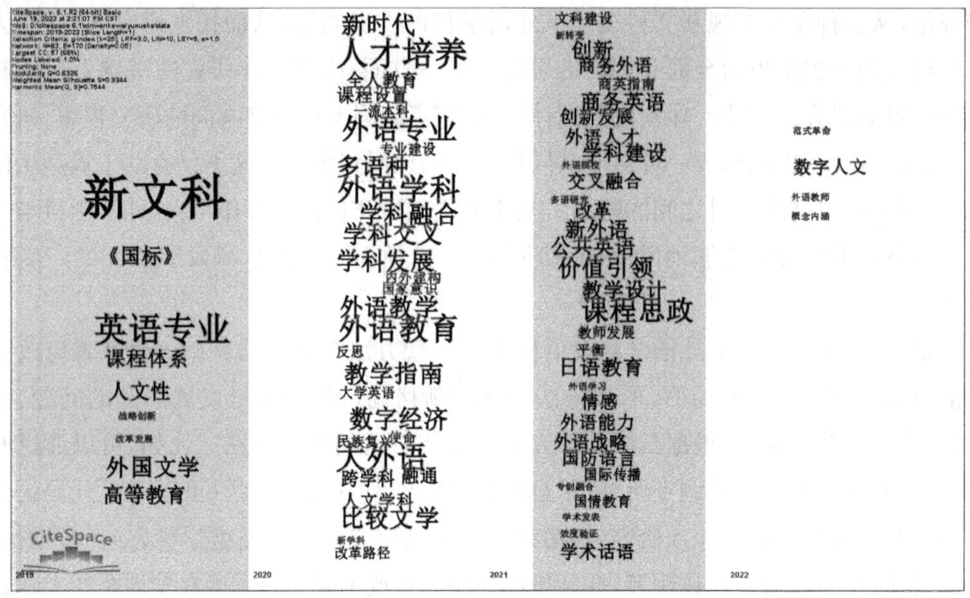

图 3　关键词时区图

再次，外语课程思政与外语学科新文科建设的内在一致性受到重视。相关研究一方面强调整体设计与推进学科方向、专业改革、教师队伍等基础建设的重要性，另一方面也在倡导强化价值引领，强化课程思政对人才培养这一新文科建设根本任务的促进作用，因而外语课程思政与新文科视域下的外语学科发展的互动性也会成为研究者关注的焦点之一。

最后，数字人文、范式革命等关键词的出现，表明新的研究热点正在形成。技术因素在外语学科和外语教育创新发展过程中所发挥的重要作用，在给该领域带来新的研究课题的同时，也很可能改变当前该领域的研究方法、研究路径。

考虑到学术期刊论文发表在时间上存在一定的滞后性，为进一步探查该话题领域的最新动态，笔者采用 Text Mining 5.9 软件对前述 21 场外语学科发展研究专题学术会议文本数据库进行文本挖掘，得到如表 5 和图 4 所示的高频关键词表和词云图，以及如图 5 所示的关键词聚类图谱。

表 5　“外语学科发展”相关学术会议高频关键词

序号	关键词	频次	序号	关键词	频次
1	建设	85	6	发展	49
2	外语学科	75	7	实践	33
3	新文科	66	8	探索	31
4	人才培养	57	9	创新	28
5	专业	49	10	思考	22

（续表）

序号	关键词	频次	序号	关键词	频次
11	教育	21	31	英语	10
12	路径	21	32	高校	10
13	课程思政	19	33	时代	10
14	国别与区域研究	19	34	跨学科	10
15	一流	18	35	语言学	10
16	学科	18	36	教师	9
17	新时代	16	37	教材	8
18	交叉融合	15	38	能力	8
19	课程	15	39	学科建设	7
20	培养	14	40	转型	7
21	商务英语	14	41	理工类院校	7
22	问题	14	42	内涵建设	6
23	特色	14	43	一流专业	6
24	师范类院校	13	44	提升	6
25	改革	12	45	教学	6
26	模式	12	46	地方	6
27	英语专业	12	47	人才	6
28	理念	12	48	国际传播	6
29	翻译	11	49	时代背景	6
30	守正	10	50	体系	6

图 4　“外语学科发展”相关学术会议关键词词云图

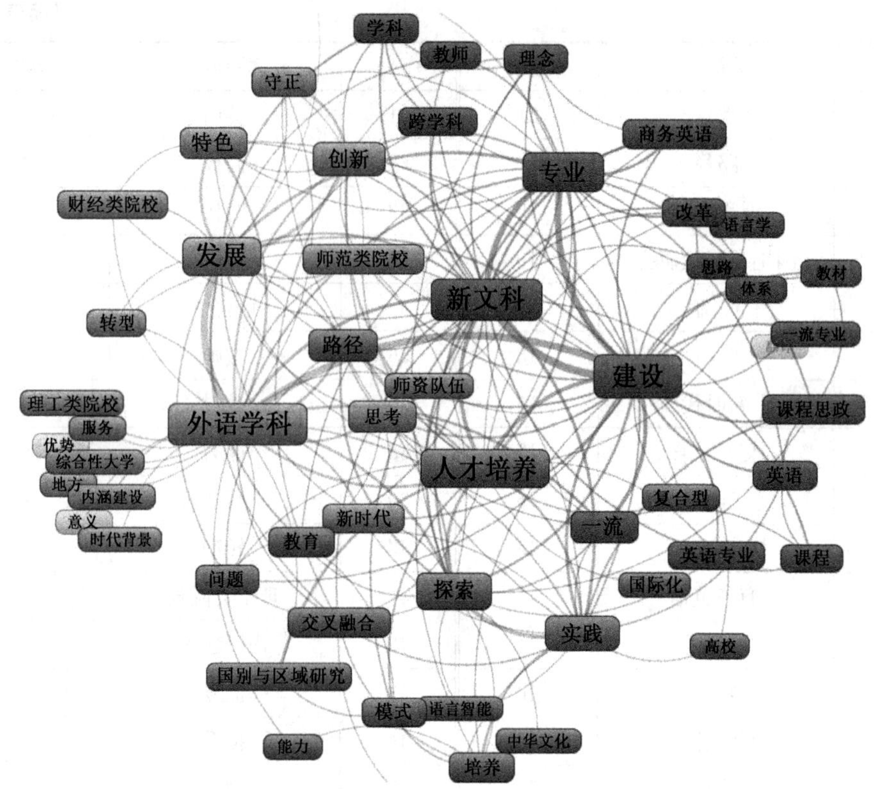

图 5　“外语学科发展”相关学术会议关键词聚类图谱

综合考查表 5、图 4、图 5 的信息，可以发现当前有关外语学科发展的学术会议所探讨的问题形成了新文科视域下的外语学科内涵建设与发展路径、外语专业建设以及外语人才培养三大主题“三分天下”的研究格局，这一结果与对 CNKI 核心期刊数据库的分析基本一致。不过，对学术会议的分析仍揭示出一些新变化。

首先，近年来的学术会议开始探究外语学科的内涵建设以及不同类型高校外语学科的发展问题，而不仅仅是外语专业的建设问题。很多研究者开始思考不同类型院校如何秉承文文交叉、文理交叉、文工交叉等理念在外国语言文学一级学科下建设新的二级学科，在拓展学科边界的同时丰富外语学科的内涵，当前这方面仍需大量基于实践的理论探索。

其次，CNKI 核心期刊文献所反映出研究者对新文科视域下外语学科发展的初步探索，而在学术会议中不少学者“一流学科”“一流专业”成为高频词，许多研究者提出在新文科理念下建设一流外语学科与一流外语专业，这说明目前研究者对新文科视域下外语学科如何发展有了更高的价值目标。怎样实现从思考“如何建设”到探究“如何成为一流”，必将需要更多研究的回应和支撑。

再次，随着一些高校外语学科新文科建设实践的不断推进，一些新的议题纷纷涌现。国别与区域研究、翻译、国际传播等学科方向的发展,成为研究者热议的话题。可以看出,这些热点话题的出现,均与国家的战略发展需要密切相关,这说明外语学科在新文科建设的过程中坚持与国家"同呼吸、共命运",坚持为国家和社会的发展服务。当然,也应该看到,对一些话题的研究尚有很大的深化空间。以国别与区域研究为例,目前对该领域的研究多聚焦人才培养,对学科本身的研究尚有不足。随着国别与区域研究学科建设实践的推进,对该学科本身建设与发展的研究需要更多研究者的重视,从而走出一条以人才培养反推学科建设的发展道路。

最后,随着新的探索和实践的推进,新文科视域下的外语学科发展也面临一些新问题。根据教育生态理论,原有学科的新调整、新动向会带来系统性的变化,冲击原有的生态系统(郭丽君等, 2018)。"问题""体系"等高频词的出现,说明新文科背景下,外语学科正处于体系调整的关键时期,需要解决的问题也会随之增多。因此,秉承生态视角看待外语学科的新发展,探究外语学科新生态形成过程中的影响因素以及在新的学科生态中学科整体以及各分支学科的发展路径,也是亟待解决的关键问题之一。

6 结语

新文科视域下的外语学科发展研究是一个具有重要理论意义和实践价值,拥有较大潜力同时又亟待深入探究的学术领域。本研究梳理了当前该领域研究的现状,建构了未来研究的范式,确定了今后应秉承的研究理念,需重点关注的研究主题及可采取的基本研究路径和方法,旨在为后续研究指出可能的方向,明确未来的研究路线图,以切实推动新文科视域下外语学科的变革创新和高质量发展。

参考文献

[1] Kuhn, T. 1962. *The Structure of Scientific Revolutions*. Chicago: The University of Chicago Press.

[2] Kuhn, T. 1974. Second thoughts on paradigms. In F. Suppe (ed.), *The Structure of Scientifique Theories*. Urbana: University of Illinois Press, 459 - 482.

[3] 安丰存,王铭玉,2021. 新文科视阈下的大外语观及学科建设内涵. 外语研究,38(3):58 - 65.

[4] 蔡基刚,2021. 学科交叉:新文科背景下的新外语构建和学科体系探索. 东北师大学报(哲学社会科学版),(3):14 - 19,26.

[5] 查明建,2018. 外语学科与比较文学. 外国语文研究(辑刊),(9):18 - 24.

[6] 常辉,2021. 新文科背景下上海交通大学英语专业改革与人才培养探索. 当代外语研究,(4):92 - 96,102.

[7] 邓世平，王雪梅，2021. 我国“外语＋”课程政策的演变：过程、动因与趋势. 外语研究，38(5)：55 - 61，82.

[8] 方秀才，2021a. 新文科背景下 ESP 能力测试框架研究. 西安外国语大学学报，29(2)：58 - 61.

[9] 方秀才，2021b. 新文科背景下英语师范专业建设框架研究. 教育学术月刊，(4)：97 - 103.

[10] 郭鸿杰，张达球，丁冬，2021. 一体三通，融创合一：新文科背景下财经类高校外语人才培养模式创新. 当代外语研究，(3)：35 - 44.

[11] 郭丽君，陈中，刘剑群等. 2018. 高等教育生态学引论. 北京：社会科学文献出版社.

[12] 郭英剑，2021. 新文科与外语专业建设. 当代外语研究，(3)：29 - 34，113.

[13] 何莲珍，2021. 新文科与外语学科建设：综合性大学的探索与实践. 中国外语，18(1)：8 - 9.

[14] 何宁，王守仁，2021. 新文科、新外语、新导向：论外语专业人才培养的发展与创新. 外语教育研究前沿，4(4)：3 - 8，91.

[15] 胡开宝，2020. 新文科视域下外语学科的建设与发展：理念与路径. 中国外语，17(3)：14 - 19.

[16] 胡晓娜，唐锦兰，2021. 外语专业本科生信息技术能力的定义及其培养路径研究. 外语电化教学，(1)：38 - 43，6.

[17] 纪秀明，曾春莉，2021. 新文科视域下外语学科改革的几个平衡点与适度性问题. 当代外语研究，(4)：97 - 102.

[18] 姜智彬，王会花，2019. 新文科背景下中国外语人才培养的战略创新：基于上海外国语大学的实践探索. 外语电化教学，(5)：3 - 6.

[19] 孔蕾，秦洪武，2021. 新文科背景下外语教学过程性数据数字化建设：设计与实践. 外语电化教学，(2)：57 - 64，9.

[20] 匡伶，2021. 高校外语学科发展路径. 中国高等教育，(1)：54 - 55.

[21] 李岩松，2022. 新文科背景下关键土著语言人才培养的探索. 外语界，(1)：2 - 7.

[22] 刘宏，2021. 外语院校新文科建设理论与实践. 中国外语，18(1)：15 - 16.

[23] 刘利，2020. 新文科专业建设的思考与实践：以北京语言大学为例. 云南师范大学学报(哲学社会科学版)，52(2)：143 - 148.

[24] 刘琳琪，2021. 工科院校外语专业的改革探索. 中国高等教育，(Z3)：73 - 75.

[25] 刘夏，何高大，2022. 数字人文与新文科视角下的英语专业人才培养探索. 外语电化教学，(1)：27 - 33，105.

[26] 刘艳，蔡基刚，2021. 新文科视域下新建商务英语专业教师身份认同研究. 西安外国语大学学报，29(2)：72 - 77.

[27] 龙德银，廖巧云，2021. 新文科背景下高校外语教师的能动性研究. 外国语文，37(5)：139 -146.

[28] 陆丹云，2021. 美军外语战备指数项目：战略理念、生成流程与数据挖掘. 外语研究，38(3)：46 - 51，65.

[29] 吕洪灵，2022. 新文科背景下外国文学国别与区域研究的融合. 当代外语研究，(1)：122 - 129.

[30] 苗兴伟，2021. 新文科背景下师范类院校外语专业人才培养体系建设. 当代外语研究，(4)：72 - 81，102，2.

[31] 宁琦，2021. 新时期外语教育的定位与任务. 中国外语，18(1)：16 - 17.

[32] 潘海英，刘淑玲，2021. 新文科建设背景下大学外语课程创新发展的若干思考. 当代外语研究，(3)：45 - 52.

[33] 屈文生，2021. 新文科理念下的新时代高等外语教育意象：以“大外语”等命题为中心. 当代外语研究，(4)：82 - 91.

[34] 石琳霏，姜亚军，2020. 中国英语教育四十年反思及其对新文科背景下英语专业建设的启示. 外语教学，41(3)：61 - 66.

[35] 陶伟，2022. 外语教师跨学科研究能力概念内涵及研究进展评析. 山东外语教学，43(2)：40 - 48.

[36] 王刚，张译文，2022. 交叉学科门类背景下智能工程外语学术体系建设初探. 外语电化教学，(2)：64 - 68，122.

[37] 王卉，杨金才，2021. 外国文学课程思政的理论思考和实践探索. 外语学刊，(6)：73 - 77.

[38] 王军哲，2020. 新文科背景下外语类院校一流本科建设探索与实践. 外语教学，41(1)：3 - 6.

[39] 王俊菊，2021. 新文科建设对外语专业意味着什么？中国外语，18(1)：1，24.

[40] 王立非，宋海玲，2021. 新文科指引下的复合型商务英语人才培养理念与路径. 外语界，(5)：33 - 40.

[41] 王铭玉，2020. 新文科：一场文科教育的革命. 上海交通大学学报(哲学社会科学版)，28(1)：19 - 22，30.

[42] 王升远，修刚，王忻，等，2021. 中国的日语语言研究：困境、挑战与前景. 日语学习与研究，(5)：1 - 20.

[43] 王欣，陈凡，2021. 角度、深度和温度：新文科背景下价值引领与外语专业课程思政建设. 外国语文，37(6)：16 - 22.

[44] 王雪梅，邓世平，2022. 新文科视域下的外语学科发展周期与影响因素. 上海交通大学学报(哲学社会科学版)，30(3)：112 - 121.

[45] 温荣芬，2021. 新文科背景下高校教材重构及实施路径：以大学英语通用教材为例. 高教探索，(9)：124 - 127.

[46] 吴岩，2019. 新使命大格局新文科大外语. 外语教育研究前沿，(2)：3 - 7，90.

[47] 武建鑫，2016. 走向自组织：世界一流学科建设模式的反思与重构. 湖北社会科学，(11)：158 - 164.

[48] 向明友，2020. 顺应新形势，推动大学英语课程体系建设：《大学英语教学指南》课程设置评注. 外语界，(4)：28 - 34.

[49] 杨明星，2021. 新文科时代外交话语学科构建与外语学科转型发展. 中国外语，18(4)：1，8 - 11.

[50] 殷健，陶李春，冯志伟，2022. “大外语”的“范式革命”与外语研究方法论创新：冯志伟教授访谈录. 外语教学理论与实践，(1)：8 - 14.

[51] 张红梅，2021. 新文科视域下多语种国际新闻传播人才培养. 青年记者，(14)：93 - 94.

[52] 张坚，吉欢，2021. 基于科学文献计量的国内区域创新生态系统的研究进展及趋势分析. 科技管理研究，41(19)：19 - 26.

[53] 张天伟，2021. 我国外语教育政策的主要问题和思考. 外语与外语教学，(1)：13 - 20，144.

[54] 张蔚磊，2021. 新文科背景下的商务外语人才培养策略分析. 外国语文，37(2)：12 - 18.

[55] 赵爱国，2020. 俄语学科建设对标"新文科"的几点思考. 中国俄语教学，39(3)：24－29.

[56] 赵奎英，2020. "新文科""超学科"与"共同体"：面向解决生活世界复杂问题的研究与教育. 南京社会科学，(7)：130－135.

[57] 郑咏滟，2021. 新文科建设框架下的多语种教师科研发展路径. 日语学习与研究，(6)：21－28.

[58] 朱晔，王陈欣，金慧，2021. 智能时代计算机辅助的语言学习研究. 外语教学，42(5)：51－56.

基于偏误分析的大学生读后续写能力研究*

苏州科技大学　王　琤　孙　斌**

摘　要:本研究基于偏误分析理论,通过自建小型语料库,以数据为驱动,结合外教社 WE Write 作文智能批阅系统,对大学生的读后续写能力尤其对其语言的偏误进行深入全面的探究和分析。结果表明:不同水平学生在读后续写中表现出偏误表征的一定特点和规律,且在词性偏误、句子不完整偏误和中式英语表达偏误中存在显著性差异。以期最大化促进教师建立科学合理的偏误观,全面提升学生的读后续写二语产出的准确性。

关键词:读后续写能力;偏误分析;二语准确性

Title: A Study of College Students' Ability in the Continuation Task Based on Error Analysis

Abstract: Based on the theory of error analysis, this study, through a self-constructed mini-corpus, data-driven, and combined with the SFLEP WE Write Intelligent Marking System for Composition, conducts an in-depth and comprehensive investigation and analysis of college students' ability in the continuation task, especially on their linguistic errors. The results indicate that students at different levels show some characteristics and patterns of errors in the continuation task, with significant differences in errors of part of speech, incomplete sentence and Chinglish. The study aims to maximize the teachers' ability to establish a scientific and rational

* 本研究是江苏省社科应用研究精品工程外语类课题"青少年英语分级读物的接受与影响研究"(编号:23SWB-31)的阶段性研究成果。

** **作者简介**:王琤(1978.06—),女,江苏苏州人,苏州科技大学外国语学院副教授,博士。研究方向:二语习得和英语教学。联系方式:helen626@yeah.net。孙斌(2000.09—),女,江苏盐城人,苏州科技大学外国语学院学科教学(英语)硕士研究生。研究方向:二语习得。联系方式:2725952576@qq.com。

view of errors, as well as to improve the accuracy of students' second language output in the continuation task.

Key Words: Linguistic Ability in the Continuation Task; Error Analysis; L2 Accuracy

1 引言

读后续写是二语教学界近年来兴起的将语言输出与输入紧密结合的一种新型写作题型。其任务设计是将一篇读物的结尾截去,让学生依据截留材料内容、所给段落开头语进行续写,将其发展成一篇与给定材料有逻辑衔接、情节和结构完整的短文,是一种结合阅读理解进行写作练习,提高外语学习效率的好方法(王初明,2012)。该题型对学生读写能力和创新思维均提出了更高的要求,其评分标准一般涵盖四个方面:内容、结构、语言准确性和语言丰富性,即要求续写内容与所读文章的内容高度相关,情节发展连贯合理;续写结构要求续写部分有效使用语句间的连接词语,使作文结构紧凑;语言准确性和丰富性要求续写使用多样化的词语和句型,并且表达准确(王初明,2013)。由此可见,语言的准确性是评分的重要关注点和主要依据点。本研究以苏州某高校的500份非英语专业一年级学生的读后续写课堂实测卷为研究语料,以数据为驱动,结合外教社 WE Write 作文智能批阅系统,聚焦偏误分析,将"偏误作为探究大脑二语习得黑箱的切入点"(王初明,2009),对学生的读后续写能力尤其对其语言的偏误和准确性进行深入全面的探究和分析。

2 理论框架

二语习得作为一门独立的学科始于偏误分析,标志是1967年科德发表的《学习者偏误的意义》(*The Significance of Learner's Error*)。文中指出研究学习者在二语习得中发生的偏误具有以下三个重要价值:一是为教师提供语料,帮助其了解学生掌握二语的情况;二是为研究者提供实例,探讨学习者如何习得二语;三是为学习者提供学习手段,通过偏误分析发现并更好地掌握目的语的规则(Corder, 1967)。根据偏误分析理论,二语学习者的偏误具有动态性和系统性,说明了学习者自身在积极构建目标语的使用规则。由此,偏误分析研究引出了重要的中介语(interlanguage)概念(姜琳,

2014)。塞林克(Selinker, 1972)称二语学习者的语言为中介语。中介语是二语学习者建立起来的目标语知识体系,介于母语和目标语之间,具有开放性、系统性和动态性三大特点,随二语输入的增加、二语水平的提升而不断发生变化。偏误分析历经半个多世纪的发展,至今在二语习得领域有着广泛的应用,目前甚至可以用来分析人工智能如ChatGPT合成的语言(Lu et al., 2023)。此理论框架也得到了实证研究的支持(如王敏、王初明,2014;王启、王凤兰,2016;张秀芹、张倩,2017;熊淑慧,2018等)。然而,上述实证研究基本限于英语专业学生或汉语二语习得领域,所得结论不一定适用于我国更广泛的非英语专业大学生。虽有少数实证研究涉及这个群体,但研究中要么受试较少(如陈纪月,2023),研究结果尚需大样本实验加以验证;要么理论框架并非聚焦偏误分析(如曹那仁格日乐,2021)。鉴于此,本研究以偏误分析为理论框架,以数据为驱动,深入探究不同水平大学生在读后续写中所呈现的偏误特征和规律,旨在全面提升学生的读后续写二语产出的准确性。

3 研究设计

3.1 研究问题

本研究尝试回答以下问题:

(1) 读后续写中高分组和低分组的语言偏误各自呈现什么特点?

(2) 读后续写中高分组和低分组的语言偏误是否存在显著性差异?

3.2 研究对象

本研究以苏州某高校的500份非英语专业一年级学生的读后续写课堂实测卷(该项满分100分)为研究语料,取入校英语高考分数前100名学生作为高分组,得到平均分为129.37(SD=4.71);另取英语高考排名后100名学生作为低分组,得到平均分为98.59(SD=5.36)。高分组与低分组的英语成绩有显著性差异(t=41.523,df=186.266,p=0.000)。通过对高分组和低分组学生的读后续写成绩进行独立样本t检验,得到两组学生的读后续写单项成绩有显著性差异(t=11.083,df=191,p=0.000),其中高分组平均分为74.35(SD=1.634),低分组平均分为60.81(SD=1.569)。

3.3 实验材料与步骤

本研究实验的阅读材料长度为328个英文单词,讲述了亚历山大(Alexander)参加市合唱团(City Choir)选拔的心路历程,及其竞争对手凯文(Kevin)和合唱团负责人罗宾逊先生(Mr. Robeson)的行为表现。故事语言难度适中,可能影响学生阅读理解的超纲词也被标注了中文释义。学生需根据文本内容和给定的续写段落开头语续写两个段落文本,要求续写词数在150左右,满分为100分。

3.4 数据收集与分析

本研究将所有被试的续写作文输入电脑,建立两个小型语料库,其中高分组库中有100篇作文,低分组库中有100篇作文。本研究的数据分析主要采用错误频率分类统计,通过自建标注体系,结合外教社WE Write作文智能批阅系统,对被试读后续写中的偏误进行了标注。偏误类型分类借鉴了王敏和王初明(2014)对于我国英语学习者典型偏误的分类,包括数一致性(number agreement)、冠词(article)、系动词(link verb)、非谓语动词(non-finite verb)、时态(tense)、拼写(spelling)、词性(part of speech)、句子不完整(incomplete sentence)和中式英语(chinglish)等九类。其中,前七类偏误类型都与语言的形式有关。本研究将这些偏误类型划分为语言形式偏误。句子不完整指句子中成分缺失导致句子逻辑意义中断。中式英语是指形式与汉语表达式相对应的不地道的英语表达。这两类偏误都与语言的意义表达密切相关。本研究将其划分为语义偏误。典型偏误类型及范例如下所示:

(1) Magically, Alexander felt that his voice ***were*** mixed with others. (was,数一致性)

(2) Kevin and Alexander said in ***a*** same voice, but different mind. (the,冠词)

(3) Alexander tried his best, but his voice ***wasn't sound*** better than Kevin. (didn't sound,系动词)

(4) The other members were surprised but nodded their heads, ***gave*** agreement to Alexander. (giving,非谓语动词)

(5) Alexander did not sing out any tunes of the song when his group ***sing***. (sang,时态)

(6) Alexander breathed a ***sign*** of relief. (sigh,拼写)

(7) Not like Kevin, Alexander's voice was ***peace*** and gentle. (peaceful,词性)

(8) Because of the performance before, ***the next questions Alexander answered very well and Mr. Robeson praised him in front of the people.***

(Because of the performance before and Alexander's good answers for the next questions, Mr. Robeson praised him in front of the people.,句子不完整)

(9) ***It really deserved him.*** (He really deserved it.,中式英语)

4 研究结果与分析

4.1 高分组和低分组学生偏误情况的统计结果

偏误类型标注由两名资深大学英语教师共同完成，结合外教社 WE Write 作文智能批阅系统，对上述的九种偏误类型进行了识别和标注，两人的标注信度达到 0.91，有争议的偏误情况通过协商和咨询外教解决。标注后，两个语料库中偏误出现的频率被分别分类统计。高分组和低分组学生偏误情况统计如下：

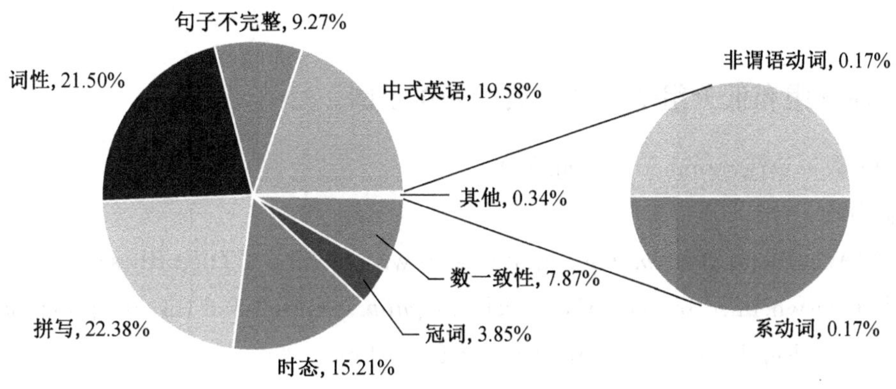

图 1　高分组学生偏误情况

图 1 统计结果显示高分组学生拼写错误占比最多(22.38%)，词性错误次之(21.50%)，此水平学生在中式英语表达、时态和句子完整度出现的错误也较为明显，各占 19.58%、15.21%、9.27%。学生在数一致性上偏误率为 7.87%，冠词使用偏误率为 3.85%，在非谓语动词和系动词方面偏误率最低，两者偏误率仅各占 0.17%。高水平学生在难度较大的偏误类型中出错率低，证明其语言水平较高，然而可能因为不关注语言细节，反而会在拼写、词性和时态等方面出错较多。

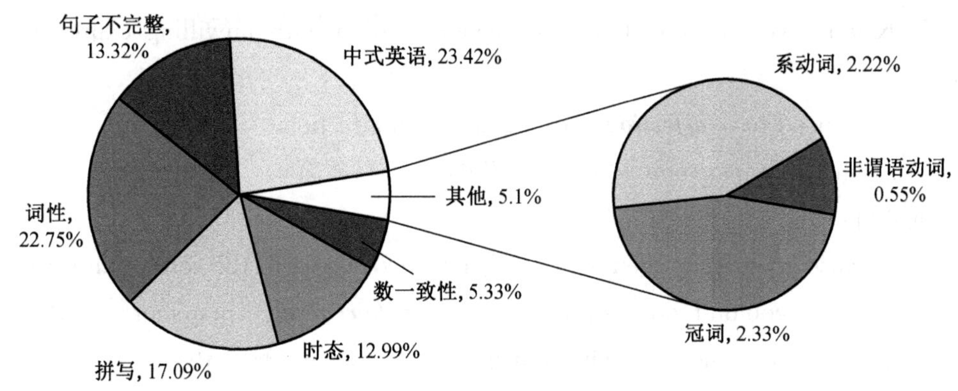

图 2　低分组学生偏误情况

图 2 统计结果显示低分组学生中式英语表达错误占比最多（23.42%），词性错误其次（22.75%），此水平学生在拼写、句子完整度和时态出现的错误也较为明显，各占 17.09%、13.32%、12.99%。学生在数一致性上偏误率为 5.33%，冠词使用偏误率为 2.33%，在系动词和非谓语动词方面偏误率最低，各占 2.22%和 0.55%。由此可见，低水平学生更容易在语义表达中出现偏误，中式英语表达更为明显。

本研究使用社会科学统计软件 SPSS 23.0 对两组学生的偏误情况进行独立样本 t 检验发现，高分组与低分组学生在词性偏误中有显著性差异（$t=-2.651, df=137, p=0.009$），在句子不完整偏误中有显著性差异（$t=-2.163, df=92, p=0.033$），在中式英语表达偏误中有显著性差异（$t=-4.276, df=142, p=0.000$）。由此可见，语言能力水平差异是导致高分组与低分组学生在这三类写作偏误中表现出显著性差异的主要因素。

4.2 高分组和低分组学生九类典型偏误示例

（1）数一致性（number agreement）

高分组：

① "What best ***describe*** your relationship with singing?" (describes)

② Overwhelmed by tension, he felt his ***palm*** sweating and throat tightening, so he heaved a deep breath to compose himself. (palms)

③ ***Applauses*** burst into the hallway made by his group members. (Applause bursts)

低分组：

① Their ***voice wasn't*** as wonderful as Kevin's, but ... (voices weren't)

② Kevin ***were*** very angry and confused. (was)

③ Everybody here ***were*** full of talents ... (was)

（2）冠词（article）

高分组：

① Kevin gave him ***a*** embrace and congratulation with unwilling expressions. (an)

② "Because I have ***affection*** for singing." (an affection)

③ ... whose ultimate aim is to cast a ***light*** on ... （删除 a）

低分组：

① Because your group members didn't take ***active*** part in the song. (an active)

② ... and he couldn't sing as good as kevin ***in short term.*** (in a short term)

③ ... but he could never reach the height of ***the*** Kevin. （删除 the）

(3) 系动词(link verb)

高分组：

① "Of course, ***you worth it*** ," said Mr. Robeson in a satisfied and proud tune. (are worth)

② After that, Alexander ***was more liked*** singing than before. (删除 was)

③ ... but his voice ***mixed*** in the choir perfectly and it sounded very comfortable and good. (was mixed)

低分组：

① After a while, the performance ***was end***. (ended)

② ... who ***was really love*** singing. (really loved)

③ He ***is still sing*** with others, to bring the magic of music to everyone. (still sang)

(4) 非谓语动词(non-finite verb)

在句子中充当除谓语以外的句子成分的动词形式叫作非谓语动词。非谓语动词分为三种形式：不定式，动名词和分词(分词包括现在分词和过去分词)。

高分组：

① The success of you can't be separated from your practice, ***pour*** love for singing and the team spirit. (pouring)

② A ripple of thrill ***mingling*** with astonishment washed over Alexander. (mingled)

③ He began to suspect his capacity, waves of sorrowing ***took*** hold of him. (taking)

低分组：

① With Mr. Robeson's hands ***arose*** up,... (arisen)

② ... said by a boy ***stood*** near Alexander. (standing)

③ Mr. Robeson felt that he was lying on a big and soft bed, ***bathe*** in sunshine. (bathing)

(5) 时态(tense)

高分组：

① When others made a problem, Alexander would help and ***solved*** it. (solve)

② He knew he ***do*** succeed. (did)

③ Alexander started to sing in a lower and softer voice contrasted with the voice he ***sung*** individually. (sang)

低分组：

① However, the factor was that they even ***don't*** know each other before the tryouts. (didn't)

② When the song ***end***, the members of the group were very happy. (ended)

③ He was very happy and ***jump*** into the ceiling. (jumped)

(6) 拼写(spelling)

高分组：

① It ***occured*** to Alexander that, the most important thing is never talent, but instant effort and team spirit. (occurred)

② Mr. Robeson solved his ***disunderstood.*** (misunderstanding)

③ Kevin ***flached*** with rage, asking loudly, "Why?" (flushed)

低分组：

① However, you are so hard-working and you can make up great ***ideals*** to solve the problems. (ideas)

② ... so that it made the song not like a ***compete*** work. (complete)

③ Mr. Robeson noticed that Alexander was too ***nervious*** to sing ***will.*** (nervous) (well)

(7) 词性(part of speech)

高分组：

① he was so ***fear*** that he couldn't make any voice. (fearful)

② Alexander tried his best to ***harmony*** his voice with the other members and finished the singing. (harmonize)

③ ***Modest*** and confidence play a crucial role when you are chasing your dreams. (Modesty)

低分组：

① Kevin was too ***confidence*** to learn with others. (confident)

② Just as ***nature*** as before, a few minutes later, Alexander stood on the small stage, with his group, with confidence. (naturally)

③ ... all the group members sang ***good*** after listening to Alexander's words. (well)

(8) 句子不完整(incomplete sentence)

所谓句子不完整，指的是在一个完整的书面英语句子中，因为缺少某个成分，使得句子文法结构变得不完整，且造成理解上的困难或歧义。

高分组：

① ***Still confidently, even thought they didn't sing that well.***

(They sang confidently, even though they didn't sing that well.)

② ***End of the show, a really fantastic show.***

(In the end, it proved to be a really fantastic show.)

③ "Kevin sang quite well, but he didn't know how to cooperate with others, ***however, Alexander did this better, his voice was peacefully in the song.***"

("Kevin sang quite well, but he didn't know how to cooperate with others. However, Alexander did this better, and his voice was peaceful in the song.")

低分组：

① ***What is more suitable for him is solo, no need for Choir.***

(What is more suitable for him is to be a solo, but Choir needn't a solo.)

② He had no choice ***though he was thirsty but to sing.***

(He had no choice though he was thirsty for singing.)

③ ***You song not bad.*** (Your singing was not bad.)

(9) 中式英语(chinglish)

所谓中式英语(chinglish)，指的是表达别扭或不地道，但形式与某一汉语表达式对应，其汉语意思与其使用语境匹配(王敏、王初明，2014)。

高分组：

① ***A smile lit up Mr. Robeson's face.*** (A smile lit up on Mr. Robeson's face.)

② ***It really deserved her.*** (She really deserved it.)

③ ***With other boys begun***, Alexander sang. (When other boys began,)

低分组：

① Alexander raised his head**:** "Really?! It's me?" (Alexander raised his head, "Really?! It's me?")

② Mr. Robeson ***knocked his head***, answered ... (patted his head)

③ They sang, the voice was like a ***floating river in the forest***, loud and happy. (running river in the forest)

4.3 研究结果的分析

统计结果显示，高分组与低分组学生在词性偏误、句子不完整偏误和中式英语偏误中存在显著性差异。例如，中式英语在高分组学生偏误表现中占比 19.58%，在低分组学生偏误表现中占比 23.42%。究其原因，母语干扰是导致不同水平学生在这三类偏误中存在显著性差异的重要因素之一。母语干扰有利有弊，二语学习者既会受益于母语正迁移，也会受阻于母语负迁移。学生在外语学习和运用过程中会依照母语认知模式匹配和类推目的语中新的语言知识，有意或无意地将母语中的语音、词汇、句法、语篇等知识迁移到中介语中，以致干扰了外语学习和运用（姜琳等，2019）。例如，汉语中很多词是没有固定词性的，其词性会随着不同的搭配而产生不同的变化。而英语则由于词性的不同，会演变成不同的单词。很多中国学生，尤其是英语水平较低的学生，在写作和翻译时，往往会出现不同词性的英文单词混用现象。如中文“经济”对应的“economy”和“economic”。殊不知，在“中国经济一日千里”中得用“economy”，而在“经济发展”中得用“economic”，这种偏误现象在低分组学生中十分普遍。而导致英文句子不完整的深层原因也在于中英文的语言差异：英文只要句子主谓齐全，再短也是一个句子。如“It rains.”而中文行文则相对自由，常常一逗（逗号）到底。如“春天来了，花儿红了，柳儿绿了，燕子飞回来了。”而如果需要翻成英文，则这四个小句都是一个独立完整的句子，需要用句号隔开。又例如，Alexander raised his head：“Really?! It's me?”就体现了学生生硬地将中文标点符号“冒号”套用在英文写作中。It really deserved her. 和 Mr. Robeson **knocked his head**, answered ... 则体现了中国学生，尤其是低分组学生容易受母语的逻辑关系干扰，在语言产出中错误地进行了迁移，从而出现了较多的中式英语表达。

拼写偏误在高分组学生的偏误表现中占比最大，达 22.38%。例如，“It ***occured*** to Alexander that ...”中动词“occur”过去式需要双写字母 r，再加“-ed”，即“occurred”。学生具备使用“It occurred to someone that”句型的意识，但在拼写上出了错。在“Although talent is ***percious***, real love in music and modest personality were valueless.”中，学生想使用 precious，但拼写错误。这表明学生已经储备了较多高质量表达，但可能由于认知不清或粗心等主观性因素干扰，仍然会在表达中犯错。在“Mr. Robeson solved his **disunderstood.**”中，学生误认为动词“understand”的否定前缀是“dis-”，导致语言形式偏误。以上实例表明，高分组学生二语知识掌握良好，愿意尝试高级的语言表达，但在细节上容易出错。为此，教师可以在教授屈折变化、构词法等基础知识的基础上，加强高级词汇和句型的输入，鼓励高水平学生勇于尝试，提升自己的语言表达水平，努力做到输入和产出平衡和相互促进。

同样地，在低分组学生中，拼写偏误也是常见的偏误表征，例如，“However, you are so hard-working and you can make up great ***ideals*** to solve the problems.”中，学生将两个形近词“ideal”和“idea”混淆了。而在“Mr. Robeson noticed that Alexander was too nervous to sing **will.**”中，以及在“When the five boys sang the song, their voice were **quiet** harmonious as if that they used to prepare for it.”中，学生极有可能因为发音相近干扰而未能正确区分“will”和“well”以及“quiet”和“quite”的不同。

高分组和低分组在数一致性、冠词（孙钦美、王钰，2018）、系动词、时态使用等方面存在的偏误情况具有一定的共性，范例充分体现了不同水平学生在各自的中介语系统中常见的、典型的偏误表现。

5 研究结果对教学的启示

5.1 教师应采取宽容的态度，向学生传输正确的正误观念

中介语理论认为，中介语是一个不断变化的动态系统。它的规律性变化反映了学生目的语学习的进程，而偏误是反映目的语发展状况的重要标志。学生在不断“试错”中取得进步，提升二语运用能力。科德(Coder，1981)认为，研究学习者的偏误情况是了解其二语习得过程的必要步骤。为此，教师对偏误的态度和处理方式至关重要。英语写作是中国大学生英语学习的薄弱点。读后续写对学生的语言协同能力提出更高要求，对此大多数学生持有较高的焦虑水平和写作压力。英语教师应当对学生在读后续写中的偏误表现持宽容的态度，并针对不同水平、性格和学习特点的学生采用有差异的、有效的纠错指导。教师应该宽容对待学生因为疏忽和暂时遗忘等因素出现的偏误，杜绝逢错必纠的处理方式，保护学生完成读后续写的自信心和积极性。教师要有意识地向学生传输偏误不等于失败的概念，使其认识到读后续写中偏误可能是出于语言输入与输出不对称引发的矛盾，在适当干预下可得以纠正。此外，教师要善于指导，给予适当鼓励，帮助学生保持使用二语的自信，并锻炼其自我纠错的能力。

5.2 开展偏误情况的系统研究，科学理性地指导写作实践

针对不同水平学生在英语读后续写中不同的偏误表现，教师应当因材施教，结合常见的、典型的偏误特征，开展系统的研究，总结其中规律并实施有针对性的教学(彭先仙，2022)。例如，高水平的学生敢于使用高质量表达，但在表达中可能出错较多，教师需要鼓励其大胆创新，关注细节，增强续写能力。低分组学生英语基础不扎实，语法知识错误较多、中式表达屡见不鲜、句子书写语义不完整。为此，教师应当加强基础知识的训练和指导，巩固其语言基本功，并鼓励其使用丰富的词汇、句型表达，提升语言输出水平。

在日常教学外，教师应当广泛收集学生读后续写的偏误案例，集中讲解其中典型的、普遍存在的偏误。其次，在日常教学中，教师要加强英汉对比教育，教授英语和汉语在词形、词义、语法、句法等方面的差别，帮助学生掌握英语思维方式，提升学生的思维能力。此外，教师可以利用好读后续写的教学模式，将阅读和写作教学紧密结合，以大量高质量的语言输入培养学生优质的语言输出，指导学生在阅读中汲取精华，培养语

感，并运用到自己的写作实践中。

6 结语

本研究显示，不同水平学生在英语读后续写中表现出数一致性偏误、冠词偏误、系动词偏误等相似的偏误表征，但在词性偏误、句子不完整偏误和中式英语表达偏误中存在显著性差异。这些偏误情况出现的深层原因较为复杂，但可辅以教学干预来改善。为减少不同水平学生的偏误表现，教师可以采取针对性的措施。例如，教师应当采取宽容的态度，传输正确的偏误观念；开展偏误情况的系统研究，科学理性地指导写作实践。相信在科学的、系统的、正确的教学干预下，不同水平学生在读后续写的偏误表现会得到不同程度的改善，从而全面提升其二语产出的准确性和续写质量。

参考文献

[1] Corder, S. P. 1967. The significance of learner's errors. *International Review of Applied Linguistics in Language Teaching*, 5(4): 161 - 170.

[2] Corder, S. P. 1981. *Error Analysis and Interlanguage*. Oxford University Press.

[3] Lu, Q., Qiu, B. & Ding, L., et al. 2023. Error analysis prompting enables human-like translation evaluation in large language models: A case study on chatgpt. *arXiv preprint arXiv:* 2303.13809.

[4] Selinker, L. F. 1972. Interlanguage. *International Review of Applied Linguistics*, 10: 209 - 241.

[5] 曹那仁格日乐，2021. 互动协同视角下读后续写在大学英语写作中的应用. 硕士论文. 长春：长春理工大学.

[6] 陈纪月，2023. 事件域认知模型观照下续写法对英语读后续写协同效应影响的实验研究. 硕士论文. 广州：广州大学.

[7] 姜琳，2014. 书面纠错与第二语言学习. 北京：北京大学出版社.

[8] 姜琳，陈燕，詹剑灵，2019. 读后续写中的母语思维研究. 外语与外语教学，(3)：8 - 16，143.

[9] 彭先仙，2022. 高中英语写作语法偏误及改进策略研究：以重庆市 E 中学为例. 硕士论文. 重庆：四川外国语大学.

[10] 孙钦美，王钰，2018. 读后续写在英语冠词学习中的效应及影响因素研究. 外语电化教学，(2)：18 - 24.

[11] 王初明，2009. 学相伴用相随：外语学习的学伴用随原则. 中国外语，6(5)：53 - 59.

[12] 王初明，2012. 读后续写：提高外语学习效率的一种有效方法. 外语界，(5)：2 - 7.

[13] 王初明,亓鲁霞,2013.读后续写题型研究.外语教学与研究,45(5):707－718,800.

[14] 王初明,2022.教考分离,重在促学.外语教学与研究,54(3):425－432,480－481.

[15] 王敏,王初明,2014.读后续写的协同效应.现代外语,37(4):501－512,584.

[16] 王启,王凤兰,2016.汉语二语读后续写的协同效应.现代外语,39(6):794－805,873.

[17] 熊淑慧,2018.议论文对比续写的协同效应研究.解放军外国语学院学报,41(5):85－92.

[18] 张秀芹,张倩,2018.不同体裁读后续写对协同的影响差异研究.外语界,(3):90－96.

听写、模仿朗读与背诵在较低水平英语学习者听说课程中的行动研究

南京大学 曹 宁 陈 桦 程 欣*

摘　要：本研究旨在探索如何针对较低水平英语学习者的特色和需求，在大学英语听说课程中通过听写、模仿朗读与背诵等传统教学法达到良好的教学效果。本研究采取了行动研究的方法，利用调查、访谈、反思日志、测试等手段进行了两轮实证研究。研究结果表明，将听写、模仿朗读、背诵等传统教学法通过合理的组合和设计，系统性地、有计划地用于较低水平英语学习者的听说课程不仅符合了学生的特点和诉求，也切实提高了教学效果，实现了学生听、说水平乃至学习语言自信心等各方面的提升。

关键词：听写，模仿朗读，背诵；大学英语较低水平学习者听说课程；行动研究

Title: An Action Research of Using Dictation, Imitative Reading and Memorization in Listening and Speaking Course for Less Proficient English Learners

Abstract: This study aims at exploring possible ways to achieve good teaching effects in listening and speaking courses targeting less proficient English learners through dictation, imitative reading and memorization. After two rounds of action research, the findings from tests, survey, interviews and reflective journals show that reasonable, systematic and well-designed use of these traditional teaching methods not only corresponds to students' characteristics and needs, but also leads to good results—the improvement in students' listening, speaking as well as their confidence in learning English.

* **作者简介**：曹宁，南京大学讲师。研究方向为英语应用语言学、二语习得。联系方式：ncaonju@163.com。陈桦，南京大学教授、博士生导师。研究方向为英语应用语言学、二语习得、实验语音学。程欣，南京大学副教授。研究方向为英语应用语言学、实验语音学。

Key Words: Dictation; Imitative Reading; Memorization; Listening and Speaking Course for Less Proficient English Learners; Action Research

1 引言

随着《大学英语教学指南》的发布，高校掀起了新一轮的大学英语教学改革（王文宇、王海啸、陈桦，2018）。为了适应《教学指南》对大学英语提出的新要求，笔者所在的大学（下面简称 N 大）从 2015 年 9 月起对大学英语教学进行了一系列改革，建立了具有校本特色的大学英语课程体系。听说课程也是改革的课程之一。

根据《教学指南》的要求，“大学英语教学应遵循外语学习规律，根据教学内容的特点，充分考虑学生个体差异和学习风格，运用合适、有效的教学方法”（王守仁，2016）。然而，笔者所在的针对较低英语水平英语学习者（以下称三层次①）的听说课程虽在教学内容上难度小于针对较高英语水平学习者的听说课程（以下称二层次），但在主要教学方法上却无明显不同，这与《教学指南》中提倡的教学理念不符。通过对学生的访谈，笔者了解到三层次学生认为自身听说水平较弱，目前使用的和二层次类似的教学法（鼓励学生自主学习＋大量的口语输出）让他们感到“压力较大”，“有时很打击自信心”，希望老师能增加一些更适合他们的方法来帮助他们加强听说基本功，等到第二学期时再采用和二层次一样的教学法。还有同学表示自己语音语调不好，导致“对于上台发言没有自信”，希望老师能增加相关的训练。

因此，为了响应《教学指南》根据学生差异运用不同教学方法的要求和三层次学生的诉求，最终达到提高教学效果的目的，笔者在所教三层次班级进行了一系列改革试点，将听写、背诵、模仿朗读等传统有效的教学方法引入了三层次听说课程中，旨在探讨这些传统教学法作为针对水平较低英语学习者的教学法，对于提高学生听说能力的效果以及可行性。

① 该校学生入学时会根据分级考试听说成绩进入不同层次的听说课班级，其中三层次为较低水平，二层次为较高水平。详见王文宇、王海啸、陈桦(2018)。

2 文献回顾

2.1 听写

作为一种传统的外语教学手段,听写的历史可以追溯到 16 世纪(Stansfield,1985),并且一直被认为是有效的(Brooks,1960;Rivers,1973)。近年来相关研究也得出了类似的结论。如杨满珍(2003)通过对比实验和控制组发现系统的听写练习有助于提高学生的英语听力水平和听写能力。还有学者发现听写式语言输入不仅对听力的发展有显著效果,对于增强学习者对话语的切分和理解能力也很有益(杨学云,2009)。

2.2 背诵

背诵是一种传统的语言学习方式。虽然新的教学法层出不穷,背诵式语言输入对于语言学习的独到作用和对英语教学的重要性都不可忽视(马英莲、石秀针,2014)。根据应用语言学家克拉申(Krashen,1987)的第二语言习得理论,语言输入对于语言习得至关重要。因此,为学生提供最佳的语言输入应是教学的重点。背诵可以强化语言输入,帮助学生加深对所学语言知识的理解(Pennycook,1996),增加对于词汇、句型、固定表达的积累,以及创造性地运用文章中的词汇(Parry,1998)。国内外学者对背诵对于语言学习的作用做了一系列研究(Cook,1994;Ding,2007;曹怡鲁,1999;邓鄗鸣,2001,2007;董卫、付黎旭,2003;丁言仁等,2001,2004)。研究结果表明,背诵式语言输入有助于提高学习者二语水平,尤其是对短语习得、写作、口语学习有促进作用,对提高学习者的语感和使用语言的信心也很有益处。

2.3 模仿朗读

模仿朗读是一种传统语言学习方式,也是我国二语语音习得的主要途径之一(田方,2018)。与普通朗读不同,模仿朗读既包含语音感知输入,又包含语音模仿输出。

相关研究表明,语音感知是语音产出的基础(Best,1994;Fledge,1995),语音感知训练对提高二语者感知和输出能力均有帮助(Rochet,1995;Wang,2003)。除了语音感知输入,也有学者强调了教师在模仿朗读中的作用。如陈桦、孙欣平(2010)在对学生韵律特征习得的研究中发现,想要提高学生的英语语音能力,仅凭学生自己模仿可能效果不佳,还需要"老师进行语音/韵律知识传授,培养学生的语音/韵律意识"。

2.4 小结

通过以上文献回顾可以看出,听写、背诵和模仿朗读都是传统而行之有效的教学法，可以分别用来满足学生对提高听力、口语和语音语调的诉求。并且，作为传统的教学法，它们对于学生来说并不陌生，对及时输出的要求不高，相对来说压力不大，对于水平相对较弱，想提高基本功的同学应该是很好的选择。

然而，在实际实施过程中，这些传统教学法对于我校三层次的同学是否真的适合且有效尚未可知。并且，在以往文献中，这些教学法一般都是独立使用，将它们同时应用于一门课程的教学效果也还有待研究。

3 研究设计

3.1 研究对象

本研究的研究对象为N大一年级学生。根据他们在入学英语诊断分级考试中的听力、口语两项[①]成绩被编入了三层次班级(较低水平)。

3.2 研究问题

本研究试图解决的问题是：

1) 听写、背诵与模仿朗读等传统教学法对于三层次听说课程的学生是否有效?

2) 听写、背诵与模仿朗读等传统教学法是否符合三层次学生的特点和需求?

3) 如何在三层次听说课程开展有效的听写、背诵与模仿朗读教学?

3.3 研究方法

考虑到是以课堂为研究环境来解决教学中的实际问题，本研究主要采用了行动研究法。行动研究即“行动”+“研究”，是教育工作者基于对现有教学的审视，提出解决问题的行动方案，实施新方案，评估实施效果，提高教学效果的研究方法(Nunan，1989；Flamini & Raya，2007)。

有学者提出，行动研究应是循环的、启发式的、持续不断地探究与行动的过程(Ramos，2006)。单轮行动研究中提出的方案可能效果不够理想，还需要反思和再次提出新的解决方案。因此，笔者开展了两轮行动研究，每轮时长两个半月(接近一学期)。具体流程参照文秋芳、韩绍杰(2011)对行动研究的建议，每轮行动研究包含四个环节：1) 聚焦问题；2) 提出(解决问题)方案；3) 实施方案；4) 评价成效(文秋芳、韩少杰，

① 该校入学考试内容分听、说、读、写、词汇五项技能。除“写作”单项外，其余四项各两种题型，共计九种题型，从不同角度诊断学生的英语水平。

2011)。第二轮聚焦的问题来源于对第一轮方案实施和评价的反思。

4 第一轮行动研究

4.1 问题的聚焦

如前文所述，根据对课程现状的分析和学生访谈的反馈，聚焦出的问题是：目前的三层次听说课程未能充分考虑学生的差异（和二层次学生相比英语水平相对较低），需要引入更适合学生特点的教学方法来提高教学效果，满足学生提高听、说（包括语音语调）基本功的需求。

4.2 行动方案的制定

经过对前人研究的回顾以及课程组成员的讨论，笔者在三层次听说课程中加入听写、背诵、模仿朗读等传统教学法，具体的行动方案如下：

1) 每周给学生布置七篇背诵材料（音频+文档），平均每天一篇。要求学生课后听写、模仿朗读并背诵，老师课上对于背诵效果进行检查（如让学生主动举手背诵，小组推荐背诵，随机抽背，等）。

2) 在秋季学期实施方案。因为秋季学期是学生入学后的第一学期，在这个阶段实施方案可以帮助三层次学生提高基本功，建立信心，为他们在以后学期接触“压力更大”的教学法做好准备。

3) 将行动时长定为九周。秋季学期为十五周，第一周课上介绍以及布置任务，之后连着实施九周，最后留一个月的时间给学生集中精力应对考试。这样的时长既给了学生足够的训练时间，也不过长而造成额外的负担。

另外，出于提高效率和趣味性的考虑，对这些传统教学法的实施进行了一些处理。具体的措施如下：

1) 直接使用背诵材料的配套音频作为听写材料。学生模仿背诵本身也需要反复听材料，出于效率和不过多增加学生负担的考虑，没有另外选取听写材料，而是要求学生在拿到每周的背诵材料后对其进行听写、模仿朗读和背诵。并且，由于听写的文字稿和音频一起发给学生用于后续的背诵和模仿，听写结果的核对直接由学生在课后自主完成，不再占用课上时间。

2) 在背诵材料中体现多样性。背诵的材料包括绕口令、诗歌、对话、名人演讲、电影/电视经典选段、散文等各种题材的优秀语言输入材料。

3) 创造性地将背诵和模仿朗读合并成了模仿背诵。给学生提供背诵文字稿的同时也提供和材料配套的音频。学生在背诵材料的同时还必须模仿配套音频的语音语调，使一种方法具有两种教学效果。为了给学生提供好的模仿输入素材，笔者在选择配套音频时尽量选择由英语母语者发音、标准口音（英国标准音或美国标准音）、语速适合的音频。此外，为了帮助学生更好地通过模仿提升语音语调，笔者采取了前人研究中增加“显性指导”，“培养学生语音/韵律意识”的建议（陈桦、孙欣平，2010），在行动开始的第一周在课堂上给学生讲解语音/韵律知识，并就如何对背诵材料进行标注和模仿进行示范。

4.3 具体方案实施

笔者于秋季学期在所教的一个三层次听说课班级（30 人）实施了第一轮行动。从开学第二周到第十周共进行了为期九周的听写与模仿背诵训练。每周课后将材料发给学生（七篇文本和七个配套音频），要求他们听写、背诵材料并模仿音频中的语音语调。为了保证学生课后能认真完成任务，老师（笔者）在每一周课上用约二十分钟对于背诵情况进行检查，并计入课程平时成绩（10%）。

4.4 评价成效与反思

对于行动成效的评价主要通过两个途径。

首先，通过对比学生的前、后测听说成绩。我校一年级学生要参加三次统一的英语水平测试①。考试内容分听、说、读、写、词汇五项技能，“三次考试的题型与考试形式完全一致，以便做成绩的对比”（王文宇、王海啸、陈桦，2018）。由于是在第一学期实施行动方案，本研究就选取了入学分级考试和第一学期期末英语水平测试中的听、说成绩作为前后测成绩。另外，口语测试中包含朗读和个人陈述两个部分，分别用来评测学生的语音语调和口语表达水平。因此最终比较的是听力（满分为 28 分）、口语—朗读（满分为 10 分）、口语—个人陈述（满分为 10 分）三项测试的前后测成绩。

其次，笔者在方案实施完成后会对学生进行调查和访谈，并要求每个学生交一篇反思日记，记录他们对于听写和模仿背诵任务的具体练习过程、完成程度自评、感受、收获、不满和建议。

通过对比前后测成绩，可以看出学生的口语成绩（朗读和个人陈述）均有显著性（$p<0.01$，$d=0.91$；$p<0.01$，$d=1.63$）提高（见表 1、2）。

---

① 第一次是入学时的分级测试，笔者班上的学生就是根据这一次的成绩被分入了三层次班级。第二次和第三次分别在第一学期和第二学期期末进行，以检测学生的学习效果。英语水平测试试题来自 N 大大学英语水平测试题库。题库建设由几位具有丰富出题经验的四六级考委会专家带领，多位经验丰富的英语教师共同建设。题库参考四六级试题，经过多轮审阅、测试和修订，具有较强的可信度。

表 1　第一轮前后测成绩描述统计(N=30)

测试		平均数	标准差
听力	前测	19.966 7	4.213 96
	后测	18.133 3	4.658 94
口语—朗读	前测	7.117	1.047 8
	后测	8.467	0.990 8
口语—个人陈述	前测	4.000	1.074 8
	后测	6.383	1.134 7

表 2　第二轮前后测成绩配对样本 t 检验

项目	T 值	p 值	自由度	效应值(Cohen's d)
听力:前测、后测	2.310	0.028	29	0.42
口语—朗读:前测、后测	−4.955	0.000	29	0.91
口语—个人陈述:前测、后测	−2.473	0.000	29	1.63

学生的反思日志也佐证了这一发现。大部分学生都表示经过一学期的模仿背诵,他们的语音语调和口语能力得到了提高。如"我收获比较多的是发音。通过模仿,发现了很多熟悉的单词以前读的都是不准确的,这次把发音改了过来,还学到说话的时候要有语调的变化"(Ma)。"我觉得很大的一个好处是我可以运用背诵材料中地道的词汇和短语让口语更加自然和准确,现在觉得开口容易了不少"(Lu)。

由此可见,模仿和背诵对学生的语音语调和口语表达能力有促进作用。这一结果与陈桦和孙欣平(2010)、丁言仁和戚炎(2001)、戚炎和夏珺(2016)等人的研究结果一致。

另外,对学生的调查表明,大部分学生都认为模仿背诵作为三层次的个性化教学法很适合。他们认为"模仿背诵任务不是一个很难完成,考验能力的任务,只要有耐心,肯坚持,就能做好,很适合水平相对较弱的学生。通过模仿背诵也增强了学英语的自信"(Lin)。除了对语音语调和口语有帮助,很多学生还认为模仿背诵可以帮他们"加强基本功""增加单词量""增加语感""对写作也有帮助"。

通过前后测、问卷、学生日记和访谈,我们也发现了本轮行动研究存在的问题。

首先,学生的听力成绩没有提高(前后测 18.53—16.95),这与笔者设计行动方案时的预想不符。学生的反思日志和对学生的访谈反映出了一些本轮听写任务实施方案的不足,为这个结果提供了一些可能的原因。第一个是监督不足。由于本轮行动中听写结果是由学生自主核对,一些学生并没有每周进行听写练习,"老师不怎么检查听写,很多时候就犯懒没有做"。第二个是缺乏对听写任务的指导。由于教师在布置任务时没有给出详细的指导(如在课堂上示范具体过程),有的学生"稍有听不明白的就去看文稿了",有的学生则在模仿背诵时听了几遍就觉得完成任务了。然而模仿背诵时听音频并不能达到听写的效果。根据施密特(Schmidt,1990)的"注意"假设(noticing hypothesis),只有被注意的特征才能被习得。学生在听音频时注意力在辨别和模仿语调上,因此他们对语音语调的感知和产出均有习得。但是,由于学生的注意力并没有放在通过听来获得材料的大意上,对于听力测试考察的听力理解能力则没有得到锻炼。综上,笔者认为本轮结果并不能说明听写训练对于三层次学生是无效的。更可能的是,由于监督机制和任务指导的不足,本轮行动中的听写训练并没有得到很好的实施和完成,自然也不能取得理想的效果。

其次,虽然模仿背诵在本轮行动中被证实是切实有效的,其实施方案的一些具体措施还存在不足,需要进一步改进。对于目前一周七篇材料的设置,不少学生表示篇数有点多,"有时忙起来就想整个放弃了","希望能减掉一两篇不那么有趣的材料"。另外,对于课堂上的检查,很多同学表示"有时占用课堂时间有点长","好多同学都背同一篇听着有点无聊",主动举手背诵、小组推荐背诵的抽查方法"可能会让想偷懒的同学'有机可乘'"。大部分同学表示最有效的方法还是随机抽背。比如 X 同学在访谈中说到,"大家都知道模仿背诵很好,但人总是有惰性的。随机抽背时由于大家都可能被抽到,就没人敢偷懒了"。

总之,从学生口语成绩前后测比较和学生反馈来看,本轮行动方案总体上是成功的。但在听写任务具体实施方案、模仿背诵的材料数量和检查方法等方面还要在第二轮行动研究中加以改进。

5 第二轮行动研究

5.1 问题的聚焦与诊断

基于对第一轮行动的评价和反思,第二轮行动方案要解决的问题是:1)如何改进听写任务的实施方案?改进后效果如何?2)如何调整模仿背诵的实施方案以适应学生的具体需求(材料篇数略多,如何更有效地进行检查)?改进后效果如何?

5.2 行动方案的制定

针对要解决的问题,研究者在第一轮方案上做了改动,制定了第二轮的行动方案。

针对第一个问题做出的改动如下:

1) 对课后的听写任务给出更明确的指导并增加检查措施。强调需先不看文稿进行听写直至大致听懂材料后再进行背诵和模仿，通过设定任务（听懂材料）来将学生的"注意"引导到听力理解上，以达到练习听力的目的。并且，要求学生专门准备一本练习本用于听写，以备老师每周对于完成情况进行抽查。

2）考虑到上述措施可能还不足以保证听写训练的完成度，参考前人研究中的成功经验，除了课后的听写任务，在课堂上也增加一项听写训练。听写训练参考了杨学云(2009)和彭梅(2012)的设计，在行动期间每周英语课开始时进行十分钟左右的短文听写训练。听写素材选择英语报刊和教材，题材多样化，包含文化、经济、体育、教育等，难度和速度适中。听写时播放英语本族语者的朗读录音，参照大学英语四级考试复合式听写模式听三遍。第一遍完整听，中间无停顿；第二遍逐句，根据句子长短决定停顿时长；第三遍中间无停顿完整听。听写完毕后，请学生以句子为单位进行复述，教师当场评讲并在 PPT 上展示原文供学生比对。

针对第二个问题制定的方案如下：

1）根据学生反馈中背诵材料喜爱度的排名，去除了排名最后的若干篇，将每周的七篇背诵调整为五篇（绕口令、诗歌、经典教材中选段、电视/电影/名人演讲选段、散文各一篇）。

2）根据学生的反馈，本轮对背诵的检查方法进行了改进。在第一轮行动中，检查有主动举手、小组推荐和随机抽背等三种形式，每周课堂用时 20—30 分钟。本轮改为每周课堂上仅用随机抽背一种形式，检查时间限制为 10 分钟，和第一轮相比省出的时间刚好用于听写练习。这样不仅可以避免一些学生的"偷懒"心理，还能提高课堂效率，不影响正常的教学进度。此外，为了不打击学生的积极性，希望主动背诵的学生可以课间找老师进行展示。

5.3 具体方案实施

笔者于次年秋季学期在所教一年级三层次听说课班级（30 人）实施了第二轮行动方案。

本轮行动共听写、模仿背诵材料 45 篇，课上听写短文 9 篇。和第一轮行动一样，使用学生的入学分级考试和第一学期期末考试听说部分成绩作为前后测成绩，并用 SPSS 22.0 软件进行了统计分析。行动结束后笔者对学生进行了调查和访谈，并要求每个学生上交一篇反思日记。

5.4 评价成效与反思

对前后测成绩用 SPSS 软件进行描述统计和配对样本 t 检验的结果如表 3、4。

表 3　第二轮前后测成绩描述统计(N=30)

测试		平均数	标准差
听力	前测	17.733	3.551 9
	后测	22.100	4.130 2
口语—朗读	前测	8.333	1.667 8
	后测	8.733	1.080 7
口语—个人陈述	前测	4.700	0.915 4
	后测	5.300	1.118 8

可以看出,学生的听力成绩有了明显的提高,并且具有统计意义上的显著性($p<0.001$, d=0.83)。由于上一轮行动听力成绩并没有提高,所以可以认为是本轮听写训练的有效实行促成了学生听力水平的提升,这与彭梅(2012)的研究结果一致。

表 4　第二轮前后测成绩 t 检验

项目	T 值	p 值	自由度	效应值(Cohen's d)
听力:前测、后测	−4.562	0.000	29	0.83
口语—朗读:前测、后测	−1.326	0.195	29	
口语—个人陈述:前测、后测	−2.473	0.019	29	0.45

学生的口语成绩也有提高,其中个人陈述的提高具有统计意义上的显著性($p<0.05$, d=0.45)。这与第一轮行动中学生口语水平的变化基本一致,再次证明了模仿背诵对于三层次学生口语水平的促进作用。

至于学生口语朗读测试成绩,虽然变化不具有统计学意义上的显著性,但是绝对数值上还是有所增长的。另外,学生在反思日记和访谈中也都表示语音语调有所改善。可见,第二轮行动中模仿背诵对学生的语音语调还是有促进作用的,只是不如第一轮行动中明显。

通过对学生入学成绩的独立样本 t 检验可以发现,虽然总体来说两轮行动的学生都属于三层次水平,入学听说成绩没有显著差异($p=0.717$),但在朗读单项分上还是有所不同(见表 5、6)。第一轮行动的学生和第二轮行动的学生相比入学朗读成绩较低($p<0.01$),然而经过一学期的行动后语音语调的提高程度反而较高。可见模仿朗诵在提升语音语调上对于原本水平较弱的学生效果更好。这一发现刚好证明了模仿背诵这一传统教学法对于水平较弱的学生的确更合适、更有针对性。

表 5　第一、二轮学生入学成绩描述统计

	人数	平均值	标准差
第一轮入学听说成绩	30	31.083 3	4.131 63
第二轮入学听说成绩	30	30.766 7	2.373 46
第一轮入学朗读成绩	30	7.117	1.047 8
第二轮入学朗读成绩	30	8.333	1.667 8

表 6　第一、二轮学生入学成绩 t 检验

	T 值	*P* 值	自由度	效应值(Cohen's d)
第一、二轮入学听说成绩	0.364	0.717	58	
第一、二轮入学朗读成绩	−3.383	0.001	58	0.88

学生在问卷调查、反思日志和访谈中的反馈显示:大部分学生(>90%)觉得模仿背诵和听写这两种教学法对于提高他们的听说水平很有效,也适合在三层次使用。和第一轮行动类似,大部分学生表示通过模仿背诵,他们的语音语调、口语表达水平、词汇量、语感、对学习语言的自信都有所提高。对于背诵材料的数量和多样性绝大多数同学(>90%)表示了满意,他们认为本轮采用的一周五篇对于他们来说数量刚好,不同体裁的材料也很有"趣味性"。对于现在采用的"课上抽背为主,课间主动背诵"的抽查方式学生也表示了肯定。调查结果显示,大部分学生(>80%)都认真完成了绝大部分模仿背诵任务。

对于第二轮的听写练习,大部分学生都觉得非常有用,认为听写训练"大幅度地提高了"他们的听力水平。多位同学都在采访中提到他们在本轮研究中感受到的听力的提高过程。比如来自高考不考听力省份的 Y 同学和 M 同学都表示"一开始几乎什么都听不懂,慢慢地可以听懂一点,最后可以明白大概意思,也有自信了"。

通过以上对第二轮行动结果的总结可以看出,本轮行动克服了第一轮行动中出现的听写训练效果不佳,模仿朗诵教学法具体实施方案有待改进的问题,总体上获得了成功。学生在行动后听、说成绩的提高,以及学生在问卷调查、反思日记和访谈中给出的正面反馈共同证明了听写与模仿背诵对于三层次学生是行之有效的教学法。

6　结论

本研究是对听写、模仿朗读、背诵等传统教学法对于水平较弱学生听说能力提高作用的探讨,也是我校大学英语教学改革中对于根据学生特点选用教学方法以提高教学效果的一个试点和尝试。

通过两轮行动研究，笔者得出了以下结论：模仿背诵（模仿朗读和背诵的结合）有助于学生语音语调和口语表达能力的提高，听写有助于学生听力水平的提高。将听写、模仿朗读、背诵等传统教学法通过合理的组合和设计，系统性地、有计划地用于三层次学生的听说课程不仅是合理的，也是有效的；不仅符合学生的特点和诉求，也切实提高了教学效果，实现了学生听、说水平乃至学习语言自信心等各方面的提升。

当然，行动的成功开展和以下几个方面是分不开的。

首先，由于优秀的、"充分的可理解的语言输入"对于语言学习的必要性（Krashen，1987），语音/韵律知识"显性教学"对于学生语音习得的重要性（陈桦、孙欣平，2010），以及老师抽查对于任务完成度的监督功能，想要有效进行模仿背诵教学，背诵材料的选择、语音语调知识的讲解以及对完成情况的抽查非常关键。

其次，想要有效进行听写教学，听写材料的选择、老师对听写任务的指导和任务完成度的监督非常重要。听写材料应尽量做到多样性，配套音频的语速也应根据学生的情况由慢到快，这样学生才能适应各种材料的特征，提高听力。老师的指导和监督是学生完成听写任务的重要条件，也是听写教学能发挥作用的重要前提。这一点在本研究中尤其得到了体现。

总之，本研究通过两轮行动研究，摸索出一套可行的、适用于较低水平英语学习者听说课程的教学方案，为进一步深化教学改革提供了新的参考和思路。

参考文献

[1] Best, T. 1994. The emergence of native-language phonological influences in infants: A perceptual assimilation model. In J. Goodman & H. Nusbaum (eds.) *Haskins Laboratories Status Report in Speech Research*. Cambridge: MIT Press.

[2] Brooks, N. 1960. *Language and Language Learning*. New York: Harcourt Brace.

[3] Cook, G. 1994. Repetition and learning by heart: An aspect of intimate discourse, and its implications. *ELT Journal*, 48(2): 133 - 141.

[4] Ding, Y. 2007. Text memorization and imitation: The practices of successful Chinese learners of English. *System*, 35(2): 271 - 280.

[5] Flamini, E. & M. J. Raya. 2007. Action research: Professional development through enquiry. In M. J. Raya & L. Sercu (eds.), *Challenges in Teacher Development: Learner Autonomy and Intercultural Competence*. Frankfurt am Main: Peter Lang, 105 - 124.

[6] Flege, E. 1995. Second language speech learning: Theory, findings, and problems. *Speech perception and linguistic experience: Issues in cross-language research*, 92: 233 - 277.

[7] Krashen, S. *Principles and Practice in Second Language Acquisition*. Hertfordshire: Prentice Hall International (UK) Ltd.

[8] Nunan, D. 1989. The teacher as researcher. *Research in the language classroom*, 16-32.

[9] Pennycook, A. 1996. Borrowing other's words: Text, ownership, memory, and plagiarism. *TESOL Quarterly*, 30(2): 201-230.

[10] Parry K. (ed.) 1998. *Culture, Literacy, and Learning English: Voices from the Chinese Classroom*. Portsmouth, NH.: Heinemann.

[11] Ramos, J. M. 2006. Dimensions in the Confluence of Futures Studies and Action Research. *Futures*, 38(6): 462-655.

[12] Rivers, W. 1973. Testing and student learning. In M. C. O'Brien, (ed.), *Testing in Second Language Teaching: New Dimension*. Dublin: ATESOL.

[13] Rochet, L. 1995. Perception and production of second-language speech sounds by adults. In W. Strange (ed.), *Speech Perception and Linguistic Experience: Issues in Cross-language Research*. New York: Baltimore.

[14] Schmidt, R. W. 1990. The role of consciousness in second language learning. *Applied linguistics*, 11(2): 129-158.

[15] Stansfield, C. W. 1985. A history of dictation in foreign language teaching and testing. *Modern Language Journal*, 69(2): 121-128.

[16] Wang, Y., Jongman, A., & Sereno, J. A. 2003. Acoustic and perceptual evaluation of Mandarin tone productions before and after perceptual training. *The Journal of the Acoustical Society of America*, 113(2): 1033-1043.

[17] 曹怡鲁,1999.外语教学应借鉴中国传统语言教学经验.外语界,(2):16-19.

[18] 陈桦,孙欣平,2010.输入、输出频次对英语韵律特征习得的作用.外语研究,(4):1-8,112.

[19] 戴祯琼,丁言仁,2010.背诵课文在中国学生英语学习中的作用研究.外语研究,(2):46-52.

[20] 邓鹂鸣,2001.注重背诵输入克服英语写作中的负迁移.外语教学,22(4):42-44.

[21] 邓鹂鸣,王香云,2007.背诵式语言输入对中国学生二语写作能力发展的有效性研究.外语教学,28(4):52-56.

[22] 丁言仁,戚焱,2001.背诵课文在英语学习中的作用.外语界,(5):58-65.

[23] 董卫,付黎旭,2003.背诵式语言输入在大学英语教学中的作用.外语界,(4):56-59.

[24] 马英莲,石秀珍,2014.近年来背诵式语言输入研究述评.河北联合大学学报(社会科学版),14(1):129-132,142.

[25] 彭梅,2012.英语听写教学行动研究:以非全日制英语专业大学生为例.外语界,(5):79-87.

[26] 戚焱,夏珺,2016.背诵词块对英语写作和口语水平的影响.解放军外国语学院学报,39(1):96-103,159.

[27] 田方,2018.二语模仿朗读中重音输入对重音输出的影响研究.外语与外语教学,(3):55-64,144.

[28] 王守仁,2016.《大学英语教学指南》要点解读.外语界,(3):2-10.

[29] 王文宇，王海啸，陈桦，2018. 构建具有校本特色的个性化大学英语课程体系. 中国外语，15(4)：18 - 26.

[30] 文秋芳，韩少杰，2011. 英语教学研究方法与案例分析. 上海外语教育出版社.

[31] 杨满珍，2003. 听写练习对英语学习者语言技能的影响. 现代外语，26(3)：295 - 301，294.

[32] 杨学云，2009. 听写式语言输入训练对英语听力能力发展的有效性研究. 外语与外语教学，(7)：29 - 32.

通用学术词表 Academic Vocabulary List(AVL)修订述略*

南开大学　裴鑫鑫　张文忠**

摘　要:学术英语词汇是学术英语教学的重点和难点,不同时代和学科曾编写过各类学术词表。加德纳和戴维斯(2014)基于学术语料容量达 1.2 亿的 COCA 语料库推出学术词表 Academic Vocabulary List(AVL),该词表在学术英语教学和研究中得到广泛应用。然而实践表明,AVL 词表收录的 3 015 个词元存在词汇重复、以词元为单位排列的词表和以词族为单位排列的词表不相吻合等问题。本研究尝试以科学性原则、适切性原则、时效性原则为指导,基于 AVL 词表原有的比率、分布、离散度、学科指数四条选词标准,增加最低频次和经验判断两条新标准对 AVL 词表予以完善和修订。完善修订后的 AVL 词表由先前的 1 991 个词族、3 015 个词元缩减至 709 个词族 1 715 个词元,较修订前更具简洁性和高效性。希望依据 3 项原则和 6 项标准所做的修订为学术英语教与学以及学术英语教材编写和选用带来新的参考。

关键词:学术英语;学术词汇;学术英语词表 AVL;词表修订

Title: A Brief Account of the Revision of Academic Vocabulary List (AVL)

Abstract: Academic words and expressions are significant and difficult points in EAP teaching and learning. In different eras, various word lists of different disciplines have been constructed. Through employing the 120-million-word COCA

---

* 本研究为 2023 年天津市普通高等学校本科教学改革与质量建设研究计划项目“创新取向的项目型英语教学理论之转化研究”(编号:B231005526)、2023 年天津市高等学校研究生教育改革研究计划项目“第二语言习得课程改革与思政体系跨校共建路径研究”(编号:TJYG070)和北京外国语大学北京高校高精尖学科“外语教育学”建设项目(编号:2020SYLZDXM011)的部分成果。

** **作者简介**:裴鑫鑫,南开大学硕士研究生。研究方向为应用语言学、外语教学。联系方式:Pei_Xinxin@126.com。张文忠,南开大学外国语学院教授,博士,博士生导师。研究方向为外语教学。联系方式:zhangwz@nankai.edu.cn。

corpus, Gardner and Davies (2014) compiled the Academic Vocabulary List (AVL), which has gained wide application in EAP. However, there are several problems within AVL list such as repeated items, the inconsistency between the academic words listed on Word Family list and the words listed on Lemma list. Words in the original AVL list are selected based on Ratio, Range, Dispersion and Discipline Measure. Under the guidance of the principles of being scientific, applicable and contemporary, this paper adds two new criteria, Minimal Frequency and Experience Review, to remedy and revise AVL list. The revised AVL list contains 709 word families and 1715 lemmas. Compared with the original AVL list which contains 1991 word families and 3015 lemmas, the revised AVL list is more concise and effective, hoping to provide reference for EAP teaching and learning, the compilation and selection of EAP teaching materials.

Key Words: EAP; Academic Vocabulary; Academic Vocabulary List (AVL); Revision of Word Lists

1 引言

词表通常服务于一定目标，或通用，或专用，在目标指引下收录最基本、最重要的词汇。具体词表可作为通用或专门用途语言教学的基础，或用于编写语言教学材料等(Richards, et al, 2000)。科学高效的词表对于教师教学、学生独立学习、教材编写和选用、课程总体设计、语言测试、评析文本难度和丰富度等均起到重要作用(Coxhead, 2000;Nation & Webb, 2011;刘华，2018)。以英语词表为例，不同时代曾涌现过各类通用和专用词表，如通用英语类词表(West, 1953)、通用学术英语类词表(Coxhead, 2000;Gardner & Davies, 2014)、专业英语类词表(Ward, 2009;Lei & Liu, 2016)等。学术英语是专门用途英语的重要分支，学术词汇研究及学术词表开发是学术英语研究中的重要课题(刘迪麟、雷蕾，2020)，然而相关研究多关注词表开发与应用，鲜有研究对现有学术词表进行修订。加德纳和戴维斯(Gardner & Davies, 2014)基于学术语料容量达 1.2 亿的 COCA 语料库推出学术词表 Academic Vocabulary List(AVL)①，在学

① Gardner 和 Davies(2014)曾在 *Applied Linguistics* 发表“A New Academic Vocabulary List”一文，报告该词表的研制情况。感兴趣的读者可从 www. academicwords. info. 网址中获取该词表。

术英语教学和研究中得到广泛应用。然而，笔者核查该词表时发现，其存在词汇重复、以词元为单位排列的词表和以词族为单位排列的词表不相吻合等问题。基于此，本研究拟对通用学术词表 AVL 进行完善和修订，希望可为学术英语教学和学术英语教材编写等提供参考。

2 词表相关研究

在语言教学（包含母语和外语教学）中，词表常被作为重要工具来应用，亦是我国教学大纲的重要组成部分（桂诗春，2004）。现有词表相关研究按照主题可分为词表的理论研究、词表的研制与应用、词表修订实践与研究。

2.1 词表的理论研究

各学科、各种用途的词表因其语料来源、选词标准等方面的不同，词表最终所包含的词汇数量及词目存在较大差异（马俊波、凌双英、周瑞杰等，2022），不少学者就词表选词标准、研制范式等内容展开了讨论。如张亦政、张文芝（1995）最早论述词表选词标准应涵括频率与分布率、不可或缺性、定义能力、心理与教学标准；金檀、刘康龙、吴金城（2019）将学术英语教材词表的研究范式归纳为总体语料库驱动、个体课文驱动、具体词网驱动，并结合具体操作实践阐述三种研究范式对于学术英语的重要性和实用性；刘迪麟、雷蕾（2020）就学术词表开发中的一系列重要问题如词族和词元排列方式的选择、词形还原处理与否等有过论述。此外，刘华、于艳群（2016）在构建中小学教材课文常用词分级词表时，提出词表构建应遵循针对性原则、实用性原则和科学性原则。其针对性原则指华语作为第一语言的华文教学，应充分考虑海外华文教学的需求与特性，符合教学的实际情况；实用性原则指词表在列出常用词语的同时应对词语进行排序，以方便不同层次的学生学习使用；科学性原则指词表的研制应采用先进科学的方法和技术，使得选词环节有理有据。

基于上述词表构建原则、研究范式等相关内容的探讨和思考，本研究提出研制和修订词表应遵循科学性原则、适切性原则和时效性原则。与上述提及的科学性原则类似，本研究的科学性原则指研制词表除充分利用先进科学技术外，应参考其他同类型抑或不同类型词表的构建以选择适切的语料来源、制定有科学依据的选词标准、提高词表的可信度；适切性原则指词表选词应充分考虑词表受众的具体需求，这意味着实用且适切的词表虽有赖于先进的科学技术，但也有必要对按照严格数值标准筛选而来的词汇进行适当的人工干预，如专家评判等；任何学术词表收纳的词汇须代表当代学术语言（Gardner & Davies, 2014），故时效性原则指词表收纳的词汇须符合当代学术文本规范、适用于当代学术交流和学习。

2.2 词表的研制与应用

科学且实用、高效且丰富的词表对于各个学科的发展都是必要的，以英语为典型研究对象的语言类学科即为明证。各领域均有学者长期致力于词表的研制，各类词表亦是层出不穷，包括通用英语词表（如 West，1953）、通用学术英语词表（如 Coxhead，2000）、专业领域词表（如 Valipourl & Nassaji，2013；Lei & Liu，2016；刘华、郑婷，2017；刘华，2018；王笑然、王佶旻，2022）等。一个典型例子是通用学术词汇一览表 GSL(West，1953)，该词表为后续诸多词表的研制起到了标杆作用（马俊波、凌双英、周瑞杰等，2022），如学术词表（Campion & Elley，1971）、美国大学词表（Praninskas，1972）、大学单词表 UWL(Xue & Nation，1984)等；对当代产生广泛影响的学术词表有学术单词表 AWL(Coxhead，2000)和学术词表 AVL(Gardner & Davies，2014)。词表应用类研究多从词表评估、语言测试等方面展开。如海兰德、谢（Hyland & Tse，2007)利用语料库探查了 AWL 中的学术词汇于不同学科类型中的分布，发现同一学术词汇在不同学科内的分布范围、出现频次、词汇搭配、词汇意义相差甚大；马斯莱、米尔顿(Masrai & Milton，2018)发现 AWL 中的词汇大部分位于 BNC/COCA 表中最常用的 3 000 词汇中；王芳、李君、叶春萌(2017)就词汇覆盖层面对比分析了《教师词表 3000 词》和《通用英语词汇一览表》。

各类词表的研制和应用促进了学科发展和学科学习，同时为词表的开发提供启示。现有词表因构建原则、语料来源、选词标准、收录形式等方面的差异，词表最终收录的词汇数量及词目种类相差甚大。由此可见，就学术英语词表构建而言，如何选取恰当的选词标准和统计方法、构建覆盖全面和针对性强的词表，尚需进一步探讨；再者，同一词元于不同学科内的含义大有不同，因此持续开发不同学科领域的学术词表也是非常有必要的（刘迪麟、雷蕾，2020）；最后，现有词表的研制和应用多围绕书面语词汇，学术口语类词表目前也只有学术口语单词表 ASWL(Dang，et al，2016)。

2.3 词表的修订实践与研究

目前，为数不多的词表修订类研究多集中于国内叙词表或医学类词表研究领域。叙词表也称主题词表，指特定信息系统框架内规范专业词汇的词表，收纳某一领域使用的词汇，可根据术语发展情况定期或不定期增加或删减词汇（刘华，2012）。鲍秀林、吴雯娜(2013)从词汇规模、词汇结构和词汇性三方面对我国 11 部叙词表进行统计分析，并指出国内叙词表的修订并未得到应有的重视；医学领域也有少数有关医学词表的修订研究，如温先荣、张晶、刘静等(2013)利用 MS Access 对《中国中医药期刊文献数据库》中的主题词、关键词进行词频统计和分类分析，旨在为中医药主题词表的选词提供依据；董燕、刘静、朱玲等(2015)依据词频统计和数据库检索结果，结合《医学主题词表》(Me SH)等相关资料，完成了新版《中国中医药学主题词表》中医药学及其相关学科类(TG类)主题词的修订工作。可见有关词表的修订研究并不多，尤其是语言学习类学科。为使这些耗资费力编就的词表更好适应学科和技术的发展，满足词表用户及受众的合理需求，及时对词表予以维护与修订既重要也必要(鲍秀林、吴雯娜，2013)。

3 学术词表(Academic Vocabulary List)与评价

3.1 AVL简介及相关研究

在新通用学术词表的构建方面，代表性的研究成果当属AVL词表(马蓉，2017)。加德纳和戴维斯(Gardner & Davies, 2014)基于学术文本语料容量达1.2亿的美国英语语料库(Corpus of Contemporary American English, COCA)，研制了学术词表Academic Vocabulary List(AVL)。该词表共包含3015个词元，选词标准包括比率(Ratio)、分布(Range)、离散度(Dispersion)和学科指数(Discipline Measure)，其中比率用于筛选出COCA学术文本语料库中相较于非学术文本而言的高频学术词汇，后三条标准用于限定词汇涉及的学科范围及出现频次，即词汇须均匀广泛地分布在9个学科之内，借以筛除个别学科范围内出现频次过高的专业学术词汇以及在各个学科中出现频次均过高的通用词汇。相较于早期的学术词表，AVL词表有以下几点优势。首先，究竟是以词族还是词元的形式构建词表，向来是学者们的关注点之一，AVL词表以词元为单位收录词汇的做法获得了不少学者的称赞(金檀、刘康龙、吴金城等，2019；刘迪麟、雷蕾，2020)；其次，AVL词表明确标注了词汇词性并对词汇进行了词形还原处理，相较AWL可利用性更强；再者，在剔除高频通用词汇时，AVL词表未片面去除GSL词表中最常用的前2 000词汇；此外，两位词表研制者以AVL为基础，开发了词汇词组在线工具(Word And Phrase Interface)，借以辅助教研人员快速识别和分析文本中的学术词汇(金檀、刘康龙、吴金城等，2019)。

AVL词表相关的理论类研究包括AVL词表于不同类型文本中的覆盖率研究(Durrant, 2016；Peters, 2019)、AVL词表与同类学术英语词表的对比研究(游金干、何家宁，2016)、学术词表综述类研究(刘迪麟、雷蕾，2020)、AVL词表中单个词元的词义数量与其在学术文本语料库中出现频次的关系研究(Skoufaki & Petrić, 2021)等；此外，AVL词表亦被运用至语言知识测试类研究之中，如乌尔达尼兹、斯库法基(Urdaniz & Skoufaki, 2019)利用AVL词表中前1000词汇探查词汇同源性、频次及长度对英语学习者学术词汇知识的预测性。

3.2 AVL 存在的问题

学术词表已然是学术英语的重要组成部分。AVL 词表作为目前影响力最大的通用学术英语词表之一(王笑然、王佶旻,2022),已广泛运用至学术英语教学、教材评估、语言测试等。然而现有研究多关注 AVL 词表的应用及对比等,尚未见相关修订实践。经过十年的实践,有必要就 AVL 词表存在的问题进行修订。

首先,经核查发现,AVL 词表存在词汇重复的问题,杜兰特(Durrant, 2016)也曾指出 AVL 词表中重复收纳了"disproportionately"一词。其次,AVL 词表存在以词族为单位排列的词表与以词元为单位排列的学术词表不相吻合的问题,如"well-developed"一词被列入 AVL 学术词表之中,然而词族表格中并未将之标识为学术词汇。此外,雷、刘(Lei & Liu, 2016)在借鉴 AWL 和 AVL 两个词表制定医学学术词表的选词标准时指出,AVL 词表的研制缺少最低频次标准的限制,如 AVL 词表中"tangential"一词,其在容量达 1.2 亿的 COCA 语料库中仅出现 111 次,相较而言,其出现的频次并不理想,也说明基于现有 AVL 词表增加最低频次标准对词表进一步筛选的重要性。此外,针对留学生的汉语类词表构建多有人工筛查的步骤,然而纵观英语类词表的构建,在采用频次、离散度等硬性指标后,较少采用人工干预的步骤。

基于上述文献梳理和 AVL 词表存在的问题,本研究拟遵循科学性原则、适切性原则和时效性原则对 AVL 词表予以完善和修订。首先,在现有 AVL 词表基础之上,针对词汇重复和不相吻合的问题,对词表予以完善;其次,在 AVL 词表原有的选词标准比率、分布、离散度、学科指数基础上,增加最低频次(Minimal Frequency)和经验判断(Experience Review)两条新标准,对完善后的 AVL 词表进行修订。

4 学术词表(Academic Vocabulary List)的完善与修订

4.1 AVL 的完善

前文提及,经核查发现,以词元为单位排列的 AVL 词表存在词汇重复的问题,其中出现了两次"disproportionately";此外,该词表收录了四组含义相同、拼写形式略有不同的词汇,分别为"fulfill—fulfil""modeling—modelling""judgment—judgement""homogeneous—homogenous",本研究认为,这四组学术词汇在收录时可各归为一个,只留其一即可。以词汇在 COCA 学术文本语料库中出现的频次为依据,完善修订后的 AVL 词表只保留每组中频次较高的书写形式,分别为"fulfill""modeling""judgment""homogeneous"。经去除重复词汇后,AVL 词表由先前的 3 015 个词元变为 3 010 个词元。

AVL 词表的优势之一在于采用了词元的收录形式，与此同时，加德纳和戴维斯(Gardner & Davies, 2014)亦提供了以词族为单位排列的词表，除列出 AVL 词元表中的学术词汇外，作者将其他属于同一词族的非学术词汇列于表格之内，辅以不同字体格式标识，在标注词汇词性的同时，亦标注了词汇于 COCA 中的出现频次，借以提高词表的实用性、可学性、可利用性。然而，经对比发现，以词族为单位收录的学术词汇与以词元为单位收录的学术词汇并不吻合，同前文"well-developed"的情况相类似，"unsystematic"一词并不是 AVL 词元表中收纳的学术词汇，词族表格中却将之标记为学术词汇；此外，AVL 词元表中最低频次值为 111，然而词族表格中部分频次低于 111 的词汇亦被标记为学术词汇，如"immemorial""rapacious"等，显然未能将该标准贯彻始终。本研究采用对比的方法，依据词元表格中标记的学术词汇，一一审查词族表格中标识的学术词汇，并再次合并需合并的词族，最终完善后的 AVL 词表由先前的 1 991 个词族、3 015 个词元变为 1 714 个词族 3 010 个词元。

4.2 AVL 修订

加德纳和戴维斯(Gardner & Davies, 2014)制定的四条选词标准分别为比率、分布、离散度和学科指数，经此四条标准筛选的词表包含 1 991 个词族 3 015 个词元，本研究完善后的 AVL 词表包含 1 714 个词族 3 010 个词元。基于上述四条标准和完善后的 AVL 词表，本研究新增最低频次和经验判断两条新标准对该词表进行修订，以期为学术英语教学与学习、学术教材编写与选择、学术课程词汇大纲的制定等提供借鉴和参考。

4.2.1 最低频次

词表的研制和修订首先应遵循科学性原则，即词表构建在充分利用先进科学技术的同时，应参考其他同类型或不同类型词表的构建以选择适切的语料来源、制定有科学依据的选词标准。雷、刘(Lei & Liu, 2016)在借鉴 AWL 和 AVL 两词表的选词标准研制医学学术词汇词表时指出，AVL 词表缺少最低频次的限制，即使满足了加德纳和戴维斯(Gardner & Davies, 2014)的四条遴选条件，筛选出来的单词仍可能为低频词。因此，本研究在完善后的 AVL 词表基础之上，首先增加最低频次标准，进一步对 AVL 词表收录的学术词汇进行提炼。考克斯黑德(Coxhead, 2000)在研制 AWL 词表时就最低频次这一标准提出，对于多成员词族而言，词族成员在容量为 350 万的语料库中的频次总和须为 100 次及以上，单一成员词族总频次须为 80 次及以上，即对于多成员词族而言，每百万词中词汇出现频次总和须大于 28.75，单一成员词族在每百万词中的频次应大于 22.85。基于 AWL 中最低频次的数值标准，本研究将之换算至 AVL 词表最低频次的限制条件之中，即对于语料库文本数约为 1.2 亿字的 AVL 词表而言，多成员词族词汇频次总和大于 3 428.57,方可入选修订后的 AVL 词表,单一成员词族词汇频次大于 2 742.86 方可入选修订后的 AVL 词表。

在制定好 AVL 词表最低频次数值标准后,本研究放宽了可入选修订后 AVL 词表的限制条件。首先,若多成员词族词汇频次总和在 COCA 学术文本语料库中大于 3 428.57,则该词族成员全体入选,如"group"词族中包含"group (n)""subgroup (n)""group (v)",该词族学术词汇总频次为 125 012,大于 3 428.57,因此词族中三位成员均入选修订后的 AVL 词表;其次,若一多成员词族总频次未达到 3 428.57,其部分成员单个频次大于 2 742.86,则该成员入选,如"equivalent"词族包含学术词汇"equivalent (adj)""equivalence (n)",词族成员频次总和为 3 375,未达到频次标准 3 428.57,然而"equivalent (adj)"单个词汇出现频次为 2 927,达到了单个成员词族的标准 2 742.86,故而本研究将"equivalent (adj)"同样纳入修订后的 AVL 词表;最后,频次大于 2 742.86 的单一成员词族亦被列入修订后的 AVL 词表,如"practitioner"属于单一成员词族,同时满足了频次大于 2 742.86 的限制条件,故而入选。以词族为单位,在经过最低频次标准筛选后,AVL 词表由完善后的 1 714 个词族、3 010 个词元变为 708 个词族 1 714 个词元。

4.2.2 经验判断

前文提及,词表的研制和修订应遵循适切性原则和时效性原则,即词表选词应充分考虑词表受众的需求、教师教学和学生学习的具体需要等。这意味着实用且适切的词表的研制虽有赖于先进的科学技术,但有必要对按照严格数值标准筛选而来的词汇进行适当的人工干预,如专家评判或经验判断等,借以去除低频或当代不再常用的词汇,同时增加符合预期却未被涵括的常用学术词汇。国际中文教育领域在词表开发研制方面,通常在借助计算机科学技术初步筛选出符合数值标准的词汇后,增加人工干预或专家评判的程序,旨在借助领域教育专家或词表研制者的语感,在保证词表科学性的前提下,提高词表的实用性、适切性、时效性,如刘华、郑婷(2017)在构建少儿华语教学主题分类词表时,利用"词语聚类在线检索"和"话题大类搭配语词表"(史有为,2008)对客观统计得到的结果进行了适当的人工干预,删除部分主题代表性不强的词汇,并补充常用却未被收录的词汇;类似地,刘华(2018)在构建新商务汉语常用词语表时,利用专家评判的方法对前期筛选而来的词汇进行再次筛选,最终删除了 105 个词条。

本研究认为人工审查对于词表构建重要且必要,并充分体现适切性原则和时效性原则。故而本研究将经验判断列为词表修订的第二条选词标准,通过结合研究者学术词汇学习的经历并借鉴 AWL 词汇的收录,进一步对词表审查。依据经验判断,本研究将学术词汇"submission"收录于修订后的 AVL 词表,该学术词汇在 COCA 学术文本语料库中的出现频次为 1 279,未达到前文规定的频次标准 2 742.86,之所以将之纳入修订后的 AVL 词表，其一是因为提及学术相关话题如学术写作等必然离不开学术成果的发表，不少学术教材独辟章节论述指导学术成果发表的相关内容；其二，“submission”亦被 AWL 词表收录其中，进一步论证了“submission”的学术词汇性质。在增加经验判断这一标准后，修订后的 AVL 词表①由最低频次筛选后的 708 个词族、1 714个词元变为 709 个词族 1 715 个词元，较完善后的 AVL 词表，减少了 1 005 个词族 1 295 个词元。

4.3 讨论

基于 AVL 词表已有的四条选词标准，本研究新增最低频次和经验判断两条新标准对词表进行修订，修订后的 AVL 词表由先前的 1 714 个词族 3 010 个词元变为 709 个词族 1 715 个词元。基于上述研究和观察，本研究提出以下几点新思考。

首先，词表收纳词汇数量的多少、词汇在不同类型文本中覆盖率的高低等在一定程度上可反映词表的可利用性、实用性，但并不能直接作为评判词表优劣的标准，学术词表的应用可根据使用者的目的或动机随时做出调整。以 AVL 词表为参照，斯库法基、彼得里奇(Skoufaki & Petrić, 2021)通过探查预备学术课程教材中学术词汇覆盖率、词元数等情况，发现读写、听说、词汇语法三门课程教材中仅覆盖 AVL 词表中 846 个学术词汇，占比 28.07%，且这 846 个词元多集中于 AVL 词元词表的前 1 000 词汇，词汇出现频次多集中于 2—9 次，他们认为这并不利于学生的附带学习。教材作为最重要的纸质英语教学资源，必然要求选文规范、词汇覆盖尽可能广、词汇使用代表性强、词汇呈现的频度尽可能高，从而对学生掌握英语词汇的用法起到规范和引导的作用(张文忠等,2017)。本研究对 AVL 词表的修订在原有词表的基础上去除了 1 005 个词族 1 295 个词元，词表中低频学术词汇的筛除对学生学术词汇的集中学习、高频常用学术词汇的习得、学术课程词汇目标的设定、学术教材编写和选择、学术词汇知识测试等大有裨益。然而，修订后的 AVL 词表在去除低频学术词汇的同时也将学术性极强的词汇排除在外，对于已有一定学术水平迫切深入学术学习、进行高水平学术交流与写作的学者而言，修订后的 AVL 词表未必适切。

其次，据本文统计，AWL 和 AVL 两个通用学术词表的共有词汇为 931 词，共有词汇覆盖约为 32.34%；AWL 词表独有词汇为 800 个，AVL 词表独有词汇数量为2 079。在我们看来，一方面，这种差异表明，即便是同类型词表，因语料库基础、选词标准等方面的差异，词表最终收录的词汇可能相差甚大。因此，词表的研制迫切需要更为科学实

---

① 经征得 Academic Vocabulary List(AVL)研制者之一 Mark Davies 教授同意，由本研究作者将修订后的以词元为单位排列和以词族为单位排列的 AVL 词表发布于“赋权增能型外语教学”公众号。非常遗憾，Davies 教授于电子邮件中告知，Gardner 教授已于 2019 年不幸逝世。

用、高效有理的方法的指导；另一方面，两词表的差异暗示，任何通用学术词表都难以覆盖"所有"的学术词汇，在两词表外必然还存在其他学术词汇，如 AVL 词表中"valid"词族覆盖了学术词汇"valid (adj)""validate (v)""validation (n)""invalid (adj)"；但众所周知，"validity"作为研究方法领域老生常谈的词汇，却并未被收录于 AVL 词表。我们需要进一步思考，究竟如何定义学术词汇，学术词汇和专业词汇和通用词汇间的区分又当如何界定？

时至今日，学界尚未就学术词汇的定义取得完全共识。英语词汇通常分为通用英语词汇、通用学术英语词汇和专业英语词汇，而在许多情况下，同一词汇包含诸多语义，同一词汇的不同语义于不同语境、不同类文本之中充当不同的角色。我们认为，如何将一个词汇归类，即它究竟为通用词汇、通用学术词汇还是专业词汇，可借鉴隶属度和典型性这两个概念。三类词汇之间不存在严格的区分标准，并非非此即彼。美国加州大学自动控制专家 Zadeh(1965)创立了模糊集理论并首次提出表达模糊性的重要概念"隶属度"，本研究中词汇隶属度(Membership)指词汇所处词汇社群的倾向性，即词汇隶属于某个范畴的程度，其多大程度上属于某一词汇合集。以动词"arrest"为例，其有"逮捕""阻止""吸引""心跳停止"之义，前三个语义较为常见，指"心跳停止"时则多见于医学专业领域，因此该词更倾向于通用词汇的隶属范围；典型性(Typicality)则是指词汇是否为典型的通用词汇或通用学术词汇或是专业词汇，如形容词"good"可看作通用词汇的代表，是典型的通用英语词汇。

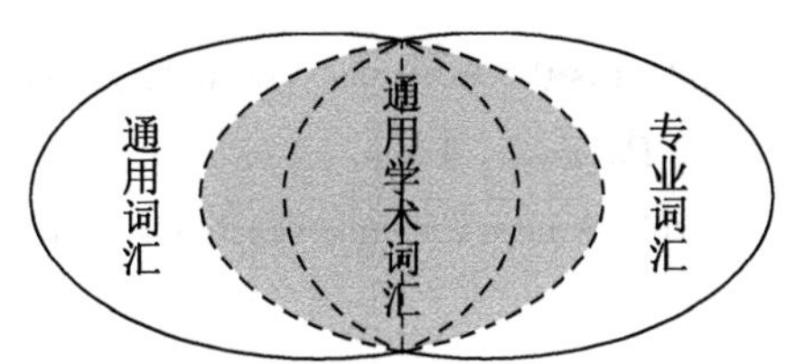

图 1　通用词汇、通用学术词汇、专业词汇三者间的关系

由此，通用词汇、通用学术词汇、专业词汇三者之间的关系可以表述为图 1。通用学术词汇由通用词汇和专业词汇交叉而来，但三类词汇并无明显可区分的边界，因此上图以虚线大致划分三类词汇，左侧空白区域包含典型通用词汇如"good"等，而趋向右侧的词汇虽隶属于通用词汇和专业词汇的范围，但该词汇的某一词义具有通用学术词汇的部分特征，两椭圆交叉的中线则代表典型通用学术英语词汇，越靠近该线，则该词汇的通用学术词汇特征更为明显。同样地，专业词汇的白色区域代表典型专业词汇，如"calcification"。

5 结语

以科学性原则、适切性原则和时效性原则为指导，本研究首先应用对比的方法，对现有 AVL 词表予以完善，完善后的 AVL 词表包含 1 714 个词族 3 010 个词元；其次，增加最低频次和经验判断两条新标准对 AVL 词表进行修订，修订后的词表包含 709 个词族 1 715 个词元。目前的修订工作仍有进一步完善的空间：修订后的 AVL 词表依据词汇在 COCA 学术文本语料库中的出现频次进行词汇排序，未做进一步分级处理。考虑到学习者在不同阶段的不同需求，对学术词汇进一步分级，将可进一步提高词表的实用性。

参考文献

[1] Campion, M. E. & W. B. Elley. 1971. *An Academic Vocabulary List*. Wellington: New Zealand Council for Educational Research.

[2] Coxhead, A. 2000. A new academic word list. *TESOL Quarterly*, 34(2): 213 - 238.

[3] Dang, T. N. Y., Coxhead, A & S. Webb. 2017. The academic spoken word list. *Language Learning*, 67(4): 959 - 997.

[4] Durrant, P. 2016. To what extent is the Academic Vocabulary List relevant to university student writing?. *English for Specific Purposes*, 43: 49 - 61.

[5] Gardner, D. & M. Davies. 2014. A new academic vocabulary list. *Applied Linguistics*, 35(3): 305 - 327.

[6] Ghadessy, M. 1979. Frequency counts, word lists, and materials preparation: A new approach. *English Teaching Forum*, (1): 24 - 27.

[7] Hyland, K. & P. Tse. 2007. Is there an "academic vocabulary"?. *TESOL Quarterly*, 41(2): 235 - 253.

[8] Lei, L. & D. L. Liu. 2016. A new medical academic word list: A corpus-based study with enhanced methodology. *Journal of English for Academic Purposes*, 22: 42 - 53.

[9] Lynn, R. W. 1973. Preparing word lists: A suggested method. *RELC Journal*, 4(1): 25 - 32.

[10] Masrai, A. & J. Milton. 2018. Measuring the contribution of academic and general vocabulary knowledge to learners' academic achievement. *Journal of English for Academic Purposes*, 31: 44 - 57.

[11] Nation, I. S. P. 2006. How large a vocabulary is needed for reading and listening?. *Canadian Modern Language Review*, 63(1): 59 - 82.

[12] Nation, I. S. P. & S. Webb. 2011. *Researching and Analyzing Vocabulary*. Boston, MA:

Heinle.

[13] Peters, E. 2019. The effect of imagery and on-screen text on foreign language vocabulary learning from audiovisual input. *TESOL Quarterly*, 53(4): 1008 - 1032.

[14] Praninskas, J. 1972. *American University Word List*. London: Longman.

[15] Richards, J. C., Platt, J. & H. Platt. 2000. *Longman Dictionary of Language Teaching & Applied Linguistics* . Beijing: Foreign Language Teaching and Research Press.

[16] Skoufaki, S. & B. Petri ć. 2021. Academic vocabulary in an EAP course: Opportunities for incidental learning from printed teaching materials developed in-house. *English for Academic Purposes*, 63: 71 - 85.

[17] Skoufaki, S. & B. Petri ć. 2021. Exploring polysemy in the academic vocabulary list: A lexicographic approach. *Journal of English for Academic Purposes,* 54: 101038.

[18] Urdaniz, R. & S. Skoufaki. 2019. Spanish L1 EFL learners' recognition knowledge of English academic vocabulary: The role of cognateness, word frequency and length. *Applied Linguistics Review,* 13(4): 661 - 703.

[19] Valipouri, L. & H. Nassaji. 2013. A corpus-based study of academic vocabulary in chemistry research articles. *Journal of English for Academic Purposes*, 12(4): 248 - 263.

[20] Ward, J. 2009. A basic engineering English word list for less proficient foundation engineering undergraduates. *English for Specific Purposes*, 28(3): 170 - 182.

[21] West, M. 1953. *A General Service List of English Words*. London: Longman.

[22] Xue, G. & I. S. P. Nation. 1984. A university word list. *Language Learning and Communication*, (2): 215 - 229.

[23] Zadeh, A. L. 1965. Fuzzy sets. *Information and Control*, 8 (3):338 - 353.

[24] 鲍秀林,吴雯娜,2013. 40 年来中文叙词表修订情况概览. 图书情报工作,57(2):109 - 113.

[25] 陈运良,2019. 语料库视角下的新旧课标词汇表对比. 中小学外语教学(中学篇),42(10):1 - 5.

[26] 董燕,刘静,朱玲,等,2015.《中国中医药学主题词表》中医药学及其相关学科类主题词修订选词研究. 中国中医药信息杂志,27(7):40 - 42.

[27] 金檀,刘康龙,吴金城,2019. 学术英语教材词表的研制范式与实践应用. 外语界,194(5):21 - 29.

[28] 刘迪麟,雷蕾,2020. 学术词表研究综述. 外语教学,41(2):34 - 38,50.

[29] 刘华,2012. 叙词表国际标准的修订及其对基于知识组织的术语服务的影响. 图书情报工作,56(22):21 - 25.

[30] 刘华,于艳群,2016. 华语作为第一语言教学的常用分级词表研制. 海外华文教育,82(5):587 - 597.

[31] 刘华,郑婷,2017. 少儿华语教学主题分类词表构建. 华文教学与研究,65(1):68 - 74.

[32] 刘华,2018. 商务汉语常用词语表的重构与等级划分. 华文教学与研究,69(1):35 - 48.

[33] 马俊波,凌双英,周瑞杰,等,2022. 高职阶段通用英语词汇表编制及使用建议. 外语教育研究前沿,5(1):37 - 42,90.

[34] 马蓉,2017. 学术词汇研究四十五年. 现代外语,40(3):420 - 428,439.

[35] 史有为,2008.对外汉语教学最低量基础词汇试探.语言教学与研究,129(1):73-81.

[36] 王芳,李君,叶春萌,2016.桑代克和威斯特的经典词表在现代英语中的语篇覆盖率研究.外语电化教学,170(4):79-84.

[37] 王笑然,王佶旻,2022.经贸类本科专业学术汉语词表研究.语言教学与研究,216(4):9-19.

[38] 温先荣,张晶,刘静,等,2013.基于文献标引词频统计的《中国中医药学主题词表》选词研究.中国中医药信息杂志,20(10):16-18.

[39] 游金干,何家宁,2016.通用学术词表的对比研究:选词、评估和分级标准.山东外语教学,37(6):50-58.

[40] 张文忠等,2017.英语学习者词汇能力发展研究.天津:南开大学出版社.

[41] 张亦政,张文芝,1995.主观与客观:教学词表选词论旨.外语界,(1):37-43.

翻译与文化研究

社会翻译学视域下杜甫诗歌典故英译对比研究
——以许渊冲与宇文所安为考察中心*

长安大学　冯正斌　西安科技大学　赵　慧**

摘　要：诗歌作为我国古典文学精粹，凝结着深沉丰厚的中华文化，其外译传播是中华文化走出去的重要组成部分。本研究选取许渊冲与宇文所安杜诗译本，以典故为视点，借助社会翻译学中的“惯习”概念，从译者、策略、副文本三个角度分析探讨二人译者行为规律。研究发现：许渊冲和宇文所安的前导惯习及职业惯习深刻影响了其译者惯习的形成与发展，许渊冲“求美”及宇文所安“忠实”的译者惯习致使二人在英译杜诗典故的过程中呈现出截然不同的译者行为倾向：许渊冲追求美感，重在传递诗歌情感，贴近读者；宇文所安追求全面严谨，重在传递客观信息，贴近原作。本研究旨在从个案现象中提炼经验，以期为中国古典诗歌的译介研究提供参考。

关键词：杜诗典故英译；社会翻译学；许渊冲；宇文所安

Title: The English Translation of Allusions in Du Fu's Poetry from the Perspective of Socio-translation Studies: Focusing on Xu Yuanchong and Stephen Owen

---

* 本研究是国家社会科学基金西部项目“贾平凹小说英译中的中国形象建构研究”(编号：20XYY004)的部分成果。

** **作者简介**：冯正斌，长安大学外国语学院教授，博士。研究方向为中国文学外译、外宣翻译。联系方式：zbfeng@chd.edu.cn。赵慧，西安科技大学硕士研究生。研究方向为中国文学外译。联系方式：15753911536@163.com。

Abstract: Chinese classical poetry is of strong cultural load and its English translation plays an important part in overseas promotion of Chinese culture. Du Fu, a representative poet of Tang dynasty, is a master of ingenious and elegant allusions of great cultural value. The paper, focusing on Xu Yuanchong and Stephen Owen, conducts a contrastive study of translation of allusions in Du Fu's poems, and analyzes the translator behavior from perspectives of translators, strategies, and paratexts on basis of "habitus". It is found that their different initial habitus and professional habitus have shaped the disparate translator habitus. Xu's translator habitus of "Beauty Seeking" and Owen's translator habitus of "Faithfulness" have caused the differences in their translation behaviors. Xu pursues "Beauty" of poetry, focusing on conveying emotions of the original and being close to readers; Owen pursues a comprehensive and rigorous approach, focusing on the transmission of objective information and being close to the original. The findings of this study can shed some light to translation study of Chinese classical poetry.

Key Words: English Translation of Allusions in Du Fu's Poems; Socio-Translation Studies; Xu Yuanchong; Stephen Owen

1 引言

作为中华优秀传统文化长河中的璀璨明珠，中国古典诗歌词约义丰、含蓄隽永，极具文化价值。近年来，随着中国文化"走出去"战略持续推进，中国古典诗歌外译活动备受关注。唐代著名诗人杜甫运笔如椽，素有"诗圣"之美誉，其诗穷高妙之格、极豪逸之气、兼俊洁之姿，为国人熟知与喜爱。放眼英语世界，杜甫诗歌广为传播，至今已有10余部译作接续出版，其中许渊冲和宇文所安(Stephen Owen)译本①(下文简称许译本和宇文译本)较具代表性。许译本含杜诗100首，所译均是杜诗经典，巧传杜诗神韵，受普通读者青睐(梅启波，2022：101－102)；宇文译本含杜诗1457首，是英语世界第一部杜甫诗选全译本，堪称中国古典诗歌译介领域的里程碑(牛倩，2019：108)。杜诗海外译介

① 本研究所用许译本为《中华传统文化精粹：许渊冲英译杜甫诗选》，许渊冲译，中国对外翻译出版有限公司，2014年；所用宇文译本为 *The Poetry of Du Fu*，Translated by Stephen Owen，De Gruyter，2016，下同。

传播浪潮激发了国内学者的研究热情，目前关于杜诗许译本与宇文译本的研究不乏新颖视角，主要包括：(1) 依托许译本与宇文译本，对比二人所运用的翻译补偿策略及译本影响力差异(张臻、刘军平，2018；梅启波，2022 等)；(2) 立足翻译理论、人称信息、副文本等维度，剖析许渊冲在杜诗英译过程中的翻译策略(周仪、罗平，1999；王洒，2018；程刚、李正栓，2019；武会芳，2022 等)；(3) 从译文的翻译度、附翻译、比较诗学、杜诗意象等角度切入，探讨宇文所安杜诗翻译策略及翻译原则(牛倩，2019；文军，2019；谢云开，2020；魏家海，2022 等)。然综观而论，国内涉及许译本与宇文译本的对比研究尚不多见，且对诗中典故英译问题关注不足。鉴于此，本研究聚焦许译本与宇文译本中的同源典故，从译者分析、策略分析及副文本分析等角度挖掘译者行为规律，以期为中国古典诗歌译介研究提供参考借鉴。

2 杜诗典故英译的译者行为分析

"社会秩序的再生产，远非一个机械过程的自动产品，而是行动者通过各种策略和实践来实现的……"(Bourdieu & Wacquant，1992：139)，翻译作为一种社会文化产品的生产活动，亦是各类行动者外化惯习于策略选择，进而以策略选择影响社会实践的动态过程。因而，本研究首先聚焦译者分析，探讨许渊冲与宇文所安二人译者惯习的形塑过程，继而关注译策分析，剖析译者如何将自身惯习外化于策略选择，影响译本产出与呈现，最后集注副文本分析，佐证许渊冲及宇文所安英译杜诗典故的行为规律。

2.1 译者分析：从前期实践到译者惯习

惯习是指"持续可转换的性情倾向系统，倾向于把被结构的结构变成具有结构功能的结构"(Bourdieu，1992：53)。换言之，惯习在社会实践中生成，又反作用于各项社会实践。二十世纪末期，西梅奥尼(Simeoni，1998：18－19)首次将"惯习"概念引入翻译研究，并将译者惯习分为社会惯习与职业惯习。在此基础上，梅莱尔次(Meylaerts，2010：2)提出"前导惯习与职业惯习共同形塑了译者惯习"的观点。前导惯习形塑于家庭、教育等早期社会化活动，是译者惯习的基本组成部分；职业惯习形塑于译者的主要职业或其他专业领域，对译者惯习的形成起关键作用(Meylaerts，2010：15)。鉴于许渊冲兼具译者与高校教师、宇文所安兼具译者与汉学家的双重身份，对其译者惯习的探讨离不开二人的前导惯习和职业惯习。

2.1.1 许渊冲"求美"译者惯习形塑

许渊冲幼时的翻译志趣和美学品位培养与其家庭氛围的浸染密不可分(覃江华、许钧，2017：59)。许渊冲母亲擅写文作画、向来追求事物美感，在耳濡目染中培养了许渊冲对事物的审美感受和美学态度;父亲喜读诗书、重视教育,从小就教导许渊冲把文房四宝摆放整齐以方便拿取。此外,许渊冲的表叔、戏剧翻译家熊式一作为国内西方戏剧研究第一人,在英译《王宝钏》时对源文本有取有舍,一洗西方对中国文化落后腐朽的刻板印象,最终取得英国观众广泛认可,推动了中华古典文化走向世界的步伐;后译《西厢记》时,他忠实原文、字句栉比,但演出效果却不尽如人意。至此,在家庭氛围的影响与熏染下,许渊冲初步形塑了"求美"的前导惯习。漫漫求学路上,恩师们独到的翻译见解和卓然不群的文学素养不断巩固许渊冲"求美"的前导惯习。在西南联大求学时,许渊冲遇到了第一个改变他翻译观念的老师——吴宓。吴先生认为"翻译要通过现象见本质,通过文字见意义,不能译词而不译意"(许渊冲,2014b:53),这在许渊冲看来便为"意译"。除吴宓先生外,钱钟书先生的语言修辞之美及"化境"之说也对许渊冲产生了深刻影响。钱先生授课时妙语连珠、言近旨远,兼具内容之真与形式之美;翻译时求真求美,如将"吃一堑,长一智"译为"A fall into the pit,a gain in your wit",不仅个中含义一目了然,更完美再现了原句音韵形式之美。因此,在恩师指导之下,许渊冲巩固了其"求美"的前导惯习,并在后期翻译教学中起到了潜移默化的作用。

在教学过程中,许渊冲形塑了传播中国诗歌音韵形式之美的职业惯习,并促成其"求美"的译者惯习。自巴黎大学深造归国后,许渊冲在继续从事翻译事业的同时进入大学执教,为学生讲授英汉翻译课程。任职期间,他深知教书育人、为国育才的使命,更知晓其课程对培养翻译人才的重要性,故多次在课堂上向学生们强调"以自己的翻译为世界文化的发展作出贡献"(祝一舒,2018:60),让世界看到中国古典文学中情味悠长的风骨流韵,使其成为世界文化极其珍贵的部分。故此,许渊冲(2014b:54)提出"21 世纪的中外文学互译应该走创译的道路",提倡译者应如萤火一般,在译介过程中有一分热、发一分光,施展自身智慧与创造力,不仅要用意译法传达源文本内里意蕴,还需通过创造性翻译展现中国文学作品的音韵与形式美,由此形塑起追求音、形、意之美的职业惯习,并不断辅助其"求美"译者惯习的形塑。

2.1.2 宇文所安"忠实"译者惯习形塑

宇文所安生于美国国力日盛、汉学研究逐渐领先全球的当代(王洪涛,2020:45),加之中国文学的独特魅力,他对中国古典文学产生了浓厚的兴趣。20 世纪 50 年代初期,受麦卡锡主义极端反共反人权意识形态浪潮影响,美国汉学研究发展态势颓靡。直至 20 世纪 70 年代,伴随着麦卡锡主义终结和中美关系缓和,美国汉学研究阴霾逐渐消散,中国文学研究与日俱增,学术氛围愈渐浓厚。因此,在日益自由兴盛的汉学潮流中,宇文所安得以阅读纯粹的中国文学作品。14 岁那年,宇文所安在图书馆意外发现了一本英译版中国诗选,第一次读到了李贺《苏小小墓》的英译文。"幽兰露,如啼眼。无物结同心,烟花不堪剪",中国唐朝诗人怅惘空虚的忧郁咏吟、缱绻悠长的哀叹落墨使其感受到了一种与欧美诗歌截然不同的文学气息。至此,宇文所安与中国古典诗歌"一见钟情”，初步形塑起研习中国古典文学的前导惯习。出于对中国文化的热爱，19岁那年，宇文所安考入耶鲁大学东亚系，主攻中国语言与中国文学。大学毕业后，宇文所安凭借扎实优异的专业素质顺利进入耶鲁大学研究院攻读中国古代文学博士学位。在耶鲁大学求学期间，宇文所安不远万里去到日本开启了为期一年的研修生活。在日本，他博览群书、广交学者，时常请教唐诗研究大家吉川幸次郎，积累了丰厚的中国语言文学知识，为此后的学术研究和翻译实践提供了强有力的学术保障。此外，彼时执教于耶鲁大学的韦勒克、沃伦、维姆萨特、布鲁克斯等人力倡“新批评理念”，主张“将研究重心置于文学本体与相关问题中，注重对文学文本进行详尽的考察”(胡燕春，2010:80)，形成了所谓的“耶鲁集团”。宇文所安的执教老师傅汉思(Hans H. Frankel)与这一团体在学术上多有来往，部分研学理念与之不谋而合，因此被视为“新批评者”(邱晓、李浩，2011:156)。从师承关系上来看，宇文所安在求学过程中同样受到“新批评理念”的深刻影响，故而形塑起“严格谨慎、忠实原文”的前导惯习。

作为美国享誉盛名的汉学家，宇文所安以严谨的研究态度和广阔的学术视野在唐诗研究领域建树卓著，并形塑了“忠实原作、内容优先”的职业惯习。伴随着中国古典诗歌文论研究，宇文所安进行了大量古典诗歌翻译实践。他将目标读者定位为“希望了解西方传统文化之外优秀文化的西方学者或者中国传统文学水平较好的外国学生”(Owen，2016:81)，因此在译文中注重忠实原文信息，力求呈现全面、翔实的文学质素，以期具有较高的学术性和参考价值。同时，宇文所安认为中国古典诗歌的翻译不必强求押韵，因为这类译作在美国大概很少有人愿意读，相反差不多所有押韵的现代诗都是反讽的(钱锡生、季进，2010:66)，并且“西方读者如想了解一个与自身真正不同的文学思想传统，所不愿读到的正是那种将所有异质的东西都予以归化和熟悉化的译本”(Owen，1992:15)。针对蕴含深厚中华文化的典故翻译，宇文所安专门建立了一个翻译系统，包括两部分：“一是特定的诗歌背景介绍，二是对一些特定的字词和典故进行解释”(梅启波，2022:104)。由此可知，宇文所安在汉诗研究及翻译实践中倾向于展现原诗本貌、再现诗歌风格、凸显诗歌“全面性”与“差异性”，进而形塑起“忠实”的译者惯习。

通过以上分析可以看出，许渊冲在家庭教育和恩师影响下孕育了“求美”的前导惯习，继而在翻译教学中形成了追求音、形、意之美的职业惯习，二者合力共筑其“求美”的译者惯习形塑完成。与之不同，宇文所安在百花齐放的汉学研究热潮与老师研学理念影响下萌生了“严格谨慎、忠实原文”的前导惯习，后在汉诗研究与翻译过程中形成“忠实原作、内容优先”的职业惯习，二者共同推进其“忠实”译者惯习的形塑。

2.2 策略分析：从译者惯习到翻译实践

根据上文所述，行动者在社会生产中将自身惯习应用于策略选择，最终作用于社会实践。具体至诗歌英译中，许渊冲与宇文所安在译者惯习的驱使下策略择选各异，进而影响译本呈现。许渊冲的“求美”惯习促使其在诗歌英译时讲求音韵和谐、形式对仗，注重传递诗歌情感，以达到音美、形美、意美的效用。宇文所安的“忠实”惯习使其在诗歌英译中竭力保留异质色彩，并通过文外信息加以阐释，以求全面再现原诗形貌。在杜诗典故英译实践中，许渊冲与宇文所安具体策略选择分布如表 1 所示。

表 1　典故英译策略及其占比

译本	事典	数量	占比	语典	数量	占比	占比
许渊冲	意译法	36	66.67%	意译法	23	63.89%	65.56%
	直译法	18	33.33%	直译法	13	36.11%	34.44%
宇文所安	意译法	1	1.85%	意译法	6	16.67%	7.78%
	直译法	18	33.33%	直译法	14	38.89%	92.22%
	注释法	35	64.82%	注释法	16	44.44%	

“典故是诗文里引用的古书中的故事或词句”(孙建光，2016：121)，可分为事典和语典两类。诗文引用或化用的神话传说、历史故事、寓言故事等即事典，如“夜雨剪春韭，新炊间黄粱”一句，杜甫化用东汉郭林宗冒雨剪韭招待好友范逵的故事，喻友人不拘形迹、竭诚相待之情；诗文引用或化用有来历、有出处的词语即语典，如“霁潭鳣发发，春草鹿呦呦”中，诗人引用“鹿呦呦”①一词以喻嘉宾，咏吟好友相逢、宾主尽欢之意。在许译本与宇文译本中，同源典故译文共 90 处，其中事典 54 处、语典 36 处。二人在英译杜诗典故过程中，对翻译策略的选择各有千秋，译者行为大相径庭：许渊冲主要采用意译法，直译法次之，重在传译诗中典故内涵，追求诗歌美感，译者行为偏向读者端；宇文所安则偏重注释法，直译次之、意译最低，旨在保留源语文化特征，提供翔实文外信息，译者行为偏向原作端。下文选取典型译例，详述两译本译者行为差异。

(1) 归凤求凰意，寥寥不复闻。(《琴台》)

许 译 本：Where is the bride with her groom?
　　　　Nowhere can they be seen.

宇文译本：His purport-the homeward phoenix seeking its mate[1]
　　　　is no longer heard in the vast silence.

注释[1]：“The Phoenix Seeks Its Mate” was a zither song that was attributed to * Sima Xiangru, who was said to have composed it for Zhuo Wenjun.

事典“凤求凰”既指古琴名曲《凤求凰》，又喻指司马相如与卓文君的唯美爱情故事，

① 该词出自《小雅・鹿鸣》：“呦呦鹿鸣，食野之苹。我有嘉宾，鼓瑟吹笙。”

一语双关、含蓄精妙。观以上两译文，许渊冲采取意译法，淡化原文典故意象，将“凤”译为“groom”（新郎），“凰”译为“bride”（新娘），以此规避中西文化差异，在一语道明男女缠绵悱恻之情的同时，减轻目的语读者阅读负担、拉近读者心理距离。宇文所安则选用注释法，充分保留原文文化要素，将其处理为“phoenix seeking its mate”（凤凰在寻找它的伴侣），并注释此典的双关之意，客观准确地描绘出司马相如与卓文君“初见乍惊欢、久处亦砰然、白首常相伴”的一往情深，成功传递出中国古典诗歌的深厚内涵。

(2) 岱宗夫如何，齐鲁青未了。（《望岳》）

许 译 本：O peak of peaks, how high it stands!

One bondless green o'erspreads two States.

宇文译本：And what then is Daizong like?[1]

over Qi and Lu, green unending.[2]

注释[1]：The Peak in question is Mount Tai, here referred to by it honorific name Daizong.

[2]：The north side of Mount Tai was the ancient state of Qi; its south side was the state of Lu.

此句化用两处事典，一为“岱宗”，二为“齐鲁”。“岱宗”为泰山别称，因泰山为五岳之首、诸山所宗而得名；“齐鲁”即为春秋战国时期的齐国与鲁国。许译本采取意译法，删减省略两处事典以做浅化处理，将“岱宗”译作“O peak of peaks”（啊，山峰），“齐鲁”译为“two States”（两国），言简意赅、情感充沛，诗行押尾韵，极具音韵之美。宇文译本择取注释法，紧贴原诗用词与行文特点，保留中文固有表达，将其音译为“Daizong”（岱宗）与“Qi and Lu”（齐鲁），后以注释详细阐明泰山与齐鲁两国之间的地理位置关系，即“泰山之北为齐，泰山之南为鲁”，准确传译原诗信息。

(3) 佳辰强饮食犹寒，隐几萧条戴鹖冠。（《小寒食舟中作》）

许 译 本：I try to drink, but food's still cold on festival day;

In hermit's cap, at table, drear and bleak I stay.

宇文译本：On the festival day I make myself drink, the food still is cold;

leaning on my armrest, dreary, wearing a pheasant cap.[1]

注释[1]：The pheasant cap is the mark of a recluse.

语典"鹖冠"①原指用鹖羽所制之冠,后逐渐延伸为武士之冠、隐者之冠。许渊冲采取意译法,去除特殊文化意象,将此典译为"hermit's cap"(隐士之帽),意指杜甫此时不问世事的隐士身份,与其当初"大庇天下寒士俱欢颜"的入仕之心形成鲜明对比,勾勒出一位沉郁悲怆的诗人形象,使读者联结时代共振、激荡情感共鸣,以达意蕴之美;诗句末尾"day"与"stay"合辙押韵,达音韵之美;词量相近,形式对仗,达形式之美。宇文所安采用注释法,保留典故词面语义,将其译为"a pheasant cap"(野鸡帽),并在注释中解释该典深意为"the mark of a recluse"(隐逸精神的象征符号),向读者展示了杜甫仕途失意、怀才不遇、被迫归隐的心酸境遇。

(4) 吏情更觉沧洲远,老大徒伤未拂衣。(《曲江对酒》)

许 译 本:Longing in office for my hermitage far away,

Why do I not resign before I grow too old?

宇文译本:This subaltern feels even more aware that gray isles lie afar,

now old, I feel helpless pain that I have not brushed off my robes. [1]

注释[1]:That is, given up office and left to become a recluse among the "gray isles".

原诗化用两个语典,一为"沧洲"②,二为"拂衣"③。"沧洲"原指滨水之地,后借指隐士之所;"拂衣"表拂袖而去、辞官归隐之意。许译本采取意译法,以化繁为简的方式替换文化异质性过强的典故意象,将"沧洲"与"拂衣"分别译为"hermitage"(隐居处)及"resign"(辞官),直观呈现其中深意,诗句形式工整、语言简洁练达但不失文化底蕴,兼顾杜诗意、形之美。宇文所安采用注释法,忠实再现典故原貌,将其处理为"gray isles"(灰色岛屿)及"brushed off my robes"(拂了拂我的长袍),辅以注释表明典故中所蕴含的辞官归隐之意,凸显诗人"欲进既不能,欲退又不得"的两难境地与报国无门的精神苦闷,有效彰显了中国诗歌典故的魅力。

总体而言,在杜诗典故英译过程中,许渊冲与宇文所安的译者行为规律显著不同。许渊冲"求美"的译者惯习促使其在杜诗典故英译过程中常采取意译法,体现出既追求美感与意境传递、亦注重提升读者阅读体验的特点。宇文所安"忠实"的译者惯习在杜

① 该词出自《文选·刘孝标·辩命论》:"至于鹖冠瓮牖,必以悬天,有期。"鹖,雉类,见于《山海经》,中国特有珍稀禽鸟。

② 该词出自《文选》卷四十三国魏·阮嗣宗(籍)《为郑冲劝晋王笺》:"临沧洲而谢支伯,登箕山而揖许由。"

③ 该词出自《后汉书》卷五四《杨彪传》:"……孔融鲁国男子,明日便当拂衣而去,不复朝矣!"

诗典故英译中表现为常用注释法，呈现出力求忠实原诗风格、还原诗歌文化全貌的特征。

2.3 副文本分析：从翻译实践到译者行为

副文本意为“在正文本和读者之间起着协调作用的、用于展示作品的一切言语和非言语的材料”（Genette，1997：1），可分为内副文本（peritext）与外副文本（epitext）两大类。内副文本包括与主体文本直接相关的或同时呈现的部分内容，包括序跋、标题、注释、跋、后记等；外副文本包括其他与主体文本相关的内容，如作者日记、访谈、书信以及出版社的广告、海报等。正如巴切勒（Batchelor，2018：195）所言，“考察副文本就是考察译者行为”，译者借助副文本信息或直率明了，或模糊婉转地彰显其意识形态与价值观念，深化行为规律。因此，下文结合内副文本，进一步论证许渊冲与宇文所安在杜诗典故英译中的译者行为规律。

许译本涵盖前言、注释两种内副文本类型，多用于解读原诗文化意象及思想感情，帮助读者理解原诗的文学美感。许译本以前言开篇，强调杜甫诗作的充沛情感，以诗中俯拾皆是的文化意象为案例，阐释诗人对典故的灵活运用及其中蕴含的深邃情感，如针对“无边落木萧萧下，不尽长江滚滚来”一句，许渊冲（2014a：iii）分析道：“……‘无边落木’象征了唐王朝由盛转衰，‘不尽长江’则象征了诗人对‘开元之治’的怀念，希望荣华富贵随着滚滚长江水又流回来……”同时，许译本在每首原诗下加注译者赏析，内容覆盖创作背景，解读诗歌大意与典故含义，论述诗人抒发的思想情感，借此传递唐诗的意境之美。例如：

> 千家山郭静朝晖，日日江楼坐翠微。信宿渔人还泛泛，清秋燕子故飞飞。
> 匡衡抗疏功名薄，刘向传经心事违。同学少年多不贱，五陵裘马自轻肥。
> 赏析：……每当山城的千家百户还沉浸在朝晖中，自己却孤身一人坐在江边山楼上，看着留宿江中的渔船，总是在上下翻飞的燕子，流露出诗人烦恼的心情。颈联用典，汉元帝初时，日蚀地震，匡衡上疏，帝悦其言，迁为光禄大夫，太子少傅，建议亦常被采纳；东汉刘向，在朝历经三世，都得重用，对儒学的传播起了很大的作用。诗人将自己与匡、刘对比，叹息自己一生事与愿违……（2014a：188）

上例中，许渊冲在赏析中首先指明该诗的创作时间，其次深度剖析诗行中的文化意象及典故意蕴等，阐明诗歌悲怆忧伤的情感色彩，将中国古典诗歌含蓄内敛、悠扬委婉的意境美展现得淋漓尽致，旁证许渊冲追求美感、贴近读者的译者行为规律。

宇文译本囊括前言、注释、跋三种内副文本类型，旨在丰富文外信息消解读者阅读障碍，借此再现原诗文化内蕴。宇文译本以“Acknowledgments”（致谢）开篇，简述英译杜诗的心路历程，以及对友人、学生在英译过程中做出的修正及更改工作表示感谢。其次，宇文译本通过长达 33 页的序详尽介绍杜甫本人及其诗歌创作特点与背景。此外，该译本还将原诗分作 6 卷，针对其中频次较低或背景信息欠缺的典故，以注释形式补充文外信息，并在各卷后的"Additional notes"（补充信息）栏目附注相关参考文献信息，因为"在中文里原本深刻和精准的观点，一经翻译成英文，就成了支离破碎的泛泛之谈，唯一的补救之策就是注释，如果不附加解说文字，那些译文简直不具备存在的理由"（宇文所安，2003：14）。然针对其中频次较高或背景信息丰富的典故，该译本则直接将其收录在各卷后的"Allusions"（典故）栏目，便于读者系统查询及阅读。例如：

> Ruan Ji
>
> **References**："the end of one's road" "at a dead end"；"whites of one's eyes"；Infantry Commander；"showing eye pupils" **Background**：Ruan Ji (210 - 263) was a poet and one of the "Seven Sages of the Bamboo Grove" Stories about Ruan Ji come from many sources，especially Shishuo xinyu. He took the post of Infantry Commander because he heard that it provided good ale. He was famous for showing the whites of his eyes to anyone for whom he had contempt. And he is associated with weeping when he came to the end of a road—figuratively not knowing where to go. The Ruan family was famous for its talented members. Zhongrong is Ruan Xian 阮咸，Ruan Ji's nephew，also one of the Seven Sages of the Bamboo Grove. **Examples**：1. 33；2. 1；2. 12；4. 15；5. 2；7. 18；7. 45；8. 13；8. 19；10. 88；11. 58；12. 41；13. 68；20. 71；21. 41；21. 54；21. 68；23. 6；23. 47. (Owen，2016：377 - 378)

本例中，宇文所安对由诗人阮籍衍生的典故"白眼""青眼"等皆做详细介绍，并补充了阮籍的身份地位、主要事迹与叔侄关系，同时在"Example"（案例）中注明典故所在的诗歌编号，以便读者在阅读诗歌的同时可迅速定位补充信息，增进对诗歌的理解，再度印证宇文所安忠实诗歌典故含义、靠近原作的译者行为规律。

3 结语

中国古典诗歌凝聚着华夏先哲的无穷智慧，极具文化价值。作为古典诗歌的集大成者，杜甫笔下生辉，素有"草堂留后世，诗圣著千秋"的美誉，其诗中典故不一而足、出神入化，了无斧凿之痕，蕴含丰厚特色文化，在英语世界确立了经典地位，乃诗歌典故英译研究之范例。本研究从译者、策略、副文本三个角度切入，分析许渊冲与宇文所安英译杜诗典故的译者行为规律。研究发现，许渊冲的“求美”译者惯习与宇文所安的“忠实”译者惯习促使其在杜诗典故英译实践中表现出迥异的译者行为特征，即许渊冲善用意译法传情达意，译者行为偏向读者端；宇文所安多用注释法再现原诗面貌，译者行为偏向原作端，对于两译本副文本的探讨进一步论证了二者译者行为规律差异。

“语言是重要的传播手段”(孔蕾、秦洪武，2021：168)，在中华文化“走出去”背景之下，诗歌英译久经学界争论不休，其中典故英译更为棘手。“古诗词英译的意义在于弘扬中国的古典文化”(卢军羽，2009：103)，典故中蕴藏的浓厚历史与文化特色是其英译过程的重难点，译者不同的策略选择对其内涵传递至关重要。许渊冲在杜诗典故英译中主要采用意译法，归化成分过多，“没有注意适度的异化，导致其译诗的语言，传统陈旧，缺乏新鲜感”(张智中，2022：96)。由是言之，过度淡化或大量抹去诗歌中意蕴丰富的典故词，一定程度上不利于吸引目的语读者了解中国文化的特色与魅力。宇文所安大量使用注释法再现典故意蕴，然而其“过分的理性，以及对中华文化主体认知上的缺失造成了他对杜诗理解上的偏差，可能将原本简单的思想复杂化，对杜甫的原意造成了一定程度的曲解”(梅启波，2022：106)。综合而论，译者不必执着于通篇采取单一的翻译策略，而应以传达原诗风格为主，从而选择适宜的策略。中国诗歌典故英译应尽量保留原诗文化意象，辅之以注释为读者提供文化背景信息，贯彻语言流畅与文化内涵并重、音韵与形式之美兼备的翻译理念，准确传达原诗核心文化要义、展现古典诗歌独特魅力，以飨英语世界读者。

参考文献

[1] Batchelor, K. 2018. *Translation and Paratexts*. London/New York: Routledge.

[2] Bourdieu, P. 1992. *The Logic of Practice*. Chicago: Stanford University Press.

[3] Bourdieu, P. & L. J. D. Wacquant. 1992. *An Invitation to Reflexive Sociology*. Chicago: University of Chicago Press.

[4] Genette, G. 1997. *Paratexts: Thresholds of Interpretation*. Tr. Lewin, Trans. London: Cambridge University Press.

[5] Meylaerts, R. 2010. Translation and Interpreting Studies. *Habitus and Self-Image of Native Literary Author-Translators in Diglossic Societies*, 1: 1 - 19.

[6] Owen, S. 1992. *Readings in Chinese Literary Thought*. Cambridge: Harvard University Press.

[7] Owen, S. 2016. *The Poetry of Du Fu*. Berlin: Walter De Gruyter.

[8] Simeoni, D. 1998. The Pivotal Status of the Translator's Habitus. *Target*, 10(1): 1 - 39.

[9] 程刚，李正栓，2019. 古诗英译人称信息再现路径研究. 中国外语，16(2)：104 - 111.

[10] 胡燕春，2010. 解构主义对于新批评派的承续与超越. 北京航空航天大学学报(社会科学版)，23

(4)：79－82.

[11] 孔蕾，秦洪武，2021. 儒学核心概念海外传播及受纳分析：以“礼”为例. 外国语文研究(辑刊)，(2)：167－185.

[12] 卢军羽，2009. 汉语古诗词英译理论研究的现状与展望. 外语学刊，(2)：101－103.

[13] 梅启波，2022. 杜诗英译的原则、策略与跨文化传播的话语权：以许渊冲与宇文所安的杜诗英译为例. 河南大学学报(社会科学版)，62(5)：101－109，155.

[14] 牛倩，2019. 从宇文所安《杜甫诗》英译本看中国古典诗歌的翻译度. 国际汉学，(4)：108－113，202.

[15] 钱锡生，季进，2010. 探寻中国文学的“迷楼”：宇文所安教授访谈录. 文艺研究，(9)：63－70.

[16] 邱晓，李浩，2011. 论“新批评”文学理论对宇文所安唐诗研究的影响. 陕西师范大学学报(哲学社会科学版)，40(6)：156－161.

[17] 孙建光，2016.《尤利西斯》中的典故汉译对比研究. 西安外国语大学学报，24(1)：121－125.

[18] 覃江华，许钧，2017. 许渊冲翻译思想的学术渊源考略. 中国文化研究，(2)：158－169.

[19] 王洪涛，2020. 基于布尔迪厄反思性社会学理论的《诗大序》两种英译对比研究. 解放军外国语学院学报，(2)：43－50，159.

[20] 王洒，2018. 碎片化阅读背景下唐诗英译的副文本演化趋势研究：以许渊冲英译唐诗系列为例. 西安外国语大学学报，26(4)：98－102.

[21] 魏家海，2022. 杜甫题画诗宇文所安翻译中的文化形象重构. 中国翻译，43(2)：126－134.

[22] 文军，2019. 附翻译研究：定义、策略与特色. 上海翻译，(3)：1－6，94.

[23] 武会芳，2022. 传播学视角下许渊冲唐诗典故英译研究. 新闻爱好者，(1)：66－69.

[24] 谢云开，2020. 论宇文所安对杜甫诗的译介与研究. 中国比较文学，(3)：121－139.

[25] 许渊冲，2014a. 中华传统文化精粹：许渊冲英译杜甫诗选. 北京：中国对外翻译出版有限公司.

[26] 许渊冲，2014b. 我把唐诗宋词翻译成英文. 党建，(10)：52－54.

[27] 宇文所安，2003. 中国文论：英译与评论. 王柏华，陶庆梅，译. 上海：上海社会科学出版社.

[28] 张臻，刘军平，2018. 杜甫诗“三吏三别”英译补偿的四个维度. 西安外国语大学学报，26(1)：98－102.

[29] 张智中，2022. 谈许渊冲翻译实践与理论：贡献与局限. 中国翻译，43(4)：92－97.

[30] 周仪，罗平，1999. 古诗英译的风格再现. 外语与外语教学，(11)：30－35，57.

[31] 祝一舒，2018. 试论许渊冲翻译的文化立场与使命担当. 外语研究，35(5)：57－61.

交际术语学视域下法律术语翻译多维评价初探
——兼评《民法典》术语英译问题

滨州医学院　刘谕静　南京大学　魏向清①

摘　要:随着中国法治的发展,法律翻译的方向从输入为主转变为输入和输出并重,法律翻译的功能也由借鉴移植转变为传播和交流并重。当今,法律外译作为国际法治交往的重要媒介,影响着中国法治的国际传播效果和中国法治话语权的提高。本研究首先回顾我国法律术语翻译的准确性单一评价标准,揭示传统法律术语翻译标准反映的非交际性翻译问题。基于我国法律外译的法治交际现实需求,借鉴交际术语学的多维术语考察视角,阐释国际传播时代法律术语外译的跨语系、跨法系和跨文化的多维交际功能。从语符表征、概念构建和传播交际三个维度对《民法典》术语的英译进行多维评价,构建出适应国际传播时代需求的法律术语外译质量评价体系。

关键词:法律术语翻译;多维评价;交际术语学;《民法典》

Title: Multi-dimensional Evaluation of Legal Term Translation from the Perspective of the Communicative Theory of Terminology: On the Translation of Terms in *Civil Code of the People's Republic of China*

Abstract: With the development of the rule of law in China, the direction of legal translation has shifted from input oriented to both input and output oriented, and the function of legal translation has also changed from transplantation to communication. Nowadays, legal term translation, as an important medium of international legal exchanges, affects the international communication of China's rule of law and the

① **作者简介**:刘谕静,滨州医学院副教授,南京大学博士生。研究方向:术语与翻译跨学科研究。联系方式:2305525191@qq.com。魏向清,南京大学外国语学院教授,博士生导师。研究方向:术语与翻译跨学科研究。联系方式:dicweixiangqing@163.com。

improvement of China's discourse power in international rule of law. This study first reviews the single evaluation criteria of accuracy for legal term translation, and reveals its non-communicative nature. Based on the practical needs of legal communication in China, and employing the multi-dimensional perspective of the Communicative Theory of Terminology for reference, this paper explains the cross-lingual, cross legal system and cross-cultural functions of legal term translation. In addition, this paper makes a multi-dimensional evaluation of the English translation of the terms in *Civil Code of the People's Republic of China* from the three dimensions of symbol representation, concept construction and communication, aiming to construct a quality evaluation system for the translation of legal terms that fits the international communication era.

Key Words: Translation of Legal Terms; Multidimensional Evaluation; Communicative Theory of Terminology; *Civil Code of the People's Republic of China*

1 引言

回顾历史，法律翻译对整个中国近现代和当代社会具有重大意义和深远影响（张天飞、何志鹏，2012；屈文生，2012，2020；吴苌弘，2013）。近代时期，法律翻译是为了移植和借鉴西方的法律制度，以完成我国法制观念的更新和法律制度的变革。当代中国，特别是改革开放以后，中国又掀起了一波法律翻译的浪潮，其主要目的还是借鉴和学习西方，为中国法律现代化的进程积累丰富的素材。在这两段西方法律汉译时期，法律文本的准确翻译对于引入西方法律制度以完成中国的现代化立法意义重大。译名/术语统一的规范性要求是主要的关注点，翻译的准确与否成为评价法律翻译质量的重要标准。

从20世纪末起，外国法律被不断译入的同时，向外译介中国法律的需求越发明显。国内法学研究发展迅速，中国逐渐探索出一条属于自己的法治道路，法律外译成为展示中国法治发展成果、交流与分享法治思想和理念的重要渠道。与此同时，中国经济不断崛起，强大的综合国力使中国有能力参与全球治理。随着“一带一路”倡议的推进和人类命运共同体理念的提出，中国在国际交往中的活跃度逐渐上升，国际司法交流需求增强。法律外译成了中国表达自身观点、进行国际法治交往、参与全球治理的重要媒介。法律外译是中国法在全球法律多元格局下构建自我表达的重要方式（万立，2020）。

2021年5月，习近平总书记再次强调，“讲好中国故事，传播好中国声音，展示真实、立体、全面的中国，是加强我国国际传播能力建设的重要任务”。在加强中国国际传播能力的新时代背景下，中国法律外译的交际功能得到凸显，中国法律外译不仅仅是法律知识和法学研究的对外交流，更承担了进行国际法治交往、展示中国法治形象、提高中国法治话语权的重要责任。针对这一现状，有必要审视传统意义上法律术语翻译的准确性评价标准能否满足国际法治交往需求。

2 我国法律术语翻译质量评价研究现状与不足

在法律翻译研究领域，法律术语的翻译至关重要。法律术语作为法律语言中最重要、最核心的元素，其翻译质量直接影响到法律文本信息的有效传播。从翻译的方向性来看，国内法律术语翻译研究涵盖了外译中、中译外和中外互译的探讨。近年来，随着中国对外法治交往需求的上升，中国法律术语的外译越发受到学者们的关注（刘法公，2013；范慧茜，2017；屈文生、丁沁晨，2017；蒋开召、刘略昌，2019；李晋，2020；胡和勤、吴钧，2020；吴苌弘，2021；赵军峰、薛杰；2022）。通过文献梳理，可以发现学者们对法律术语翻译的方向性差异认识模糊，无论是外译中的正向翻译还是中译外的逆向翻译，概念命名的准确性是学者讨论的重心。学者们把命名准确性作为法律术语翻译的关键评价标准，准确性被认为是“法律术语翻译的生命和灵魂”，关于这一点学界早已达成共识（屈文生、石伟，2012：162；刘瑞玲，2010）。

法律术语翻译的准确性要求主要体现为术语形式的准确性和术语内容的准确性。术语形式的准确性是指法律术语翻译选词和用词的准确性，主要集中于对法律术语译名“统一原则”的讨论，也可称之为术语译名的规范化问题（刘法公，2013；屈文生，2012；刘迎春、王海燕 2008）。译名“统一原则”要求同一个概念要用同一个术语来表达，不同概念不应当用同一术语来表达，而且不同的术语之间不允许相互替代。术语内容的准确性是指翻译中法律术语概念的准确表达，要求译者仔细推敲术语概念的内涵和外延，在译入语中准确表达源语中术语的真正意涵（胡和勤、吴钧，2020；时宇娇，2019；张法连，2016；许多，2015；刘法公，2013；刘瑞玲，2010；赵德玉，曲凤，2008；朱定初，2002）。由于法律体系的差异，法律术语概念的不对等问题受到学者的关注（赵军峰、薛杰，2022；胡波、董晓波，2020；蒋开召、刘略昌，2019；张法连，2016；吴苌弘，2016；屈文生，2012；包克纪，2011）。

法律术语翻译研究对于术语命名准确性的要求与普通术语学对术语的界定具有一致性。现代术语学奠基人维斯特在20世纪60年代创立了普通术语学理论。维斯特把术语定义为“概念的语言标记”，他以概念为基本立足点，构建了“对象客体—概念—符号"的对应关系模型,把术语的形成过程描述为对象客体的概念化过程以及概念的符号指称化过程。在法律术语翻译研究中,对术语概念的分析体现了普通术语学理论模型中概念化过程的跨法系实践;在译入语中寻找准确语符表征的过程对应着普通术语学理论模型中符号指称化过程的跨语言实践。法律术语翻译对概念和语符准确性的要求遵循了普通术语学对"客体—概念"和"概念—符号"对应关系的关注。并且,普通术语学力争做到符号的单义性,即一个概念只与一个符号对应,同时这个符号也只对应一个概念。这种术语理念也反映在法律术语翻译中对译名统一与规范化的追求之中。

不可否认,术语翻译中语符和概念的准确转换是保证法律文本权威的前提。在引入外国法律制度时,术语概念的准确、一致性表达是核心的标准。对法律术语翻译的准确性要求是符合引进外国法律、加快中国法治现代化进程的历史需求的。但是,普通术语学的提出是为了解决当时社会的术语标准化问题,具有时代局限性。如今,法律术语翻译的功能发生了变化,由借鉴学习为主转变为传播和交流并重,而术语标准化是无法完全实现法律文化、法治理念的传播和交流。在新的时代背景下,如果仍然把术语翻译是否准确作为单一的评价标准来指导当今中国法律的外译,是无法完全满足中国进行国际法治交往的交际需求的。

3 中国立法的对外传播与术语翻译的交际功能

传播是人类最基本的社会性活动之一。数年来,关于传播的定义林林总总、五花八门,形成了各种学说和流派。对传播进行统一的定义似乎是不可能的,但是,从行为的本质来看,传播必然涉及传播者和受众之间通过符号进行的交际互动。中国立法是中国法治的重要组成部分,中国立法的对外传播是中国法治对外传播的基本组成部分。立法文本的对外传播离不开翻译活动作为媒介。由于传播行为的人际交流性,立法文本的翻译活动也要发挥交际功能。法律翻译的交际功能受到重视,国家也开始重视法律翻译人才的交际能力。2021 年,中国翻译协会法律翻译委员会牵头,联合部分法院、检察院、律所、高校和标准研究院共同编制了《司法翻译服务规范》。该规范要求司法译员除了要准确、忠实地进行法律语言转换,还要具备跨文化交际能力。为了更好地传播中国法治,提高中国法治的接受度和认可度,增强中国在全球治理中的话语权,要充分重视法律翻译的交际功能。术语翻译作为法律翻译的重要内容,也要进行功能的升级,即法律术语翻译不仅是语符和概念的跨语言、跨法系的准确对应和表达,更是法治思想和价值观念的跨文化交际。传统意义上对术语翻译准确性的单维度、非交际性要求已不能满足中国进行国际法治交往的需要。

术语不仅是一种符号系统,也是一种交流工具,术语的交际属性为术语翻译发挥交际功能奠定了基础。在术语学研究早期，普通术语学注重术语的概念辨析和语符表征功能，对术语做出了种种要求和规范。但是，规定性的术语标准化研究方法毕竟有自己的历史局限性，因为它忽视了术语的交际属性。为了解决这一问题，交际术语学理论出现。交际术语学的提出者卡布雷(2003)采用跨学科的观察视角，整合认知科学、语言科学和传播科学，强调术语单位作为语言单位、认知单位、交际单位的多维属性(Budin, 2001:18;Marzá, 2008:95)。交际术语学对术语的多维观察视角，尤其是对术语交际维度的强调，更符合中国立法对外传播的要求。在交际术语学的多维视域下，法律术语翻译不仅仅承担着概念准确命名的术语标准化功能，更承担着跨语系语符表征、跨法系概念认知和跨文化传播交流的多维交际功能。

3.1 跨语系的语符表征功能

法律术语是法律概念的语符指称。概念和语符的重要区别在于概念是人类的心理活动，具有部分共通性，而语符则因语种的不同而相异，具有民族性和差异性。这种差异性在汉语和英语这种远距离语言之间更加明显。术语翻译的最基本要求就是要选用最恰当的语符来表达源语中术语的概念(肖云枢，2001;蒋开召，2021)。对术语形式的基本要求，如语符的正确性和统一性是法律术语翻译的最基本要求。同时，术语的本质特征在于其概念指称的专业性，法律术语的本质特征在于通过指称法律概念以确定法学知识。在翻译法律术语时，语符的选用要遵从法律知识表达的专业要求。对于译入语中已经存在的法律概念，语符的选用一定要符合专业表达规范;对于民族特色的法律概念，也要尽量选择专业表达。此外，法律语言具有系统性的特征，在翻译法律术语时要遵从系统性原则，从语符层面体现法律表达的体系性。

3.2 跨法系的概念认知功能

术语是通过概念化形成的思维单元。概念是人类思维的重要组成部分，是反映客体特有属性的思维方式(冯志伟，1997)。法律概念是法学领域中思维活动高度抽象的产物，是人们对法律问题长期思考成果的一种概括。对法律概念的认知是对法学知识进行加工和整理的过程。法律知识具有系统化的特征，法律术语之间存在逻辑关系，每个术语都在其所在的术语系统中具有确定的位置。通过认知术语及术语系统可以对专业领域的概念和知识形成一种认知结构。在翻译法律术语时，要体现出明晰的概念体系并区分类似或相关概念。由于中外法律存在差异，部分法律概念存在不对等的情况，则须进行中外法律概念的对比，采取变通手段进行翻译(胡波、董晓波，2020;蒋开召、刘略昌，2019;吴苌弘，2016;屈文生，2012;包克纪，2011)。无论翻译何种法律概念，都要求译入术语精准、确切、完整地体现概念的内涵。

3.3 跨文化的传播交流功能

术语是信息交流的载体，是传递信息的手段。作为术语，必须融入社会、参与活动、发挥作用、产生影响（冯志伟，1997）。术语的“流通”带动了信息的传播和交流；法律术语的“流通”促进了法学信息的交流和共享，带动了不同法系、不同文化价值观的交际和协调。术语的交际功能与交际参与者和交际情景密切相关，交际效果受到交际者的交际目的和交际情景中的文化、价值观等因素的影响。学者沙切维奇说过“法律翻译是一种法律机制下的交际行为”（Sarcevic，1997）。其实，法律术语的交际不仅仅是在法律专业领域中进行，同时也是在更大的社会、文化、历史背景中进行。法律术语的翻译不仅仅是语言的转换过程和不同法律机制中的交际活动，更是不同民族文化和价值体系的沟通与协调。法律术语的翻译过程不仅是对不同语言、不同法律体系的解读，也是对不同文化、价值观的解读。要提高法律术语翻译的交际效果，译者不仅要明确表达目标，同时要考虑民族文化和价值体系的融通程度。

4 基于交际术语学的《民法典》术语英译问题多维考察

普通术语学的核心在于术语的标准化，交际术语学的核心在于术语的使用。在交际术语学视域下，法律术语翻译质量的评价不再是仅仅围绕着术语命名的准确性，而是要审查术语的语符表征功能、概念认知功能、交流传播功能是否能够更好地满足法律知识、法律文化和法治价值观的交际需求。并且，这种多维评价不仅体现在语符、概念、交际多个维度的评价，也体现在单个维度内的多方面考察。为了进一步论证术语翻译质量多维度评价的具体内容和可行性，本研究对《民法典》术语的英译问题进行考察。《民法典》的颁布是我国法治进程中的里程碑式事件，它是中国法治发展的重要成果，也是世界了解中国当代法治状况的重要样本。《民法典》术语作为中国民法的知识结晶，其翻译质量直接影响到《民法典》的有效传播，影响到国际社会对中国法治的理解和评价。

本研究选取国内《民法典》术语的三个英文译本，分别是全国人大英文版网站的《民法典》英译本（简称为译本1）、北大法宝数据库的《民法典》英译本（简称为译本2）和人民出版社出版的《民法典术语》一书（简称为译本3）。三个版本分别代表了官方、数据库和学术三种翻译渠道，涵盖了国内翻译的多元主体。鉴于《民法典》庞大的体例，本部分选取了《民法典》婚姻家庭编的术语作为研究对象，从交际术语学的多维视角，以法律术语翻译的多维功能为标准，从语符选用、概念建构和交际效果三个维度对术语译本质量进行全面的评析。鉴于篇幅有限，本部分以提高《民法典》术语翻译质量为目标，仅针对译文可能存在的问题提出看法以供商榷，对于符合评判标准的译文不再赞赏和赘述。

4.1 语符选用质量评析

4.1.1 语符的正确性

正确的语符是话语表达的基本要求，一些基础性的语法错误，如名词单复数形式的误用和词性的误用是应该避免的。译本 3 误用“properties”来表达“财物”。“property”一词有可数和不可数两种词性，不可数形式指“财产”，可数名词的复数形式“properties”有“房地产”和“特征”两种含义。此处应该使用“property”的不可数形式。“property”包含了金钱和物品等各种形式财物，译本 1 使用了“money or other property”来表达“财物”，实则是冗余重复。另外，“虐待”和“遗弃”在译本 1 和译本 2 中都采用了名词形式，而译本 3 中采用了动词“maltreat”、“abandon”和“desert”，按照法律术语的名词化惯例，还是采用名词形式更为妥当。

4.1.2 语符的一致性

语符的一致性是指概念的定名要稳定和单一，避免多个表达。术语译名的一致性是“保障准确传递法律原文概念和寓意的前提”，也是实现“法律语言准确性的必要原则”（刘法公，2013）。“婚姻家庭”是《民法典》的一个基本范畴和核心概念，使用次数较多。在三个译本中，“婚姻家庭”出现了多个英文译名。译本 1 中“婚姻家庭”有“marriage and family”和“marriage or family”两种译文，“婚姻家庭关系”有“marital or familial relationship”和 “marital and familial relationship”两种译文。译本 2 中“婚姻家庭”和“婚姻家庭编”译为“marriage and family”，但“婚姻家庭关系”则有“marriage or family relations”、“marital and family relations”和“marriage and family relations”三种表达。译本 3 中“婚姻家庭”译为“marriage and family”，而“婚姻家庭法”有“marriage and family law”和 “family law”两种译文，“婚姻法”又译为“family law”。足见，三个译本之间和译本内部术语翻译的不一致性问题明显。

4.1.3 语符的系统性

语符的系统性是指由核心语符衍生出的下一级语符系统需要在译文中得到再现。以“养”字为例，我国的《民法典》分别规定了夫妻及同辈人之间的“扶养义务”、对子女的“抚养义务”和对老人的“赡养义务”。译本 3 对这三类义务不加区分地译为“obligation of support”或“obligation of maintenance”。这种笼统的译法没有准确表达我国精细的扶养体系。或许，对子女的抚养可以称为“child support”，夫妻的扶养称为“spousal support”，对老人的赡养是“support for elderly parents”，对兄弟姐妹的扶养称为“support for brother or sisters”，构成了完整的“support”语符系统。

4.1.4 语符的专业性

语符的专业性要求译文采用法律专业词语，符合专业表达习惯。对于译入语中已经存在的概念，要做到准确回译，不可擅自创造。比如，“配偶权”在译入语中为“conjugal rights”。译本 3 中的“right of consortium”和“spouse right”都不符合英文的表达习惯，因为“consortium”通常用法是“spousal consortium”（指配偶之间获得的精神和物质支持）或“loss of consortium”（用于承认配偶因失去应得利益而起诉的权利），而“spouse right”不是一个法律术语，只能用于日常表达之中，如“a spouse's right to inherit”。又如，译本 3 中“涉外收养”译为“adoption concerning foreigners”，国际通用表达为“international adoption”。“夫妻共同财产分割”译为“division of mutual possessions of a couple”表达累赘，而译本 1 和译本 2 的“partition of community property”是更专业的表达。对于民族性术语，即使没有国际通用的专业表达，翻译时也要考虑语符的专业性问题。例如“近亲属”在译本 2 和译本 3 中都译为“close relatives”，而译本 1 给出了“near relatives”、“next-of-kin”和“proximity”三种译文，其中“proximity”表示“毗邻”，不能作为“近亲属”的专业表达。

4.2 概念建构功能评析

4.2.1 概念内涵的明晰性

概念内涵的明确、清晰传达是读者理解、接受中国法治思想的重要条件。“抚养优先权”是中国《民法典》的创新性立法，是指配偶一方死亡，另一方送养未成年子女的，死亡一方的父母有优先抚养的权利。译本 3 的译文 “priority of supporting”存在着语法不规范和概念表达不明确的问题。首先，“supporting”一词通常作为形容词使用，意指“支撑的”或“配角的”。其次，《布莱克法律词典》中“support”指为维持目前或先前的家庭成员的正常生活水平所给付的金钱，“priority of supporting”可以理解为支付抚养费的优先权。这一译文既没有明确权利主体，也没有明确实施权利的条件，读者无法理解术语的准确内涵，更无法体会该条立法保护未成年人的初衷和维护亲情的价值。

4.2.2 概念体系的明晰性

通过概念与概念之间的逻辑关系联系起来的概念集合称为概念系统。在概念系统中，各个概念之间可以发生纵向联系或横向联系。在术语翻译时，概念之间的逻辑关系是关注的重点。概念体系性要求在译文中准确再现概念的关系。例如，“无效婚姻”和“可撤销婚姻”是规范婚姻关系效力的一对平行关系的术语。“无效婚姻”是指违反法律规定的结婚条件的违法结合，体现了国家公权力对结婚自由的限制；“可撤销婚姻”是指已经成立婚姻关系，但是因缺少婚姻合意而可以申请撤销，体现了公权力对结婚自由的保护。这一对术语的常用英语表达是“void marriage”和“voidable marriage”；译本 1 译为"void marriage"和"annulled marriage"。译本 2 译为"invalid marriage"和"annulled marriage",基本能够清楚表述术语的含义。但是,译本 3 中"无效婚姻"的译文是"nullity of marriage","可撤销婚姻"的译文是"voidable marriage"。根据《牛津词典》,"nullity"指婚姻状态"having no legal force or no longer being valid",既包含违反结婚法定条件的无效,也包含因当事人申请撤销而产生的无效情况,是无效婚姻和可撤销婚姻都会产生的法律后果。因此"nullity of marriage"是"无效婚姻"和"可撤销婚姻"的上位概念,在概念体系建构上出现失误。

4.2.3 语内相关概念的区分性

《民法典》具有很强的逻辑性和体系性,针对某一法律问题的规则体系可能会包含一组概念。在翻译时,要明确概念之间的不同,确定概念的区别特征,使概念的表达有区分度。《民法典》中包含三个离婚救济的措施,分别为"离婚经济帮助"、"离婚损害赔偿"和"离婚经济补偿"。前两个术语是我国借鉴西方立法所创设的规定,"离婚经济补偿"是中国的立法创新,体现了中国立法尊重家务劳动的价值。从中文用词来看,"帮助""赔偿""补偿"用词精准。在译文中"帮助"对应"assistance",赔偿对应"compensation",而"补偿"在三个译本中也使用了"compensation"一词。这种处理方式使"赔偿"和"补偿"失去了区分度,不利于读者了解中国特有的制度创新,读者也无法理解中国离婚经济补偿立法的价值追求。或许,"reimbursement"是对应"补偿"的更合适的选择。

4.2.4 语际类似概念的差异性

法律术语翻译要求术语概念的确切传达。当译入语中存在某个与源语术语用途相似的表达时,译者一定要谨慎辨别两者概念的差异,避免出现"假等义"的问题。"三代以内旁系血亲"这一禁止近亲结婚的标准采用的是中国人熟悉的"代际"计算法,即己身算作一代,父子算为两代。大陆法系采用的是罗马法的"亲等"计算法,父子算为一代。我国的"代"应该翻译为"generation",而非大陆法系的"degree of kinship"。译本 3 正确辨析了这两者的区别,采用了"up to three generations"来翻译"三代以内",而译本 1 和译本 2 使用的罗马法"the third degree of kinship"是不准确的。又如,"买卖婚姻"被我国法律所禁止。三个译本都把"买卖婚姻"译为"mercenary marriage"。"mercenary"虽然有"唯利是图"的内涵,但是行为的获益者是行为者本人,即结婚的一方。而我国的"买卖婚姻"很多情况下是亲属为了金钱利益而实施。"mercenary"一词不能准确表达我国的"买卖婚姻"概念内涵,或许"bride-buying"更能直接代表这一概念的本质。

4.3 跨文化交际功能评析

4.3.1 立法意图的清晰性

法律翻译不仅是法律文本内容的准确传达,也是法律条文背后的价值理念的交流。

在翻译过程中，不仅要对术语进行准确的跨语言表达，还要彰显术语背后的立法理念。《民法典》1081 条规定了“军婚保护”的条款，即现役军人的配偶要求离婚，须得军人同意，但军人一方有重大过错的除外。译本 3 给出了“protection of soldier's marriage”和“protection of the marriage with a soldier”两种译文。从立法意图来看，此条规定其本质是为了保护军人一方的婚姻利益，而对军人配偶的离婚权进行限制。在汉语的语言环境中，读者具备理解“军婚保护”所需要的语境信息，“军婚保护”这一表达不会影响对立法理念的认知。但是，当这一术语被翻译到新的语境中后，仅仅对“军婚保护”的字面意思进行翻译，是无法传达法律的准确内涵和立法的目标。

4.3.2 司法实践的差异性

立法是司法的基础，司法是立法的实践。在外译中国法律概念时，不仅要考虑术语在立法文本中的内涵，还要考虑术语在司法实践中的实际所指。例如，在《民法典》总则中规定通常子女的监护权由父母共同行使，不因父母的婚姻状况而变化。婚姻家庭编中规定了离婚之后父母仍然有抚养、教育和保护子女的权利和义务，具体子女由哪方直接抚养是需要当事人协商或者进行司法裁判的。因此，“离婚后子女抚养教育”此术语中“抚养”问题包含的是司法裁判确定拥有直接抚养权以及抚养费的给付问题。对于“抚养”的翻译，译本 3 采用字面直译“upbringing of children after divorce”，而译本 1 和译本 2 都参考了美国“child custody”的制度，采用了“custody”来表达“抚养”。其实，在美国法律中“custody”是指监护制度，对于子女的监护，最常见有单独监护（sole custody）和共同监护（joint custody）。单独监护是指一方单独享有完整的监护权。这一点与中国只存在共同监护是不同的。美国司法裁判确定的监护权中详细规定了子女的居住方式、重要事项决定权的归属等问题。换言之，美国的司法实践主要解决监护权的问题，而中国的司法实践只解决直接抚养权的问题。如果用“custody”来指代中国司法实践中的直接抚养归属裁判，会给读者带来误解。

4.3.3 文化印象的积极性

中国的现代法治进程必然带有中华民族自身的文化特色、传统习惯和发展特点。在翻译民族文化特色术语时，要“循序渐进地积累全球范围内不同主体对于中国形象的良性认知与正确理解”，注意避免历史刻板印象对文化接受的影响（汪罗，2021）。“家风”进入《民法典》话语系统是中国法治建设的亮点之一，虽然“家风”一词不是法律术语，但在《民法典》价值体系中具有重要地位。这类民族文化信息密集型术语的翻译质量对于读者认识中国文化和中国法治至关重要。三个译本均把“家风”译为“family values”。“value”一词具有传统属性和保守属性。“Asian values”这一概念是由新加坡和马来西亚提出，强调儒家思想为核心的伦理精神和治国理念，其本质是基于封建社会土壤的封建专制政权的产物。在国际讨论中，亚洲价值观被看作代表亚洲文化的刻板印象，被描述为东方落后文明、文化与西方先进文明、文化的冲突。使用“value”来表达“家风”可能会引发对中国文化的刻板印象的联想，导致对中国“家文化”的误读，不利于国际社会对中国家风的理解和认同。

4.3.4 价值追求的共通性

各国民法虽然具有民族性的特征，同时也彰显人类共同的基本价值准则，例如对平等、自由、博爱、人权理念的追求。要使我国的《民法典》达到预期的国际传播效果，就要“寻求中国文化与世界范围内其他文化在情感、价值、伦理及审美等层面的可通约性与可沟通性”，将中国立法的价值理念置于与国际发展进程相契合的价值体系之中，考虑对人类共通价值理念的彰显（汪罗，2021）。我国的《民法典》是时代的产物，是人民的法典，必然是体现了基本的国际人文关怀理念，彰显了对人权的尊重和保障。“一夫一妻”是现代婚姻关系的基本准则，通常英语表述为“monogamy”。译本 1 和译本 2 都使用了这一表达，但是译本 3 又额外给出了“monogyny”的译文。从词汇构成上看，两个术语的前缀相同但词根不同，“gam”意为“marriage”，而“gyn”表示“woman”。据此，“monogamy”指婚姻状态中的单配偶制，即一夫一妻，强调了婚姻中的男女平等地位；而“monogyny”指单妻制，也不排除一妻多夫的情况，不利于表达男女平等的价值理念。并且，“monogyny”一词也被用于表达蜜蜂、蜘蛛等动物的繁殖方式，通常不被用作法律专业术语。“monogyny”一词的误用不仅有损法律术语的专业性，还会为国际社会诟病中国人权问题提供借口。

5 法律术语英译质量多维评价体系的建构

翻译质量评价标准要服务于翻译目标，翻译目标和功能的变化就要求翻译质量评价指标相应地发生变化。从《民法典》术语英译的评析可以看出，传统意义上法律术语翻译的单一性、非交际性的翻译质量评价标准已经无法满足现今日益凸显的法律翻译交际需求。本研究借鉴基于术语使用而生的交际术语学理论，从更丰富的维度来解释法律术语的跨语交际功能。基于交际术语学的多维视角，本研究构建针对法律术语翻译的语符表征功能、概念构建功能和传播交际功能的多维术语翻译质量评价体系。相较于传统意义上的准确性单一评价标准，本研究提出的多维质量评价体系能够更加全面地对术语翻译的跨语言、跨法系、跨文化的交际效果进行评价。从《民法典》婚姻家庭编的当前翻译实践来看，译者们付出了辛苦的劳动，但是从法律术语翻译多重交际功能来衡量，当前三个译本仍有改进空间，以更好满足中国法律术语外译预期要达到的跨语言、跨法系、跨文化的交际效果，从而提高我国法治话语和法治理念的对外传播效率，最终提升我国在国际法治交往中的话语权和影响力。

参考文献

[1] Budin, Gerhard. 2001. A Critical Evaluation of the State-of-the-art of Terminology Theory. *ITTF Journal*, 12 (1-2): 7-23.

[2] Marzá, Nuria Edo. 2008. The Communicative Theory of Terminology (CTT) Applied to the Development of a Corpus-Based Specialised Dictionary of the Ceramics Industry. Doctoral dissertation, Universitat Jaume I, Castellón, Spain.

[3] Sarcevic, Susan. *New Approach to Legal Translation*. London, Boston: Kluwer Law International, 1997.

[4] 费尔伯,2011. 术语学、知识论和知识技术. 北京:商务印书馆.

[5] 冯志伟,1997. 现代术语学引论. 北京:语文出版社.

[6] 胡波,董晓波,2020. 古代法律专业术语之不可译及其补偿研究. 中国文化研究,(4):140-149.

[7] 胡和勤,吴钧,2020. 法律术语的标准化英译探究. 中国科技翻译,33(3):35-38.

[8] 蒋开召,2021.《法律英语翻译教程》若干法律术语翻译商榷. 中国翻译,42(1):131-138.

[9] 蒋开召,刘略昌,2019. 中国特色法律术语的翻译:从法定代表人的译法谈起. 中国翻译,40(6):139-144.

[10] 刘法公,2013. 论实现法律法规术语汉英译名统一的四种方法. 中国翻译,34(6):82-86.

[11] 刘瑞玲,2010. 试论法律术语翻译的精确性. 外语学刊,(4):125-127.

[12] 刘迎春,王海燕,2008. 论"译名同一律"原则在中国古代法律英译中的应用:兼评约翰逊《唐律》英译本. 外语与外语教学,(12):60-62,65.

[13] 屈文生,2012. 中国法律术语对外翻译面临的问题与成因反思:兼谈近年来我国法律术语译名规范化问题. 中国翻译,35(6):68-75.

[14] 屈文生,2020. 专题・法律翻译与服务国家需求. 外语与外语教学,(6):1.

[15] 屈文生,2020."一带一路"国家立法文本的翻译:国家需求、文本选择与等效原则. 外语与外语教学,(6):1-10,147.

[16] 屈文生,2022. 中国立法文本对外翻译的原则体系:以民法英译实践为中心. 中国外语,19(1):1,10-20.

[17] 屈文生,石伟,2007. 论我国近代法律翻译的几个时期. 上海翻译,(4):58-62.

[18] 时宇娇,2019. 法律术语的英汉翻译策略. 中国科技翻译,32(1):36-39.

[19] 万立,2020. 中国法的对外翻译:以欧盟法的翻译策略、实践及经验为镜鉴. 外语与外语教学,(6),22-31,147-148.

[20] 汪罗,2021. 理解作为"文化他者"的中国形象. 对外传播,(3):53-55.

[21] 吴苌弘,2021. 数字人文发展中的法律术语英译规范与策略. 外语电化教学,(6):81-86,13.

[22] 肖云枢,2001. 英汉法律术语的特点、词源及翻译. 中国翻译,(3):44-47.

[23] 张法连,2016. 英美法律术语汉译策略探究. 中国翻译,37(2):100-104.

[24] 张法连,2012. 从《民法典》英译看法律翻译质量管控体系建构. 中国翻译,(5):121-130.

[25] 赵军峰,薛杰,2022. 法律翻译的概念移植与对等阐释:《中华人民共和国民法典》物权编术语英译探究. 上海翻译,(1):27-33.

从德里达“Déconstruction”一词的汉译看哲学术语的文化迁变

南京大学　王俊茗[*]

摘　要:*Déconstruction* 是法国哲学家雅克·德里达重要的哲学术语之一。该术语自 20 世纪 80 年代初被翻译到国内,先后出现了近十几个译名,还与德国哲学家马丁·海德格尔的 *Destruktion* 概念的译名纠缠不休,形成了种种“译名之争”现象。本研究基于对“Déconstruction”汉译历程的梳理,结合概念史溯源,指出“译名之争”与 *Déconstruction* 在跨文化迁移过程中发生的变形有直接关系,其中第三方媒介、译者身份、接受语境的社会文化背景和语言系统等,都是影响“Déconstruction”一词产生迁变的重要因素。从“文化迁变”的角度考察“Déconstruction”的汉译问题,或能为国内哲学术语翻译研究提供新的思考视角。

关键词:解构;德里达;文化迁变;术语翻译

Title: On the Cultural Transfer of Philosophical Terminology from the Chinese Translation of Derrida's "Deconstruction"

Abstract: *Déconstruction* is one of the most important philosophical terms of the French philosopher Jacques Derrida. Since the term was translated into China in the early 1980s, there have been nearly a dozen translated names. It has also been entangled with the translation of the German philosopher Martin Heidegger's concept of *Destruktion*, forming a variety of "Translation Disputes" phenomenon. Based on the review of the Chinese translation of "Déconstruction" and the traceability of its conceptual history, this paper points out that the disputes is directly related to the

---

* **作者简介**:王俊茗,南京大学外国语学院博士研究生。研究方向为翻译研究。联系方式:junmingwang@outlook.com。

deformation of "Déconstruction" in the process of cross-cultural transport, in which the third mediator, the translator's identity, the socio-cultural background and the linguistic system of the receiving context are all important factors affecting the transformation of "Déconstruction". Examining the Chinese translation of "Déconstruction" from the perspective of "Cultural Transfer" may provide a new perspective for the study of the philosophical terminology translation in China.

Key Words: Deconstruction; Derrida; Cultural Transfer; Term Translation

1 引言

概念是哲学家表达思想的重要载体，二十世纪法国哲学的特点之一就是在语言的游戏中创造和使用各种概念。然而，二十世纪九十年代末发生的"索卡尔事件"却将二十世纪七八十年代风靡全球知识界的一群法国哲学家，以玩弄概念的"罪名"推上了风口浪尖，其中德里达(Jacques Derrida)首当其冲。德里达一生自创和改造了很多语词，*Déconstruction* 是其中最具代表性的一个。很多人认为 *Déconstruction* 是德里达提出的一个哲学概念，但准确地说它并不是一个严格意义上的概念，而是术语，也有一些学者称其为"准概念(quasi-concept)"。*Déconstruction* 可以说是 20 世纪最著名的哲学术语之一，至今仍是学界热议和研究的主题。

"Déconstruction"一词最早被翻译到中国，可以追溯到二十世纪八十年代初。"解构"是"Déconstruction"一词时下最常用的译名，但在译介之初该词曾出现过近十几个译名，一些译名至今仍被不加区分地替换使用，甚至还与德国哲学家马丁·海德格尔(Martin Heidegger)的"Destruktion"概念的汉译名纠缠不休，形成种种"译名之争"现象。目前，国内关于术语翻译的讨论逐渐开始从对译名好坏的评判或对译者翻译策略的研究，转向从多视角、多维度展开对术语翻译的审视。通过观察德里达的"Déconstruction"一词在国内的汉译情况发现，其译名的多样性与该术语在跨文化迁移过程中发生的变形有重要联系。因此，本研究尝试从"文化迁变(Transfert culturel)"的角度入手，对"Déconstruction"一词在国内的"译名之争"展开回顾，并结合概念史溯源，指出"译名之争"背后隐藏的术语变形的问题，进而探究影响术语发生变形的主要因素，以及"译名之争"现象与文化迁变之间的关联，以期为国内的哲学术语翻译研究提供新的研究视角。

2 “Déconstruction”在中国的“译名之争”

自德里达及其解构思想被译介到中国，至今已四十多年。德里达的很多重要著作的中译本都已经在国内出版，涉及“解构”的译著、专著、文章等各类文献资料，数量也极为庞大。通过观察发现，在相当长的一段时期内，国内对“Déconstruction”一词没有一个统一的汉译名，“分解”“分解主义”“消解式批评”“消解哲学”“解结构”“拆散结构主义”“解体理论”“解构”“解构主义”等译名“百家争鸣”。同时，“Déconstruction”与“Destruktion”的汉译名之争，也使这个原本就难以琢磨的哲学术语显得更加扑朔迷离。面对着不统一和混乱的译名，读者难免会感到无所适从，阅读和理解的难度也会随之增加。因此，有必要对这场“译名之争”展开回顾，将这些译名自出现到确立的动态过程呈现在读者眼前。

“Déconstruction”一词首次出现在国内读者的视野中，是在李幼蒸翻译的《结构主义 莫斯科—布拉格—巴黎》(*Structuralism: Moscow-Prague-Paris*)一书中。在这本由比利时哲学家布洛克曼(J. M. Broekman)所著的结构主义著作中，作者简要地介绍了德里达的书写语言学，译者李幼蒸(1980: 98)在注释中补充道：“书写语言学的目的则在于通过分解(dé-construire)程序去追溯语言的根源，也就是语言所具有的一切前提。”其中，“Dé-construire”——“Déconstruction”的动词形式被译成“分解”，这是该词的首个汉译名。1982年，奚密在《中外文学》杂志上发表了《解结构之道：德西达与庄子的比较》一文。文中，作者将德里达的“解结构”与庄子道家哲学思想进行了对比剖析，指出二者的思想风格存在一定相似之处。其中，“解结构”译自英语“Deconstruct”。次年，张隆溪发表文章《结构的消失——后结构主义的消解式批评》。作者认为德里达对索绪尔和卢梭的解读，都是从结构严密的原作中找到“缝隙”，然后使稳定文本中各种游移的差异显现出来，从而使结构消失在符号的游戏中，并称这就是“所谓‘消解’即消除结构(Deconstruction)的批评方法”(张隆溪，1983: 102)。在这篇文章中，张隆溪对于后结构主义者——主要以德里达为首——使用的“Deconstruction”一词采用了“消解”“消解论”“消解式批评”等多种译法。其后，很多译者和研究者沿用或借鉴了“消解”这一译法，如徐崇温在《结构主义与后结构主义》一书中就谈到了“消解哲学”，该书“在当时是介绍结构主义和后结构主义影响最大的一本著作”(陈晓明，2012: 45)，对解构思想在中国的传播起了很大的作用。此外，王晓朝的《反结构主义思潮的兴起——德里达消解哲学简介》(1986)、甘恢挺翻译的R. 赖恩的《后结构主义：德里达的消解》(1988)、增艳兵的《中心消解与无中心之中心——后现代主义与中国传统文化之比较》(1988)、黄丹麾的《别开生面的中介理论——雅克·德里达消解哲学析评》(1994)等文章都使用了类似的译法。不过,从以上提到的诸多译名来看,虽然“消解”这一译法得到了一些译者和学者的使用,但到底是将其视为一种文学批评方法,还是一种哲学策略,文学界和哲学界在译名的选择和使用上明显存在一定差别。除了上述提到的译名,钱钟书在《谈艺录》中提出了新的译名,书中写道:“瓦勒利现身说法,曰:‘诗中章句并无正解真旨。作者本人亦无权定夺’;[……]其于当世西方显学所谓‘接受美学’(Rezeptionsasthetik),‘读者与作者眼界溶化’(Horizontverschmelzung),‘拆散结构主义’(Deconstructivism),亦如椎轮之于大辂焉”(钱钟书,1984:610-611)。其中,“拆散结构主义”指的就是德里达的解构。然而,需要指出的是,文中使用的“Deconstructivism”却并非“拆散结构主义”对应的英语词,因为它指的并不是德里达的“解构主义”,而是德里达解构思想在建筑领域的一个衍生词,用以指二十世纪八十年代末出现的一种后现代建筑运动,是“一种表现在世界各地建筑师作品中的建筑风格,他们的作品以解构主义哲学潮流的思想为前提”(Aida,2015:122)。二者之间虽有一定联系,但其区别也应明晰。

在1987至1988年间,国内相继出版了英国文艺理论家特里·伊格尔顿(Terry Eagleton)的《文学理论引论》(*Literary Theory:An Introduction*)的三个中译本,分别是刘峰翻译的《文化原理引论》(1987)、伍晓明翻译的《二十世纪西方文学理论》(1987)以及王逢振翻译的《当代西方文学理论》(1988)。在这三部译作中,关于“Deconstuction”有两种译法。刘峰和王逢振沿用了“分解”的译法,伍晓明译本译为“解构”。同一时期,王宁的《论分解主义》(1987)、《后结构主义与分解批评》(1987)、《分解主义批评在美国》(1988)等三篇文章、钱佼汝的《美国新派批评家乔纳森·卡勒和分解主义》(1987)和其翻译的乔纳森·卡勒的《当代美国文学批评中争论的若干问题》,戴侃翻译的美国学者R. 舒斯特曼的《分析美学、文学理论以及分解主义》(1988)等都使用了“分解”。“解构”这一译名在1987年后开始得到越来越多的译者和学者的认同与使用,当时比较有代表性的文章有:陆扬的《解构主义批评简述》(1988)和《德里达与解构主义批评》(1989),佘碧平翻译的D. 诺维茨的《对解构的狂热》(1989)和其发表的《解构之道:雅克·德里达的思想研究》(1990),李庆全翻译的E. 贝勒的《解构学与解释学:德里达和伽达默尔论本文与诠释》(1989),包亚明的《试析解构主义的历史内涵》(1991),孙周兴翻译的伽达默尔的《摧毁与解构》(1991),陈晓明的《解构的界限》(1992)…… 其中,佘碧平(1990:70)在《解构之道:雅克·德里达思想研究》中指出:“在德里达看来,‘Deconstruction’就是消除和分解结构”,并从哲学的角度对德里达的解构进行了剖析与阐释,认为德里达绝非虚无主义者和非理性主义者,之所以部分学者对德里达产生误解,是因为他们混淆了德里达本人的思想和德里达学派之间的差异,间接点明了“解构”“解构主义”“解构批评”之间的联系与差异。由于德里达的著作是在二十世纪九十年代末才开始陆续从法语直接翻译成汉语,因此德里达主要著作的汉译本基本采用了“解构”的译法，直接助推了读者对“解构”这一译名的接受。

可以看出，从“Déconstruction”首个汉译名的出现，到后来各种各样的译名，再到“解构”被广泛使用经历了一个复杂而漫长的过程。虽然一个术语对应多个译名的现象在学界并非罕见，但可以明显看出这些译名译自不同语言，甚至译自不同学科领域，因此译名不同并不能简单地归因于语言表达差异，而应该思考更深层的原因。该词除了在内部存在“译名之争”，它还与其他哲学概念的汉译名存在争议。在洪谦主编的《西方现代资产阶级哲学论著选辑》(1964)中，收录了海德格尔《存在与时间》的部分章节，其中“Destruktion”一词被翻译成“分解”，而在1999年后出版的诸多修订本中，该词又被译为“解构”。这一现象到底是巧合，还是有更深的渊源？因此，为了弄清楚上述问题，我们有必要对“Déconstruction”一词做概念史的溯源，这对于我们进一步揭示“译名之争”产生的原因有重要意义。

3 “Déconstruction”一词的概念史溯源

通常认为，概念史研究将“概念作为专门的历史单元，研究概念在时空中的移动、接受、转移、容受和扩散，通过分析重大历史转型时期的政治和社会‘主导概念’的形成、演变、运用及社会文化影响，以揭示历史变迁的特征”(转引自蓝红军、彭莹，2022：130)。因此，对“Déconstruction”进行概念史溯源，不仅能够帮助我们回顾该术语是如何从一个普通语词变成重要的哲学术语，更重要的是揭示该词在知识迁移过程中可能经历的变形。

“Déconstruction”与其动词形式“Déconstruire”都是复合词，由前缀“-dé”分别与“construction”①和“construire”②构成，这两个词都并非德里达自创，而是法语中固有的，只是在日常生活中鲜少使用。第五版《法兰西学院辞典》(*Dictionnaire de l'Académie française*)中关于“Déconstruire”是这样定义的：“拆散一台机器、一篇演讲、一句话的各个部分。解构一台机器，将其运往别处。要判断一个诗句的准确性，只需将其解构。通过解构这个句子，就让它失去了能量”(Académie Française，1798：373)。《里特尔》(*Littré Dictionnaire de la langue française*)中对“Déconstruire”的解释为“将整体拆散成部分。把一台机器拆解并运送到别处”(Littré，1994：992)。至于德里达为何会在词典中选择这样一个鲜少使用的词，他曾在《致一位日本友人的信》中解释道：“当初我选择这个词，或者说它迫使我选择它，[……]我当时希望把海德格尔的

① Construction 有“建筑”“结构”等释义。

② Construction 的动词形式，有“建造”“构思”等释义。

'Destruktion'或'Abbau'翻译并采纳过来，为我所用"(Derrida, 2003: 229-230)。可见，德里达与这个词的相遇始于对海德格尔的翻译。

海德格尔是对德里达影响很深的一位哲学家，德里达曾多次公开表示海德格尔对他的思想和研究的重要影响，尤其是海德格尔的*Destruktion*概念对德里达解构思想的启发。"Destruktion"一词最早出现在海德格尔的重要著作《存在与时间》(*Sein und Zeit*)中。海德格尔(Heidegger, 2006)认为此在的存在在时间性中有意义，历史性是此在本身时间性的一种存在方式。然而，此在不仅"沉沦于它身处其中的世界并依这个世界的反光来解释自身，而且与此同时此在也沉陷于它的或多或少明白把握了的传统。传统夺走了此在自己的领导、探问和选择，[……]传统甚至使我们不再领会回溯到渊源的必要性。传统把此在的历史性连根拔除"(Heidegger, 2006: 25)。基于此，海德格尔(Heidegger, 2006: 27)指出："如果要为存在问题本身而把这个问题的历史透视清楚，那么就需要把硬化了的传统松动一下，需要把由传统做成的一切遮蔽打破。"因此，他提出了拆构①的方法，即以存在问题为线索，把古代存在论流传下来的内容拆构成一些原始经验，通过探索存在论基本概念的渊源来展示它们的"出生证"。海德格尔的拆构工作并不带有摆脱存在论传统的消极意义，它的目的是积极的，它的否定作用是隐藏的、间接的。不难看出，海德格尔是想要通过拆构的方法使被传统遮蔽的本原重新显露出来，或者说拆构的目的是想要回到本原，而这显然仍是对传统形而上学意义上的本原的一种认同。不过，*Destruktion*这一概念也并非由海德格尔首创。早在1913年，胡塞尔(Edmund Husserl)就已经在《现象学的观念》(*Die idee der Phänomenologie*)中使用"精神拆毁"(Gedankliche Destruktion)来描述现象学的还原。海德格尔借用了胡塞尔的"Destruktion"，却并没有在胡塞尔的意义上沿用这个概念。如果我们再往前追溯，会发现"Destruktion"一词实际上来源于马丁·路德(Martin Luther)使用的拉丁语词"Destructio"。路德使用这个词，是为了"去除神学中的层层沉淀，因为这些沉淀掩盖了应该恢复的福音信息的原初空白(裸露)"(Derrida, 2003: 210)。可见，路德去除沉淀的目的并非完全的、彻底的毁灭，而是恢复被掩盖了的本原。从这一点上来看，海德格尔与路德的想法十分相似，难怪德里达认为，海德格尔的"拆构"有一种路德教的传统，这也佐证了德里达认为海德格尔并没有真正地摆脱西方传统形而上学的想法，而这无疑为德里达构筑自己的哲学殿堂带来了非常重要的启示。

"Déconstruction"一词首次正式出现在德里达的著作中，是在《论文字学》(*De la grammatologie*)一书。德里达(Derrida, 1999: 13)写道："理性支配着被大大推广和极端化的文字，它不再源于逻各斯——也许正因如此，它开始拆毁所有源于逻各斯的意

---

① 为了与德里达的"解构"区别开来，本研究使用朱刚在《本原与延异——德里达对本原形而上学的解构》一文中使用的"拆构"来指称海德格尔的"Destruktion"。

义,但不是毁坏,而是清淤(la dé-sédimentation)和解构(la dé-construction)。"书中,德里达不仅追溯了"文字"概念的历史,还通过对索绪尔(Ferdinand de Saussure)、列维·斯特劳斯(Claude Levi-Strauss)、卢梭(Jean-Jacques Rousseau)等人的解构式阅读,展示了他所构想的阅读方式。随着德里达思考的不断深入,他的解构思想日趋成熟,与海德格尔思想之间的区别也愈加明显。首先,海德格尔的 *Destruktion* 是一种还原传统形而上学本原的方法,而德里达的 *Déconstruction* 不是海德格尔意义上关于存在的问题,也不是方法论或一个方法①,而更接近于一种阅读方式、一种哲学策略。其次,海德格尔的 *Destruktion* 和德里达的 *Déconstruction* 之间的关系,就像朱刚(2006: 377)所言:"在它们表面上的相似处,潜藏着根本的不同。这种不同不仅是两个术语之含义的不同,而且也是两种'哲学'或两条思想道路的根本分野。"德里达的 *Déconstruction* 是对结构主义的一种反叛,直指西方逻各斯中心主义和语音中心主义,他认为并不存在一个中心或本原,因此他解构的目的就不是还原或重建这一中心或本原,而是要彻底地颠覆西方传统形而上学。同时,解构也并不像一些学者认为的那样,是一项摧毁或否定性的工作,相反它是肯定性的;而海德格尔对传统形而上学的拆构实际上还是为了还原或重建一个新的形而上学,或者说一个新的中心或本原。因此,德里达使用"Déconstruction","与其说是为了体现标新立异精神,不如说是为了与海德格尔的'Destruktion'保持距离"(曹丹红,2018: 149)。

解构的提出最初并没有在法国本土激起太大的水花,反而在大西洋彼岸的美国引起了不同的反响,这就不得不提到 1966 年在美国霍普金斯大学举办的一场国际会议。当时,美国深陷社会政治与经济危机,美国人本意想将当时盛行的法国结构主义介绍到美国,却从德里达的解构思想中看到了解决美国问题的希望。于是,德里达受邀开始在美国大学中频繁亮相,其主要作品也陆续被翻译成英语出版,尤其是《论文字学》英译本的出版。译者佳亚特里·斯皮瓦克(Gayatri Spivak)为该书撰写了上百页的序言,"在她的序言中,佳亚特里·斯皮瓦克为'解构'留了一个单独的位置,[……]而它在德里达的书中却并非关键,尽管它的位置是战略性的。这个词的首次露面,也是它在英语中第一次出现,预示着它在美国的命运"(Cusset, 2003/2005: 121)。英译本一经出版便反响热烈,德里达很快成为美国家喻户晓的学术人物,*Déconstruction* 也随之成为明星词汇,走出大学校园,进入美国社会的各行各业。然而,解构在美国的命运并非如此简单。美国大学传统而封闭的哲学系并没有轻易地接纳德里达和他的新思想,德里达被哲学系"拒之门外",却转身成为美国文学界的宠儿。美国大学比较文学系的一些学者将这个哲学范畴的词汇应用于对文学文本的阅读和批评中,使其作为一种批评方法用于教

① 参见 Jacques Derrida, 2004. Qu'est-ce que la déconstruction? *Commentaire SA*, (108): 1099 - 1100.

学和实践,最具有代表性的是被称为"耶鲁四君子"的希里斯·米勒(J. Hillis Miller)、哈罗德·布鲁姆(Harold Bloom)、保罗·德曼(Paul de Man)、杰弗里·哈特曼(Geoffrey Hartman)。他们虽各自为营,却为德里达在美国大学文学系占有一席之地做出了巨大贡献,德里达本人也有意地与美国学术界保持紧密的联系。在美国强大的出版业和文化影响力的推动下,德里达的解构思想很快传向世界,其在法国本土的地位也随之上升。

无论是德里达对海德格尔的 *Destruktion* 的改造,还是解构在美国经历的方法论转变,都说明这一哲学术语在跨文化迁移过程中发生了变形。这是否意味着只要其仍在迁移,变形也可能继续发生?二十世纪八十年代,米歇尔·艾斯巴涅(Michel Espagne)和迈克尔·沃纳(Michael Werner)基于法德关系研究提出了"文化迁变"概念。根据艾斯巴涅,"任何一个文化客体从一个背景进入另一个背景,必然导致其意义的转变,以及产生一种语义再化(résemantisation)的动力"(Espagne, 2016: 10)。同时,文化迁变更多关注的不是迁移,而是变形,它并不仅限于发生在两个国家、两种语言或两种文化之间,也可能是三边的,第三方甚至可以在不直接参与知识传递的情况下改变信息的含义[①]。基于此,德里达的 *Déconstruction* 进入中国是否也发生了变形?"译名之争"的发生是否与文化迁变有关?

4 从"Déconstruction"的汉译看哲学术语的翻译

"Déconstruction"一词从某种程度上讲是抵抗翻译的,因为任何定义性的概念虽然有助于翻译,却仍可以继续直接或间接地解构或被解构。从这一点上看,它似乎是不可译的。然而,德里达说过,既然"Déconstruction"是一个词,它就必然可以被另一种语言替代[②],因此它也召唤着翻译,该词在国内的诸多译名就佐证了这一点。

回顾"Déconstruction"在中国的"译名之争",争议主要在于:译成 XX 哲学、XX 批评,还是 XX 主义;译成"消解""分解",还是"解构";以及该词与海德格尔"Destruktion"汉译名的争议问题。首先,第一个争议的根源在于"解构"到底是哲学思想,还是文学批评理论,抑或是一个具有完整体系的思想流派。在回答这个问题之前,我们要弄清楚这三种译法是否都指向德里达的"Déconstruction",显然不是。我们通常所说的"解构"或"解构哲学"指的是德里达提出的一种哲学策略或阅读方式,而"解构批评"则是德里达

---

① 参见米歇尔·埃斯巴涅,2022. 文化迁移研究的人类学维度. 华东师范大学学报(哲学社会科学版),(4):69-76.

② 参见雅克·德里达,2003. 致一位日本友人的信,周荣胜,译. 载杜小真、张宁(编译),德里达中国讲演录. 北京:中央编译出版社,235.

的解构在文艺理论界的一个具体应用。前者诞生于法国，对应的是法语词“Déconstruction”或“Déconstruire”；后者发展自美国文学界，从“Deconstructive Criticism”翻译而来。“解构主义”这一说法也并非由德里达本人提出，而是译自英语“Deconstructionism”，主要指以德里达为代表的解构主义者们的理论学说。所以，三个译名指称的是三个不同的对象。之所以三个译名共存并在使用中出现混用的现象，可能是因为我们忽略了该术语在进入中国时受到了第三方媒介——美国的影响。与其说当时国内引入的是法国哲学家德里达的“解构”，不如说是美国的“解构批评”，而这与译介时期中国的社会文化背景、译者身份以及译者获取知识的渠道有重要关系。

二十世纪八十年代是国内文艺理论界的复苏期与快速发展期，关于文艺学方法论的大讨论是当时的热点之一，尤其是“研讨自然科学方法论如何应用于文艺学美学研究以及二者如何结合的问题”(朱立元，2018：72)，甚至在1985年形成了“方法论热”。美国的“解构批评”作为二十世纪七八十年代最流行的批评方法之一，正好符合国内学界当时对文学批评理论的需求。此外，译者作为文化迁移的重要载体，其身份与获取知识的渠道对翻译结果有最直接的影响。二十世纪九十年代末以前，国内法语译者群体的规模有限，相比之下英语专业或有旅美经历的译者和研究者却较多，其中很大一部分人来自文艺理论界，如张隆溪、王逢振、陈晓明等，他们大多通过英语来阅读和翻译德里达的相关文献，受到美国解构主义者的影响较大，并对当时国内的解构主义研究产生了较为广泛的影响。虽然后来哲学界和法语界的一些学者和译者逐渐介入并对三者的区别加以解释，但仍然有一些学者在使用过程中将美国“解构批评”等同于德里达的“解构”，导致很多误读和误解的产生，这也是“译名之争”产生的重要原因之一。

“消解”“分解”“解构”共存实际上是术语翻译中的“多对一”现象，一方面体现了语言的多义性，另一方面则与译者对原文的理解和重新表达有关，是术语在新的接受语境中是否发生语义转移的关键环节。根据《汉语大词典》，“消解”意为“消释”，带有彻底消失之意；“分解”有以下释义：1)一个整体分成它的各个组成部分 2)一种化合物由于化合反应而分成多种较简单的化合物或单质 3)排解；调解 4)分化瓦解 5)解说。其中，第一个释义与《里特尔》中对“Déconstruire”的定义十分相似；“解构”在用于翻译德里达的哲学思想之前，就已经在汉语中存在，有“附会造作”“会合”“离间”等意思，显然与德里达的*Déconstruction*和“解构”如今的释义都相去甚远。因此，“解构”这一译名的提出属于为旧词赋新意，令旧有词汇重新进入现代汉语的流通语境，对接受语境的语言系统起到了丰富的作用。

上文提到，译介之初我们主要通过英语来翻译德里达，在英语词“Deconstruction”中，前缀“de-”具有“取消、否定、非”的意思，因此其字面本身就带有一种否定性；而法语前缀“dé—”却可以指一种谱系学的恢复，是肯定性的，这也是为什么德里达希望在翻译“Déconstruction”时，“至少应该避免对其内涵或隐含意义给予否定性的肯定”

(Derrida，2003：229)。可以看出，“Déconstruction”从法语译成英语，其语义已经发生了变形，我们再将该词从英语引入汉语语境，那么所引入的很可能已经是上一次迁移后的结果了，这必然会对我们的翻译和重新阐释造成一定影响。“消解”这一译名最初由张隆溪提出，他认为，“消解在本质上是否定性的：它否认有恒定的结构和明确的意义，否认语言有指称功能，否认作者有权威、本文有独创性、否认理性、真理等等学术研究的理想状态”(张隆溪 1983：103)。由此来看，“消解”一词本身带有的毁灭和否定之意和张隆溪对“解构批评”的理解在某种程度上是契合的，代表了当时“解构”进入国内后部分学人对其怀疑和警惕的态度。与“消解”相比，“分解”不具有否定的含义。王逢振(1987：14)曾在为何在“分解主义”“拆散结构主义”“消解批评”“解构主义”等诸多译法中选用“分解主义”这一译名时解释道：“根据原文含义，语言仿佛是个大的复杂的化合物，一切写作都可以看作是这个化合物的分解而形成的新物质，这些新物质又可以进一步分解构成，无限继续下去，因而我使用‘分解主义’这个译名。”王逢振的这一解释表现了“解构”的肯定性，代表学界对该术语的另一种理解和阐释。“解构”，一般解释为“分解结构”，如王万昌(1994：92)指出：“‘解’就是析出文本阅读的力量，‘构’就是作品中的逻各斯。”然而，“解构”不仅有分解的一面，还蕴含着建构性，因为德里达不仅关注结构的解开，还关注全体是如何组成并按照其目的被重新结构起来。基于此，我们似乎可以结合中国汉字的多义性，对“解构”这一译名在汉语语境中的语义作出新的阐释。“解构”既可以被视为动宾结构，用作动词，理解为“分解……的结构”，也可以将其看作“动词＋动词”的组合，用作名词，“对……的分解和重构”。如果从这一角度来重新阐释这一译名，“解构”就兼具“破”与“立”两个层面，其含义就是游移的，不确定的，充满可能的，只有在某一具体或确定的语境下，它的意义和价值才会显现，这也符合德里达对 *Déconstruction* 的阐释。可见，译名是译者对原文理解的直接体现，译名的提出和确立是语义发生变形的重要环节。同时，接受语境的语言系统也会使哲学术语发生变形，产生新的阐释。这种迁变可能是被动的，也可能是主动的。

德里达的“Déconstruction”与海德格尔的“Destruktion”的译名之争追根究底是对二者之间的区别和联系没有清晰和全面的认识。不过，虽然在《存在与时间》的诸多中译本中，“Destruktion”的译名都与德里达“Déconstruction”的译名相同，但一些研究者在使用这两个词时，还是有意将其进行区分，如孙周兴在翻译德国哲学家伽达默尔(Hans-Georg Gadamer)的《摧毁与解构》一文时，将海德格尔的“Destruktion”译为“摧毁”，很多研究者都沿用了这个译名。朱刚提出了“拆构”的译法。然而，使用“解构”这一译名的情况也屡见不鲜，不同哲学术语共用同一个译名很可能给读者的阅读与理解造成混乱，同时也不符合术语使用的规范。

5 结语

“Déconstruction”在国内的“译名之争”不仅是语言多义性的表现，更是哲学术语文化迁变的结果。美国将植根于法国本土语境的 *Déconstruction* 移植到美国的文化语境之中，产生了“解构批评”和“解构主义”，中国又先后从美国和法国进行迁移，第三方媒介的参与，必然会导致一个杂交(métissage)和混合(hybridité)的局面。同时，译者作为文化迁移的重要载体也起到了关键性的作用，无论是译者的身份、译者的知识储备，还是获取知识的渠道等都会直接对翻译结果造成影响，译名是最直观的体现。此外，接受语境的社会文化背景、语言系统等对哲学术语的主动选择和重新阐释，也是术语在迁移过程中发生变形的重要因素。可以说，哲学术语的每一次迁移，最先面临的可能就是新的阐释。*Déconstruction* 的汉译情况并不是个例，米歇尔·福柯(Michel Foucault)的“Surveiller”(监视)概念也有着同样的经历，该词经过翻译在英语语境中变成了“Discipline”(管教)，后进入中国又成了“规训”，这样的例子不胜枚举。*Déconstruction* 的汉译历程告诉我们，哲学术语的翻译可能与文化迁变有重要联系。思考哲学术语的翻译问题不仅要考虑输出和输入两方，还应将可能存在的第三方媒介考虑在内，同时应格外关注作为知识迁移主要载体的译者的影响。此外，我们还需要认识到，哲学术语在跨文化交流中出现变形或许意味着其在新的语境中找到新定位，产生新功能，这或可对接受语境中的理论建设与发展产生一定影响。

参考文献

[1] Académie Française, 1798. *Dictionnaire de l'Académie française*. 5e édition, tome premier(A-K), Paris: J. J. Smits et Ce. imp.-lib.

[2] Cusset, François. 2003/2005. *Foucault, Derrida, Deleuze & Cie et les mutations de la vie intellectuelle aux États-Unis*. Paris: Éditions La Découverte.

[3] Hoteit, Aida. 2015. Deconstructivism: translation from philosophy to architecture. *Canadian Social Science*, 11: 127 - 129.

[4] Littré, Paul-Émile. 1994. *Littré Dictionnaire de la langue française Tome 6*. Chicago: Encyclopaedia Britannica.

[5] 布洛克曼,J. M. 1980. 结构主义　莫斯科—布拉格—巴黎. 李幼蒸,译. 北京:中国人民大学出版社.

[6] 曹丹红,2018. 西方文论研究与翻译视野. 浙江大学学报(人文社会科学版),48(1):146 - 154.

[7] 陈晓明,2012. 美国解构主义在中国的传播与接受分析. 文艺理论研究,32(6):44 - 52.

[8] 杜小真,张宁,2003.德里达中国讲演录.北京:中央编译出版社.
[9] 蓝红军,彭莹,2022.翻译概念史研究的价值与面向.外语教学理论与实践,(2):130-140.
[10] 马丁·海德格尔,2006.存在与时间.陈嘉映、王庆节,译.北京:生活·读书·新知三联书店.
[11] 米歇尔·艾斯巴涅,2016.文化迁变的概念.解静,译.跨文化对话,(2):10-21.
[12] 钱钟书,1984.谈艺录(补订本).北京:商务印书馆.
[13] 佘碧平,1990.解构之道:雅克·德里达思想研究.复旦学报(社会科学版),32(1):70-75,88.
[14] 王逢振,1987."分解主义"运用一例.外国文学评论,(3):14-19.
[15] 王万昌,1994.解构主义美学观及其方法论.内蒙古社会科学,(3):92-96.
[16] 雅克·德里达,1999.论文字学.汪堂家,译.上海:上海译文出版社.
[17] 朱刚,2006.本原与延异:德里达对本原形而上学的解构.上海:上海人民出版社.
[18] 张隆溪,1983.结构的消失:后结构主义的消解式批评.读书,(12):95-105.
[19] 朱立元,2018.我记忆中的1985年"方法论热".文艺争鸣,(12):72-75.

日本文学中的西域书写：从《敦煌》的创作过程看井上靖的文学史观*

南京大学外国语学院　刘东波**

摘　要:《敦煌》作为井上靖的代表作之一,已被翻译成多国语言,并在世界范围内受到了广泛好评。这部作品之所以在世界文学中占有重要地位,是因为其内容并非仅仅描绘了一个石窟在某个时代的历史和故事,更是从人类文明史和东西方文化交流史的角度,以主人公赵行德为引子,谱写出了一幅跨越东西方界限、超越多民族融合的史诗绘卷。本研究从对多部汉籍文献、考古研究成果与作品文本进行实证性对比研究,以全新视角考察在《敦煌》创作过程中,井上靖对史料的利用方法与其独特的艺术表现形式。同时,结合近代关于历史小说的文学论争,从《敦煌》的创作过程探析井上靖的文学史观。

关键词:日本文学;西域文学;敦煌;井上靖

Title: Western Region Writing in Japanese Literature: An Analysis of Inoue Yasushi's View of Literary History from the Creation Process of *Dunhuang*

Abstract: *Dunhuang* is one of Inoue Yasushi's representative works. It has been translated into many languages and has been widely praised worldwide. This work occupies an important position in world literature, because its content not only depicts the history and story of a grotto in a certain era, but also composes an epic painting that transcends the boundaries of the East and the West and transcends the integration of multi-ethnic groups from the perspective of the history of human

---

* 本研究是江苏省高校哲学社会科学研究项目"《大唐西域记》与日本西域文学关系研究"(项目号:2020SJA0007)的阶段性研究成果。

** **作者简介**:刘东波,南京大学外国语学院助理教授,文学博士。研究方向为日本近代文学,日本敦煌学。联系方式:dongbo@nju.edu.cn。

civilization and the history of cultural exchanges between the East and the West. This paper makes an empirical comparative study of many historical materials and works, and examines the use of historical materials and his unique artistic expression in the creation of *Dunhuang* from a new perspective. At the same time, combining with the literary controversy about historical novels in modern times, this paper analyzes Inoue Yasushi's literary history view from the creation process of *Dunhuang*.

Key Words: Japanese Literature; Western Region Literature; *Dunhuang*; Inoue Yasushi

1 引言

自从 1900 年敦煌莫高窟藏经洞(第 17 号窟)发现数以万计珍贵古文献资料以来，各国学者围绕着流散于世界各地的“敦煌文献”在考古学、文学、宗教学等领域展开了各具特色的学术研究。在藏经洞被发现百余年后的今日，“敦煌学”已经成为一门显学。除了上述围绕“敦煌文献”的研究，还有西域各地甚至“丝绸之路”相关的研究都被纳入了“敦煌学”的研究范畴(荣新江，2001：2)。在众多掠夺“敦煌文献”的列强中，日本虽然掠夺数量相对较少，但由于“敦煌学”诞生之前，日本就有一定的“中国学”研究基础，因此在发现新资料后日本在国际敦煌学研究中取得了突出的成果，备受瞩目。百年来，日本“敦煌学”的研究由盛转衰，这与日本社会近代掀起的“敦煌热潮”逐渐退却是分不开的。粗略来算，日本近代曾掀起过三次“敦煌热潮”。前两次皆局限于学术层面，只有第三次才使敦煌这座中国西域小城，以及历史积淀深厚的敦煌文化被广大日本民众所熟知，从而让无数日本民众深深迷上了西域文化，甚至让很多人踏上旅途，亲赴敦煌(刘东波，2020：11 - 14)。因此我国旅游界在二十世纪末也有过一次以日本游客为主的丝绸之路旅游热潮。

日本近代作家井上靖，生前曾多次到访敦煌、新疆等地。通过文学创作活动，推动了日本最大一次“敦煌热潮”的诞生。其创作的西域题材历史小说《敦煌》以及亲自参与摄制的 NHK 系列纪录片《丝绸之路》，作为最重要的传播媒介，让无数日本民众接触、了解、喜欢上了中国西域的敦煌以及相关历史。日本近代的西域文学，起步于二十世纪初期，随着国际敦煌学的不断发展，井上靖以其独特的文学史观，创作了数十部不同类型的西域文学作品。其中，《敦煌》是整个作品群中的代表作，同时也是学界公认的西域文学巅峰之作。作品自 1959 年发表以来，历经半个世纪却依旧作为文学经典被广泛阅读。文库本版《敦煌》迄今为止已经再版加印七十余次，足以证明其作品旺盛的生命力。

正因此，《敦煌》在井上靖研究中，始终保持着较高的热度。国内相关研究论文数量过百，但专门论及《敦煌》的学术著作较少。大部分的先行研究都集中在井上靖构筑的中国形象，或者探究其中国情结的根源。如卢茂君在其著作中将《敦煌》定义为井上靖“西域情结”的核心，并结合井上靖的敦煌系列散文诗强调了“敦煌”在井上靖西域文学中的重要地位（卢茂君，2019：62）。此外，何志勇在其新著中对作品主人公赵行德的三重身份（秀才、旅行者、探险家）进行了详细分析，并指出作品通过主人公的轨迹，表现了作者对异文化的追寻探险，这与作者在之后频繁访华，成为中日友好关系中的文化使者有着密不可分的关系（何志勇，2020：187）。日本方面，将作品与井上靖其他西域文学作品进行综合分析的论文较多，其中高木伸幸在其新著中通过对井上靖与赵行德的对比分析，强调了井上靖在“敦煌文献”发现后受到了强烈的震撼，这也是《敦煌》创作的出发点（高木伸幸，2022：190）。此外，近年来也有一些在日深造的中国学者发表了一些优秀成果，其中最具代表的是周霞在最近完成了以《敦煌》研究为主的博士论文，该论文对作品中出现的各类要素（科举、凉州、西夏、于阗等）做了大量实证研究，比较明确地揭示了井上靖历史小说要素与历史记载的关联（周霞，2021）。

如上所示，大量的先行研究对《敦煌》的创作源泉，以及主要登场人物的形象都做出了详细的考证研究，但目前为止的研究，大多将作品定位为历史小说，继而将研究重点放在作品中对“史实”的描写或者以作品中的要素为中心，探究作品与史料的重合度。对于历史小说研究来说，出典研究是重要的基础研究，但《敦煌》之所以成为日本近代西域文学的代表作，除了少数遵循史料的创作，大量虚构的创作才是作品的灵魂。而且，长时间以来，“敦煌学”与“西域文学”相互促进，共同发展，二者关联变得十分紧密。结合日本近代“敦煌学”的发展历程，将《敦煌》放在“西域文学”这一更广的范畴中开展对比研究变得尤为重要。因此，在探讨作品与史料关联的同时，只有通过解构作品中原创（虚构）内容，才能探析作家对史料的利用方法与其独特的艺术表现形式，进而考察作家独特的文学史观。

2 《敦煌》的成立与影响

井上靖的长篇历史小说《敦煌》在1959年连载于《群像》杂志的1月号至5月号上。因其描绘了发生在丝绸之路上的宏大浪漫物语，发表后风靡全日本。其后，《敦煌》与《楼兰》一同获得了“每日艺术奖”。在1961年，围绕着井上靖的历史小说《苍狼》，日本文坛发生了一场著名的文学论争。在大冈升平猛烈批判了井上靖的创作之后，很多文学批评家开始发文讨论应该如何评价历史小说。在这场论争中，井上靖将《楼兰》称为

“还原历史”的作品,《敦煌》为“脱离历史”的作品,《苍狼》为“居于两者之间”的作品(井上靖,1961:174)。为了准确理解和剖析井上靖西域小说的创作手法,以及影响日本一个时代的作家文学史观,有必要对其代表作《敦煌》做出详尽的实证性分析和考察。以下首先考察日本近代兴起的“敦煌学”与作品诞生之间的关联。随后,通过对作品中的史实和虚构的对比分析,可以一窥井上靖的文学史观。

2.1 《敦煌》诞生的前期准备和素材积累

关于为什么要创作《敦煌》这部历史小说,井上靖曾说是因为学生时代知道了“敦煌文献”现世的事件,继而产生了这些古文献是“因何种理由将如此数目巨大的典籍资料和各类文书密藏于敦煌石窟之中”的疑问,当时就彻底迷上了敦煌。这应该是作者最初的一个创作动机,对于这些疑问,作者最终在小说中做出了如下回答(井上靖,1996:418)①:

> 经卷种类实多,合计四万余。不仅有三、四世纪左右的贝叶梵文佛经,还有古突厥语、藏语、突厥语、西夏语等文字的佛经典籍。还有世界最古老的写经,甚至还有很多未收录于大藏经的典籍。有禅定传灯史相关的珍贵资料,也有很多具有重要价值的地理志。还有关于景教的教义传史书籍,有用梵语、藏语写成的众多典籍,这些对于古代语言研究来说,都是难得一见的珍稀资料。除此之外,还有很多能够颠覆传统东洋学、中国学现有认知的诸多史料。
>
> 这些珍贵的典籍,不仅对东洋学的发展,对世界文化史中的各大研究领域都有重大意义和价值。但要完全明确这些典籍作为宝物的价值,估计还需一些岁月的沉淀和积累。

通过比对上述小说文本内容与《敦煌学大辞典》(上海辞书出版社,1998)可知,小说叙述内容与考古发掘的调查结果基本一致。由此可见,“敦煌文献”的发现以及“敦煌学”的发展,对井上靖的文学创作产生了很大影响。但是,历史小说的创作,需要各类专业知识。在《敦煌》中,描绘了一个拥有不同背景历史、风俗习惯、宗教信仰、文化的少数民族杂居的敦煌。因此要准确描绘出这样一个远离都城,地处遥远沙漠的小城镇,需要复杂的背景知识。但是,从小说创作的年代来讲,关于西域的历史资料极少,这是一个文学创作中面临的现实难题。尤其当时二战刚结束,中日还未恢复正常邦交,作者赴敦煌收集资料是不可能实现的。也正因如此,从井上靖的学生时代产生小说构想的萌芽时期开始,直至最终作品发表,间隔了整整二十年的岁月,历史小说创作难度之高由此

① 本研究关于《敦煌》作品原文引用均出自《井上靖全集 第十二卷》(新潮社,1996),中文为笔者翻译。

可见一斑。

井上靖自学生时代以来,通过书籍、论文、杂志、展会等各种各样的形式获取了关于敦煌的知识。但是,他真正开始为小说执笔创作做准备是在他四十六岁的时候。在《小说〈敦煌〉笔记》一文(井上靖,2000:211)中,井上靖记载了他开始为小说创作做准备是1953年前后,直到提笔创作的1958年,这段准备时间长达五年。这个过程十分艰辛,需要对很多时间节点做出科学、准确的判断。在此举一实例,通过《敦煌》中的一个时代设定,可知作者的创作过程。作品中,井上靖将时代背景设定为宋朝的仁宗时代(1022～1063年),关于这个时代设定,作者如此说道:

> 查阅《宋史》的记载可知,自一〇二六年始的十年左右重要时间段里发生的事情,不论在哪部史书中都是空白。(略)
>
> 我依据的不仅仅是个人的推断,我会查阅史料,如果有相关历史学者对此有相应的研究成果的话,会结合相关学者的成果去做出自己的推断。

这样的实例还有很多,后文中也会再列举一些。由这些实例可知,井上靖为了搞清楚小说设定时代的政治、经济、军事、文化等背景,阅读了大量的史书与文献,拜访相关学者,或参照了相关领域专家的研究成果。即便是史书中未见记载的事物,井上靖也未曾擅自做出推断,而是经过深入调查相关研究成果才补足了相关知识。

2.2　藤枝晃的学术支撑

上文也已经提到,井上靖为了创作关于敦煌的小说,长年累月积攒了诸多关于异域敦煌的知识。除了从相关书籍资料汲取知识,井上靖还多次拜访相关学者收集创作资料。在1958年,井上靖以与京都大学人文科学研究所的藤枝晃会面为契机,坚定了他从学生时代以来怀抱的那个梦想。在两人的会面中(井上靖,1968),藤枝晃如此勉励井上靖的文学创作:

> "这没问题吧。我是学者,所以没有豁出去的勇气,但你是小说家,我觉得你有那种不断追赶犯人,并将犯人逼入绝境的勇气。"

井上靖当时还在踌躇不前,但听了藤枝晃的话之后,终于开始动笔创作。但事实是,历史小说的创作难度巨大,中途遇到了很多难以逾越的障碍。井上靖(井上靖,2000:211)曾如此说道:

> 原本打算写一部大概三百页的中篇小说。主要集中写敦煌石窟被密封起来那

一天的故事，但开始写之后发现，总是有很多地方因为缺乏相关知识，有的地方一行字都写不出来。最重要的是关于当时沙洲、瓜州的掌权者，也就是所谓的归义军节度使到底是什么样的权利构造，完全没有概念。

井上靖还在同一篇文章中提到，如果当年藤枝晃没有辛苦写下那篇大学毕业论文《归义军节度使始末》，他很可能早就放弃了这部小说的创作。

除了这些细节实况的描述，由于《敦煌》是连载作品，所以井上靖也提到，每个月的下旬会迎来稿件的截稿期，每当这个时候，经常在创作过程中给藤枝晃的研究室打电话请教问题。因此，关于藤枝晃对于小说创作的影响，可以说因为有了藤枝晃提供丰富资料，井上靖才能自由发挥，将从专家那里汲取的专业知识融入小说创作中。

藤枝晃与井上靖相同，也毕业于京都大学，被学界称为敦煌学以及西域出土写本研究的第一人。在二战末期，曾被派到中国，在内蒙古的西北研究所从事考古调查研究。藤枝晃归国后，担任京都大学副教授一职，全身心投入敦煌学研究，产出了数量众多的高水平研究成果。除了上述井上靖的回忆评述，藤枝晃也在其著书中提到，从井上靖执笔创作《敦煌》的 1958 年 10 月开始，他就一直以各种形式为井上靖的文学创作提供学术支撑（藤枝晃，1999:4）。由此可知，《敦煌》虽然是一部中国历史题材的文学作品，但作为历史小说，井上靖始终秉承着自己独特的历史观在坚持创作，这种最大限度尊重“史实”（史料）的创作理念，使得井上靖的历史小说经受住了历史的考验，自作品发表以来已经 60 余年，《敦煌》仍然不断再版发行，成了日本近代文学中历史小说的不朽名篇。

3 对“史实”与同时代研究成果的并用

长久以来“史实”一词备受争议，即便是正史记载，也未必能保证与真实的历史完全一致。但至少，从我们目前拥有的史料来看，正史类史料的记载，应该是最贴近真实历史的资料。因此，在本研究中，论述历史小说创作中作者历史观问题的时候，暂且将正史类和学术界研究成果认定为“史实”。上文结合井上靖对创作过程的一些记述，看出了井上靖创作历史小说之艰难，以及尊重史实的文学史观。

上文也提到了，在 1961 年，日本文坛围绕着井上靖的历史小说，展开了一场著名的文学论争。起因是 1961 年大冈升平在《群像》杂志上发表了题为《〈苍狼〉何以称为历史小说》一文，将井上靖在 1959 年至 1960 年连载的历史小说《苍狼》进行了猛烈的批判，随后双方以《群像》杂志为平台，开展了一系列围绕《苍狼》的辩论。这场论争被称为“日本战后重要的文学论争”（尾添阳平，2003:101）。曾根博义对这场论争的评价是：“井上靖在与大冈升平的文学论争之后，明显受到了影响继而文风发生了很大变化”（曾根博义，1991：183）。

综合井上靖的创作年表来看的话，确实在这场文学论争发生后的两年里，井上靖的创作生涯出现了长达两年的空白期，可见大冈升平等人的猛烈批判，的确对井上靖的文学创作产生了不小的影响。《敦煌》是与《苍狼》同年发表的作品，所以应该是“文风发生了很大变化”之前的作品。从1963年发表的《僧伽罗国缘起》等作品来看，井上靖的历史小说有愈发注重忠实于史实的创作倾向。正如上文提到的一样，井上靖创作《敦煌》做了大量的准备工作，对井上靖来说，已经尽力忠实于自己的历史观在创作。接下来，通过对比作品中的“史实”和“虚构”，来分析井上靖的历史小说创作手法以及特征，进而探析井上靖的文学史观。

3.1 历史上真实存在过的人物

《敦煌》中主要的登场人物有：赵行德、西夏女人、朱王礼、回鹘王族女、西夏王李元昊、尉迟光、曹贤顺、曹延惠。

经过与史料的对比分析可知，其中只有“李元昊”“曹贤顺”“曹延惠”三人是历史上真实存在的人物。详情可见下列资料：

【李元昊】

A.《宋史》（卷四八五　夏国上）

天圣六年，德明遣子元昊攻甘州，拔之。八年，瓜州王以千骑降于夏。

B. 井上靖《敦煌》

西夏王李德明的长子李元昊，担任全军统帅逐一检阅部队。（第二章）

瓜州太守延惠率部千骑降于夏。（第四章）

【曹贤顺、曹延惠】

A.《宋史》（卷四九〇　沙州）

宗寿卒，授贤顺本军节度使，弟延惠为检校刑部尚书、知瓜州。

B. 井上靖《敦煌》

瓜、沙二州都是汉人之地，最早由节度使张氏一族掌权，现在被曹氏一族控制。沙州节度使是曹贤顺，其弟曹延惠为瓜州太守。（第四章）

通过上述《宋史》的记载和小说文本的对比可知，“李元昊”“曹贤顺”“曹延惠”三人虽然是历史上真实存在的人物。但从小说全体文本来看，小说中对三人的描写明显比史料记载更加丰富和饱满，可知井上靖以史实为基础进行了对主要登场人物的创作。

3.2　宋仁宗的时代设定与“敦煌文献”的埋藏

《敦煌》这部作品，整体叙事围绕着“敦煌文献”而展开，如果能确定何时因何原因才导致如此大量文献资料被封存进石窟之中，那作品的时代设定就不会有争议。但自从二十世纪初藏经洞被发现以来，学界始终未有定论。井上靖将作品的时代背景设定为宋朝仁宗时代（1022—1063 年），将莫高窟藏经洞的诞生设定在了景佑二年（1035 年），关于如此设定的理由，井上靖如下说道（井上靖，2000：211）：

> 这些古文献资料，是什么时候被封存进石窟的？关于这个问题，由于被发现的古文献资料中，记载的最晚年代是宋仁宗时代，因此只能大致推定在那个时代，因某种政治性或社会动荡等缘由才将藏有大量典籍资料的石窟封存了起来。

从作品文本来看，设定为这个时代的原因有两个。第一个，是从石窟发现的古文献资料中记载的年代。第二个，是因为那个时代，也是西夏与沙州之间，战争勃发、动荡不安的时代，受到战争波及的可能性极高。

在专业的历史研究学界，这也是一个极其重要的研究课题。土肥义和在其著作（土肥义和，2013：448）中就经过详细的论证，提出“1010 年前后”“1072 年前后”是最有可能的两个时间节点。此外，新疆社会科学院的钱伯泉（钱伯泉，2000：1）根据敦煌学的研究成果，综合分析了“敦煌文献”被封藏的时期和原因，提出目前为止在学界比较受到认可的说法是：“为了抵御西夏的攻击，十一世纪前期封闭石窟。”最早提出这个说法的是法国探险家伯希和。其理由是在第 17 号洞窟中发现的古文献资料中，没有用西夏文写成的资料，日期落款最晚见于咸平五年（1002 年）。根据《宋史》记载，景祐二年（1035 年）沙州败于西夏，继而陷落。斯坦因、罗振玉等人也都支持这个说法。

井上靖到底对这个问题的调查深入到何种地步，我们很难做出精确判断，但通过上述内容可知，他确实是在研读史料并借鉴了最新的科研成果之后，才将小说中最重要的时间节点设定为“景祐二年（1035 年）”，进而将主人公赵行德生活的时代设定在宋仁宗时代。

3.3　西夏王国与西夏文字

西夏国是一个消失于历史长河中的异域古国，现存关于这个古代国家的史料较少，因其文化、文字和风俗等并没有传承到现代社会，所以在历史上留下来很多谜团。西夏国是由中国古代的北方少数民族党项族建立的王朝政权。从 1032 年到 1227 年，在历史上存在了长达近 200 年，但在现代社会，党项族却早已没了踪影，消散在历史之中。因为在蒙古崛起的时候，被成吉思汗建立的强大军事政权灭了全族。近年来，随着考古学的不断发展，发现了很多西夏国相关的遗址和文物，虽然有很多学者专门从事西夏研究，但目前来看，能够解读西夏文字的人只局限在学者之间。西夏国给现代的我们留下了很多谜团，等待我们去发掘。

在日本，与井上靖同时代的学者，京都大学的西田龙雄长年从事西夏语的研究并发表了很多研究成果。在小说《敦煌》里面，赵行德踏上西域之行的契机，就是从西夏女人那里得到了一块写满了西夏文字的布片。而且，赵行德在加入西夏军队之后，有机会研习西夏文字，最后成了相关方面的专家。从数字统计来看，小说中 “敦煌”一词只出现了 17 次，但“西夏”却出现了 319 次之多。正因如此，可以说作品中的“西夏”是极其重要的元素。

作品中，比较详细地描绘了西夏的建国史。作品中写道，李元昊于 1038 年称帝，建立了国号为大夏的新政权。根据《宋史》记载，西夏按照“凉、甘、肃、瓜、沙”的顺序，逐一攻陷了这些城市。在小说作品中，赵行德作为一名士兵，跟随西夏军队辗转河西各地。通过对比可知，小说中的行军路线与《宋史》记载完全一致。

此外，作品中还出现了“西夏文字与汉字对照表”，根据史金波的研究（史金波，2000：6）可知，这也是史实中存在的一件物品。原型应该是 1190 年由党项人编纂的西夏语和汉语的辞典，名为《番汉合时掌中珠》，现藏于俄罗斯科学院东方学研究所。当然，《番汉合时掌中珠》编者和成立时间与小说描写不同。但可知的是，《番汉合时掌中珠》的发现，以及被发现后在日本的研究，确实是和井上靖同时代发生的。因此可知，井上靖在创作历史小说的时候，将同时代最新的科研成果和考古发现写入小说作品，这应该可以称为井上靖独特的创作手法之一。

4 宏大的浪漫叙事

在筱田一士等人与井上靖的对谈中，将井上靖的《敦煌》评价为“宏大的叙事诗”“富有诗情的罗曼史”等。对于这个评价，井上靖的回复是“这部作品是我作为一名小说家的一个尝试，试着将历史的空白，用小说家的想象去填满”（井上靖、筱田一士：1977：152）。井上靖在创作这部小说的时候，虽然没有机会亲身踏入西域的土地去收集素材，但在小说发表二十年后的 1978 年 5 月，他终于首次踏上了敦煌的土地，进入了被称为 17 号窟的莫高窟藏经洞。当同行者问井上靖“踏上小说描绘的土地，有何感想。是否有需要对小说内容做出修订”的时候，井上靖回答“非常遗憾，我小说描绘的地方，已经悉数皆埋于沙漠之下了。要是试着从沙漠挖掘一下，与我小说中所描绘的一模一样的城市应该会出现在大家面前吧”（井上靖：1988）。井上靖对自己的作品有着很强的自信，所以才会做此发言吧。对于藏经洞“为什么要藏”“通过何种方式封藏”等疑问，井上靖只能通过驱使其作为小说家的想象力来完成作品了。也正因为有这些想象的空间,才使得井上靖创作出了一系列西域题材的历史小说。

在上段提到的,井上靖与筱田的对谈中,井上靖也说到了西域题材小说的创作问题,正因为历史资料只有只言片语,甚至有很多历史空白,才给作家创造了自由创作的环境。但自由并不代表可以胡诌,他创作的理念始终都是经过再三调查后,才会去尝试构筑小说的世界。通过对上述多种资料的考察,看得出井上靖接近于历史研究家的创作历史观。也充分看出在创作《敦煌》时井上靖参照了数量庞大的历史资料,即便可能最终明显展示在作品中的只是其中很小一部分。其他未展现出来的史料并不是完全无用,应该在作者营造作品舞台背景和作品历史框架等方面起到了很大的支撑作用。

正是基于这样一种严谨创作的历史观,即便是文中一些架空的情景或虚构的人物,从相应的历史资料中,都是有迹可循的,也在作品中发挥了重要作用。接下来对作品中出现的一些虚构部分,以人物形象的构筑为主进行考察。

4.1 虚构的登场人物

作品中,"李元昊""曹贤顺""曹延惠"是史实中真实存在的人物,各自的形象和设定也与史料一致。但是,作品中最主要的几位登场人物皆为虚构。

- 赵行德

大宋国潭州府举人赵行德。在参加科举考试的时候,因为打瞌睡而落第。踉踉跄跄行至城外市场时,亲眼看见异域女即将被大卸八块售卖。随后出手相助,得知女人是西夏人。女人作为回报将写满西夏文字的布片赠予赵行德。行德被这异形文字深深吸引,远赴西夏的心再也无法抑制,随后途中遇到军人朱王礼,被卷入战乱之中。战火燃至敦煌前,行德与一众僧人一同将大量典籍运至千佛洞石窟封存。

赵行德这个人物,是本作品的主人公,也被设定为守护了著名"敦煌文献"的人物。他从都城开封出发,沿着丝绸之路西行,经历了一场不可思议的旅行。这种应试的失败和行军体验,都是作者曾经历过的,也许作者将自身的一些体验投影到主人公身上了。此外,现存的史料里面,确实有因科举失败而投身敌国从军的历史人物存在。这些史实中的人物应该也是赵行德的原型之一。当然,赵行德为何不选择再次挑战科举,而是放弃了出人头地的机会,为何要选择远赴千里之外的西域之地,下文中会再进行论述。

- 西夏女人

西夏国人氏。在宋国开封城外的市场,被回鹘男人扒光了衣服缚于案板之上,以与猪肉同价的价钱叫卖。在被回鹘人狠心砍下两根手指后,在一旁观看的赵行德不假思索喊出了"住手,我买了"。为了报恩,西夏女人将她唯一拥有最珍贵的一块写有西夏文的布片交给了赵行德。这个女人只在作品的第一章中出现过,但在全作品中起到了极其关键的作用,她是赵行德远赴西域的导火索。这名异族女子在井上靖笔下的所有西域文学中,也算是特点鲜明的一位人物形象。

• 朱王礼

西夏国所属汉人部队的军人首领。非常认可赵行德的才能,是行德的上司,也是战友。在赵行德被派到兴庆学习西夏文字的那段时间,代替行德照顾着回鹘王族之女。在王女自杀之后,发起了对李元昊的造反运动。朱王礼在作品中原本是西夏的汉军将领,但最终选择了在瓜州带领汉人士兵反抗西夏。他的思想轨迹以及变化过程也非常值得深思。

• 回鹘王族之女

作品中,连名字都没有留下。身份是回鹘王族的成员,回鹘可汗弟弟的女儿。甘州被西夏军围困攻陷之后,藏身于城墙之上,后被赵行德发现后获救。随后与行德相恋,但由于行德被派去学习西夏文字而分别。行德在两年后归来,但此时王女已经被李元昊强行霸占纳为侧室。当她在甘州城内与行德再会之后的次日,无法忍受压力选择从城墙上纵身跃下结束了生命。王女与行德相遇在城墙,又离别于城墙。这个行为是为了证明她内心的圣洁,而且牵动了众人的心。从史实角度来看,确实有史料(《儒林公议》上卷)记载:“兵破甘州,可汗自焚,乃俘其妻女以归”,但回鹘族与汉族之间的恋爱是井上靖创作的浪漫物语。

• 尉迟光

沙州商人。自称是于阗尉迟王族的子孙后裔。在赵行德从瓜州赴兴庆学习西夏文的路途中与其相识。在敦煌被攻陷之前,赵行德利用尉迟光的骆驼队,将佛经典籍运送到了千佛洞石窟。尉迟作为商队首领的同时,也是一名沙漠强盗。虽然史实中,在于阗确实有尉迟王族,但尉迟光此人却未出现于史书之上。作为与藏经洞秘密关联密切的人物之一,是作品中不可或缺的人物。此外,从在西域活跃的异族人物形象的观点来看,也是重要的研究对象。

4.2 时代设定与“敦煌文献”的秘密

《敦煌》的时代设定,是井上靖在参考了大量史料和研究成果之后,用科学的方法做出了当时最合理的推测,从而最终确定为宋仁宗的时代。但是,即便是在现代,关于“敦煌文献”仍然有很多未解之谜。井上靖通过一部文学作品,以文学家的角度,在作品中逐一描绘了那些谜团可能的真相。或者说,作者坚持独特的文学历史观,用文学创作将历史的空白进行了填充作业。虽说是作者的创作,但大多是经得起推敲,且具有一定说服力的“真相”。

众多历史谜团中,对于“是谁”创造了莫高窟藏经洞这个疑问,井上靖塑造了赵行德这个人物。赵行德是一名有举人功名在身的知识分子,以极其优秀的成绩通过各种考试最终进入了殿试,是云集京师的三万余举子中优秀的一员。他远赴西域,经历了各种战争后还习得了西夏文字的知识,最后虽然很难确定他是否为一名彻头彻尾的佛教徒,但他的确是最懂得那些典籍资料价值的人。同时,行德也是一名在军队中保有一定影响力的军人。如此看来,井上靖设定的这个将典籍资料从战火中抢救并封存起来的人物,既有身为儒生的知识水平,又亲历战乱,拥有身为军人在实战中保存典籍资料的实力。

4.3 对历史的改写与重组

忠实于历史资料的文学创作,以及参照最新历史学界科研成果进行文学创作,这是通过上述考察可以看出的创作手法。历史小说的创作远远没有这么简单,除了这两大原则,必将会遇到一些史料上的矛盾与冲突。因此,作者有意图地进行一些改写和重组也是常见的一种创作手法,但往往这个尺度与原则就因人而异了。井上靖也不例外,《敦煌》中也有一些明显与史料记载不符的内容,这些内容,有一些是作者的创作改写,也有一些可以说是创作的"失误"。接下来,通过对三个实例的分析,来探究作者对历史的改写和重组问题。

A. 赵行德的打瞌睡与科举

殿试是古代科举考试中最重要的一环,对考生来说是关系到一生命运的一次考试或机会。但在作品中,赵行德在如此重要的一场考试中,却因为打瞌睡而名落孙山。

科举制度始于隋唐时期,直到清末废除,历经了近 1 300 年的历史。此项制度发明于隋朝,发展于唐朝,在宋朝趋于完备。尤其是殿试制度,创设于宋朝。参照对比了荒木敏一的研究成果(荒木,1969:2 - 12)之后,可以发现本作品中存在两个问题。

第一个是关于殿试的形式。本作品中赵行德是在打瞌睡的时候,在梦中经历了属于他的殿试考核,方式是口试。根据荒木敏一考证,宋朝的科举殿试都是笔试,因此口试的设定是有问题的。另刘锋晋在其论文中指出,《敦煌》中描绘的科举相关内容,将唐和宋两朝的科举制度混合在了一起(刘锋晋,1993:23)。但是根据笔者调查前文提到的《〈敦煌〉创作笔记》可知,井上靖对宫崎市定和荒木敏一关于科举制度的相关资料都做了研读。因此,宋朝的科举殿试是口试这一点,井上靖是有意为之。

那么,井上靖为何特意要将赵行德的殿试设定为口试呢。那应该是希望通过口试的形式,让主人公赵行德有充分发言的机会,而这发言的内容,是本作品人物命运的转折点。对于"何亮的安边策如何"这个问题,行德在梦中的殿试犹如演讲一般对答如流。因为这个发言的内容,一方面展现了赵行德超群的远见卓识,也同时隐隐地批判了当时朝廷的主流意见。更因为如此,才将赵行德的生命轨迹一步一步推向西域。井上靖在创作这部分的时候,巧妙地利用了梦中作答这种形式,尽力规避了对史实的胡乱改写,当然,严谨来说这部分也未违背史实。因此,刘锋晋对井上靖这部分创作"混淆"的评价,是有失公允的。

第二个是关于科举的举办周期。作品中写道，此次落第，要想再次挑战，那得等到三年之后了。这个三年一次的考试周期太长，也是最终将赵行德推向西域之行的一个动因。但是，查阅荒木敏一的科举制度研究可知，北宋前期的科举考试周期为每年举行一次。自英宗治平三年(1066年)之后，才变为每三年举办一次。如果严谨对照史料记载，赵行德生活的年代，应该有机会在下一年继续参加科举考试。前文也已经提到，井上靖的确是在创作过程中，参照了荒木敏一的相关研究成果。这说明对于科举的举办周期到底如何，井上靖也是心知肚明的。这种刻意的调整和改写，应该是为了保持作品逻辑的贯通，通过各种方式，将赵行德引导到西域之行的路上。从这一点来看，这部分的改写是作者有意为之。

B. 西夏文字与《番汉合时掌中珠》

本作品中出现了"西夏文字与汉字对照表"，经笔者考证，可知它实际上指的就是《番汉合时掌中珠》(辞典)。根据黄振华等人编撰的《番汉合时掌中珠》(宁夏人民出版社，1989)一书的序文记载可知，本书的作者是骨勒茂才，成书于1190年。井上靖的笔下，将这部辞典的编撰人设定为了赵行德，完成于天圣七年(1029年)。这部分内容当然与史实有较大差距，因此井上靖用了"对照表"一词。虽然在编撰这样一部辞典过程中，很可能会有汉人也参与过编写，但将其设定为赵行德这个汉人独自完成，也确实脱离了实际。当然，这个设定的改写，极大地丰富了赵行德的人物形象，对于藏经洞的守护者来说，也许是非常适合的，因此不得不说，为了作品增强作品的艺术渲染，井上靖还是做了一些小的改动。

C. 藏经洞的《般若心经》

最后还有一点对历史的改写，关于藏经洞中典籍的年代问题。在作品中，赵行德在奋力搬运完要封存的典籍之后，在石窟被封之前，从腰囊中掏出一卷写经，将它放在了堆积如山的经卷上面。据作品中的内容，这卷写经是《般若心经》，是赵行德亲自翻译为西夏文后抄写的。根据当时的历史记载，虽然敦煌莫高窟的壁画和建筑方面留存了很多西夏文明的痕迹，但在藏经洞发现的众多典籍资料中，未见西夏文字书写的资料。由此可见，这点也是井上靖有意为之的改写或创作。究其原因，可以看到这卷写经的卷末，写着"甘州小娘子"的内容。这个行为虽然有悖于史实，但这是赵行德对回鹘王女复杂情感的一种外化体现，通过他心目中抄经供养的方式，来将自身守护经卷的动机，从单一佛教徒的身份中脱离出来，与回鹘王女的死相关联，升华到了另一个维度，塑造了一位鲜活的人物形象。这个改写，也是为了保持故事前后的统一性，也是作者对莫高窟藏经洞之谜的一种文学探索，少了一分严谨却多出了几分浪漫和人性的光辉。

5 结论

近年来，国内许多优秀的历史小说通过改编被搬上电视荧幕，在各类历史题材古装剧广受好评的同时，文学界和影视界的一些学者、编剧或演员对剧作的文学创作提出了质疑并进行了猛烈批判。他们的主要意见集中在众多热门历史题材古装剧对“史实”的漠视，以及剧作中虚构部分的荒诞。我国著名剧作家罗怀臻在评述到历史剧的文学创作时，提到了创作要“试图再现历史的表象真实”和“努力表现历史的本质真实”（罗怀臻，2022：46）。优质的历史文学作品可以再现历史，同时也可以表现历史。忠实于各种史料和根据史料做出合理的艺术创作并不矛盾。通过前文的论述可知，井上靖虽然身为一名作家，但为了创作而花费了远超想象的精力去研究历史资料，从这点来看，称井上靖为学者型的历史小说作家也不为过。这种严谨的创作态度，应该与井上靖长达十五年的记者生涯有密不可分的关系，从井上靖在记者时代创作的早期西域文学作品《漆胡樽》《玉碗记》开始，到后来的现代小说名作《冰壁》，皆以现实中的新闻事件为线索或背景。虽然井上靖在1951年辞去了每日新闻报社的工作，转做全职作家，但他依然保持着记者时代的工作风格，为了文学创作，经常奔赴各地取材，是一位“用脚创作”的文学家。也正如井上靖在亲身踏足敦煌后的发言中提到的那样，他构筑的“敦煌”世界，早已与历史一道深埋大漠之下。井上靖在这一时期的西域文学创作中，始终坚持重视史料、研究史料、甄别史料的原则，并在文学创作中吸收了“敦煌学”研究的最新成果，这种创作手法和理念，使其形成了“再现真实、表现真实”的独特文学史观。井上靖这种独特的文学史观，是《敦煌》在世界文学中保持旺盛生命力的源动力。

参考文献

[1] 荒木敏一，1969. 宋代科挙制度研究. 京都：東洋史研究会.

[2] 井上靖，1961. 自作「蒼き狼」について. 群像，16(2)：174－180.

[3] 井上靖，1968.「敦煌」作品の背景. 東京新聞，11月29日版.

[4] 井上靖，1988. 敦煌　砂に埋まった小説の舞台. 東京タイムズ，1月1日版.

[5] 井上靖，1996 井上靖全集　第十二巻，東京：東京新潮社，287－419.

[6] 井上靖，筱田一士等，1997. わが文学の軌跡. 東京：中央公論社.

[7] 井上靖，2000. 敦煌ノート，井上靖全集　別巻，東京：東京新潮社，210－212.

[8] 尾添陽平，2003. 理想とする「歴史小説」「歴史小説家」のありかた：『蒼き狼』論争における大岡昇平の言説. 日本文藝研究，55(3)：101－118.

[9] 周霞，2021. 井上靖の歴史小説：『敦煌』における歴史的要素に関する研究を通じて. 岡山：岡山

大学.
[10] 曾根博義,1991.井上靖における＜歴史＞,高橋英夫等(編),群像　日本の作家20　井上靖.東京:小学館,183-192.
[11] 高木伸幸,2022.井上靖の文学.大阪:和泉書院.
[12] 土肥義和,2013.敦煌・吐鲁番出土漢文文書の新研究.東京:汲古書院.
[13] 藤枝晃,1999.敦煌学とその周辺.大阪:ブレーンセンター.
[14] 劉東波,2020.井上靖とシルクロード:西域物の誕生と展開.東京:七月社.
[15] 何志勇,2020.中日文化交流视阈下的井上靖研究.北京:中国戏剧出版社.
[16] 刘锋晋,1993.小说《敦煌》中涉及历史的一些问题.成都师专学报,12(2):22-23,27.
[17] 卢茂君,2019.井上靖的中国文学视阈.北京:知识产权出版社.
[18] 罗怀臻,夏波.历史剧创作与研究需要新的历史剧观:剧作家罗怀臻访谈录.戏剧(中央戏剧学院学报),2022(1):39-52
[19] 钱伯泉,2000.一场喀喇汗王朝和宋朝联兵进攻西夏的战争:藏经洞封闭的真正原因和确切时间.敦煌研究,(2):1-9,186.
[20] 荣新江,2001.敦煌学十八讲.北京:北京大学出版社.
[21] 史金波,2000.敦煌莫高窟北区出土西夏文文献初探.敦煌研究,(3):1-16,186.

污名化的语言表征及其社会认知阐释*

北京中医药大学　阎　莉　西南大学　文　旭**

摘　要:污名化借助语言利器贬损受污对象以丑化其形象,尤见于国际政治场域和重大国际事件的后果中。破解污名化现象有必要对污名话语进行深层解构。本研究从社会认知语言学视角探讨国际格局深刻变化背景下美英两国智库和媒体对俄污名化现象的语言表征及其形成机制。研究表明,污名化可由用以炮制负面形象概念的新创词汇和贬义词汇来表征。这两类语言表征均与现实表征不相符,并受到心理表征制约,如社会认知因素中的刻板印象、社会图式、隐喻理解等,其语用目的为实现认知者(如话语主体及其所代表的集团)在政治、经济、文化等领域的切身利益。污名话语不仅是一种语言现象,更是一种意识操纵,体现了深刻的社会认知关系。

关键词:污名化;语言表征;现实表征;心理表征;社会认知

Title: Linguistic Representation and the Interpretation of Stigmatization: A Sociocognitive Perspective

Abstract: Stigmatization aims to spoil image of the target via verbal discourse as weapons, invented especially in the field of international politics and in the consequence of major international events. In order to deal with the stigmatization, it is necessary to deconstruct stigma discourse. From the sociocognitive perspective, this paper explores the linguistic representation of stigmatization towards Russia from the American and British think tank and media and its formation mechanism against the new changes in the international structure. It is shown that stigmatization could

* 本研究得到了重庆市"现代认知科学与语言文化研究协同创新团队"(渝教宣发[2020]3号)项目的支持。

** **作者简介**:阎莉,博士,讲师。主要研究方向:认知语言学、外语教育学。联系方式:yanli2657899@126.com;文旭(通讯作者),博士,教授,博士生导师。主要研究方向:认知语言学、语用学、外语教育学。联系方式:xuwen@swu.edu.cn。

be represented by neologisms and derogatory words used to concoct negative image concepts which are inconsistent with factual representation and restricted by psychological representation as well, such as stereotype, social schema, metaphors and other social cognitive factors. Their pragmatic purpose is to realize the political, economic and cultural interests of the discourse subjects and their group. Stigma discourse is not only a linguistic phenomenon, but also a kind of ideological manipulation, reflecting the profound social cognitive relationship.

Key Words: Stigmatization; Linguistic Representation; Factual Representation; Psychological Representation; Social Cognition

1 引言

以语言为载体的污名化现象在网络媒体泛滥的时代迅速进入公众话语,尤见于国际政治场域和重大国际事件的后果中,对特定国家或社会群体产生负面影响。以苏联解体为标志的两极格局瓦解后,国际关系领域传统的意识形态之战逐渐转为隐蔽的国家形象之战(田凤娟,2021)。尤其是自 2014 年乌克兰危机发生以来,俄罗斯一直面临来自西方的"污名化"(周嘉希,2023)。以英美为代表的西方国家借由一系列污名话语加紧对俄罗斯负面形象的宣传,给俄罗斯的海外影响力和国家形象带来严重挑战。国内学术界从国际舆情和战略传播视角就西方舆论对俄罗斯国家形象的建构进行了分析,但较少有成果从语言学视角深度解读西方国家针对俄罗斯的污名言论。为透视污名话语,本研究基于社会认知语言学理论探讨国际格局深刻变化背景下以美英为代表的西方国家智库和媒体对俄污名化现象的语言表征及其背后的形成机制,以揭露西方话语霸权和意识操纵。

2 社会认知语言学与污名化研究

2.1 社会认知语言学

长久以来,在研究包括语言在内的人类行为时,心理和社会维度都是分离的(Croft,2009),如认知语言学与社会语言学对语言表征的生成和构建研究。但是,认知不仅是具身的，还是社会的，具有社会性（文旭，2019）。社会认知归属于社会心理学研究范畴，研究的是自己和他人的心理事件，以及人们对社会关系的思考（Grusec & Lytton，1988），强调人们如何主观地表征客观的社会性事物，以及如何对人际关系、社会群体、刻板印象等社会信息进行心理加工。社会认知区别于非社会认知的关键特征在于认知者（如话语主体及其所代表的集团）在政治、经济、文化等领域的切身利益对于社会认知起着决定性的导向作用（邵志芳、高旭辰，2009）。

具体到语言研究层面，基于“社会认知”的社会认知语言学着重研究概念理解和社会现实之间的关系，主要致力于通过揭示意义生成和构建所关涉的各种社会互动过程来研究“社会领域里的概念化”（Harder，2010：408；王馥芳，2019）。正如表征是人类认知的核心问题，社会语境中的语言表征，首先意在传达意义，即“社会语境中的概念化”（Harder，2010：5），这正是社会认知语言学的核心问题。

语言表征与现实表征和心理表征密切相关。现实表征是以人类活动为前提的客观世界的存在样式，具备自为性特征；心理表征是客观世界的主观映现，是现实表征在人脑中的“概念化”识解，具备主体性和多维性特征；语言表征是心理表征的符号实现，包括表征为单个概念的词语和表征为复杂概念的词组、语句等。因受多方面因素制约，语言表征绝非心理表征的简单再现。上述三个概念依次具有逻辑上的依存性：一方面，心理表征以现实表征为基础，但往往以社会图式甚至刻板印象的形式内化于人脑，会直接影响话语主体对现实表征的认知；另一方面，语言表征又以心理表征为前提，体现话语主体心理表征的特征，同时亦可激活并再现话语受体的心理表征，即在一定程度上又决定了心理表征。因此，语言表征或语言世界是现实表征或物理世界的最终实现，但不是直接对应关系，而是需要心理表征或心理世界这一中介（刘宇红、王志霞，2005；沈家煊，2008），即语言系统的产生经历了物理空间、认知空间、语言空间的过程（文旭、匡芳涛，2004），概念结构是认知过程的产物。

基于此，我们认为，社会认知语言学视域下的语言表征是话语主体在遵循基于客观世界的现实表征基础上对蕴含主观识解的心理表征的实现过程，但该过程受到了语言内部要素如句法规则、语义规则等以及社会语境中的语用目的、文化规范等语言外部要素的制约。可用图1对该过程做如下阐释：

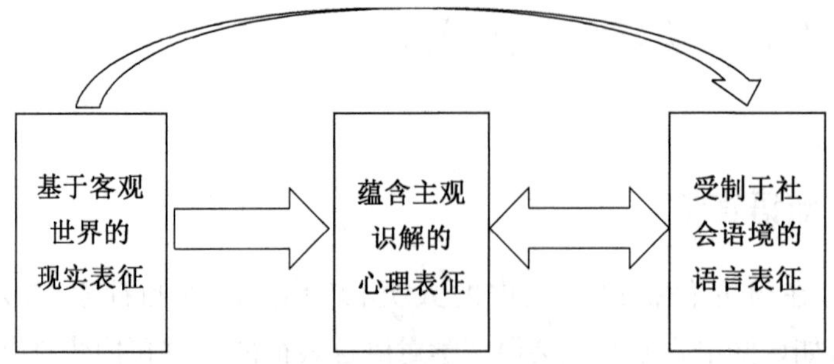

图1　社会认知语言学视域下的语言表征

2.2 污名化研究

污名(stigma)一词的词源可追溯至古希腊,作为学术概念由美国社会学学者欧文·戈夫曼(Erving Goffman)于20世纪60年代提出。戈夫曼基于污名现象的分析,提出"受损的身份"(spoiled identity)这一核心概念,并将污名定义为,"一种社会特征,该特征使其拥有者在日常交往和社会互动中身份、社会信誉或社会价值受损"(戈夫曼,2009:12)。一般认为,污名概念包含污名化(stigmatization)、受污者(stigmatized person)和施污者(stigmatizer)三个要素。戈夫曼(2009)进一步指出,污名现象的存在并非源于受污者自身的问题,而是社会规则和公共秩序的缺陷。就污名化而言,它是指受污者由于拥有贬损特质或者被施污者赋予贬损特质而在社会中逐渐丧失社会身份、信誉和价值,并因此遭受社会歧视和排斥的动态过程。此后,不同学派在各自的学科领域引入戈夫曼的污名概念,并加以运用和阐释(姚星亮、黄盈盈、潘绥铭,2014)。

基于社会认知视角的社会心理学派将污名融入偏见(prejudice)研究传统,从污名的发生学视角出发,认同污名是社会建构的产物(郭金华,2015),不可否认社会因素对污名的生成起影响作用。当前,国际舆情传播视角下的"污名"和"污名化"话语研究逐渐增多,学界在去污名化路径与话语策略方面发出了声音(孙利军、高金萍,2021;赵秀赞、余丽,2022)。

融媒体时代,污名化现象的日趋增多引发了我们对其语言表征发生基础和心理表征深层机理的思考。Holtgraves(2002:190)指出,"语言的研究能为我们理解社会行为做出伟大贡献,同时,理解语言使用需要理解其社会维度"。因此,污名化在社会语境中的语言表征是社会认知语言学的研究内容,社会认知理论也为污名化心理表征生成机制的研究提供了理论基础。

3 社会认知语境下污名化的语言表征

基于社会认知语言学,污名化是采用与现实表征不相符或不甚相符的词语、词组或语句来指称现实世界(事件、人物、事物等),激活受众与上述语言表征相一致或相关联的心理表征,从而引导受众按话语主体及其所代表集团的认知意图识解事件,以形成与之相一致的价值判断。依据社会认知理论,词汇被视为社会认知功能表征的基本层面(Fiedler & Mata,2014)。下文将以国际关系领域中单个概念的生成及其相关词汇的使用为例,分析乌克兰危机后美英两国智库和媒体对俄污名化的语言表征。

3.1 由心理表征所决定的新创词汇

在语言的各个因素中，“词汇的增加、替代及词义的变化比语言中任何其他成分的变化都要快”（爱切生，1997：19）。词汇对社会的变化最为敏感。因此，在社会语境中新创词汇的产生和使用是语言演化的常见现象。

两极格局瓦解后，美国试图推动其全球对外战略。在推动北约和欧盟东扩的过程中，美国针对俄罗斯不断强化话语霸权策略，尤其是通过新创术语和概念主导国际舆论，以防止俄对其形成威胁为主要目的，引发“俄罗斯威胁论”不断升级。例如，“sharp power”（锐实力）是国际关系领域中的一个新创术语，由美国国家民主基金会（National Endowment for Democracy，美国智库之一）研究人员克里斯托弗·沃克（Christopher Walker）和杰西卡·路德维格（Jessica Ludwig）首创，并于2017年11月6日作为主题词首次出现在美国杂志《外交事务》（*Foreign Affairs*）重要刊文的标题和内容中，用来表述俄罗斯作为新兴国家的力量形态及其在国际上发挥影响力的方式。文章将俄罗斯描述为“authoritarian state”（威权主义国家），认为“sharp power”这一术语体现了威权主义国家“恶意的侵略性气质”（an malign and aggressive temperature），“与软实力的良性吸引力几乎没有相似之处”，构成了“专制政权”（repressive regimes）的“刀锋”（the apex of the dagger）。2017年12月5日，两位作者又在该基金会发布的主题报告引言文章《从“软实力”到“锐实力”：民主世界中日益上升的威权主义影响》（“From ‘Soft Power’ to ‘Sharp Power’：Rising Authoritarian Influence in the Democratic World”）中，正式将“sharp power”确定为一个新概念词汇，并再一次使用了“刀尖”（the tip of their dagger）、“注射器”（syringe）等喻指性表达强调“锐实力”对他国民众起到的操控作用，用来表述被视为“威权主义国家”的俄罗斯提升国际影响力的行为与以美国为代表的“民主国家”软实力建设“赢得人心”的目标并不相同。

显然，“sharp power”这一新术语借由美国政治家、著名学者约瑟夫·奈（Joseph Nye）提出的“soft power”（软实力）概念，通过在已有名词术语中更换特定修饰成分以及隐喻式阐述的表征方式生成。其生成和使用以话语主体储存在大脑中的心理表征为前提，同时又受社会语境的制约，是话语主体在某种社会语境中心理表征的符号实现。而且，社会认知语境影响或决定了美国媒体和智库对“sharp power”一词的概念化。具体而言，在与“俄罗斯影响力”“俄罗斯形象”等相关的知识结构、事物、事件等构成的特定社会认知语境中，“sharp power”这一新概念并不反映客观现实，而是“通过从繁杂的世界中抽象出来的、具有意义的感知组构而成的”（Edelman，1971：66），具有对话语主体所指称现象的污名化语义。这一污名化语言表征方式不仅凸显了特定的社会语境信息，也激活了西方受众“反感、敌对甚至仇视俄罗斯”的心理表征框架，使这一语言表征产生有利于话语主体及其利益集团的语用意义。“这一语用含义在类似的语境中反复出现，逐渐转变为一个言语社团的共享意义，最终成为规约化的编码意义”（马永田，2019:34），即基于一定的社会语境，污名化语义在不断的理解和使用中得以构建——其源于话语主体的社会认知，也将改变群体成员的社会认知。

3.2 与现实表征所背离的贬义词汇

美英两国智库和媒体对“俄罗斯影响力”和“俄罗斯形象”的倾向性塑造，在宏观上体现在涉俄报道的主题、内容等层面，微观上则见于对上述主题或内容的表征方式，尤其是遣词用字的选择上。

以上述美国智库主题报告引言文章作为考察对象，发现其中充斥着大量的贬义词汇。例如，作者将俄罗斯描述为“一个不那么富有和强大的国家”（a less wealthy and powerful state），并将其与西方不同的政治制度称为“kleptocratic regime”（窃盗统治政权），特指一种政治腐败的形式，即某个政府中，某些统治者利用政治权力使得自己私人财产增加，并扩张政治权利，侵占全体人民的财产与权利。此外，文章虽然承认俄罗斯开展的一些对外交往活动确实可以归入正常公共外交的范畴，但数次使用了“propaganda”一词。根据《朗文当代高级英语辞典》，propaganda 做“宣传”解时其英文释义为“information which is false or which emphasizes just one part of a situation, used by a government or political group to make people agree with them”，旨在强调俄罗斯为提升其国际影响力和国家形象所做的努力对目标国家和群体并无益处。

又如，2018 年 3 月 20 日，英国《泰晤士报》（*The Times*）发表了文章《英国必须摆脱俄罗斯的黑钱》（“Britain Must Wean Iteself off Russia's Dirty Money”），将“greed”（贪婪）、“myopia”（短视）等词与克里姆林宫联系在一起。2020 年 8 月 1 日，英国最畅销的金融杂志《理财周刊》（Money Week）发表的文章《俄罗斯的黑钱如何玷污了英国》（“How Russia's Dirty Money Sullies Britain”）中，使用了“hostile”（敌对的）、“kleptocrats”（盗窃政权统治者）等词形容俄罗斯及其国家统治者。

在西方国家与俄罗斯利益格局发生变化的社会语境下，上述美国智库和英国媒体出于其利益集团的需要，惯常基于西式“民主”将俄罗斯作为想象中的“他者”予以指责和批评，并向读者塑造着俄罗斯的负面国家形象。因此，这些代表性贬义词汇在上述语篇中的使用也是污名话语的典型表征方式。

在语言的各个层级中，作为基本单位的词汇不仅可以承载身份、情绪等社会认知功能，还可以解释说话者的认知风格（Pennebaker et al.，2003）。那么，贬义词汇作为主体表达的重要方式之一（李凌燕、梁文华，2019），集中反映了话语主体及其利益集团的态度、识解、价值观念等。社会大众对上述贬义词汇所描述现实并不知情的情况下，很容易被词语所蕴含的主观意味和情感色彩所误导。随着时间的推移，上述贬义词汇在社会语境中的频繁使用会令不知内情的西方国家民众对俄罗斯的世界影响力及俄罗斯政府产生与现实表征越发不相符的心理表征。该心理表征所具有的主体性和动态性会继续对民众新一轮的语言表征产生重要影响。如此，贬义语言表征与负面心理表征之间双向作用，导致语言表征持续受制于社会认知语境，而与基于客观世界的现实表征越发相悖。

4 污名化语言表征的社会认知过程

社会认知是建立在利益基础上的、对于社会性事物所进行的心智识解过程。正是由于利益不同，对于同一社会性事物，就会有不同的社会认知。那么，污名化语言表征的社会认知过程是怎样的？也就是说，污名化的语言表征，是如何在社会语境中通过心理表征的作用实现与现实表征相背离的呢？下文将主要从刻板印象、社会图式和隐喻理解三个方面来回答以上问题。

4.1 刻板印象

刻板印象（stereotype）是当代社会认知的重要理论之一，由 Lippmann（1922）首次提出，并定义为人们对特定事物所持有的固定化、简单化的观念和印象，通常还伴随着对事物的价值判断和感情。刻板印象有积极和消极、自我的和他人的之分，其研究重点往往聚焦于消极刻板印象和他人刻板印象。在人类的认知活动中，心理表征以完整的格式塔（gestalt）形式存在于人脑中，格式塔包括多个成分，称为格式塔的终端，其终端值可以更新（刘宇红、王志霞，2005）。但是，人类的心理表征往往以刻板印象的形式排斥新信息的摄入，使认知主体出于种种原因不能够或不情愿为已有格式塔的终端重新赋值。因此，偏见便会生成并得以存现。此外，刻板印象作为常见的心理表征方式，尽管与现实表征可能部分甚至完全不符，但是能让认知主体快速有效地加工信息和解释复杂的社会环境，显示出一种认知经济性（邵志芳、高旭辰，2009）。这被称为社会认知的“省力原则”，即人类在认知付出时总是想省力，人类其实是一个认知吝啬鬼（Pennington，2000；文旭、王鸿策，2023）。

刻板印象一直是理解污名的关键概念（姚星亮、黄盈盈、潘绥铭，2014）。依据社会认知理论，一方面，“sharp power”这一污名化语言表征的生成与话语主体之英美国家对俄罗斯及其统治阶层的种族刻板印象相关。种族刻板印象往往代表着某种种族中心主义。种族中心主义的意识越强烈，越容易在社会交往中对外族的意图、行为、价值观念等产生误解，因而会使认知主体对外族的文化规范和社会规约表现为消极的情感反应，并产生偏见，甚至引起国家和社会群体之间的冲突。

另一方面，greed、myopia、hostile、nefarious 等贬义词的大量使用也与上述话语主体对俄罗斯国家的刻板印象密切相关。英国媒体在构建“俄罗斯对英经济影响力”这一事件的国家形象时并非客观真实，而是夹杂着主观的态度和感情，即刻板印象。依据社会认知理论，大众传媒存在偏见（van Dijk，1988），在形成、维护和完成一个社会的刻板印象方面拥有强大的影响力（Lippmann，1922）。也就是说，大众传媒是刻板印象的重要信息来源。上述媒体文章中充斥着大量贬义词汇便是力证。英国媒体在对与俄罗斯形象的相关报道中出现了偏见和歧视，俄罗斯被排斥为现代性的“他者”。斯图尔特·霍尔（2003：261）在对“他者”这一文化景观进行研究时指出，“定型化就是福柯所指的权利/知识游戏，它对差异加以简化、提炼并使差异本质化和固定化。定型化排斥任何其他不属于它的东西，倾向于在权利明显不平衡处出现。定型化本身就是权力显示力量的过程”。因此，污名化语言表征生成运作的过程中存在意识形态、阶级、性别以及政治、经济等深层权力关系的斗争。

由于主流媒体的推波助澜，刻板印象在西方政客和普通民众的心理中一次次加深，最终可能导致非常可怕的后果。消极刻板印象所引发的偏见和文化霸权主义倾向会随着新创词汇和贬义词汇的广泛传播在国际关系领域中对俄罗斯国家形象造成严重负面影响，还可能在社会生活场域中对生活在海外的俄罗斯人群体带来身心方面的次生伤害。

4.2 社会图式

Bartlett（1932）在社会心理学研究时使用图式（schemata）这一术语，并将其定义为对过去的反应或经验的积极组织，是一些相关联的事件或经验的功能性编组。作为典型样例（typical instances）的心理表征（Cook，1994），图式是人们认识相关事物的一个认知框架，对人类的认知、理解和交际非常重要。从社会认知角度来看，图式常常用来描述头脑中有关特殊社会现象的概括性信息，当这些概括性信息表征被启动后，相关的认知内容也被启动，即图式激活（邵志芳、高旭辰，2009）。Neisser（1976）认为，在认知过程中，认知主体往往只会选择与既有图式相关的信息，而忽略其他信息。也就是说，偏见会影响到社会图式的激活（Blair & Banaji，1996）。图式被提取出来后，与之一致的信息能够强化原有图式，皮亚杰将这一过程称为“同化”（assimilation），即将环境因素纳入已有图式之中，以加强和丰富话语主体的动作（邵志芳、高旭辰，2009）。

依据“实证偏差”（confirmatory bias）（Snyder & Swan，1978），在社会语境信息及时并充分的条件下，人们的社会认知也会因为既有图式的存在而产生偏差。也就是说，即便人们可以选择新信息用来检验基于已有图式的假设，他们往往也会过度接受那些与自身既有图式相一致的信息，而过滤掉与已有图式不一致的信息。甚至当信息缺失时，人们还会为了实现切身利益，在当前认知过程中填充进一些与既有图式相一致的信息（邵志芳、高旭辰，2009）。

从社会认知视角来看，前述针对俄罗斯的污名化语言表征是社会认知主体对群体图式和事件图式激活和运用的典型案例。一方面，“sharp power”这一特定概念是特定认知主体在特定的语境下创造出来的，其生成是部分西方政治精英对“俄罗斯形象”的概括性信息表征的现实启动，即对“俄罗斯形象”在其偏见化的固有认知中负面群体图式的激活。另一方面，当西方智库发布了新的有关“俄罗斯形象”的事件时，媒体撰稿人作为首要的社会认知主体，其大脑中对“俄罗斯形象”的事件图式便被启动，相关认知内容包括该词在社会语境中的语义概念也被启动。根据社会认知理论，由于人们往往不愿意改变既有固化图式，因而即使这些图式已经不再正确，媒体撰稿人仍倾向于坚持大脑中关于“俄罗斯形象”的原有图式，在语言表征中有时可以为此而歪曲或杜撰事实，即背离现实表征。因此，上述媒体文章使用大量贬义词为俄罗斯国家及其统治者勾画出一个负面的国际形象。

由于主流媒体的助推，社会受众作为社会认知群体，倾向于按话语主体及其所代表集团的认知意图识解事件图式，并形成与之一致的价值判断。由于社会受众对俄罗斯固有的消极刻板印象影响到对“俄罗斯影响力”事件图式的激活和运用，经过众多媒体一次次的负面报道，刻板印象最终通过构建社会图式导致社会受众对目标群体产生片面甚至错误认知，从而完成污名图式的刻板性构建。

4.3 隐喻理解

在各种社会图式中，隐喻是一种广泛而高效的心理表征方式，即将源域的图式结构映射到靶域上，通过源域的结构来构建和理解靶域。Lakoff 和 Johnson(1980：3)明确提出，“隐喻贯穿于人类的日常生活，不但渗透到语言里，也体现在思维和活动中。我们借以思维和行动的普通概念系统在本质上是隐喻性的”。隐喻是人类用来组织其概念系统的不可缺少的认知工具。可以说，隐喻重新定义了语言、思维与外部世界(具有社会属性)之间的关系。因此，隐喻在事物范畴“社会语境中的概念化”中起着重要作用。此外，语言是人们心理的表达，也是情感的符号，蕴含正向或负向的情感表达功能。

然而，当隐喻被话语主体基于实际需求而蓄意调用时，便成为“语境中对于话语双方具有特定价值的独立交际工具”(Steen，2015：68)，即蓄意隐喻。因此，隐喻不仅涉及语言概念表征和思想情感传达，还涉及相互交流和沟通，关乎话语主体交际目的的达成。

在国际政治场域中，上述新创词汇和贬义词汇被话语主体赋予了新的隐喻意义，其所指不仅在概念意义上，而且在情感色彩上也发生了逆向偏离，二者均为实现话语主体的交际意图服务。

一方面，在概念意义上，将俄罗斯提升国际影响力的努力与“sharp power”一词的政治性阐释相关联是一种基于蓄意隐喻的思维方式，正是这种方式生成了话语主体的心理表征，遮蔽了世界格局重构中真实的俄罗斯形象，使语言表征与现实表征不相符合。由此，“俄罗斯”和“俄罗斯统治者”也被认为具有了一重不同于他国和他国统治者的身份，成为被排除在世界其他国家及其统治者之外的“他者”。

另一方面，在情感表征上，kleptocratic、propaganda、greed、myopia、hostile、nefarious 等贬义词汇在社会语境中天然具备表达感情的功能和作用，因此其使用也体现了话语主体对“俄罗斯影响力”“俄罗斯形象”等事件的负面态度倾向。Musolff(2012)探讨了如何将隐喻这一重要概念构建手段用于批评话语分析以解释社会语境下的意义构建，指出应考虑隐喻使用中的话语—语用因素和社会语言学变异使得认知分析更加契合隐喻实证研究和社会。依据社会认知理论，上述词汇的使用在很大程度上源于社会语境下话语主体对该词的情感隐喻理解。人们为了生动形象地描摹自身情感或表达心理情绪，经常将其隐喻化，即所谓情感隐喻。但是“从某种意义上讲，情感隐喻并非构建于源域和靶域之间真实而直接的相似性，而是基于这些物体所附带的积极或消极评价意义”(孙毅，2013：106)。再加上“表达情感的语言绝大部分是隐喻化的”(Kövecses，2000：5)，因此上述贬义词汇的情感隐喻可理解为使用同一类蕴含浓厚负面语义和政治意味的词汇来表征话语主体抽象的体验认知过程。蕴含特定话语交际目的和语用目的的情感隐喻正是蓄意隐喻的使用。从社会认知视角来看，隐喻的背后也是一种图式。那么，情感隐喻的背后就是一种情感图式。话语主体对上述贬义词汇的蓄意使用在一定程度上就是按照“消极情感”这一图式来进行的。话语受众也在相当程度上仰仗蓄意隐喻机理来甄别、考察和识解情感图式，并通过自身语言表征不断赋予特定事物负面的意象。

5 结语

美国语言学家、人类学家萨丕尔指出，语言中的词汇才能最清楚地反映讲话者的自然和社会环境(Sapir，2001)。乌克兰危机爆发十周年之际，西方国家与俄罗斯之间的国家形象战愈演愈烈。透过以“锐实力论”等为代表的污名化现象，我们认为，以美英为代表的西方国家智库和媒体污名化俄罗斯之语言表征的生成、传播和发展离不开社会环境，受社会认知环境要素尤其是社会图式、刻板印象、隐喻理解等的制约和影响，其语用目的是实现并维护其在政治、经济、文化等领域的切身利益。而当前西方政客及其背后利益集团所处的社会环境依旧充斥着种族中心主义和霸权主义思潮。因此，作为一定社会条件下和历史时期中的产物，污名话语不仅是一种语言现象，更是一种意识操纵，体现了更深刻的社会认知关系的改变。

参考文献

[1] Bartlett, F. C. 1932. *Remembering: A Study in Experimental and Social Psychology*. Cambridge: Cambridge University Press.

[2] Blair, I. V. & Banaji, M. R. 1996. Automatic and controlled processes in stereotype priming. Journal of Personality and Social Psychology, 70(6), 1142-1163.

[3] Cook, G. 1994. *Discourse and Literature*. Oxford: Oxford University Press.

[4] Croft, W. 2009. Toward a social cognitive linguistics. In Evans V. & Pourcel, S. (eds.). *New Directions in Cognitive Linguistics*. John Benjamin's Publishing Company: Amsterdam/Philadelphia, 395-420.

[5] Grusec, J. E. & Lytton, H. 1988. *Social Development: History, Theory, and Research.* Berlin: Springer-Verlag Publishing.

[6] Edelman, M. 1971. *Politics and Symbolic Action: Mass Arousal and Quiescene*. New York: Academic Press.

[7] Fiedler, K. & Mata, A. 2014. The art of exerting verbal influence through powerful lexical stimuli. In Fogas, J. P., Vincze, O. & Lászlό, A. J. (eds.). *Social Cognition and Communication*. New York/London: Psychology Press, 43-61.

[8] Harder, P. 2010. *Meaning in Mind and Society: A Functional Contribution to the Social Turn in Cognitive Linguistics*. Berlin/New York: De Gruyter Mouton.

[9] Holtgraves, T. 2002. *Language as Social Action: Social Psychology and Language Use*. Mahwah: Lawrence Erlbaum Associates.

[10] Kövecses, Z. 2000. *Metaphor and Emotion: Language, Culture and Body in Human Feeling*. Cambridge: Cambridge University Press.

[11] Lakoff, G. & Johnson, M. 1980. *Metaphors We Live By*. Chicago: The University of Chicago Press.

[12] Lippmann, W. 1922. *Public Opinion*. New York: Harcourt, Brace and Company.

[13] Musolff, A. 2012. The study of metaphor as part of critical discourse analysis. *Critical Discourse Studies*, 9(3): 1-10.

[14] Neisser, U. 1976. *Cognition and Reality: Principles and Implications of Cognitive Psychology*. San Francisco: W. H. Freeman.

[15] Pennebaker, J. W., Mehl, M. R. & Nielderholffer, K. 2003. Psychological aspects of natural language use: Our words, our selves. *Annual Review of Psychology*, 54(1): 547-577.

[16] Pennington, D. C. 2000. *Social Cognition*. London: Routledge.

[17] Sapir, E. 2001. Language and environment. In Fill, A. & Mühlhusler, P. (eds.). *The Ecolinguistics Reader: Language, Ecology and Environment*. London: Continuum, 13-23.

[18] Snyder, M. & Swann, W. B. 1978. Hypothesis-testing processes in social interaction. *Journal of Personality and Social Psychology*, 36(11): 1202-1212.

[19] Steen, G. 2015. Developing, testing and interpreting deliberate metaphor theory. *Journal of Pragmatics*, 90: 67 - 72.

[20] van Dijk, T. A. 1988. *News as Discourse*. New Jersey: Lawrence Elbaum Associations Publication.

[21] 爱切生,1997. 语言的变化:进步还是退化?. 徐家祯,译. 北京:语文出版社.

[22] 戈夫曼,2009. 污名:受损身份管理札记. 宋立宏,译. 北京:商务印书馆.

[23] 郭金华,2015. 污名研究:概念、理论和模型的演进. 学海,(2):99 - 109.

[24] 霍尔,2003. 表征:文化表象与意指实践. 徐亮,陆兴华,译. 北京:商务印书馆.

[25] 李麦燕,梁文华,2017. 也谈语言腐败:定义、范式及语言表征. 当代修辞学,(6):82 - 90.

[26] 刘宇红,王志霞,2005. 现实表征心理表征语言表征. 湘潭大学学报(哲学社会科学版),29(1):147 - 150.

[27] 马永田,2019. 英语范畴词语义特殊化的社会认知研究. 西安外国语大学学报,27(4):30 - 35.

[28] 邵志芳,高旭辰,2009. 社会认知. 上海:上海人民出版社.

[29] 沈家煊,三个世界. 2008. 外语教学与研究,(6):403 - 408,480.

[30] 孙利军,高金萍,2021. 国际传播中的污名化现象研究:兼论好中国共产党故事的话语策略. 当代传播,(6):12 - 16.

[31] 孙毅,2013. 核心情感隐喻的具身性本源. 陕西师范大学学报(哲学社会科学版),42(1):105 - 111.

[32] 田凤娟,2021. 俄罗斯国家形象在网络空间的塑造与传播. 西伯利亚研究,48(4):31 - 48.

[33] 王馥芳,2019. 话语构建的社会认知语言学研究. 现代外语,42(3):306 - 315.

[34] 文旭,2019. 基于"社会认知"的社会认知语言学. 现代外语,42(3):293 - 305.

[35] 文旭,匡芳涛,2004. 语言空间系统的认知阐释. 四川外语学院学报,20(3):81 - 86.

[36] 文旭,王鸿策,2023. 社会认知语言学再思考. 外语学刊,(1):84 - 91.

[37] 姚星亮,黄盈盈,潘绥铭,2014. 国外污名理论研究综述. 国外社会科学,(3):119 - 133.

[38] 赵秀赞,余丽,2022. 5G 博弈背景下西方对华污名化与中国应对策略. 河南社会科学,30(8):63 - 70.

[39] 周嘉希,2023. 美国国会对华议程设置中的"污名化". 亚太安全与海洋研究,(6):108 - 124.

《语用学基要》评介*

北京林业大学　姚晓东　吴　瀚**

《语用学基要》2022年由劳特利奇(Routledge)出版社发行,聚焦特定语境下的语言和非语言交际研究,内容涵盖语用学的历史发展、最新理论、应用领域和研究前景。作者比利·克拉克(Billy Clark)是国际著名语用学者,英国诺森比亚大学(Northumbria University)英语语言学教授,研究领域为语用学、语义学。该书清晰晓畅,又不乏深度和真知灼见,其目标读者为具有一定基础的语言学尤其是语用学研究者。

1　内容简介

语用学涵盖诸多议题。本书共9章,介绍语用学的基本理论概念,呈现语用研究的现状、发展历程及未来走向。第1章引言部分界定语用学的定义和意在解释、回答的问题。本书把语用学界定为研究我们如何产出意义和识别对方交际意图的学问。20世纪中后期,语用学的研究重心聚焦于特定语境下的话语理解,近年在关注话语理解和意向识别的同时,逐渐转向关注交往主体如何说、怎么做,倾向于考察整体互动中听说双方的意义协商与共建,突出了语调和非言语交际在识别说话人意图过程中的作用。作

---

* **书籍信息**:Billy Clark. 2022. *Pragmatics: The Basics*. London/New York: Routledge. xviii-192.

本研究是中央高校基本科研业务费专项基金项目"人际语用学视角下的外交话语责任研究"(2021SR03)和教育部社科基金项目"人际语用学视域下的信任研究"(编号:18YJC740129)的部分成果。

** **作者简介**:姚晓东,教授。研究方向为语用学、话语分析。联系方式:yaoxdd@126.com;吴瀚,研究生。研究方向为语用与翻译。联系方式:1185586435@qq.com。

者指出，语用学的解释范围包括对间接表达和直接传递意义的推理。本章提及具体语境下的交际关涉因素，把话语推理原则留在下一章说明。

第 2—4 章介绍经典格莱斯和新、后格莱斯语用学。第 2 章讨论言说之外的意义，介绍格莱斯(Grice)的核心观点，提供了传递言外之意的理性指导原则：合作原则及会话准则。这些原则管辖人类交际，解释交际者如何互相理解。作者概括了格莱斯的意义模式。合作原则及会话准则在非自然意义层面发挥作用；非自然意义又区分为所言和所含。克拉克总结了所言的特征，凝练了规约含义、一般和特殊会话含义的区别性特征清单。说话人可以借助遵守和违反会话准则产生含义，但并非所有的违反都产生含义。格莱斯的贡献在于区分不同的意义类型，呈现交际主体借助语境和理性原则传递和解读话语隐含的过程。

第 3 章讨论新格莱斯语用学。鉴于会话准则之间的冲突性、重叠性和必要程度差异，霍恩(Horn)和列文森(Levinson)整合会话准则，提出更为经济的准则式语用原则(maxim-like principles)指导交际和理解。霍恩的两原则相反相成，兼顾听者和言者的省力要求，比格莱斯准则更为简明、连贯，解决了准则间的重叠和关系准则定义不明的问题。列文森的三原则包含说话人准则和听话人推论，分别具有对应的阐发性原则(heuristics)。相较于霍恩两原则模式，列文森的理论更能解释所言的语用涉入，比格莱斯更细致地解释了一般会话含义的推理过程。除了合作原则，人们在交际中也遵守礼貌原则。与霍恩和列文森不同，利奇(Leech)增扩了会话准则，区分普通语用学、语用语言学与社会语用学。作者认为新格莱斯语用学保留了格莱斯的思想，坚持以一般原则指引话语解读，但对话语的生成过程聚焦不够。

第 4 章阐释关联理论。语用的关联原则是后经典格莱斯原则，而非对合作原则的更新与补充，不是人们要遵守的准则，而是对人类认知和交际行为的概括。关联理论基于认知效应和处理努力来定义关联性，考察其在人类认知和交际中的作用。在认知效应运算中，听者遵循关联指导下的理解启发式而非具体的推理过程：符合关联期待的最可及解读即为意向内容。这一省力推理限制了话语的解读范围，促使听话人寻求更多的语境效应来冲抵额外的处理努力。关联论不接受规约含义概念及一般和特殊会话含义的区分，而是区分显义和含义，用前者涵盖格莱斯的所言概念和部分一般会话含义；其中一部分是明确的语言意义，一部分是推出的隐性意义。显义和含义有强弱之分。较之于新格莱斯语用学，关联理论更为激进。

第 5 章梳理礼貌研究，介绍 3 波礼貌理论。第 1 波以布朗(Brown)和列文森为代表，注重礼貌的普适性，聚焦一般原则与礼貌策略。本书在介绍 Leech、Lakoff 礼貌准则的同时，重点阐述了布朗和列文森的礼貌理论，聚焦后者中的核心概念、面子理论和礼貌策略。1990s 年代开始关注不礼貌现象，重视面子冒犯行为。第 2 波出现了礼貌研究的话语转向，凸显身份建构，注重参与者而非分析者感知和评价的一阶礼貌。第 3

波意在调和前 2 个阶段，兼顾礼貌和社会互动的理论建构与个体体验，平衡参与者和分析者视角。这一波并未形成统一的方法。在习题部分，作者强调了礼貌的跨文化差异。

第 6 章讨论言语行为理论。奥斯丁(Austin)放弃叙实句和施为句二分，主张所有言说均实施言语行为，一句话同时完成发话、行事和取效行为。言语行为需满足一定的适切条件。塞尔(Searle)把行事行为划分为表征类、指令类、承诺类、表情类和宣告类。接着，作者分析言语行为理论与语义学、语用学的契合关系。真值条件语义学无法解释陈述句之外的其他句子意义，而言语行为理论提供了可能的方案：解释句子意义，既可以考察其真值条件，也能从适切条件入手。句子意义是命题内容与行事语力的组合：命题内容内嵌于句型所标示的语力中，相同命题内容的不同句式，差异在于行事语力。真值条件语义学据此得以保留。句式及其功能之间错位促使研究者转向语用学寻求方案。间接言语行为理论为之提供了出路，也反映了规约用法的礼貌考量。最后，作者分析了如何借助言语行为理论理解言语互动。

第 7 章凸显语调对交际的影响。语调包括音高和音变、音量、重音、节律、音质等语音特征，具有不同的表征形式，传递特定意义，实施不同功能，影响话语解读。作为强调手段，重音凸显特定信息，与其他信息形成对比和对立；也标示新信息，与共享背景信息形成对立。韵律分界和调群切分协助消除句法歧义；音高模式会影响言语行为的确认；声调模式、语调形式、音高模式表征说话人的命题态度与立场。总之，语调形式、语调线索与语境假设和其他形式一道指引话语解读，促进理解。

第 8 章聚焦非言语和多模态交际。作者指出动物和人类交际的区别以及人类语言的区别性特征。非言语交际的语用学研究基于格莱斯对自然意义和非自然意义的区分。非言语行为涉及自然符号和自然信号，后者的自然程度影响行为的效应。作者讨论了 3 种非言语行动：标志(emblems)、相似性手势(pantomimes)和节拍性手势(beat gesture)。我们可以利用声音、视觉符号等不同模态传递意义。多模态交际的研究目的之一在于统一考虑不同符号资源在交际中的互动，为生成和理解交际行为提供完整统一的解释。交际行为的解读需要确认言语和非言语形式的语码意义，考察其间的互动，达至整体解读。

第 9 章指引语用学的未来发展方向。首先，作者呈现格莱斯理论以降的语用学新发展：揭示不同语用原则的理性本质及差异；关注发话人的作用以及会话主体如何协作生成意义；语用过程介入显性和隐性意义推导，充分理解显性交际内容；语用原则既适用于口头交际、书面表达，也适用于非言语交际和多模态交际；出现了对含义、意义本质的不同看法；同时观照语言使用的认知、社会和人际维度；语用学在文体学、临床中的应用，借助实验语用学和语料库验证语用理论。与上述新发展相对应，克拉克提出了语用研究的未来发展建议：进一步探究交际的语用原则，深化对语用过程的认识；关注交际行为的产生过程：如何在互动中协商意义、建构身份和管理关系；深入探讨显性表达的语用介入问题、语义和语用的界面问题；推动多模态文本研究、默认意义、非命题意义（如情感、感情效应）、语用文体学研究以及临床医学等领域的应用研究。

2 特色简评

本书较为全面地呈现了当代语用学的主要思想。较之于其他语用学基础读本，如查普曼（Chapman，2011）、伯纳（Birner，2021），本书的一个重要特征是其综合性，不仅涵盖口头和书面交际、非言语交际，还涉及多模态研究。作者强调，完整的语用学理论应涵盖不同的符号资源及其表意功能，为各种语调特征、非言语行为提供意义解释，揭示它们如何与交际行为中的其他要素相互作用，建构意义。

作者在平实地介绍相关理论的同时，不乏重要的新见及理论立场。这里择要呈现。比如在讨论会话准则时，作者特别提请我们注意方式原则中的"避免歧义"不同于语言学中的常规用法，并非指表达式拥有多个编码意义，而是要避免使用在具体语境中无法判定说话人意义的表达。再如，克拉克提醒我们避免诸如"一般会话含义不需要语境"之类的错误说法。语境在会话含义中的作用不同：特殊会话含义依赖具体语境得以生成，一般会话含义则建立在没有特定语境来取消典型的默认解读。另外，作者凸显了标准和一般会话含义间的自然关联。遵守会话准则产生的标准会话含义，也是一般情况下产生的含义，如果说话人没有这一意向含义，则违反了某一或几条会话准则；一般会话含义是"没有特殊情况"下"通常"产生的含义，不是具体语境特征引发的含义。从这个意义上说二者具有天然的关联，这与一般会话含义的默认性有关（Levinson，2000）。关于这一点，格莱斯并未明示。同样，针对规约含义的争议，克拉克认为"规约"是指属于语言意义，把含义归于语言意义似乎自相矛盾，而程序意义概念可为解决规约含义的争端提供参照和出路。我们可以参考伯纳（Birner，2021）的看法：规约含义处于语义和语用的灰色地带，其规约性体现在附着于特定的表达，不具会话含义的特征；称其为含义是因为它不属于所言内容和真值条件意义，因而不属于语义学。我们认为如果考虑到含义的历时规约化过程，上述矛盾就自然消解了。

其他值得关注的思想包括对会话含义理论与礼貌理论、言语行为理论之间关系的论述。比如，利奇（Leech，1983）意在用礼貌原则拯救合作原则，揭示间接表达的动因；二者共同发挥作用，礼貌原则是预备性的先行（preliminary）原则，如不满足，交际就会失败，合作原则就失去了运作的基础。克拉克认为二者地位不平行，作为对合作原则的补充，礼貌准则与会话准则不一定属于同一类型，可能仅仅是对一般文化认定这一语境成分的陈述。与诸多从格莱斯理论衍生的研究路径不同，利奇质疑所有的语用原则具有完全的普适性，承认其在不同文化背景下具有细节差异。这或许正是克拉克质疑礼貌原则地位的缘由。在第6章克拉克指出格莱斯的理论包含了奥斯丁的言语行为思想，含义理论与言语行为理论互相参照交叉。在交际过程中，发话人同时实施了明说和暗含行为。塞尔把前者称为直接言语行为，后者为间接言语行为；间接言语行为就是隐含。格莱斯为推导间接言语行为提供了解释，可视为理解会话理论的一种方式。

关于语用原则的定性问题，本书也有新见。经典和新格莱斯语用原则是交际主体意在遵守的准则，关联原则是对人类认知和交际的规律性概括。克拉克指出关联理论坚持语用原则的理性本质，但与经典和新格莱斯语用学的理性假设不同。关联论宣称话语理解涉及快捷省力的启发式，无须明确的推理，其理性是进化的、顺应性理性，认知过程是理性的，不牵涉有意识的显性推理。对格莱斯来说，语用推理可以运算，可以阐明含义的推理过程。列文森的阐发性原则和关联论的省力解读启发式，表明了语用推理的不同发生方式，体现显性推理的不同介入程度和特定过程的不同推进方式，且它们均允许误差和偏离。另外，雷卡纳蒂(Recanati)的主要语用过程是联想型(associative)而非推理性的，不同于格莱斯基于逻辑的推理。我们还应该看到，经典格莱斯理论是对交际过程的理性重构，其中的理性概念除了追求高效低耗的工具理性，还包括价值理性(姚晓东、秦亚勋，2012)。

最后，本书的价值还在于作者提出了值得深入思考的论题和建议。比如，作者指出经典和新、后格莱斯理论过于关注听话人对话语的解读，而对听说各方如何协作生成意义、推进解释关注不够。我们应当关注话语的产出过程，超越聚焦单个言语或对话，动态考察交际方在交谈中如何推进话语意义协商。未来研究需进一步探究和验证不同语用原则的本质，发掘语用过程的意识程度及其与心智认知和社会维度的关系。本书坚持读者友好型立场，采用真实语料和实例；编写体例反映了作者的教学考虑，每章结尾提供训练指导和拓展阅读建议，引导读者结合自己的例子对比不同的理论、方法，验证和深化理解，并为读者提供可能的研究课题和建议。在书的最后还提供了术语表和在线资源，方便读者查阅。

3 不足之处

作者在前言中写道，本书的目的是让读者认识到语用学不仅有趣，且对人类理解语言和交际很重要，语用学观点在诸多语境下都能派上用场。从这意义上，本书达到了写作目的。

本书也存在值得商榷的地方。在讨论会话理论时，作者认为会话各准则的地位和实用性存在差异，质量准则和方式准则使用率不高，重要性不及数量和关系准则。这一立场未能把握格莱斯的本意。格莱斯一贯坚持质量准则的优先地位，强调只有认定满足了它,其他准则才发挥作用;交谈中要避免隐秘意向,虚假信息不但"算不上不好的信息,根本就不是信息"(Grice, 1989:371)。类似观点见霍恩(Horn,1984)与姜望琪(2016):如果质量准则不成立,整个会话含义机制就会崩溃;鉴于可能的误导作用,虚假信息甚至比单纯的没有信息还要坏。新格莱斯语用学,尤其是列文森对方式原则倚重有加。

同样在第2章,效仿塞尔,克拉克把明说和暗含对应于直接与间接表达,认同明说内容涉及语用推理以及显性交际的语用介入,并视其为语用学新近的重要发展。他提到了语义和语用界面问题,却未能进一步指出当下的语义极简论与语境论之争。在指引语用学未来走向时,尽管提到了听说双方的协作性意义建构和身份认同,但未能关注森夫特(Senft,2014)对言语行为理论的批评,忽略了语言使用的社会联结功能,也不曾提及语言使用中的话语责任考量(Haugh,2013),而相关研究已成为当下人际语用学的热点。最后,本书仅仅聚焦英语语言使用,需进一步扩大语料的广泛性进而提升结论的可信度。

总体而言,本书虽然为语用学基础理论的介绍,但相对较为全面,对相关问题的讨论较为深入,时有新见,为语用学研究者提供了宝贵的指导建议,值得一读。

参考文献

[1] Birner, B. 2021. *Pragmatics: A Slim Guide*. Oxford: Oxford University Press.

[2] Chapman, S. 2011. *Pragmatics*. Basingstoke: Palgrave Macmillan.

[3] Grice, P. 1989. *Studies in the Way of Words*. Cambridge: Harvard University Press.

[4] Haugh, M. 2013. Speaker meaning and accountability in interaction. *Journal of Pragmatics*, 48(1): 41-56.

[5] Horn, L. 1984. Towards a new taxonomy for pragmatic inference. In D. Schiffrin (ed.). *Meaning, Form, and Use in Context*. Washington, D.C.: Georgetown University Press, 11-42.

[6] Leech, G. 1983. *Principles of Pragmatics*. London: Longman.

[7] Levinson, S. 2000. *Presumptive Meanings*. Cambridge: MIT Press.

[8] Senft, G. 2014. *Understanding Pragmatics*. New York: Routledge.

[9] 姜望琪,2016. 新格赖斯语用学的成就与失误. 天津外国语大学学报,23(1):13-18,80.

[10] 姚晓东,秦亚勋,2012. 语用学理论构筑中的理性思想及其反拨效应. 现代外语,35(4):338-345.

译学知识生产的守正创新
——《翻译研究基本问题:回顾与反思》述评*

浙江大学外国语学院　枣彬吉**

1　引言

翻译理论研究是翻译学发展的基石,尤其在构建中国特色的翻译研究学术体系、学科体系和话语体系的背景下,如何实现翻译理论创新?如何开展跨学科的翻译理论研究?如何构建中国特色翻译理论?对此,冯全功教授的新著《翻译研究基本问题:回顾与反思》进行了深入分析,提供了重要的学术线索。该书分为"回顾与反思""拓展与个案"两部分,概述并讨论了翻译理论研究的核心问题,小到翻译忠实观、翻译策略、翻译单位等微观层面,大到翻译理论话语、翻译研究学派等宏观层面。对这些问题展开刨根式、拓展性的探究思考,为翻译理论研究提供了系统化、多元化的学术建构与实践指南,展现了青年翻译学者在译学知识生产上的继承与发扬、守正与创新。

2　译学知识生产的守正原则

21世纪以来,翻译研究与其他学科交叉互动日益频繁,出现各种"转向",译学知识

---

*　**书籍信息**:冯全功,2023.翻译研究基本问题:回顾与反思.杭州:浙江大学出版社.

本研究系浙江省哲学社会科学重点研究基地课题"译脉相承:翻译研究新探索"(24zhyxg002)、浙江大学研究生科技创新活动暨新苗人才计划"数字人文视域下当代汉学家译者群体风格多维研究"(2023R401173)阶段性成果。

**　**作者简介**:枣彬吉,博士研究生。研究方向为翻译学。联系方式:bobzaobinji@163.com。

产量骤增，但翻译研究边界变得日益模糊，研究目标对象逐渐去中心化（方梦之，2023：79）。如何保持译学知识生产的独立性、自治性，值得当下翻译研究警惕与反思，而这也恰恰是该书在翻译理论思考过程中所表现的守正原则。

第一，回归翻译研究的本源，关心“何为译”“为何译”“译何为”等翻译基本问题。许钧（2019：3）曾指出，当下翻译研究存在理论焦虑问题，一些理论思考“纯粹为理论而理论，为创造而创造”，翻译理论研究想要实现突破性发展，“必须要关注翻译的基本问题”，“翻译的基本问题不搞清楚，所谓的理论创新，是无助于我们对翻译的认识、理解和思考的”。质言之，翻译理论研究要坚持翻译为本的底色，其目标在于解决翻译实践或认识方面的问题。该书聚焦的研究对象涉及翻译本体的方方面面，对翻译本质论（如《翻译的定义：翻译是一种符号转换活动》）、翻译过程论（如《翻译之大德曰生——文学翻译及其研究中的生命意识》）、翻译意义论（如《翻译单位：原型理论关照下的翻译单位辨析》）、翻译因素论（如《归化与异化：生成动因与三个层面》）、翻译矛盾论（如《翻译忠实观：争议与反思》《形神之争：文学翻译中形神之争的困境与出路》）、翻译主体论（如《翻译家精神：内涵分析与潜在价值》）、翻译价值论（如《复译伦理：文学名著复译的伦理原则与伦理目标》）等展开深入讨论。在此基础上，该书还对翻译理论体系构建（如《翻译理论话语：生成机制与发展空间》《中国特色翻译理论：回归与展望》）进行总结与反思。

尽管翻译学者对上述基本问题耳熟能详，但在实际研究中常常感到困惑。该书作者就是在这一既熟悉又困惑的情境下开始理论探索，通过系统梳理前人研究，融入自己的理论思考和价值判断，从而为翻译基本问题研究注入新活力。翻译单位是一个复杂的翻译概念，国内外学者对其定义及内涵持有不同理解，认为字词、小句、句子、句群、段落、篇章等可能是潜在的翻译单位。作者以开放的学术视野，对这些纷繁复杂的观点展开鸟瞰式的审视，并借鉴认知心理学中的原型理论（prototype theory），把翻译单位分成操作和理论两大层面，认为二者相互交织，共同存在于具体的翻译行为之中。翻译文化也是翻译研究的核心问题，作者将已有关于翻译与文化的研究总结归纳为三重指向，即“翻译中文化因素的处理”、“翻译研究的文化学派”与“翻译本身所形成的文化”，并将最后一点视为翻译文化研究的拓展方向，对其主要内涵与建设路径展开了充分探讨。这一观点颇有洞见，一方面，作者将翻译文化与翻译本质、翻译价值、翻译政策、翻译规范、翻译伦理、译者形象等进行关联，极大丰富了翻译文化的内涵；另一方面，作者提倡的从学术到大众、从译者到他者、从技能到文化的建设路径有利于翻译“走出象牙塔，关注文化，关注社会，争取更多人关心翻译事业，思考翻译问题”（枣彬吉、许钧，2023：127）。总之，该书围绕翻译本体进行全方位思考，在回顾与反思中注入新思考。

第二，坚持“中国思维”，力求中西融通。在理论资源方面，该书重视中国传统译论资源（如“五失本，三不易”“五不翻”“信、达、雅”“八备”“硬译”）、中国哲学传统资源（如“气”“和合”“生”）以及中国传统文论（修辞）资源（如《文心雕龙》《论典·论文》《原诗》）

等。作者引经据典,将上述中国传统理论资源融入行文,比如经常援引《文心雕龙》中有关字词、句法、篇章的论说来支撑自己的观点,形成一种独特的论证言说方式,这在现有的翻译理论研究著作中并不常见,体现了作者深厚的国学功底。此外,作者还将这些中国传统理论资源进行现代化转化与跨学科移植。例如,作者把中国传统文化核心术语"气"引入翻译研究,围绕其本源及衍生概念,初步构建了"翻译本体——生之以气"、"翻译过程——达之以气"、"翻译批评——观之以气"以及"翻译伦理——养之以气"四大范畴。再如,作者把中国古典哲学中的"诚"作为文学复译的伦理原则以及中国传统文化中的"和"作为文学复译的伦理目标,指出译者在复译时要做到诚于己、诚于人、诚于译,同时要维护好文本之间、主体之间、文化之间的和谐,构建平等对话,这与强调对立冲突的西方复译伦理价值观大相径庭。这些尝试激活了中华文明基因,将中华优秀传统文化注入翻译理论研究,为具有普遍意义的翻译理论增添民族色彩,彰显文化自觉与文化自信。值得注意的是,作者在强调运用中国传统理论资源的同时,兼顾西方哲学、文化、语言学思想,如维特根斯坦的家族相似性、韦努蒂的翻译伦理、兰德瑞和布尔西斯的语言景观等,从而形成相互启发、相互借鉴的中西译论融通之道。

除了理论资源,该书秉持的"中国思维"还深刻地体现在研究思路方面,即采用中国思维的整体性、关联性、动态性思考翻译基本问题。视角化的知识生产方式是当下译学知识生产的主要模式(李端林,2020:28),尽管生发了不少独到的学术见解,但由于不同视角之间缺少联通,往往会陷入"只见树木,不见森林"或者二元对立的困境,一定程度上降低了译学知识的一般性和系统性。这是受到西方"概念思维"的影响,也是近年来西方译学界不断反思的地方。而中国的"象思维""不对现象作定格、分割和抽取,而是要尽量保持现象的整体性、丰富性与动态性"(王南湜,2011:46),这就需要我们以整体关照的方式来推进翻译研究,而这也正是该书所坚持的立场。针对学界关于"翻译的重新定位与定义"大讨论,作者基于最简化原则提出"翻译是一种符号转换活动"(第 47 页),符号转换性是翻译的本质属性,而社会属性、创造属性、经济属性、认知心理属性等则属于衍生属性,是符号转换带来的结果或伴随出现的状态。这一翻译定义避免了以往定义中的规定性与片面性,呈现出强大的开放性。它既体现了翻译本质属性,又衍生出翻译的其他属性及相关基本问题,从而保留了广阔的阐释空间。归化与异化是翻译研究中的二元对立问题,作者认为这两者之间的关系是动态、辩证的,尽管存在张力和较量,但百年来中国翻译理论史证明相关争论"往往是一种调和","体现的正是东方的和谐思维与中庸之道"(第 33 页)。同样,作者在考察葛浩文的意象话语英译时也是基于这一整体、动态的视角,发现葛浩文前后的翻译策略发生动态变化,后期不断加强异化策略的使用,归化的成分逐渐降低,充分说明翻译活动的历史性,同时也启示我们"要打破二元对立的思维模式,综合考虑翻译目的等各种内外因素,辩证地认识与灵活地运用直译与意译、归化与异化等翻译策略"(第 33 页),从而推动中外文明交流互鉴。此外,作者还提出从人与文章的生命视角来重新审视文学翻译,强调文学翻译活动的生成性以及文学翻译研究的整体感悟。这些都充分体现该书以"中国思维"为指引,为当下译学知识生产提供中国视角,推动中西译学平等对话。

3 译学知识生产的创新路径

理论创新是当前译学知识生产的目标与要求,也是每位翻译学者所肩负的使命与责任。该书在守正的基础上,践行着译学知识生产的创新路径。

第一,研究方法多元化,尤其注重文本细读与理论思考之间的互融互促。该书的翻译理论研究不是纯粹的形而上哲学思考,很多时候是基于作者在翻译批评、翻译教学上的身体力行以及对翻译行业发展的敏锐观察,践行的是"实践—理论—实践"的治学思路(李瑞林,2020:29)。诚如作者所述,"文本细读与理论思考对翻译学者而言都是不可或缺的"(第 i 页),青年学者可以尝试"先微观后宏观,先文本后理论"的学术道路(第 359 页)。忠实是翻译研究的经典问题。有感于国内文学翻译家对这一概念的争议,作者通过考察各家之言,对翻译忠实观的属性、对象、适用范围以及忠实与叛逆的关系展开理性思考。在此基础上,作者以小说标题英译为例,运用量化手段分析翻译方向对翻译忠实的影响,得出"英译汉的忠实度整体上大于汉译英的忠实度"但"文学翻译对语义忠实有普遍诉求"(第 307 页)的结论,一定程度上回答了"中国文学外译是否需要忠实"这一问题。该书提出的"元翻译话语"概念同样源于文本批评实践。作者通过细读冯友兰的 *A Short History of Chinese Philosophy*、林语堂的 *Moment in Peking* 及宇文所安的 *Readings in Chinese Literary Thought* 等典型异语写作文本中的显隐性元翻译话语,在进行穷尽式归纳后,总结提炼异语写作中元翻译话语的具体表现和潜在作用。类似的例子还有许多,如瘦身翻译、翻译景观、翻译家精神等,不再赘述。

除了文本批评、理论思辨等方法,作者还综合运用其他方法来有效提高研究的效度和信度。关于翻译理论与实践之间的关系,作者运用问卷调查的方式,以翔实可靠的数据再现高校翻译教师对这一问题的看法。针对翻译史上的文质之争,作者参考历史研究的概念史方法,充分挖掘了这对概念的语义网络及其历时演变。值得注意的是,作者没有刻意追求新方法,而是凭借敏锐的问题意识,具体问题具体分析,这是因为任何的研究方法都不是万能的,"只有在研究者选择适当的方法(或方法组合)的条件下,才能达成研究目的"(蓝红军,2019:14-15)。

第二,尝试跨学科研究,以我为主,为我所用。该书多次提倡"坚实的翻译研究还要尽量打通文史哲"(第 356 页),精心呵护、积极参与"真正的、精耕细作式的深度跨学科翻译研究"(第 184 页)。不过,该书也时刻提醒读者"跨学科研究要强化以翻译为本的意识”（第 193 页）。基于这一立场，该书在寻觅供体学科的过程中，紧密围绕问题意识和研究兴趣，广泛借鉴了修辞学、文学、美学、伦理学、哲学、语言学、生态学等多个学科的理论资源，并对其有针对性地优化、改造，以具体、合适的视角切入研究问题，开展“小题大做、小题深做式的翻译研究”（第 189 页），从而推动翻译学以及相关母体学科的协同发展。这样的跨学科创新研究值得鼓励学习。

第三，做好学术积累，循序渐进，重点突破。“翻译研究跟其他研究一样，有坚持才可能有积累，有积累才可能有突破”（许钧，2019：8）。纵览该书的结语和参考文献，不难发现作者在许多研究问题的思考上绝非一日之功，而是日积月累形成的，上篇和下篇两部分颇有“互文”意味。例如，作者曾在上篇对生态翻译学的未来发展给出如下建议：“国内的生态美学也许可资借鉴，尤其是曾繁仁的相关著作，更是融通了中西生态思想，对生态翻译学的发展不无启示”（第 163 页）。相应地，作者在下篇就生态美学中的生态人文主义、参与美学、诗意地栖居等思想如何移植到生态翻译学做了详细论述。再如，作者曾在上篇就语篇忠实度的影响因素做了相关猜测，其中包括翻译体裁、翻译方向、传播渠道、跨文化交流的阶段性等；作者在下篇就翻译方向对翻译忠实度的影响做了实证分析。总之，学术创新不可能一蹴而就，而是贵在坚持，持续积累。

4 结语

如果说求真是翻译的第一要义（枣彬吉、许钧，2023：122），那么求真同样是翻译研究所追求的目标，该书就是在守正与创新中不断求真，揭开翻译理论研究中的个个“谜团”。但是翻译理论研究，尤其是中国特色翻译理论，仍是一个重大难题，比如该书提出中国特色翻译理论的立论基础必须“源自中国传统思想与理论话语资源”（第 168 页），这一论点还有待进一步商榷。然而，诚如作者在前言所述，“对翻译研究基本问题的反思是没有终点的，论文只是阶段性思考的结果，思考一直在路上”（第 iii 页）。

参考文献

[1] 方梦之，2023. 跨学科创学之成败得失：66 种跨学科的翻译学鸟瞰. 外国语，46(2)：79 - 87.
[2] 蓝红军，2019. 译学方法论研究. 北京：外语教学与研究出版社.
[3] 李瑞林，2020. 译学知识生产的建构性反思. 中国翻译，41(4)：23 - 31，189 - 190.
[4] 王南湜，2011. 中西思维方式的差异及其意蕴析论. 天津社会科学，2(5)：43 - 52.
[5] 许钧，2019. 当下翻译研究的困惑与思考. 东北师大学报（哲学社会科学版），(3)：1 - 11.
[6] 枣彬吉，许钧，2023. 翻译家的初心与追求：许钧教授访谈录. 外国语，(5)：121 - 128.

第六届认知诗学国际学术研讨会综述*

西安外国语大学　雷　茜　高旭宏**

二十世纪七十年代以来，文学和语言学研究出现了认知转向，认知诗学应运而生。认知诗学是文学理论和批评实践由经典诗学到后经典诗学发展过程中文学科学的一次革命，也是认知转向其他艺术研究的参照范式(封宗信，2017)。这一学科的发展并非偶然，它流露出文学发展的一种自然规律，是一种由于理论碰撞而产生的新鲜事物，是一种势不可挡的文学批评潮流(范云，2010)。为响应新时代发展，探讨文学艺术研究中的新理论和新方法，本届研讨会紧紧围绕认知诗学之“新”，从学科建构与理论前沿、文本阐释的多元视野、研究方法的创新融合等多个方面探索了认知诗学研究的巨大前景。中国比较文学学会认知诗学分会理事长、四川外国语大学熊木清教授和副理事长南京大学杨金才教授分别代表中国比较文学学会认知诗学分会致辞，并就会议主题和国内外认知诗学发展趋势和前沿问题发表看法。

1　学科建构与理论前沿

认知诗学学科体系庞大，涉及理论众多。本次会议上，许多专家学者或从宏观的角度梳理认知诗学的发展脉络和理论体系，或探讨某些文学认知现象和构建认知诗学理论框架，充分体现了认知诗学理论的多样性和跨学科性，为广大研究者开展认知诗学研究提供了新的理论视角。

---

* 本研究系国家哲学社会科学基金项目“多模态语篇文体分析综合理论模型的建构与应用研究”(项目编号：19BYY198)的阶段性成果。

** **作者简介**：雷茜，西安外国语大学英文学院教授，博士，博士研究生导师。研究方向：系统功能语言学、文体学、多模态话语分析。联系方式：leiqian@xisu.edu.cn。高旭宏，西安外国语大学研究生院在读博士研究生。研究方向：文体学。

首先，从认知诗学理论体系的系统化和本土化角度出发，熊木清教授把认知诗学理论置于国际国内大语境，提出独到的比较认知诗学观。其次，在简要回顾了比较认知诗学的缘起和阐述了比较文学“求同”与“求异”的两种认知范式之后，熊教授认为比较认知诗学不仅要了解和把握(广义)认知诗学的原理、方法和知识体系，还需要从“文化特殊性”出发，探讨文化引发的诗学独特性，这样才可能促使认知诗学体系更为完备。最后，熊教授呼吁大力推进认知诗学的本土化。这一研究有效地消解了国内认知诗学研究者的身份困惑，为中国特色的认知诗学理论和话语体系的构建指明了方向。从科技迅猛发展的时代背景出发，专家们对科学与文学之间关系的探讨是本次会议的亮点。上海交通大学王宁教授探讨了元宇宙时代科学与人文的关系。面对文学艺术如何回答时代之问的宏大主题，王宁教授指出在元宇宙时代文学艺术与科学并非处于对立状态，反而在更高层次上实现了想象的交融，并最终论证了不论科学技术如何发展，带有理想主义和人类普遍关怀的原创文学艺术作品始终无法被取代。清华大学封宗信教授则立足于文学与科学的密切关系，分析了作为科学家和作为语言艺术家的小说家角色，并以爱伦·坡(Edgar Allan Poe)的作品为例指出作为科学家的小说家在文学中传递真理，点亮了读者对于人类行为以及心灵的感悟和理解。两位专家的论述体现了对文学研究和认知诗学领域前沿问题的关注和探索，展现了开放的学术视野。

除了认知诗学理论的宏观建构问题，来自国内外的知名学者对文学认知的核心概念或现象展开了界定、厘清或评述。美国洛杉矶谷学院名誉教授玛格丽特·弗里曼(Margaret H. Freeman)以独到的见解提出“诗学认知(poetic cognition)”，并从认知的本质入手探讨美学这一概念。她认为美学不仅仅涉及艺术品位和美感等问题，而是一种支撑人类所有认知过程的能力。美国肯塔基大学丽莎·詹塞恩(Lisa Zunshine)教授论及“虚构”和“信念”的关系。她以法庭剧为例，指出小说和电影等虚构性作品的创作者通过“操纵”和“欺骗”使受众接受非真实的事物。美国亚利桑那州立大学的布莱德利·艾里什(Bradley J. Irish)副教授关注文学阅读中的情感体验，解释了为什么文学能够跨越时间和空间对读者产生情感影响。他指出人类情感体验在某些方面具有普遍性，这种普遍性正是对文学进行跨文化欣赏的关键。英国爱丁堡大学荣誉院士米兰达·安德森(Miranda Anderson)博士阐述了分布式认知的发展和基本概念，并基于分布式认知提出了一个名为“裂变—聚变”的新概念，深入探索了读者获得沉浸感的认知机制。江西师范大学唐伟胜教授关注“理智直觉”这一概念。他指出理智直觉是对本原的直接把握，哲学家们对这一概念存在很大分歧，但这种分歧可以在文学艺术里获得统一，因为文学艺术的实质就是通过描写具体经验抵达真实。四川外国语大学肖谊教授关注“心智阅读”这一概念。他从这一概念的演变过程切入，探索了文学领域中“心智阅读”的实质以及与其他领域同一术语的异同。安徽大学戚涛教授关注文学研究中“身份”这一核心关键词，他整合了前沿的认知社会学与认知心理学理论，认为身份是个人需求驱动的,跨越心理、社会、认知、象征符号等领域的动态适应—组织—进化系统。以上学者对于文学认知研究中重要概念的论述从不同方位向听众展现了认知诗学领域值得探索的领域和空间。

此外,会议上也有学者尝试从不同角度出发构建认知诗学的理论和分析框架。比利时根特大学马可·卡拉乔洛(Marco Caracciolo)副教授关注文学伦理这一话题。他认为文学伦理建立在对文学形式更广泛的情感反应之上,因此他借鉴了心理学中关于情感与伦理之间联系的研究,尝试构建一种考察文学伦理的认知方法。西安外国语大学马俊杰副教授则尝试构建认知口头诗学的理论体系。他梳理了认知口头诗学的缘起、基本思想和理论阐释优势及不足,在探索"构式"与"程式"理论关系的基础上开展程式语法的理论新描写。这些理论研究对于广大认知诗学研究者来说具有很强的实践性和指导意义。

综上所述,本次会议的专家学者在认知诗学学科建构和理论前沿方面做出了令人振奋的探索,对进一步厘清认知诗学的范畴、概念和理论框架意义重大。

2 文本阐释的多元视野

文本阐释是认知诗学研究的重要组成部分。本次会议上,许多主旨发言专家和分论坛发言者从不同视角对各种类型语篇的认知机制进行了深入阐释,充分展现了认知诗学研究丰富的可能性。

首先,中青年学者对后人类书写的见解发人深思。上海交通大学尚必武教授提出世界建构的非自然方式,并深入探讨了伊恩·麦克尤恩(Ian McEwan)小说《坚果壳》(*Nutshell*)中的胎儿世界、《我这样的机器》(*Machines Like Me*)中的机器人世界和《蟑螂》(*The Cockroach*)中的变形人物世界。北京科技大学梁晓晖教授指出人工智能小说中的机器人具有人类知识的总和,这些知识塑造了他们独特的思维。她还指出机器人的身体只是思维的载体,挑战了海勒斯关于后人类的思维也依赖于物质存在的论断。由此可见,随着科技的高速发展和社会结构的深刻变革,文学艺术作品中的后人类书写成为一道亮丽的风景线。其次,越来越多的学者们开始关注多模态文学作品的认知。中国石油大学的赵秀凤教授考察后现代绘本中的非自然叙事及其前景化多模态表征。她指出多模态表征的前景化通过本体论意义上的隐喻实践,能够启迪读者进行自反性思索和实践,从而摒弃以人类理性为中心的惯有认知模型。分论坛中多模态认知诗学研究也不在少数,如西安外国语大学的张梦茹探索了绘本《夏日潜水》(*The Summer of Diving*)中"悲伤"情绪的多模态隐喻表征及其背后的认知意义,西安外国语大学的徐亚宁考察了多模态前景化特征在视觉诗文本世界建构中的作用等。随着多模态语篇形式和内涵的不断丰富，多模态认知诗学有着十分广阔的研究前景。此外，许多学者关注文学阅读中的文本肌理。宁夏大学马菊玲教授基于认知语法和文本世界理论，分析小说《一桶白葡萄酒》(*The Cask of Amontillado*)氛围文本肌理的消极情感体验。她认为氛围是读者对文学作品虚构空间的感受质，是对文学空间文本肌理的体验，读者正是通过这种体验来概念化文本语言特征并体验文本的情感特质的。在分论坛上，来自北京师范大学的黄荷老师则采用注意—共鸣理论和识解概念考察了詹姆斯·乔伊斯(James Joyce)小说《死者》(*The Dead*)结尾片段对读者注意的文体操控。这两项研究以细致的文本阐释增进了听众对文本肌理的了解。最后，有不少学者结合叙事学理论探索文学文本的阐释。国防科技大学柳晓教授基于修辞叙事理论和情感叙事理论，分析了小说《附带损害之书》(*The Book of Collateral Damage*)的物叙述及其相关的清单书写如何作为隐含作者的叙事策略服务于不同的叙事目的。广西师范大学刘玉红教授深入探讨了小说《女奴生平》(*Incidents in the Life of a Slave Girl*)，发现小说以物理空间为地形轮廓、以身体空间和心理空间为经纬网格绘制出三重空间互通交汇的叙事地图，在有效强化叙述真实性的同时鞭笞了奴隶制对非裔人民的暴行。云南大学的舒凌鸿副教授关注抒情诗中的叙事时间。她指出抒情诗比小说更容易让读者感知到历史时间、宇宙时间和存在时间，从而获得深邃的哲思。从认知视角审视抒情诗的叙述文体为互联网时代的文学审美和阅读教育提供了新的视角。这些研究为叙事学研究者打开了通往认知研究的思路，展现了认知叙事研究的广阔天地。

除上述视角之外，本次大会发言中还涌现了许多其他文本阐释视角，如情感认知、具身认知、空间批评等，充分展现了文本认知阐释的活力。

3 研究方法的融合创新

随着科学技术的发展，认知诗学研究方法呈现出多样化和科学化趋势，形成了质化与量化、阐释主义与实证主义共存的方法论格局。在本次大会上，许多学者大胆地探索了实验研究方法在认知诗学研究中的应用。西安外国语大学燕浩教授采用了脑科学和计算科学的方法研究文学阅读。他介绍了几项揭示文学作品阅读与赏析神经机制的脑科学和脑信息学研究，分析了采用人工智能技术研究文学作品的利弊，并提出了采用融合人类行为表现与脑反应的类脑人工智能模型开展文学作品赏析研究的方案。西安外国语大学雷茜教授采用了文本分析和阅读实验相结合的研究方法探究多模态文学作品的意义建构和解读。她建构了功能—认知结合的多模态文体学理论框架，并以绘本《你好，灯塔》(*Hello, Lighthouse*)和多模态小说《特别响，非常近》(*Extremely Loud, Incredibly Close*)为例，在文本分析的基础上采用阅读实验法探索真实读者的阅读反应，发现读者不仅能够基本识别各种模态的前景化特征，还能较好地汇报前景化特征所传达的主题意义或这些前景化特征所引发的移情体验。除此之外，分论坛发言中还出现了许多采用眼动实验方法研究文学阅读的案例。例如，中国海洋大学的薛淑玮老师采用眼动追踪技术和重复阅读范式，考察了中国英语学习者诗歌阅读时的认知机制，揭示了诗歌加工过程中文本特征和读者行为之间的互动关系。来自西安外国语大学的高旭宏采用文本分析和眼动实验相结合的方法探索读者对多模态小说《特别响，非常近》的前景化特征的认知加工过程，以及二次阅读对读者加工过程的影响。来自西北工业大学的李利敏老师的发言很好地概括了认知诗学研究方法的革新和趋势，她指出随着科学技术的发展，一些新的研究方法涌现出来，如使用语料库方法分析作品的前景化特征，运用心理实验的方法验证前景化与认知和情感的关系等。这些研究方法充分展现了认知诗学的跨学科性，为广大认知诗学研究者提供了有益启发。

本次大会形式多样、内容充实，精彩纷呈的主旨报告和分论坛发言启发和鼓舞了认知诗学领域研究者的灵感和热情。正如闭幕式上赵秀凤教授所言，在"百年未有之大变局"的时代背景下，这次大会使广大文学研究者重新燃起以坚定的信心去享受文学艺术的理想主义情怀。大会发言的话题海纳百川，有宏观的学科界定和理论建构，也有具体而丰富的文本阐释，同时展现了多样化研究方法的创新融合。总之，认知诗学在未来的发展充满希望，期望广大研究者继续耕耘探索，为认知诗学领域的发展拾柴添薪、增色增辉。

参考文献

[1] 范云，2010. 认知诗学理论的渊源与本土化研究. 重庆大学学报(社会科学版)，(2)：147 - 151.

[2] 封宗信，2017. 认知诗学：认知转向下的后经典"文学学". 认知诗学，(4)：7 - 20.

图书在版编目(CIP)数据

外国语文研究 ：前沿与应用 / 陈新仁主编.
南京 ：南京大学出版社，2024. 6. -- ISBN 978-7-305-28154-9

Ⅰ. H09

中国国家版本馆 CIP 数据核字第 202423GF14 号

出版发行　南京大学出版社
社　　址　南京市汉口路 22 号　　　　邮　编　210093

书　　名　外国语文研究：前沿与应用
WAIGUO YUWEN YANJIU：QIANYAN YU YINGYONG
主　　编　陈新仁
责任编辑　董　颖　　　　　　　编辑热线　025-83596997

照　　排　南京南琳图文制作有限公司
印　　刷　江苏凤凰数码印务有限公司
开　　本　787 mm×1092 mm　1/16　印张 21　字数 423 千
版　　次　2024 年 6 月第 1 版　2024 年 6 月第 1 次印刷
ISBN 978-7-305-28154-9
定　　价　68.00 元

网址：http://www.njupco.com
官方微博：http://weibo.com/njupco
官方微信号：njupress
销售咨询热线：(025) 83594756
